济青高速公路
改扩建工程
卓越绩效管理模式实践

编著●赛志毅　　主审●周　勇

PRACTICE OF
EXCELLENT PERFORMANCE MANAGEMENT MODE
IN RECONSTRUCTION AND EXPANSION PROJECT OF
JIQING EXPRESSWAY

人民交通出版社股份有限公司

北京

内 容 提 要

本书主要阐述了济青高速公路改扩建工程采用卓越绩效管理模式对工程进行管理的具体做法，旨在示范该创新型管理模式。本书主要分为12章，包括概述、高速公路扩建工程卓越绩效管理模式概述、高速公路改扩建项目概述、高速公路改扩建项目关键内外部关系分析、项目使用者需求分析、济青高速公路改扩建项目追求卓越的挑战、顶层设计、卓越目标保障措施、关键过程与创新可持续发展、关键过程的测量、评价及动态调整、建设成效和总结与展望。

本书适合高速公路改扩建工程管理人员与技术人员阅读参考，亦可作为公路工程管理专业教师、研究生、本科生学习用书。

图书在版编目（CIP）数据

济青高速公路改扩建工程．济青高速公路改扩建工程卓越绩效管理模式实践 / 赛志毅编著．— 北京：人民交通出版社股份有限公司，2022.12

ISBN 978-7-114-18365-2

Ⅰ．①济…　Ⅱ．①赛…　Ⅲ．①高速公路—改建—道路工程—经济绩效—工程管理—研究—中国②高速公路—扩建—道路工程—经济绩效—工程管理—研究—中国　Ⅳ．①U418.8

中国版本图书馆CIP数据核字（2022）第224588号

Jiqing Gaosu Gonglu Gaikuojian Gongcheng Zhuoyue Jixiao Guanli Moshi Shijian

书　　名：济青高速公路改扩建工程卓越绩效管理模式实践
著 作 者：赛志毅
责任编辑：郭晓旭
责任校对：席少楠　卢　弦
责任印制：张　凯
出版发行：人民交通出版社股份有限公司
地　　址：（100011）北京市朝阳区安定门外外馆斜街3号
网　　址：http://www.ccpcl.com.cn
销售电话：（010）59757973
总 经 销：人民交通出版社股份有限公司发行部
经　　销：各地新华书店
印　　刷：北京交通印务有限公司
开　　本：787×1092　1/16
本册印张：21
本册字数：463千
版　　次：2022年12月　第1版
印　　次：2023年5月　第2次印刷
书　　号：ISBN 978-7-114-18365-2
定　　价：128.00元（全套）

《济青高速公路改扩建工程卓越绩效管理模式实践》

编 审 组

主　　审 周　勇　　山东高速集团有限公司

主　　编 赛志毅　　山东高速股份有限公司

编写成员（按贡献大小排序）

吕思忠　　山东高速股份有限公司
王　昊　　山东高速股份有限公司
刘甲荣　　山东高速股份有限公司
苏建明　　山东高速股份有限公司
赵之杰　　北京新桥技术发展有限公司
郭建民　　山东高速股份有限公司
刘兆磊　　北京新桥技术发展有限公司
王树兴　　山东高速股份有限公司
于　蕾　　北京新桥技术发展有限公司
张　新　　山东高速股份有限公司
李兴锋　　山东高速股份有限公司
孙承吉　　山东高速股份有限公司
李征泉　　山东高速股份有限公司
章清涛　　山东高速股份有限公司
戚俊丽　　山东高速股份有限公司
王　凯　　山东高速股份有限公司
米轶轩　　北京新桥技术发展有限公司
叶延势　　山东高速股份有限公司
刘　航　　山东高速股份有限公司
宋晓辉　　山东高速股份有限公司

孙卫东　　山东高速股份有限公司
徐飞萍　　山东高速股份有限公司
闫庆亮　　山东高速股份有限公司
王　超　　山东高速股份有限公司
魏　琨　　山东高速股份有限公司
李玉鑫　　山东高速股份有限公司
任　超　　山东高速股份有限公司
李　兵　　山东高速股份有限公司
于建泉　　山东高速股份有限公司
田仕臻　　山东高速股份有限公司
姚　望　　山东高速股份有限公司
王加奎　　山东高速股份有限公司
杜　瀚　　山东高速股份有限公司
李根东　　山东高速股份有限公司
王晓然　　山东高速股份有限公司
闫　娜　　山东高速股份有限公司
王　志　　北京新桥技术发展有限公司
张国庆　　北京新桥技术发展有限公司
王学光　　北京新桥技术发展有限公司
李　征　　北京新桥技术发展有限公司
杨效禹　　北京新桥技术发展有限公司
龙怡昕　　北京新桥技术发展有限公司
崔力戈　　北京新桥技术发展有限公司
张　菊　　北京新桥技术发展有限公司
王　伟　　山东高速股份有限公司
王　冲　　山东高速股份有限公司
孟　君　　山东高速股份有限公司
宫志成　　山东高速股份有限公司
张春茹　　山东高速股份有限公司
郭泽兴　　山东高速股份有限公司
王佳玮　　北京新桥技术发展有限公司
贾秋炳　　北京新桥技术发展有限公司

PREFACE 前言

本书主要阐述了济南至青岛高速公路改扩建工程（以下简称“济青高速公路改扩建工程”）采用卓越绩效管理模式对工程进行管理的具体做法，旨在示范这种创新型管理模式。济青高速公路改扩建项目采用卓越绩效管理模式进行全过程管理，通过分析当前高速公路改扩建建设现状及未来发展趋势，高速公路改扩建面临的各方需求挑战、管理挑战和技术挑战，制订合理的战略目标，通过有效的资源配置与持续的过程测量评价与改进，最终达到卓越建设成效的目的。高速公路改扩建项目的卓越绩效是根据卓越绩效在企业中的应用来延伸定义的，它是建立在大质量的概念下，质量的内涵已由以前的符合标准转化为让相关方综合满意，质量的领域包括建设质量、过程质量和整个体系的质量。本书对这种创新型的高速公路改扩建工程管理模式进行了总结，形成了基于战略的高速公路改扩建工程绩效指标体系及评价方法。将卓越绩效管理模式应用于高速公路改扩建工程建设在国内尚属首次，本书可为未来其他改扩建工程项目管理提供一种可学习、可借鉴的管理方法，示范作用显著。

为方便读者理解本书各章节之间的关系，本书分4部分进行阐释。

第1部分为本书第1章、第3~7章，共同构成了济青高速公路改扩建项目基于卓越绩效管理模式的驱动轮。本书第1章简要介绍了济青高速公路改扩建项目所属建设单位的企业特色，包括核心价值观、使命愿景等，介绍了济青高速公路改扩建项目背景、组织结构以及积极采用卓越绩效模式实践的情况。本书第3章描述了当今高速公路改扩建的现状、目前的建设水平以及未来的发展趋势，是企业在制订项目目标前需要考虑的外部环境之一。第4章介绍了内外部关系，方便企业把握为了实现目标需要重点维护的关系，为关系维护制订策略做准备。第5章介绍了改扩建项目的使用者需求，高速公路作为最终产品需要服务于使用者，项目管理层务必了解当今使用者需求。第4章和第5章共同构建了高速公路改扩建工程相关方需求框架，建设各方均满意的高速公路是实现卓越的必经途径。本书第6章基于发展趋势、各方关系、使用者需求这些外部环境分析了济青高速公路改扩建项目追求卓越的机会与挑战，然后分析了济青高速公路改扩建项目自身的优势和劣势，第1~6章为企业制订战略目标做了充分的准备。本书第7章在全面掌握了外部环境与自身情况的基础上，制订了济青高速公路改扩建项目的战略目标。

本书第2章介绍了卓越绩效管理模式的产生、引进、评价准则以及与其他管理模式的关系，阐述了卓越绩效准则的基本理念和构成，分析了卓越绩效准则的6大特点，着重说明卓越绩效管理模式应用于高速公路改扩建项目的可行性与必要性。第2章具有理论引领作用，全书其他章节均是在此基础上构建的。

第三部分包括第8、9、11章，共同组成了济青高速公路改扩建项目卓越绩效管理模式的从动轮。本书第8章根据第7章制订的目标，进行合理的资源配置，包括人员团队、财务管理等；第9章是利用第8章资源，以第7章目标为导向，具体实施的过程；第11章是对最终实现项目目标情况的阐述。

第四部分是本书第10章，是主动轮和从动轮之间对战略目标有影响的关键过程指标的具体测量、评价和改进方法，是驱动轮与从动轮之间的链条。由于该部分指标庞杂，本书仅对关键过程的动态测量分析和改进进行以点带面的举例叙述，且为能展现济青高速公路改扩建项目利用卓越绩效管理模式对项目的动态测量、评价、改进过程，本书在附录中列示了对战略目标有影响的关键过程的部分绩效指标，并给出每种目标的测评工具，方便未来改扩建工程的借鉴参考。由于改扩建工程的外部环境在不断变化，各建设方自身情况并不相同，评价指标体系的构建会有所区别，未来改扩建工程建设单位可以利用本书提供的构建评价指标体系的方法，但不宜照搬评价指标体系。

在本书的编写过程中，周伟、李彦武、成平、张劲泉、刘文杰、沙爱民、黄晓明专家就本书架构以及具体内容提出了十分宝贵的修改建议，北京中质卓越咨询有限公司曹永鹏专家就本书在卓越绩效管理模式的理念把握上提出了十分宝贵的建议，得以使本书更加完善，编者在此深表感谢。

由于编者水平有限，加之编写时间有限，书中难免会有疏漏之处，恳请读者斧正。

编　者

2022年5月

济青高速公路改扩建工程
卓越绩效管理模式实践

CONTENTS 目录

相关方，又要满足整个社会的要求，这也是与卓越绩效管理模式的“顾客导向的卓越”“社会责任与公民义务”“重视员工和合作伙伴”这几条核心价值观相一致的。

2.4.2.2　各参建方有项目目标管理的需要

目标管理是以项目目标为导向，以人为中心，以达到的效果为标准，而使建设项目最后取得最佳效益的现代管理。高速公路建设项目目标管理通过预先设定目标，对项目实施过程管理，进而对目标的完成情况进行检查、监督、纠偏和评价，激励工作人员的积极性和主动性，最后实现建设项目管理的质量目标。而卓越绩效管理便是一个被实践证明了的有效的管理模式、评价体系、指导体系和战略实施平台，在高速公路质量管理中导入卓越绩效管理是必然趋势。

2.4.2.3　各参建方有项目动态管理的需要

项目动态管理即按照建设项目的内在逻辑规律，以有效地计划、组织、指挥、协调和控制各生产要素，在各项目施工高峰的错落起伏中，使人、财、物等生产要素在项目之间合理流动，得到平衡，以取得最佳综合经济效益和社会效益。其内容包括：寻求任务与能力达到动态平衡的经营决策系统；弹性的项目管理组织和劳务系统；以动态管理为特征的现场管理制度和动态调整系统；以网络计划为主导的节点考核体系；以全面质量管理为核心，以目标管理为龙头的质量、成本、安全与文明施工四大目标控制体系。卓越绩效管理模式中“快速反应和灵活性”这一核心价值观正是高速公路建设项目质量动态管理的需要所在。

2.4.2.4　相关方均有创造价值的需要

高速公路建设项目业主方进行质量管理的价值取向是追求利润最大化并满足社会效益。而要达到这两个目的，除了要重视价值创造和资源优化的过程，还需要项目业主方从顾客（社会）需求的角度出发来进行价值的创造。因为对过程的管理只能保证质量控制的好坏，并不能保证价值的取向是合理的。与此同时，为了保证价值能够向好的方向发展，并且保证价值创造能有一个良好的环境，应该很好地发挥领导层的作用，制定出系统性、可操作性地实施战略和计划。同时，考虑价值的可持续创造性也是必不可少的，这就要求在控制价值创造的过程中，应重视工作人员的素质培养以及未来的职业规划问题，以此来保证价值创造的效率。最后，应采取基于事实的管理，即根据对确切信息的测量、评估和管理来进行价值创造的过程。因此，高速公路质量管理的价值创造过程是从可持续发展的角度出发，追求价值的持续创造过程，这与卓越绩效管理模式的核心价值观是完全吻合的。

2.4.2.5 建设方有质量绩效评价的需要

一般的质量绩效是由六个因素共同起作用的，即产品质量效果、企业运作效率、关注顾客、员工背景、供应商角色和财务绩效。对建设项目质量管理的绩效作出准确而有效的评价，建立质量绩效评价体系，是提高项目质量水平，从而提高质量管理水平的有效手段。在当前大多数的高速公路建设项目中，已有的绩效评价基本是以工程实体质量目标的完成作为考评标准，即后向性评价，而对业主的质量管理绩效考核还没有充分展开研究。因此，本书正是运用质量卓越管理模式，加强业主方的质量管理，并对业主进行的质量管理绩效作一个定量的评价，力求达到质量卓越的效果。

03 高速公路改扩建项目概述

本书依托济青高速公路改扩建项目，对本类型项目如何运用卓越绩效管理模式进行管理进行阐述，以期为未来我国高速公路改扩建项目的管理提供参考。

首先，需要明确目前我国高速公路改扩建项目的发展情况，便于建设方结合自身情况与国内建设环境现状，提出在建项目的合理目标。

3.1 高速公路改扩建项目发展现状

高速公路的扩建包括新建和加宽两种，新建需要重选走廊带开辟新线，且经济发达地区走廊资源宝贵，新建对沿线地方规划及经济布局也将产生较大的影响。因而，综合考虑路网规划和布局、经济布局等因素，加宽是较为合理的扩建方式。

3.1.1 国外高速公路改扩建现状

国外由于早在20世纪30年代就开始修建改造高速公路，对于高速公路的改扩建已经有了一些见解，随着技术的进步和对于环境的重视，国外高速公路改造也由过去简单地考虑满足交通功能的思维模式转变为考虑交通、生态环境、经济、技术、社会影响等综合效益的改建模式。目前，对于高速公路扩建工程中相关技术的研究，主要是关于路基部分的。对于路基加宽的工程效应及其技术对策，美国、加拿大、日本、挪威等国家的学者曾做过一些理论分析和实验研究。美国AASHTO-2002版设计方法中，在老路拓宽部分的设计内容中强调了新路和老路必须良好结合，要求新拓宽的路面结构性能尽可能和原有路面相近，认为在常规设计下，旧路拓宽工程中沿结合面的破坏是不可避免的。遗憾的是，AASHTO仅提出了以上一些原则和技术措施的建议，却没有提供较为明确的且有针对性的结构设计方法。日本和挪威主要针对的是软土地基上的新老路堤拼接，提出的措施主要包括软土地基处理、路堤加筋、路面加铺等。美国、加拿大和印度除软土地基上的路堤拼接以外，也涉及山区公路的路基加宽问题。AASHTO就不同情况下的公路扩建提出了一些原则和技术措施的建议，但没有提供明确的设计方法。

3.1.2 国内改扩建发展现状

自 1988 年我国第一条高速公路——沪嘉高速公路建成通车以来，我国的高速公路基础设施建设持续迅猛发展了将近 30 年。截至 2021 年底，全国高速公路通车里程已达到 16.91 万 km，位居世界第一。

高速公路通行能力大，通行效率高，在局部区域乃至全国交通系统范围内起到交通主骨架和通道作用，是沿线区域经济发展的主动脉。但早期建成的高速公路大都按照双向四车道标准设计，现阶段已经不能满足日益增长的交通需求，许多高速公路的服务水平已降至三级或三级以下。由于这些高速公路大多为国家公路主干线，且运行时间均已在 10 年以上，因此，近年来我国部分省（区、市）已陆续开展了一些高速公路扩容改造建设工程。表 3-1 为我国部分已经实施改扩建的高速公路一览表。

我国部分实施改扩建高速公路一览表　表 3-1

工程名称	原设计方案	改扩建方案	改扩建方式	完成时间
广佛高速公路	双向四车道	双向六或八车道	双侧加宽	1997—2009
沪杭甬高速公路一期	双向四车道	双向八车道	双侧加宽	2003
南京绕城高速公路	双向四车道	双向六车道	双侧加宽	2004
沈大高速公路	双向四车道	双向八车道	双侧加宽	2004
沪杭甬高速公路二期	双向四车道	双向八车道	双侧加宽	2005
沪宁高速公路江苏段	双向四车道	双向八车道	双侧加宽	2005
哈同高速公路佳哈段	双车道	双向四车道	单侧加宽	2005
海南环岛东线	非标准四车道	双向四车道	单侧加宽	2006
沪杭甬高速公路三期	双向四车道	双向八车道	双侧加宽	2007
沪宁高速公路上海段	双向四车道	双向八车道	双侧加宽	2008
哈大高速公路	双车道	双向四车道	单侧加宽	2008
连霍高速公路郑州段	双向四车道	双向八车道	双侧加宽	2008
京港澳高速公路安新段	双向四车道	双向八车道	双侧加宽	2010
京港澳高速公路郑漯段	双向四车道	双向八车道	双侧加宽	2010
津京唐高速公路北京段	双向四车道	双向八车道	双侧加宽	2010
津京唐高速公路天津段	双向四车道	双向六车道	双侧加宽	2010
广三高速公路	双向四车道	双向八车道	双侧加宽	2010
A8（沪杭上海段）	双向四车道	双向八车道	双侧加宽	2010
连霍高速公路郑洛段	双向四车道	双向八车道	单侧加宽	2011
福泉高速公路	双向四车道	双向八车道	双侧加宽	2011
厦漳高速公路	双向四车道	双向八车道	双侧加宽	2011

续上表

工程名称	原设计方案	改扩建方案	改扩建方式	完成时间
杭宁高速公路	双向四车道	双向六车道	中分带预留	2012
唐津公路	双向四车道	双向六车道	中分带预留	2013
福建厦蓉高速公路漳龙段	双向四车道	双向八车道	单侧加宽	2013
京港澳高速公路京石段	双向四车道	双向八车道	双侧加宽	2015
京港澳高速公路石安段	双向四车道	双向八车道	双侧加宽	2015
滨莱高速公路淄博至莱芜段	双向四车道	双向八车道	双侧加宽	2018
新乐至元氏高速公路郭村至拐角铺段	双向四车道	双向六车道	双侧加宽	2020

从表3-1中可以看出，已经实施改扩建的高速公路大都是沿线区域交通运输的主动脉。而且，各地区在高速公路改扩建工程中尝试了多种扩充交通容量和通行能力的方法，例如：对原高速公路局部线形指标和交通安全措施进行改善以提升运行速度；在不改变原路基基本宽度的基础上尝试四车道改六车道，或六车道改八车道；对原路基进行加宽扩建以增加行车道；在原高速公路运输通道范围内新建平行高速公路复线等。上述改扩建方式都对增加高速公路通行能力、提升服务水平起到了积极作用，而且改扩建后的高速公路对沿线区域的社会和经济发展又起到了积极的推动作用。

有资料表明，已建成通车的高速公路中，21.6%的高速公路通车年限在10年以上，55.4%的高速公路通车年限超过5年。随着交通需求的激增和高速公路服役年限的增加，越来越多的地区都面临改扩建工程建设的强烈需求。可以预见，随着我国经济社会的快速发展，高速公路改扩建工程建设将在我国今后交通基础设施建设领域持续相当长的高潮期。

3.2 高速公路改扩建项目建设水平分析

3.2.1 宏观技术问题

尽管高速公路改扩建将是未来一个时期内交通基础建设的重要内容，但目前从宏观技术层面还存在三方面的主要问题：一是全局性、总体性不强，基本上还没有从综合交通体系的角度探讨全国范围的高速公路改扩建的总体规划；二是普遍都还没有形成针对全国性或省（区、市）区域改扩建总体实施原则或指导意见，部分省（区、市）已颁布了改扩建工程的地方性技术标准，但内容多是以具体的技术措施为主，其宏观性不强；三是交通行业技术标准和规范体系中对改扩建工程的针对性不强、覆盖面不足，导致由不同的高速公路改扩建项目各自制定相应的设计、施工指导意见的现象比较普遍。上述问题需要从国家层次进行顶层设计，由行业主管部门结合总体规划进行统筹规划高速公路改扩建计划。从减少高速公路拥堵、提升道路服务水平方面来分析，提高高速公路的通行能力是最为直接的解决方法。为有效解决上述问题，建议应由交通行业主管部门对全国道路网交通量大数据进行分析和预测，预估交通拥堵状况，根据交通量增长情况、道路通行能力、饱和度、道路服务水平以及地方经济发展综合考虑，提早制定改扩建计划，提出合适改扩建时机，制定五年、十年改扩建规划，并可适当超前进行建设，避免已经出现拥堵后给改扩建施工带来难度，造成不良的社会影响。

3.2.2 设计水平

设计是工程建设的龙头，对工程的全生命周期和本质安全具有先导作用，改扩建项目也不例外。设计存在缺陷，什么样的施工建设都难以弥补。目前，无论是新建工程或是改扩建工程，设计普遍存在的问题有以下三点：一是盲目依赖规范，以为符合规范就符合要求；二是习惯性地依赖设计模板，没有个性设计的主动性；三是被动地追求产值，总想在有限时间内快速完成设计。

目前从路基、路面、桥梁、隧道、沿线设施的问题以及重视程度看来，技术耐久性设计仍然是重点设计对象，其次是运营安全和养护便利性（表 3-2~ 表 3-6）。

高速公路路基关键问题设计　　表 3-2

属性	关键问题	属性	关键问题
技术耐久性	（1）高填方路段、拼宽路段易出现沉陷病害	养护便利性	（2）盖板边沟清淤效率低，清理难度大
	（2）边坡坍塌		（3）路面范围内相关路基工程维修，交通干扰大
	（3）土路肩损坏	运营安全性	高路基、高边坡等结构物缺少运营期监测
养护便利性	（1）人工巡检效率低		

高速公路路面关键问题设计　　表 3-3

属性	关键问题	属性	关键问题
技术耐久性	（1）部分路段病害频繁发生	养护便利性	（1）人工巡检效率低
	（2）新旧路面长期性能不一致		（2）养护维修效率较低，交通干扰大
	（3）常规路面结构易出现裂缝等病害，耐久性不足		（3）局部路段维修对交通影响大，维修工作难以开展

高速公路桥梁关键问题设计　　表 3-4

属性	关键问题	属性	关键问题
技术耐久性	（1）保护层剥落	养护便利性	（2）常规检测效率低，且立体层检测维修对地面层交通存在一定影响
	（2）钢筋锈蚀		（3）伸缩缝、支座维修干扰交通
	（3）混凝土结构裂缝	运营安全性	（1）桥梁等结构物缺少运营期监测
	（4）支座耐久性不足		（2）高架桥声屏障设置长度较长，缺少人员应急逃生通道
养护便利性	（1）缺少检修通道，效率低、部分位置无法到达		（3）桥梁中央分隔带未设置防跌落设施，安全风险大

高速公路隧道关键问题设计　　表 3-5

属性	关键问题	属性	关键问题
技术耐久性	（1）检修道出现破损	养护便利性	（2）电缆沟检测及维修难度大
	（2）内装饰、衬砌及铺装破损	运营安全性	隧道内光环境及轮廓辨识度较差，影响运营安全
养护便利性	（1）常规电力检测效率低		

高速公路沿线设施关键问题设计　　表 3-6

属性	关键问题	属性	关键问题
技术耐久性	（1）小规模碰撞下，波形梁护栏较新泽西护栏易出现破损	养护便利性	（1）运营期路面加铺导致护栏高度不足
	（2）经过长期运营，常规波形梁护栏存在锈蚀病害		（2）中央分隔带开口常规护栏启闭效率低、难度大
	（3）经过长期运营，常规新泽西护栏存在剥落病害		（3）绿化设施日常保养占用超车道，干扰交通
	（4）常规标线反光性较差，耐久性一般		（4）桥梁中央分隔带管线设施检修难度大

3.2.3　施工水平

3.2.3.1　拼宽路基

在高速公路改扩建工程中，因新老路基刚度、固结度不同，易增大新老路基的沉降差，导致改扩建道路出现路基不均匀沉降。为解决这一关键问题，目前常用做法是优化加宽路基施工组织方案，有效处理改扩建路段的路基，提高路基压实质量，落实路基排水措施，采用可行的新老路基搭接技术，进而达到路基工程质量要求。

1）做好调查放样

（1）施工前的调查放样工作是保证施工质量的关键要素之一，本项目路基衔接施工前，施工单位要对施工场地进行全面勘查，收集相关的地质构造、水文等信息，并对原路面现存病害、缺陷等进行了解，结合调查结果制定病害处理方案，对原公路进行清理整平，并对新路基存在的软基情况进行分析，制定软基处理方案，最后进行施工方案的设计，以保证施工质量。

（2）调查工作结束后，施工单位首先要结合得到的数据，采用水准仪、全站仪等设备进行施工放样工作。放样施工中应先对中线进行全段放线，将主要控制的桩位进行固定，同时对原公路的横断面、位置等进行复核，如发现存在问题，要第一时间提出并加以解决。其次，对路基边缘两侧进行放样施工，确定坡脚边缘的位置，在路基边缘放样中分为两种情况，针对设置挡土墙的坡脚放样时，要结合挡土墙的坡度对坡脚位置进行放样；针对未设置挡土墙的位置，则结合设计的坡度进行放样工作即可。最后对路基填筑的宽度和厚度进行计算放样，填筑施工要分层填筑，每层填筑的厚度、宽度均要进行计算并在设置的桩位上标记，在填筑中每层填筑完成均要对填筑厚度进行核验。

2）填挖界面整理

（1）路基填筑施工前，要注意对路基填挖界面的处理工作，对原公路坡面应进行有效整理，将折线、弯曲面等问题予以解决，并在原坡面设置 1/20 的仰角，以便于进行填料的垂直碾压，消除碾压施工的盲区。

（2）原公路路基处理完成后，要对新旧路基两侧搭接的位置设置台阶，实现新旧路基的良好结合，台阶的宽度应大于 2m，台阶坡度设置为内倾 4%。路基顶部的搭接采用全断面搭接法，对原路基顶面高程进行测量，并与新路基设计高程相比，对原路基顶面高程高的位置，将旧路路基顶面 0.2m 的高度进行挖除，再进行搭接；对原路基顶面低的位置，进行填筑处理即可。

（3）路基顶面挖除 0.2m 后，本次施工再向下超挖 0.3m 的高度，然后采用 25kJ 冲击压路机对填筑后的路基进行冲击碾压，采用掺杂 3% 石灰的路基土进行回填，主要目的是增加原公路路基的强度。为保证新路基填筑施工的质量，在原路基石灰土填筑完成后，使路基压实度达到 90% 以上，方可进行新路基施工。

（4）在路基碾压过程中，针对冲击压路机无法碾压的盲区，采用小型夯实机械进行强夯施工，强夯施工的高度应大于 2m，每个夯击位置至少进行 3 次夯击，每次夯击应大于1000kN，夯击结束后，施工单位需要对原路基进行整形和补料，并对路基沉降值及压实度进行检测。

3）新旧路基填筑质控

（1）新路基填筑施工的质量，主要取决于填筑材料的质量，本次施工中，新路基1m以下的位置采用含有8%水泥稳定土的石渣填料进行施工，1m以上的位置选用含有4%水泥稳定土的砂砾材料进行施工。新旧路基顶面搭接位置的填筑直接决定路基的整体性，应采用水泥稳定土施工；填筑材料施工之前，施工单位应对原材料的质量、性能进行检测，检测合格的材料才能用于填筑施工。

（2）路基填筑施工采用推土机完成，通过运输车将合格的填料运输至施工场地，并堆放至指定位置，然后结合放样中的标记采用推土机将填料摊铺开，摊铺过程中应保持填料的均匀性；填筑施工采用分层填筑的方式，从路基底层向上填筑，每层填筑完成后均要进行质量检测，检查填筑厚度、宽度、平整度等。

（3）填筑施工时施工单位要注意填料的虚铺厚度，为路基的压实施工做准备，路基底部的虚铺厚度应控制在0.3m左右，路床位置的虚铺厚度应控制在0.2m左右，路基填筑的虚铺厚度应控制在0.2～0.3m。新路基填筑施工完成后要及时进行压实，压实方式为静压和振压，采用的机械为振动压路机和轮胎压路机的组合形式，新路基的压实度应满足设计要求≥96%，压实分为初压、终压、复压三部分，碾压时直线段应由两侧向中间碾压，曲线段由内向外碾压。

（4）新旧路基衔接位置填筑施工时，采用水泥稳定土进行，填筑完成后，新旧路基的高度应保持一致。在进行碾压时，应采用横向碾压和纵向碾压结合的方式，确保接缝位置的衔接质量，碾压施工后衔接位置的压实度要≥96%。

4）设置土工格栅

（1）为保证新旧路基的良好衔接，本次施工中采用了土工格栅加固材料，对衔接位置进行加固处理。土工格栅是一种土工合成材料，可以增加格栅与土体之间的相互作用力，从而实现上下土体的相互连接，其主要作用有4点：①土工格栅可以增加土体之间的摩擦力，从而减少土体的不均匀沉降，降低土体向下的垂直应力；②土工格栅具有一定的弹性，在行车荷载的作用下可以发生一定的变形，荷载消失后便可恢复原状，可以分担一部分土体的荷载压力；③土工格栅可以有效地锁定土体，充分发挥土体的抗剪强度，从而减少土体的侧向变形；④土工格栅具有延展性和一定的张力，可以实现将新旧路基连接成一个整体。

（2）本次施工中，土工格栅主要分布在以下几个位置：①在新旧路基填方设置台阶的位置及路床底面铺设一层土工格栅，实现新旧路基更好的连接；②原公路路床强度满足设计要求，无须进行重新施工，因此，在路床顶面设置一层土工格栅增加其强度；新路基施工位置的软基处理后，其表面设置土工格栅，增加地基承载力。

（3）本工程采用高强度、低变形的钢塑复合土工格栅，标称规格为GSZ80-80。对土工格栅进行施工时，施工单位应注意对土体表面进行整平，严禁出现碎石、树根等凹凸物体，避免对土工格栅造成破坏；在土工格栅张拉时，应将其拉紧，严禁张拉力过大造成破坏，或张拉力过小使其出现褶皱；土工格栅铺设完成后，及时进行路基填筑处理，不得长期暴晒于阳光之下。

5）确保排水畅通

为保证路基施工后的稳定性，在施工过程中，施工单位应做好路基排水工作，确保排水畅通。本工程路基排水采用防、排、疏、堵的方式，在路基中设置边沟、排水沟、急流槽、蒸发池、截水沟等排水设施；为避免地下水位的干扰，在路基下方还设置有明沟和暗沟，暗沟采用渗沟的形式，渗沟尺寸满足当地的最大排水量的要求。此外，路基外侧和路床位置还设置有盲沟，用于收集地表水，并将其排出路基，盲沟采用土工布进行包裹，避免遭受周围碎石或人为的破坏。

6）高边坡路堑安全施工

（1）施工防护技术的应用。在高速公路改扩建工程项目中，针对路堑高边坡结构的施工内容而言，比较常用的安全防护技术有以下四种：设置护栏封闭应急车道、坡脚设置防护钢管排架、边坡平台设置工字钢以及钢板防护网、分级开挖以及分级防护等。但是在应用各项施工安全防护技术的过程中，需要根据高速公路改扩建工程项目的实际情况以及地质条件约束情况，对高边坡的平台式开挖作业形式进行全面控制和管理，才能够保障各项施工安全保护技术应用的有效性和稳定性。尤其在开展施工现场安全巡查工作中，需要将多种施工安全防护技术进行创新组合，才能够进一步提升路堑高边坡结构的整体稳定性能和安全性能，并充分保障各项施工作业项目之间的整体协调性。在应用不同类型的施工安全防护技术过程中，现场技术人员和管理人员也需要重点观测各项地质条件因素是否稳定。

（2）路堑高边坡开挖安全控制。在高速公路改扩建施工项目中，路堑高边坡结构的开挖作业过程相对比较复杂，因此，施工单位需要根据实际开挖作业条件，选择横挖法、纵挖法或者混合式开挖作业方法，并将边坡结构并不稳定的地段进行单独隔离处理。通过路堑高边坡结构的开挖安全控制措施，能够将有效的防护措施应用在实际施工过程中，还能够及时发现边坡结构被冲刷的风险因素，从而定期检查地表和地下的给排水措施是否安全有效。在对某一种土体进行施工作业的过程中，需要按照中间—坡面线侧—临路侧的方向进行开挖，还需要及时配备不同层次的防护措施，才能够继续向下挖。在路堑高边坡结构的开挖作业期间，相关技术人员和管理人员需要及时处理山体表面存在的孤石和浮石，有效开挖表层土方，按顺序释放原有锚索的预应力，运用机械设备破碎石方，后续采取一定的静力爆破措施，避免施工作业过程对周边路面结构造成不良影响。另外，施工过程中还需要保障人员和机械设备的安全。

（3）改扩建高边坡实时监测技术措施。很多高速公路改扩建工程项目需要在施工期间保障其原有通行运输线路不被影响，在此基础之上完成路堑高边坡结构的施工作业全过程。因此，施工单位需要及时配备改扩建高边坡实时监测技术措施，并对通车施工期间存在的各项外界影响因素进行全面管控，着重应用多项施工安全防护技术措施，保障施工现场环境的稳定性和安全性。在实时监测施工现场的过程中，相关技术人员和管理人员需要对存在功能交叉问题的施工场地进行全面检查，并对监测分析仪器的通信质量进行定期巡查。在施工现场执行实时监测技术措施，还需要保障电力资源的合理利用能力，并对高边坡结构的水平位移检测结果进行动态化管理，确保其不会影响山体内部土壤地质条件的稳定性和可持续性。在改扩建高边坡实时监测技术措施期间，施工单位的相关技术人员和管理人员还需要重点审查边坡防护措施是否发挥效用。

（4）施工材料设备的定期安全检查。在高速公路改扩建施工过程中，施工单位以及监理单位都需要将施工材料设备的定期安全检查工作内容进行详细设计，并以保障施工现场完整性和安全性为核心目标。尤其在不同边坡区域开展土石方开挖作业期间，部分技术人员会及时反馈本地区岩土层结构的勘查数据信息，并将对应的施工作业安全防护技术措施进行全面分析和测量，充分保障现场作业过程的安全性和稳定性。在处理原有锚索预应力的过程中，还需要对锚头周边位置进行快速处理，对对应的防护罩的安全防护措施进行快速配置。在定期安全检查关键施工材料和机械设备过程中，需要对相关编号信息和使用信息进行快速整合，还需要保障施工作业现场测量和安全监测工作的实施进度。尤其对于路堑高边坡结构而言，配置质量合格的物料资源和人力资源，能够进一步保障施工质量和安全性，也能够保障后续施工内容的顺利开展。在定期安全检查相关物料资源的过程中，现场技术人员和管理人员需要严格对照路桥工程相关行业的质量评价标准，并对路堑高边坡结构的稳定性能进行实时观测和分析。

3.2.3.2 路面施工

目前我国城市快速路、高速公路等高等级路面基本均采用沥青混凝土路面，沥青混凝土路面具有表面平整、无接缝、行车舒适、振动小、噪声低、耐磨、不扬尘易清洗、施工期短、养护维修简便可再生利用等显著特点。城市快速路、高速公路等高等级路面存在路幅宽度大的特点，以往该类沥青路面施工中往往采用两台摊铺机前后梯队摊铺方式施工，该类施工方式不可避免地存在以下问题：①并机摊铺时，并机接缝处不可避免会形成纵向离析带，叠加温度离析导致接缝处结合不紧密。②低温大风天气下并机摊铺时，如果摊铺机间距过大，极易发生温度离析而导致并机接缝处难以压实，采取局部强压，进而导致集料压碎，埋下质量隐患。③并机接缝离析和分层摊铺层间结合不紧密，使半刚性基层无机结合料无法形成整体板块结构。④并机摊铺，中间接缝处难以预设固定式钢丝基准，仅靠人工拉线预先铺设临时过渡基准梁，需不断人工拉线测量和铺设基准梁，既浪费人力，又难以保证平整度。针对并机摊铺存在的以上问题，为提高大断面路面施工质量，对于中上面层施工，有必要采取沥青路面全断面一次摊铺成型施工工法组织施工。

此外，由于交通荷载在多车道路面分布的不均衡性，使得沥青路面病害在运营过程中呈现差异化分布现象。据大量调查可知，行车道路面病害较多，特别是货车较多的重型车道，车辙病害尤为严重，而超车道病害较少，紧急停车道几乎没有路面病害问题。然而大部分高速公路的路面面层采用相同的路面结构，在实际运营中沥青面层大、中修寿命差异较大，因此，有必要进行路面结构差异化设计和施工。

3.2.3.3 桥梁拼宽

桥梁结构衔接施工时需注意以下几点：①在上下结构互不衔接时，施工人员直接按照施工方案有序施工即可。②在上下结构衔接施工时，加强对混凝土浇筑施工的管理。混凝土浇筑后要对上下部衔接处的受力情况进行检测，确保其均匀受力。③上部结构衔接施工时，保证新旧路面非衔接处两处能够独立受力，为上部衔接处提供帮助，使其承载力不受其他因素影响。通过以上操作保证高速公路新旧桥梁结构的受力结构稳定。

3.3 高速公路改扩建项目未来建设趋势分析

3.3.1 政策趋势

为深入贯彻落实习近平总书记关于推动《中华人民共和国国民经济和社会发展第十四个五年规划和2035年远景目标纲要》规划102项重大工程实施重要指示精神和国务院领导同志重要批示要求，2022年3月31日，国家发展和改革委员会组织召开“十四五”规划102项重大工程实施部际联席会议第一次会议。联席会议召集人、国家发展和改革委员会主任何立峰主持会议并讲话，联席会议成员单位负责同志参加会议。科技部、工业和信息化部、交通运输部、水利部负责同志就本部门牵头的重大工程工作进展和2022年工作任务作了专题发言。会议审议了推动“十四五”规划102项重大工程实施部际联席会议工作规则和2022年工作要点，研究部署下一步重点工作。

会议强调，102项重大工程是“十四五”规划的重要内容，也是推动“十四五”规划实施的重要抓手。推动102项重大工程实施既利当前，又利长远，对当前扩大有效投资，促进经济平稳健康发展具有重要作用。

会议指出，按照党中央、国务院决策部署，“十四五”规划102项重大工程各牵头部门会同各地方扎实推进102项重大工程实施。目前，102项重大工程实施有力有序推进，实现良好开局。

会议要求，各部门要坚决贯彻习近平总书记重要指示精神，按照2022年工作要点部署，加强组织领导，强化协同配合，确保102项重大工程每一项任务落地见效。102项重大工程各牵头部门要切实履行好责任，区分项目类型分类有序推进，加快推动项目实施。要在防范化解各类风险基础上，扎实做好推进项目前期工作，加大资金、用地等要素保障力度，加快在建项目建设，尽快形成实物工作量。

关于交通强国建设工程的重大工程内容，涵盖了战略骨干通道、铁路、城市轨道交通、高速公路、港航设施、现代化机场及综合交通物流枢纽。在高速公路一节，首先提及的是高速公路改扩建工程：实施京沪、京港澳、长深、沪昆、连霍等国家高速公路主线拥挤路段扩容改造，加快建设国家高速公路主线并行线、联络线，推进京雄等雄安新区高速公路建设，新改建高速公路里程2.5万km。

3.3.2 投资趋势

《收费公路管理条例》第十一条规定“实施收费高速公路改扩建工程，增加高速公路车道数量，可重新核定偿债期限或者经营期限”。该规定明确了对改扩建项目的合理回报，减小了业主单位的投资压力，也为经营期即将到期的项目通过改扩建延长经营期限提供了依据。近年来我国高速公路改扩建进程的加速，也印证了这一经济转型。

按时间序列随机选取国内9条典型高速公路改扩建的投资造价情况作为分析对象，见表3-7。

国内9条典型高速公路改扩建的投资造价情况　　表3-7

序号	改扩建项目	扩建年份（年）	里程（km）	总投资（亿元）	造价（万元/km）
1	福州—厦门高速公路改扩建	2006	228.77	141.3	6176.6
2	泉州—厦门高速公路改扩建	2007	88.88	65.95	8054.5
3	西安—宝鸡高速公路改扩建	2008	157.76	135.45	8585.8
4	梅观高速公路改扩建	2009	11.0	7.70	7000.0
5	南昌—九江高速公路改扩建	2010	88.822	67.3	7576.95
6	广清高速公路改扩建	2011	70.42	69.2	9286.7
7	佛开高速公路改扩建	2012	46.4	49.44	10609.5
8	漳州—龙岩高速公路改扩建	2013	126.05	135.0	10710.0
9	柳州—南宁高速公路改扩建	2014	248.0	201.2	8112.9

应用回归分析法预测近五年国内高速公路改扩建每公里投资造价的发展趋势。

回归分析法预测的基本数学模型为：

$$\hat{y} = a + bx \pm \zeta \tag{3-1}$$

式中：x——自变量；

$\hat{y}$——因变量，线性回归预测值；

a、b——待定回归参数，通过式（3-2）、式（3-3）确定回归参数；

ζ——预测误差。

$$b = \frac{n\sum x_i y_i - \sum x_i \sum y_i}{n\sum x_i^2 - (\sum x_i)^2} \tag{3-2}$$

$$a = \frac{1}{n}\sum y_i - b\frac{1}{n}\sum x_i \tag{3-3}$$

式中：n=9。

然后，进行相关性（r）检验和回归标准差（t）检验，以便实际预测值在合理的置信区间内，通常使回归标准差 t<15% 为预测模型通过回归标准差检验。

通过计算得：b=331.783，a=6917.68，所以，国内高速公路改扩建每公里造价预测模型：$\hat{y}$=6917.68+331.783x+ζ。

其中：检验模型的相关系数 r=0.7825，回归标准差 t=0.09<15%，即 y 与 x 的相关性符合要求。ζ为预测误差，计算等于 773.067。

根据预测模型分析，国内高速公路改扩建每公里投资造价 2015—2035 年的趋势预测结果见表 3-8。

2015—2035 年国内高速改扩建每公里造价预测值　　表 3-8

预测年份（年）	造价预测值范围（万元 /km）	预测年份（年）	造价预测值范围（万元 /km）
2015	9462.433~11008.577	2026	13111.82906~14658.19
2016	9794.226~11340.360	2027	13443.61206~14989.973
2017	10126.009~11672.143	2028	13775.39506~15321.756
2018	10457.792~12003.926	2029	14107.17806~15653.539
2019	10789.575~12335.709	2030	14438.96106~15985.322
2020	11121.13106~12667.492	2031	14770.74406~16317.105
2021	11452.91406~12999.275	2032	15102.52706~16648.888
2022	11784.69706~13331.058	2033	15434.31006~16980.671
2023	12116.48006~13662.841	2034	15766.09306~17312.454
2024	12448.26306~13994.624	2035	16097.87606~17644.237
2025	12780.04606~14326.407		

预测结果表明，我国的高速公路改扩建每公里建设成本在逐年增加。至 2035 年，国内每公里改扩建成本整体水平突破 17000 万元。全国各省（区、市）或地区的成本水平不同，但增长趋势是相同的。

3.3.3　规模趋势

公路承担了我国 90% 的客运量和 75% 的货运量，是我国主要的交通运输方式。现代物流业以高速公路网为支撑，经济增长的需要决定了高速公路车流量在未来 3~5 年仍将保持高速增长，需要进行的改扩建高速公路数量也在增加。高速公路改扩建项目不同于新建项目，其工程特点更加复杂，改扩建成本也随之增加。

我国高速公路建设取得举世瞩目的成就，2021 年底全国已建成通车的高速公路约 16.91 万 km，位居世界第一位。尽管每年都有新的高速公路开通运营，但当前我国东部发达地区许多早期修建的高速公路还是经常会出现拥堵。这些早期建设的高速公路一般是区域重要城市间的经济交通干线，受当时建设资金和经济发展形势的局限，大都为双向四车道标准。新形势下，伴随着社会经济的快速发展，高速公路运输需求总量在不断增长，这些重要交通运输通道交通量的年均增长速度都在两位数以上，通行能力接近或已经达到饱和。由于这些高速公路在路网中的地位和功能难以通过修建新线路来替代，许多城市不得不考虑对原线路实行拓宽改造，我国高速公路发展开始向改扩建与新建并存、两种建设并重方向转变，高速公路改扩建将成为未来十多年高速公路建设新的热点。特别是发达地区，未来十年以内会进入大规模高速公路改扩建时代。

我国 20 世纪 90 年代及以后建成高速公路多为四车道，根据城市规模，普遍扩建到八车道，个别原来六车道公路，也增加到八车道。

3.3.4 创新趋势

为深入贯彻落实党中央关于加快建设科技强国、交通强国的战略部署，统筹推进交通运输科技创新发展，交通运输部、科学技术部联合制定了《交通领域科技创新中长期发展规划纲要（2021—2035 年）》（以下简称《纲要》），并于 2022 年 1 月 24 日发布。《纲要》规定，要面向国家重大需求，深入实施创新驱动发展战略，发挥交通运输重大应用场景牵引作用，推进新一代信息网络、智能绿色制造、安全高效清洁能源、资源高效利用和生态环保等技术加速应用，促进科技成果工程化、产业化，支撑和引领加快建设交通强国，服务科技强国、网络强国、数字中国、平安中国、美丽中国等建设。

在提升基础设施高质量建养水平方面，提出研究综合交通运输理论与技术。研究综合交通运输理论，提升综合交通通道规划建设、综合交通枢纽一体化规划建设、综合交通基础设施项目建设协调优化等理论水平。开展韧性交通系统理论与技术研究，掌握交通基础设施韧性评估与风险防控基础理论方法，突破交通基础设施韧性提升、区域综合交通网络协调运营与服务、城市综合交通协同管控等关键技术。

在推进一体化协同化的平安交通建设板块，提出加快路网风险智能协同管控技术研究。研发道路交通系统和运输过程状态监测评估诊断、路网运行智能仿真与系统韧性优化等技术，开发基于地理信息系统的路网安全风险预警平台。加强对公路桥梁、隧道等关键设施安全技术性能的实时动态监测和预警关键技术研究。攻克道路行车安全风险智能监测、预警技术，开展道路风险行为矫正与智慧管控技术研究。研发货运车辆超限超载、危险货物运输安全智能预警和防控技术。推动自动驾驶与非自动驾驶车辆混行系统安全智能管控技术研究，研制适应自动驾驶的交通安全设施。

在构建全寿命周期绿色交通技术体系板块，提出加强基础设施绿色建养技术研究与应用。提升基础设施绿色建造与运维技术水平，深化废旧材料再生循环利用技术研发应用，研发长寿命高强度新材料、生物基 / 人造替代生材料、环保交通涂料等，推动绿色公路、绿色港口和绿色航道等技术推广和示范应用。提升生态保护与修复技术水平，开展交通走廊生态环境影响与效益提升评估技术研究，突破无害化穿（跨）越、全环境要素生态治理与恢复、受损生态系统修复与生物群落结构重建等技术。

在提升新时期交通运输科技创新能力板块，提出完善科技创新体制机制。完善以企业为主体、产学研用深度融合的技术创新机制，建立健全以创新为导向的国有企业经营业绩考核和分配机制，提升企业对科技创新规划、计划、政策和标准参与度。扩大高校和科研院所科研相关自主权，推动依法依规实施章程管理，允许符合条件的单位根据实际适当增加高级专业技术岗位比例，推动实施交通运输科研项目经费包干制和关键核心技术攻关“揭榜挂帅”机制。

3.3.5 趋势总结

（1）构建自然、环保、平衡的生态之路，已成为行业新标杆。我国高速公路改扩建，已综合考虑交通发展对资源、能源和环境的影响，使交通从规划开始起就具备可持续发展的条件，注意土地占用、能源消耗、景观协调、大气污染、噪声污染、安全运输、旅游感受等方面的影响，兼顾经济和社会效益。

（2）云计算、大数据、人工智能等信息技术深度渗透，智慧高速公路呼之欲出。高速公路将不只是一条路，而是一个涉及人、车、路、环境等多个要素，复杂的、动态的大系统，智能交通将成为协调上述要素协调运行，实现高质量服务沿线城市市民出行的一个重要组成部分。先进信息采集技术、数据通信业务、电子控制技术及计算机处理技术构建的交通信息系统将成为高速公路智慧交通的基础设施。

（3）高速公路建设深度参与区域战略规划，成为经济发展倍增器。当前，全国各省（区、市）积极推进国家公路网规划中的国家高速公路新增路线建设；支持纳入国家区域发展规划，对加强省际、区域和城际联系具有重要意义的高速公路建设；继续完善疏港高速公路和大中城市绕城高速公路等建设，实现运输效益和社会经济效益高效发展。

（4）多元创新服务模式，成为高速公路竞争力新增长极。高速公路有一定的收费期限，高速铁路、廉价航空等交通方式发展飞速。在竞争日益激烈下，多元化服务将成为高速公路发展的下一个趋势。因此，高速公路改扩建正不断为日后日益增加的交通服务项目提供基础设施，高速公路管理机构也将把工作重点转向为道路使用者提供更好的服务，在提高资源利用效率和保护环境的前提下依靠当代高新技术来满足交通需求，以适应高度系统化的高速公路管理手段和方法，全面提高高速公路系统的运行效率与服务水平，提升高速公路运营企业的整体竞争力。

（5）高速公路建设专业化，工匠理念贯穿始终。高速公路从规划设计到建设运营，已经从过去单一地满足通行需求，提升为高质量、生态化、景观化、智能化、多元服务的高速公路建设与运营体系。为适应这些变化，建设与运用高速公路，不仅需要专业的公路、桥梁工程师，运营团队，还需要生态学家、景观建筑师、规划师、交通工程师等专家团队共同完成，在确定最佳路线走向的基础上，保护当地的自然环境及人文古迹等，同时提高高速公路各项服务能力，并为未来高速公路发展预留出空间。

04 高速公路改扩建项目关键内外部关系分析

类似于大多数基础设施与公用事业，高速公路属于准公益性物品的范畴，既有公益性，又有其收益性的一面。高速公路的主要作用是为整个社会和经济活动提供必要的运行条件，它所产生的社会效益远大于其自身的经济效益；高速公路相关方由于建设项目质量的改善可以获得直接的经济效益，这又体现了高速公路收益性的特性。因此，高速公路的准公益性就决定了其质量既要满足整个社会的要求，又要服务于各相关方。

业主、承包商、施工工人、管理人员、施工部门都有各自的利益出发点和目标，因此，其两两之间的矛盾冲突是不可避免的，并且这种矛盾和冲突如果积累下去就会由缓和变到激烈、由一般形式发展到极端形式。要通过协调、改变管理方法，发挥冲突的积极作用，使目标趋向统一，相互协作与配合。本章以业主为主线，重点阐述实施工程质量的各个参与方之间相互博弈关系，对业主根据各方关系制定战略目标提出建议。

4.1 高速公路改扩建项目基本建设程序

与一般新建项目一致，高速公路改扩建项目也是政府投资项目，其实施一般按照以下九个步骤执行：①根据规划，编制项目建议书；②根据批准的项目建议书，进行工程可行性研究，编制可行性研究报告；③根据批准的可行性研究报告，编制初步设计文件；④根据批准的初步设计文件，编制施工图设计文件；⑤根据批准的施工图设计文件，组织项目招标；⑥根据国家有关规定，进行征地拆迁等施工前准备工作，并向交通主管部门申报施工许可；⑦根据批准的项目施工许可，组织项目实施；⑧项目完工后，编制竣工图表、工程决算和竣工财务决算，办理项目交、竣工验收和财产移交手续；⑨竣工验收合格后，组织项目后评价。

改扩建项目各阶段流程图如图 4-1 所示。

图 4-1　项目各阶段流程图

4.2　关键外部关系分析

以上建设程序均由各省（区、市）交通建设企业实施。例如，济青项目业主山东高速公司首先根据山东省交通发展规划完成济青改扩建项目的①～②项，然后联合设计单位进行③～④项，再由山东高速公司完成⑤～⑥项；第⑦～⑧项是项目建造实施阶段，涉及施工单位等合作方的管理；第⑨项由山东高速公司组织完成。

由以上阶段以及前述改扩建项目的特点中可以看出，从建设企业角度看，外部关系基本涵盖了以下几个方面：政府主管部门、勘察设计单位、原材料供应单位、施工单位、监理单位、第三方检测机构、咨询服务机构。这些单位对工程建设的角色不同，导致各方诉求不同，而对这种诉求的平衡和满足，是建设企业获得理想工程建设战略目标最优解的关键抓手，也是制定项目战略目标的主要衡量指标之一。下面本书就各方之间的利害关系进行详细阐述。

4.2.1 政府主管部门

1）政府部门的职责

政府部门的质量约束充分体现出高速公路的公益性。在高速公路建设项目质量卓越绩效的形成过程中，以对业主方的质量约束为例，政府部门的质量约束动力的传导机制如图 4-2 所示。

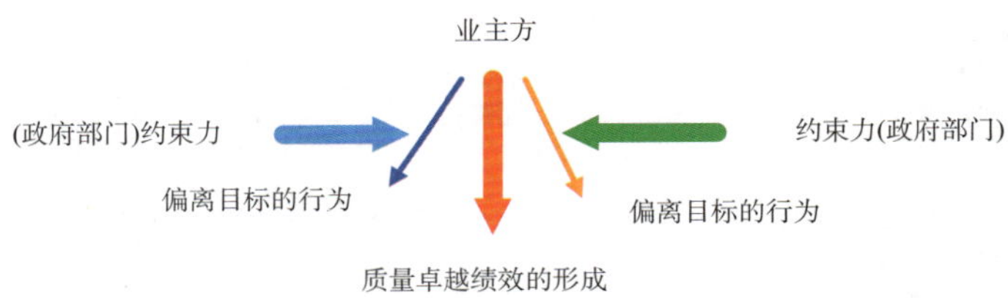

图 4-2　项目各阶段流程图

政府部门为了保证高速公路建设项目的社会公共利益，以各种形式通过给各建设主体偏离质量目标的行为施加一定的约束力，使项目质量落实得以保证。对于承包方而言，政府部门约束承包商质量问题偏离项目质量目标的手段主要有投标保证金、履约保函、工程一切险等；对于业主方而言，在高速公路建设项目验收时可能会存在与承包商合谋等共同损害公共利益的行为，为了蒙混过关会有行贿等违规违法行为，这时当业主方的质量行为偏离建设项目质量目标时，作为代表全民的政府部门，就要对业主方进行质量监督、约束。

2）协调与政府相关部门的关系

根据有关规定，政府的有关部门如发展与计划、城建与规划、土地、园林、人防、节水、文物、消防部门等，均对工程建设项目的实施行使不同的审批权和管理权。如何能与政

期性能观测研究（Long Term Performance Program，LTPP）。

但是，由于室内试验方法、试验条件与实际的交通荷载条件、气候条件有很大区别，因此，室内材料力学与性能试验只能解决材料的适应性问题，无法全面表征材料的实际路用性能。在此基础上，室内、野外模型试验得到发展，而足尺路面性能加速加载试验则在20世纪60~80年代成为一种重要的试验验证技术手段。

目前国外拥有加速加载试验设备的国家和组织约有18个。路面加速加载设备共35台，其中美国有13台，日本3台，英国和瑞典各2台，拥有1台的国家有澳大利亚、德国、法国、加拿大、新西兰、西班牙、南非、芬兰、意大利、罗马尼亚、墨西哥、韩国。

国外最早开展路面长期性能观测试验研究的是英国。英国在20世纪60年代曾在当时英国的主要道路上选择了约400个试验路段进行长期性能观测，试验路设计采用了低于设计要求的路面结构，但没有控制实际的交通荷载（Lister，1985），经过20多年的连续跟踪观测，取得了大量实用的研究成果，对英国常用的典型路面结构形式的应用产生了重要的影响。

美国国会拨出1.5亿美元来进行美国公路战略研究（SHRP），其中沥青路面课题研究耗资5000万美元，旨在制定一个新的沥青和沥青混合料规范、试验和设计方法；LTPP作为SHRP的一个组成部分，目的是搞清楚为什么有的公路性能好于别的公路（同类型之间、不同类型间）。LTPP是一个全面的、针对服务中公路的、为期20年的研究，是一系列的、严格的、长期的现场试验。

为了更好地适应我国的交通条件、气候条件以及修建技术水平较低的状况，从1960年开始，在交通部的组织下，由部属院所牵头在全国20多个省（区、市）开展了大量的路况调查，建立了沥青路面结构临界使用状态与累计交通量的关系，并在1978年建立了适应我国当时条件的、以路面容许弯沉为设计指标的弹性双层体系设计理论和设计方法，形成了以薄沥青层+细粒料半刚性基层（或粒料基层）+弱路基强度的典型结构形式。

尽管我国建立了较为系统的设计指标与理论分析体系，但与国外发达国家相比，在对路面结构使用性能的研究和应用方面还存在较大的差距。

在我国已经有的加速加载设备中，大部分为模拟车轮荷载的加速加载设备。这种设备的优点是能较为真实地模拟车辆荷载对路面结构的作用，缺点是加载速度慢、力学模式复杂、性能模型主要基于经验。山东省交通科学研究院采用的大型多点损伤路面加速加载试验系统则克服了上述缺点，加载速度快、力学模式简单，容易实现对不同路面结构的长期性能验证，并形成与力学指标密切关联的路面结构性能模型。

在过去的近50年中，在全国性的路面研究项目以及各省（区、市）的研究项目中，通过修建试验路的方法，开展了大量室内和室外力学性能与使用性能的关系的研究，这些试验路一方面用于施工工艺的研究，另一方面也应用于长期使用性能的观测研究，但由于时间和资金的问题，这些试验路大部分都是局限在短时期的观测研究，连续跟踪观测研究很少坚持下去，一方面无法加深对路面结构设计与使用性能的认识，另一方面还出现了根据短期的、局部的经验扩展应用的问题。通过以上对国内外路面结构设计与使用性能研究的总结、分析，系统建立室内材料力学性能与路面结构使用性能的关系是路面结构设计的基础，在现阶段我国已经具备大量室内材料参数并已经建立了较为系统的理论分析体系的情况下，研究高速公路沥青路面的长期使用性能必须从室内走到室外，系统建立室内材料性能与结构使用性能的关系。开展足尺路面加速加载与基于现有道路性能总结的长期使用性能观测是经济效益最好的研究手段。

2）先进技术的开发与引进

为实现工程高质量建设，从解决制约工程建设的重要难题出发，梳理出“全寿命周期设计施工一体化、不间断交通的施工交通组织与安全保障提升、旧路材料与大宗工业废弃物循环利用、生态防护与节能减排、信息化建管养效率提升”五大科技专项，以国际先进技术为目标，通过一系列科学实践为国内后期即将开展的一大批高速公路改扩建工程加强技术储备。公司项目办制定了科技攻关与技术推广工作计划，以自主开发为主，积极开展技术创新与应用示范，详见表 6-2、表 6-3

科技示范项目总体进度计划　　表 6-2

年份（年）	季度			
	一	二	三	四
2017	—	1. 实施方案编制	1. 实施方案优化； 2. 全国科技示范工程调研； 3. 示范项目立项及审查	1. 实施方案评审； 2. 全国科技示范工程制度制定； 3. 示范项目交底、调研与实施； 4. 年度科技示范工作总结
2018	1. 示范项目实施； 2. 示范项目实施效果检验； 3. 示范项目技术指南编写	1. 示范项目实施； 2. 示范项目实施效果检验； 3. 示范项目技术指南； 4. 示范项目中期检测； 5. 科技示范工程现场观摩会	1. 示范项目实施； 2. 示范项目实施效果； 3. 示范项目技术指南编写	1. 示范项目实施； 2. 示范项目实施效果检验； 3. 示范项目技术指南编写； 4. 年度科技示范工作总结

续上表

年份（年）	季度			
	一	二	三	四
2019	1. 示范项目实施； 2. 示范项目实施效果检验； 3. 示范项目技术指南编写	1. 示范项目实施； 2. 示范项目实施效果检验； 3. 示范项目技术指南编写； 4. 示范项目验收结题	1. 示范项目实施； 2. 示范项目实施效果检验； 3. 示范项目地方或行业标准申请； 4. 示范项目验收结题； 5. 示范项目中期评审	1. 示范项目实施； 2. 示范项目实施效果检验； 3. 示范项目地方或行业标准申请； 4. 示范项目验收结题； 5. 年度科技示范工作总结
2020	1. 示范项目实施； 2. 示范项目实施效果检验； 3. 示范项目地方或行业标准申请； 4. 示范项目验收结题	1. 示范项目实施； 2. 示范项目实施效果检验； 3. 示范项目地方或行业标准申请； 4. 示范项目验收结题	1. 示范项目实施； 2. 示范项目实施效果检验； 3. 示范项目地方或行业标准申请； 4. 示范项目验收结题	1. 示范项目实施； 2. 示范项目实施效果检验； 3. 示范项目地方或行业标准申请； 4. 示范项目验收结题； 5. 年度科技示范工作总结
2021	1. 示范项目验收结题； 2. 科技示范工程声像资料制作； 3. 科技示范工程总结和预验收	1. 科技示范工程验收； 2. 科技示范工程交流会； 3. 示范项目成果推广	—	—

济青高速公路改扩建绿色科技示范工程项目关键技术 表 6-3

技术名称	说明
新旧路面材料与结构性能协调及匹配关键技术	对路面结构整体性能进行评价或预估，对路面各结构层物理力学参数进行性能协调及匹配关键测试，分析旧路面材料模量衰变、沥青层老化状态、疲劳损伤等性能变化规律，从局部及分层对现有路面结构服役状态与残余寿命进行评价分析，指导高速公路改扩建设计，实现旧路面结构最大化利用
基于扩建工程的路基路面结构优化设计	通过对比全国各省（区市、）典型沥青路面结构，山东省路面结构整体较厚，建立路面长期性能监测技术、路面病害诊断与评估系统进行路面结构性能评价与分析，采用室内加速加载实现结构性能验证，最终对路面结构进行优化，如通过路基路面一体化设计优化结构组合，采用新材料减薄沥青路面结构层厚度，采用新工艺提升使用性能等，从而达到效益最大化
济青拼接加宽桥梁中既有中小跨径旧桥部分荷载适应性研究	对我国通用服役典型桥型进行了残余寿命实体疲劳评价，避免了对旧桥的盲目拆除重建或过度加固，最大限度提高了既有桥梁结构利用率，成果将进一步修正我国高速公路桥梁计算理论，推动技术发展
沥青面层全断面整幅摊铺技术研究	致力于攻克“四改八”常见的新旧路面高程、沉降不一致，横向、纵向平整度差的难题
水稳结构大厚度连铺连压整体成型技术	应用有利于减少施工对基层内部造成的损伤，保证了基层的整体性，同时会减少由于水分散失造成的基层干缩开裂，并且会显著提高铺筑质量，确保使用性能，推迟或预防路面早期病害的产生，对提高路面耐久性、延长公路寿命有重大意义，同时简化施工过程，减少了一次施工过程和层间养生工序，且能减少施工过程中的质量控制点，提高施工效率
高速公路改扩建工程施工区交通安全评价方法研究	通过建立各因素与交通冲突之间的关系模型，并采用适合国内高速公路实际运行情况的交通冲突技术作为评价方法，形成高速公路改扩建施工区安全性能综合评价体系，并能根据其影响安全的因素提出相应的安全改进措施

续上表

技术名称	说　明
基于绿色循环利用功能的公路护栏安全提升系统研究	重点进行路侧波形梁护栏升级改造关键技术研究、中分带开口护栏应用及端部衔接过渡研究、中分带桥墩位置安全防护关键技术研究、护栏过渡衔接系统研究等，将这些旧护栏构件充分再利用避免造成巨大资源浪费，符合绿色交通发展理念
赤泥资源化路用关键技术研究	通过改性处理形成性质稳定的路用材料，完成赤泥路床填筑，实现了赤泥减量化利用，降低公路建设成本，避免公路工程建设对不可再生土地资源的破坏，缓解大宗工业废弃物集中存储带来的生态环境压力，造福沿线人民
济青高速公路改扩建沥青路面冷再生耐久路面技术示范	通过乳化沥青冷再生专用设备标准化改造技术及专用设备制造技术、乳化沥青冷再生专用间歇式拌和设备研发、乳化沥青冷再生标准设计方法及冷再生质量控制体系、高性能乳化沥青冷再生混合料的研发和推广应用、改扩建中冷再生与半刚性基层黏结以及冷再生与其他路面结构纵向拼接技术五个方面进行技术创新和推广应用，实现济青高速公路改扩建施工产生大量沥青路面铣刨料及水稳基层铣刨料的再生利用

6.4　劣势分析

国内从2003年起就已经有高速公路开始实施改扩建工程建设，我国高速公路建设单位具有地域性特点，各省（区、市）之间的高速公路改扩建工程经验更多是借鉴。济青高速公路改扩建项目是山东省第一条高速公路改扩建工程，同时也是山东高速公司实施的第一条高速公路改扩建工程，因此，缺乏改扩建工程建设经验是必须面对的现实。这也是未来即将实施高速公路改扩建工程省（区、市）高速公路建设单位必须经历的过程。

山东高速公司十分重视济青高速公路改扩建工程建设，通过走访调研、实地踏勘、邀请座谈、专家研讨等多种方法，积极借鉴和采纳其他省（区、市）高速公路改扩建工程建设经验，并结合自身管理优势与技术优势，把握时代机遇，迎接各种挑战，通过济青高速公路改扩建工程的实施，变被动为主动，积累和夯实高速公路改扩建工程经验。

07 顶层设计

7.1 制订项目预案

7.1.1 依托公司规划制订项目目标

《山东高速股份有限公司“十三五”发展规划》中提出“坚持实施‘行业领先’与‘资本驱动’两大战略，到2020年发展成为以高速公路投资运营为主业，集主业保障链上信息、新材料、金融为一体的全国同行业资产规模最大、收入与效益位居前列的一流上市公司”的发展目标，明确将本项目作为规划中的重点工程建设项目，制订了一系列任务目标和资金保障、工程管理措施。

根据公司的战略发展要求，制订了本项目“打造改扩建工程全国样板，争创国家优质工程”的总目标，提出了“科技创新强、设备工艺优、质量效率高、服务体验好”的具体目标。

7.1.2 质量管理机制

为更好地管理项目，山东高速公司成立了济青高速公路改扩建工程项目办；建立了涵盖集团、公司、项目办在内的，具备良性互动的三级组织保障体系，由公司企业管理部自上而下贯彻卓越绩效模式，引导推进项目各项建设目标，明确项目管理原则和导向。高层领导项目管理原则和导向见表7-1。

高层领导项目管理原则和导向　　表7-1

管理原则	项目为中心，目标至上
管理核心	决策规划、组织协调、科技支撑、施工建设
管理导向	（1）坚持目标导向，聚焦提质创优，打造品质、耐久工程； （2）坚持问题导向，集成绿色技术应用，打造科技示范工程； （3）坚持创新导向，提升科技含量，打造创新引领工程

高层领导秉承公司“发展以质为本”的核心价值观，遵循“百年大计、质量第一”的方针，致力打造“品质工程、优质工程”，实行“三化”（标准化、模块化、工厂化）施工、“首件工程认可制”，推动四方（企业自检、社会监理、法人管理、政府监督）立体质保体

系建设，实现质量管理全覆盖。

公司领导组织召开周、月例会，就建设情况和存在的问题，以议题的方式集体讨论通过，并形成会议纪要；建立周报、月报机制，通报总结项目质量管理情况。为保质保量完成建设任务，高层领导在行业内率先提出并建立工程项目“风险抵押金”机制，进一步加强参建单位、项目办中高层管理人员责任意识。比如，高层领导以集体会议、专家咨询等形式，针对项目较大变更，采取提出方案—专家评审（会议审议）—修改提高—再评审（咨询意见）—落地实施的工作流程，优化设计并主动向上级部门沟通汇报，推动完成制约主体工程进展的 9 项较大设计变更（涉及金额约 5.5 亿元），有力保障项目顺利实施，提高了工程建设质量（图 7-1、图 7-2）。

图 7-1　高层领导调研项目

图 7-2　高层领导总结部署项目建设工作

7.1.3 协调统筹相关方目标

项目从前期准备、设计、施工、运营4个阶段入手，通过对参与项目的相关方详细列表、逐项分析、头脑风暴讨论的方式，识别出相关方；再通过实地考察调研、座谈、协同公司其余相关部室和单位的方式，了解相关方需求。

1）企业股东目标追求

（1）目标追求一：提升公司科研创新能力。

满足需求做法：咨询行业多家科研院所及高校有关专家意见，确定本项目工程特点及难点，围绕安全耐久、资源利用、节能环保、智慧共享4大理念，紧扣“绿色”主题开展专项和子项策划，经缜密调研、反复论证、多次评审，向交通运输部申报绿色科技示范工程。

（2）目标追求二：尽量使用先进设备、工艺方法、节省投资。

满足需求做法：通过科技查新、咨询调研等方式，初步确定工业固体废物资源化利用、新旧沥青路面结构拼接部位硬路肩反开挖处置、沥青路面大宽度摊铺技术应用现状及可行性。然后围绕这三个主题深化调研，就建设过程中遇到的实际问题提出工艺方法方案和配套设备方案，并融入项目绿色科技示范工程中。联合设计院、施工监理单位和设备制造厂商，针对需求实施科技攻关，开展工艺方法理论研究、试验验证、施工组织优化和设备研发、改造提升、全线推广。

（3）目标追求三：项目建设质量过硬，边施工边通车，尽快交工通车。

满足需求做法：①落实“一质量、二控制、三落实、四达标”的“1234”质控理念和制度，构建“44634”质量管控模式，做到质量保证措施等“4到位”，严把材料进场等“4道关”，抓好新旧路基拼接等“6个重点部位”质量控制，推动“3化”施工，完善施工自检、监理抽检、业主检查与行业主管部门监督的“4方”质量保证体系。②开展路缘石、护栏顺直度、路基填土压实度、路面平整度、混凝土外观质量等专项提升，从重点工序和过程入手，控制施工质量，提高工程品质。以专题会议等形式向参建单位明确质量提升的奖惩方案，落实参建单位质量责任。

（4）目标追求四：合同履约率100%。

满足需求做法：宣传贯彻《中华人民共和国合同法》和国家有关法律法规，建立健全合同管理规章制度，加强合同管理，规范签订各项实施合同，避免出现履约风险。

（5）目标追求五：不发生重大安全生产责任事故。

满足需求做法：成立安全管理专职部门，从上到下配置安全管理资源，贯彻标准规范和法律法规，落实各项安全管理措施和专项方案等，推进“平安工地”建设。

2）政府目标追求与居民诉求

（1）政府提倡科技创新，节能减排，尽量拉动地方经济。

满足需求的做法：争创科技示范工程，积极采用新技术解决工程痛难点问题，采用新技术满足未来交通质量、安全需求；工程废弃物资源化利用，工业废弃物积极消纳；工程建设尽量采取当地人料机等，建成高速公路安全畅通，满足周边工农业物流等运输需求，在建设期与服役期均起到拉动地方经济效果。

（2）居民诉求得到满意解决。

满足需求的做法：设计、施工中多考虑沿线居民需求，施工中采取围挡等有利于沿线居民的措施，积极听取意见建议，处理投诉，综合考量下协调相关方予以解决，做到“事事有回应”。

3）用路者与管养单位的需求

（1）用路者建设期需求：期望建成畅安舒美的高速公路，路况更好，出行更加便捷。

满足需求的做法：①建设期确定“一级诱导 + 二级分流 + 三级管制”的分流方案，设置1294块交通诱导标志牌；建立与交警路政联动工作机制，提高安全通行水平；利用“三微一端”、电视广播等媒体平台实时发布路况信息，指导驾乘人员高效便捷出行。②运营期间结合公司运营服务管理统一工作部署，从养护、路政、信息、收费4条线着手减少车辆缓行次数，定期开展顾客满意度调查，定期调查用户满意度，并结合公司“96659”智慧服务热线，提高顾客满意度和投诉转接处理率。③从项目进度、质量、安全、环保等多方面提高项目管理水平，设计之初统筹考虑四车道服务水平降级，从严执行方案论证审批程序。④在实践中不断创新、加强交通流量控制、加大宣传力度、狠抓施工路段交通管控，探索建设期交通组织和车辆通行流畅度。

（2）养管单位需求：期望建成的高速公路设施耐久不易损坏，未来养护维修少，节省未来养护维修费用。

满足需求的做法：在建设过程中，从设计源头考虑未来管养面临的问题，从设计上增强高速公路设施容忍度，提高设计质量，在设计中采用增强结构安全度、延长设施服役期寿命的方法，例如本项目采用长寿命路面等设计方案；施工过程中，严格着重检查涉及结构寿命的材料、施工方法，确保施工高质量，例如本项目增强新旧路基路面结合处质量防止服役期差异沉降、旧路病害处治充分等施工措施。

4）企业员工的需求

需求：企业员工期望通过参与项目获得自身能力的提高，积攒个人业绩，实现自身价值。

满足需求的做法：①做好员工职业健康教育，做好施工现场环境控制特别是环保控制，为员工配备足够的职业健康防护设施设备，为经常到现场的员工购买额外保险，定期组织员工体检。②本企业员工按照绩效管理体系进行激励和考核，通过完成本项目达到员工绩效指标体系规定要求，使得员工有所成长；对于非建设方的参建单位员工，采用奖金激励制度、劳动竞赛制度，提升参建方员工干好本职工作的积极性。

5）供应商的需求

需求：设备材料供应商期望付款及时，不拖欠设备材料款。

满足需求的做法：严格管理合同履约，达到合同要求付款，不拖欠款项。

6）参建方的需求

需求：参建方期望提高效率，加快进度，工程款及时到账，工程质量合格，顺利通过验收。

满足需求的做法：①完成的阶段性设计文件及时审查和答复，按照合同进度付款。②考核施工质量达标，及时计量支付工程款；积极筹划能够提高施工效率的工艺方法，进行全线推广应用，在保证质量的前提下加快施工进度；抓紧组织交竣工验收，对于满足验收要求的及时拨付款项。③监理履行了监理任务，按合同计量和支付监理费用。④第三方检测结构履约完成了第三方检测任务，按合同计量和支付费用。⑤加强施工、监理、第三方检测单位的资质信用管理，杜绝造假。⑥咨询单位按照咨询合同进行定期考核和支付费用。

7）相关方的需求总结

根据前 6 小点分析，将项目相关方需求提取重点摘录在图 7-3 中。

7.1.4　项目目标及实施计划的动态调整

为响应山东省委省政府、集团公司、沿线人民群众对提前建成通车的迫切需求，项目建立常态化动态调整机制，通过会议、不定期调研调度等方式，综合考虑管理和相关方需求变化等内外部因素，开展目标和计划的良性动态调整。

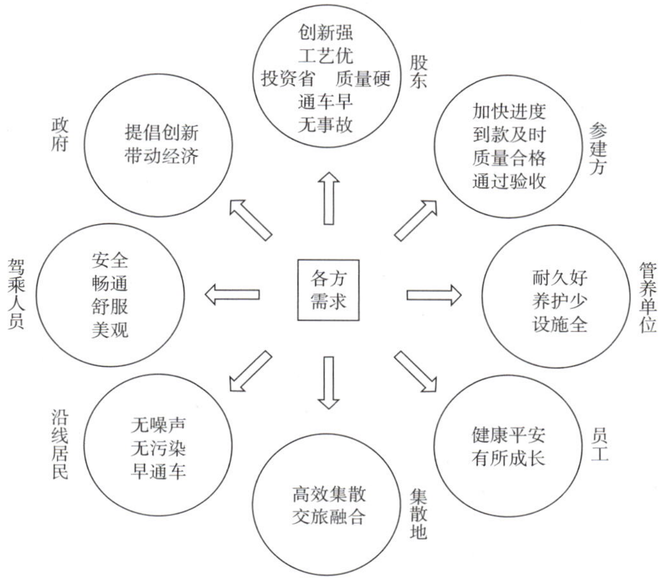

图 7-3 相关方需求图

如在进度纠偏机制方面，调整产值计划和工期进度，督促参建单位加大投入、倒排工期、挂图作战，优化方案和施工组织，部分控制性工程 24h 不间断施工；以合理合法合规为前提，尽力提高支付比例以保证各单位资金充足，满足建设大提速需要；设置提前通车专项补偿，鼓励大干，加强督导检查，奖惩结合；部分标段进度明显落后于计划时，项目办联合总监办帮助参建单位分析问题，制定解决办法。此外，通过各种保障措施的跟进、新技术装备的应用，项目提前 5 个月建成通车，满足了相关方的需求（表 7-2）。

项目目标及实施计划、相关方需求 表 7-2

项目目标	对应指标	相关方需求	实施计划
科技创新强	（1）科研创新成为全国示范。 （2）获得省部级技术创新奖项 >15 项。 （3）申请专利> 30 项。 （4）发布论文> 90 篇。 （5）专著> 5 部。 （6）标准及指南> 5 项	股东：提升公司科研创新能力，提振股东信心。 政府：政府提倡科技创新	（1）咨询行业多家科研院所及高校有关专家意见，确定本项目工程特点及难点，围绕安全耐久、资源利用、节能环保、智慧共享4大理念，紧扣“绿色”主题开展专项和子项策划，经缜密调研、反复论证、多次评审，向交通运输部申报绿色科技示范工程。 （2）联合国内知名科研院所和高校，搭建产学研协同创新平台，设立联合专项工作小组，建立科研、设计、施工、监理联动机制；建立健全《科技示范工程实施管理办法》、月报告、季度简报、联席会议等多项制度，推进工作规范有序开展。 （3）计划投入科研费用5000万元，保障各项科研创新资金充足。优化科研创新队伍人员结构，提高项目团队整体技术水平。组织开展或承办全国性的交流会、观摩会、竞赛活动等，推进交流、观摩、应用一体化
设备工艺优	（1）实现一项工艺工法应用全国领先。 （2）实现一项设备应用全国领先	股东：尽量使用先进设备、工艺工法，节省投资。 供应商：为供应商带来效益。 参建方：提高参建单位工作效率，加快工程进度	（1）通过科技查新、咨询调研等方式，初步确定工业固体废物资源化利用、新旧沥青路面结构拼接部位硬路肩反开挖处置、沥青路面大宽度摊铺技术应用现状及可行性。 （2）围绕上述三个主题深化调查研究，就建设过程中遇到的实际问题提出工艺工法方案和配套设备方案，并融入项目绿色科技示范工程中。 （3）联合设计院、施工监理单位和设备制造厂商，针对需求实施科技攻关，开展工艺工法理论研究、试验验证、施工组织优化和设备研发、改造提升、全线推广
质量效率高	（1）路面平整度标准差< 1mm，优于规范值。 （2）不封闭交通施工，车辆通行平均延时时长不超过改扩建前的 30%。 （3）无重大安全生产责任事故，无重大工伤事故。 （4）合同履约率 100%，无员工职业健康问题	股东：项目建设质量过硬，边施工边通车，尽快交工通车，合同履约率 100%，不发生重大安全生产责任事故。 员工：员工健康，有成长。 参建方（供货商）：工程款、货款等及时到账，工程质量合格、通过验收。	（1）落实“一质量、二控制、三落实、四达标”的“1234”质控理念和制度，构建“44634”质量管控模式，做到质量保证措施等“4到位”，严把材料进场等“4道关”，抓好新旧路基拼接等“6个重点部位”质量控制，推动“三化”施工，完善施工自检、监理抽检、业主检查与行业主管部门监督的“四方”质保体系。 （2）开展路缘石、护栏顺直度、路基填土压实度、路面平整度、混凝土外观质量等专项提升，从重点工序和过程入手，控制施工质量，提高工程品质。以专题会议等形式向参建单位明确质量提升的奖惩方案，落实参建单位质量责任。 （3）确定“一级诱导+二级分流+三级管制”的分流方案，设置1294块交通诱导标志标牌；建立与交警路政联动工作机制，提高安全通行水平；利用“三微一端”、电视广播等媒体平台实时发布路况信息，指导驾乘人员高效便捷出行。 （4）成立安全管理专职部门，从上到下配置安全管理人财物，贯彻相关标准规范和法律法规，落实各项安全管理措施和专项方案等，推进“平安工地建设”。 （5）宣传贯彻《中华人民共和国合同法》和国家有关法律法规，建立健全合同管理规章制度，加强合同管理，规范签订各项实施合同，避免出现履约风险。 （6）做好员工职业健康教育，做好施工现场环境控制特别是环保控制，为员工配备足够的职业健康防护设施设备，为经常到现场的员工购买额外保险，定期组织员工体检

续上表

项目目标	对应指标	相关方需求	实施计划
服务体验好	（1）顾客满意度＞96%，且高于省内同类企业。 （2）车辆缓行次数逐渐下降，最终下降50%。 （3）投诉处理率100%	顾客：建设畅安舒美的高速公路，顾客满意。 居民：沿线居民诉求得到满意解决	（1）从项目进度、质量、安全、环保等多方面提高项目管理水平，设计之初统筹考虑四车道保通施工的畅通性，从严执行方案论证审批程序。 （2）在实践中不断创新，从加强交通流量控制、加大宣传力度、狠抓施工路段交通管控等方面入手，探索建设期间的交通组织和车辆通行流畅度。 （3）运营期间结合公司运营服务管理统一工作部署，从养护、路政、信息、收费4条线着手减少车辆缓行次数，定期开展顾客满意度调查，定期调查用户满意度；并结合公司“96659”智慧服务热线，提高顾客满意度和投诉转接处理率。 （4）设计、施工中多考虑沿线居民需求，施工中采取围挡等有利沿线居民的措施；积极听取意见建议、处理投诉，综合考量下协调相关方予以解决，做到“事事有回应”

7.2 创造良好内外部环境

7.2.1 内部环境

1）鼓励员工参与

项目实行卓越绩效管理，制订方案和计划，纳入部门KPI工作体系中，制定相应的考核办法。

公司领导尊重职工参与民主决策权利，注重搭建与员工沟通交流渠道，在项目组织建设的各环节，开展家属访谈、健康体检、年节慰问、疏导心理、答疑解惑等活动。在工程建设现场设置公开栏，开展“金点子”合理化建议活动等，实现全员参与，形成多层次、多渠道、全方位共同建言献策的良好局面，做到上情下达、下情上传，增强员工的归属感和认同感。

2）支持员工交流与合作

体制机制上，特别设置东、西段现场指挥部，分段负责现场管理工作，便于职工围绕项目管理目标任务、计划实施过程等沟通交流。项目以党的会议、办公会议、党建活动、竞赛活动、工会活动、OA办公系统、微信工作群为载体，架起领导与职工、职工与职工间双向沟通的桥梁。由项目办主任（即公司高层领导）主持召开会议，统筹各参建单位和项目的沟通交流；组织“党旗飘扬一线”主题党建活动，加强项目与多方沟通（图7-4）。

3）营造学习与创新环境

项目实行集团、公司、项目办三级员工培训管理，打造层次分明、内外兼顾的学习环境。集团、公司组织的培训，包括党工人力知识、制度办法、技能培训等课程，项目办组织现场管理与安全管理、工艺方法等课程。项目办制定年度员工培训计划并报公司，积极为员工提供学习机会，动员员工积极参加内外部单位的学习交流、各类大型会议、专题座谈等，并基于项目实际适当调整。同时，统筹参建单位培训，为项目办人员提供现场实践学习、观摩的机会。

图 7-4　大型主题党日活动动员会现场

高层领导鼓励创新，积极营造创新工作环境，参照公司《创新工作管理办法》，开展项目理念、管理、技术和服务创新，以及解放思想大讨论、“金点子”等活动，引导全员创新。项目在发表各类成果时，鼓励员工通过学习提升技能，参与到过程管理和成果总结发表中，在成果署名上予以体现，营造良好的学习与创新环境（图 7-5）。

图 7-5　项目办内部员工培训

7.2.2　外部环境

高层领导在创造良好内部环境的同时，与顾客、供应商、各参建单位、沿线居民、政府建立合作共赢关系，营造良好的外部环境（表 7-3）。

外部环境营造　　表 7-3

相关方	沟通与合作
供应商	（1）沟通以会议、电话为主； （2）开展供应商评价、实地考察，综合考虑供应商资金垫付能力和供货能力，建立合格供应商名录，对合格供应商实施动态管理； （3）与物资集团等重点供应商建立长期稳定的合作关系，确保项目所需物资稳定供应； （4）以合同条款、诚信档案等约束其履约，及时支付应付款项，合作共赢
参建单位	（1）通过月度会议的方式进行面对面沟通，传达上级单位重大决策与指示，针对工程推进过程中的技术、管理、资金等方面问题进行商讨决议； （2）举办各类技能比武、劳动竞赛等活动，树优评先鼓励参建单位提升施工技术、管理水平，积极为参建单位争取利益，建立良好的合作伙伴关系； （3）通过各类安全演练、技术及质量专题会、观摩会、专家讲座等，对参建单位员工进行培训，提升参建单位人员能力素质水平
居民	（1）开放公司公开投诉热线、地方协调办、指挥部及厂务公开栏等项目投诉渠道，高度关注沿线居民对项目的意见建议，收集到信息后及时处理，与居民沟通，力求处理率 100%，树立正面形象； （2）结合项目办“安全生产月”活动，每年向项目周边居民印发安全、普法教育宣传单页
政府	（1）以不定期会议、座谈、调研的方式向各地市及时沟通项目进展，与项目沿线 5 市 24 县市区共同合作成立协调办，安排专项资金作为协调经费，政府各主管部门骨干作为协调人员，签订协议，全力服务于项目顺利推进； （2）每年评选优秀协调单位与个人，对获奖单位及个人采取激励措施
顾客	（1）主要考虑运营服务期驾乘人员等顾客的外部环境营造，采取定期顾客满意度调查、收费广场面对面沟通、接待参观、大客户走访、提升“96659”热线服务质量等方式，为重点客户和一般客户创造良好的体验环境、沟通环境； （2）建设期间主要依靠开放投诉通道的方式，收集顾客对项目建设的意见和建议

08 卓越目标保障措施

8.1 团队建设

8.1.1 团队组成

济青高速公路改扩建项目团队包括项目办、设计单位、材料设备供应单位、施工单位、监理单位、技术服务单位、科研机构。为了顺利建成济青高速公路改扩建工程，首先组建项目办，由项目办办理项目开工建设相关手续，组织项目招评标，制定项目实施计划，实施合同、进度、质量管理，办理计量支付、竣工验收、结算。项目办有权优选资质好、信用佳、能够满足项目建设需求的设计单位、材料设备供应单位、施工单位、监理单位、技术服务单位；针对济青高速公路改扩建的技术难题，项目办还组织了科研攻关的招投标，优选科研实力强，科研项目与工程联系紧密，能够及时应用到工程中的技术，吸纳满足要求的科研单位提前展开技术难题攻关。

8.1.2 人员管理

8.1.2.1 项目办人员管理

1）能力分析与提升策略

公司根据工程项目特点调配相关管理和技术人员组成工程项目办，按照部门职责制定严格的人员岗位职责，开展公司员工能力分析与提升策略管理（表 8-1）。

项目办员工能力分析与提升策略一览表　　表 8-1

人员类型	现有能力	所需能力	能力差距	提升策略
一般管理人员	具有相关管理知识、业务技能，有一定的创新能力	具备扎实系统的管理知识，具有较强的管理、创新能力	管理知识薄弱，创新能力不足	管理知识培训，鼓励员工进行在职教育
中级管理人员	具有较强的统筹协调能力，有效合理运作的创新意识和管理能力	专业的管理知识和较强的管理、创新能力	管理创新能力有待提高	开设中级管理人员培训班；调配岗位，合理配置人力资源，建立人才储备库

续上表

人员类型	现有能力	所需能力	能力差距	提升策略
高级管理人员	具有全面、系统的管理知识，较强的创新意识和管理能力	具备前瞻性战略眼光，具有多元化、专业的管理知识和卓越的管理、创新能力	多元化专业知识欠缺	外聘专家、组织参加高端论坛
专业技术人员	具有系统的专业知识，有一定的研发、创新能力	具有领先的专业知识，较强的研发、创新能力	科研创新能力不足	引进专业人才，科研创新能力培训

对于项目办人员，项目办领导重视员工权益维护和满意度提升，关注人才培养，系统打造高效率、高素质队伍，提升整体效能。

2）员工绩效管理

按照公司制定的《员工绩效考核办法》《干部360°考核办法》，成立考核评价领导小组，确定人力资源部、政治部分别为员工绩效评价和干部绩效评价的牵头部门。通过绩效计划、绩效实施与辅导、绩效考核和绩效反馈与应用四个关键环节建立不断循环、持续改进的闭环管理系统，为持续提高项目办人员绩效提供支持（图8-1）。

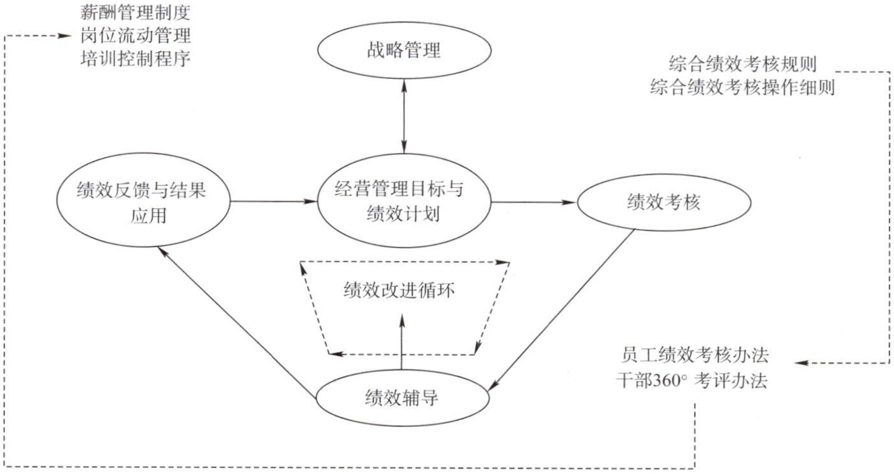

图 8-1　员工绩效管理体系

3）员工绩效指标体系及激励机制

采用“分级渐进式责任落实模式”将战略规划发展目标进行分解，形成员工个人工作绩效指标，对各类员工进行绩效评价；根据评价结果，按照得分高低分为 A~E 5 个等级，以此为依据，建立“刚柔并济”的激励约束机制，实行奖优罚劣。刚性措施主要为薪酬和职位调整，柔性措施为先进评选、教育培训等非物质措施。

4）员工的学习和发展

重视员工的学习和发展，通过员工知识和技能等综合能力提升帮助员工实现个人职业发展目标。进行教育培训需求分析，制定教育培训计划。

5）重视员工权益与满意程度

严格执行《中华人民共和国劳动法》《中华人民共和国安全生产法》《中华人民共和国职业病防治法》等法律法规，导入并通过 OHSAS 18001 职业健康安全管理体系认证，规范职业健康安全管理。

根据权属单位分布、员工分类、员工年龄、学历分类等的不同，采取访谈、问卷调查等多种沟通渠道，广泛收集员工对公司生产、经营、建设、工作环境和条件、职工生活等方面的意见和建议，并按照意见和建议提出的频次进行排序，识别出各类员工意见的倾向性，确定影响不同员工满意度的关键因素。公司根据影响满意度的关键因素，按照不同员工关注倾向设置调查指标，设计《一线作业人员满意度调查问卷》《专业技术人员满意度调查问卷》和《管理人员调查问卷》，并通过抽样测试和调查结果评价改进活动，保证调查结果的信度和效度。每年结合管理评审会议对员工满意度调查结果进行研究分析，对员工满意度调查和分析方法的有效性进行评价，并结合管理评审结果和员工缺勤、抱怨、工作效率等绩效考核情况，寻找改进机会提出整改措施，明确落实责任，持续提高员工满意程度。

8.1.2.2　其他参建单位人员管理

其他参建单位主要包括设计单位、施工单位、监理单位、技术服务单位、科研单位。对于这些单位的员工，建设单位并没有义务对其进行职业提升管理，但会就济青项目建设过程中的技术问题、安全问题进行定期的培训，确保济青项目顺利建成。在招投标期间，具有明确的中标门槛，其中对人员主要是资质管理，项目建设过程中，主要对参建方人员进行履约考察。

1）人员能力管理

（1）施工单位人员能力。

施工单位人员能力直接决定了施工水平，济青项目实行人员资质管理，与信用体系挂钩，在招标与合同签订阶段，严格把控合同参与人员履约率。表 8-2~ 表 8-7 是济青高速公路改扩建工程 6 个施工标段的履约人员情况。

施工 1 标人员资质情况

表 8-2

人员职务	技术职称	人数	类似工作年限	人员职务	技术职称	人数	类似工作年限
项目经理	教授级高工	1	23	桥梁工程师	工程师	4	14~18
项目总工	教授级高工	1	19	质检工程师	高级工程师	2	12~18
安全生产负责人	高级工程师	5	11~18	合同工程师	高级工程师	1	26
试验检测负责人	高级工程师	1	19		高级经济师	1	19
道路工程师	高级工程师	4	16~29	交通设施工程师	工程师	3	11~15
	工程师	3	11~17	测量工程师	工程师	2	8~10
桥梁工程师	高级工程师	2	18~24	专职安全员	—	73	3~23

施工 2 标人员资质情况

表 8-3

人员职务	技术职称	人数	类似工作年限	人员职务	技术职称	人数	类似工作年限
项目经理	教授级高工	1	23	质检工程师	高级工程师	2	14~19
项目总工	教授级高工	1	17	合同工程师	经济师	1	11
安全生产负责人	高级工程师	3	7~11	交通设施工程师	工程师	1	10
试验检测负责人	高级工程师	1	10	测量工程师	工程师	2	10
道路工程师	工程师	3	8~11	专职安全员	—	38	4~27
桥梁工程师	工程师	3	12~18				

施工 3 标人员资质情况

表 8-4

人员职务	技术职称	人数	类似工作年限	人员职务	技术职称	人数	类似工作年限
项目经理	教授级高工	1	34	桥梁工程师	工程师	3	15~20
项目总工	教授级高工	1	21	质检工程师	高级工程师	1	20
安全生产负责人	工程师	4	14~20		工程师	1	14
试验检测负责人	高级工程师	1	17	合同工程师	工程师	1	18
道路工程师	高级工程师	4	21~28	交通设施工程师	工程师	2	12~16
	工程师	1	15	测量工程师	工程师	1	17
桥梁工程师	高级工程师	2	25	安全员	—	62	3~15

施工 4 标人员资质情况

表 8-5

人员职务	技术职称	人数	类似工作年限	人员职务	技术职称	人数	类似工作年限
项目经理	教授级高工	1	19	桥梁工程师	工程师	5	8~12
项目总工	教授级高工	1	31	质检工程师	工程师	2	9~11
安全生产负责人	工程师	4	8~15	合同工程师	高级经济师	1	11
试验检测负责人	工程师	1	17	交通设施工程师	工程师	2	10~11
道路工程师	教授级高级工程师	1	33	测量工程师	工程师	2	18~24
	高级工程师	2	13~28	专职安全员	—	3	3~24
	工程师	3	7~8				

施工 5 标人员资质情况　　表 8-6

人员职务	技术职称	人数	类似工作年限	人员职务	技术职称	人数	类似工作年限
项目经理	工程技术应用研究员	1	13	桥梁工程师	工程师	1	9
项目总工	高级工程师	1	14	质检工程师	高级工程师	1	11
安全生产负责人	高级工程师	1	9	合同工程师	经济师	1	11
	工程师	3	8~10	交通设施工程师	工程师	1	8
试验检测负责人	高级工程师	1	9	测量工程师	工程师	1	7
道路工程师	工程师	2	11	专职安全员	—	22	3~6

施工 6 标人员资质情况　　表 8-7

人员职务	技术职称	人数	类似工作年限	人员职务	技术职称	人数	类似工作年限
项目经理	高级工程师	1	18	质检工程师	工程师	2	9~10
项目总工	高级工程师	1	16	计量工程师	工程师	1	8
安全生产负责人	工程师	4	11~12	合同工程师	高级经济师	1	20
试验检测负责人	工程师	1	14	交通设施工程师	工程师	2	9~11
道路工程师	工程师	6	10~11	测量工程师	工程师	2	10~14
桥梁工程师	高级工程师	2	17~26	专职安全员	—	63	3~26
	工程师	6	11~14				

（2）监理单位人员能力。

一是严格履约管理，人员变更不得降低资格、职称等要求。二是建立完善各种培训机制，不断提升监理检测人员专业技术能力。三是严格按照信用考核制度对监理检测主要人员进行考核。监理单位人员资质情况见表 8-8。

监理单位人员资质情况　　表 8-8

监理标段	人员配备
总监办	施工期拟配备总监理工程师 1 人，副总监理工程师 2 人，专业监理工程师 15 人，监理员（含试验员）27 人，共计 45 人。 缺陷责任期阶段：拟配备副总监理工程师 1 人，专业监理工程师 4 人，监理员 4 人，共计 9 人
1 标	驻地监理工程师 1 名、副驻地监理工程师 2 名、试验室主任 1 名、安全监理工程师 1 名、道路监理工程师 6 名、桥梁监理工程师 6 名、试验检测工程师 1 名、测量监理工程师 1 名、合同计量工程师 1 名、交通设施监理工程师 1 名、绿化环保监理工程师 1 名、监理员 33 名
2 标	施工准备阶段：计划进场 17 人，驻地监理工程师 1 人，副驻地监理工程师 1 人，试验室主任 1 人，道路工程师 1 人，桥梁工程师 1 人，合同或计量工程师 1 人，测量监理工程师 1 人，监理员 10 人。 施工阶段：计划进场 38 人，驻地监理工程师 1 人，副驻地监理工程师 2 人，试验室主任 1 人，安全监理工程师 1 人，道路监理工程师 3 人，桥梁监理工程师 2 人，试验检测工程师 1 人，测量监理工程师 1 人，合同或计量工程师 1 人，交通设施监理工程师 1 人，绿化、环保监理工程师 1 人，监理员 23 人。 缺陷责任期：计划进场 6 人，其中副驻地监理工程师 1 人，合同或计量工程师 1 人，监理员 4 人
3 标	驻地监理工程师 1 人，副驻地监理工程师 2 人，试验室主任 1 人，安全监理工程师 1 人，道路监理工程师 5 人，桥梁监理工程师 4 人，试验检测工程师 1 人，测量监理工程师 1 人，合同或计量工程师 1 人，交通设施监理工程师 1 人，绿化、环保监理工程师 1 人，监理员 29 人

续上表

监理标段	人员配备
4标	驻地监理工程师1人，副驻地监理工程师2人，试验室主任1人，安全监理工程师1人，道路监理工程师6人，桥梁监理工程师5人，试验检测工程师1人，测量监理工程师1人，合同或计量工程师1人，交通设施监理工程师1人，绿化、环保监理工程师1人，监理员32人
5标	驻地监理工程师1人，副驻地监理工程师1人，试验室主任1人，安全监理工程师1人，道路监理工程师1人，桥梁监理工程师1人，试验检测工程师1人，测量监理工程师1人，合同或计量工程师1人，交通设施监理工程师1人，绿化、环保监理工程师1人，监理员15人
6标	驻地监理工程师1人，副驻地监理工程师2人，试验室主任1人，安全监理工程师2人，道路监理工程师8人，桥梁监理工程师8人，试验检测工程师1人，测量监理工程师1人，合同或计量工程师1人，交通设施监理工程师1人，绿化、环保监理工程师1人，监理员38人

2）人员培训与激励

（1）劳动竞赛。

2017年3月2日，济青高速公路改扩建工程组织开展“抢抓春季黄金季节，掀起百日大干高潮”劳动竞赛活动。劳动竞赛活动对工程进度、工程质量、安全生产、创新创优及廉政等项目进行月度考核，按照《济青高速改扩建工程“春季百日大干”劳动竞赛考核表》进行打分。只有月度考核平均分达到850分以上，且完成任务目标的参赛单位才有资格获得本次劳动竞赛优胜单位评选资格。

竞赛活动采用投资计划与形象进度双控制，具体得分计算方式如下：

完成或超额完成项目办下达任务目标中的形象进度和工作量的施工单位得分计算：（实际完成工作量/考核计划完成工作量）×100。

完成或超额完成计划工作量，但形象进度和控制性工程与计划有偏离施工单位得分：（实际完成工作量/考核计划完成工作量）×90。

劳动竞赛的表彰和惩罚：

①活动表彰奖励分为月度表彰奖励和总结表彰奖励。活动过程中项目办将设置流动红旗，月度考核前三名的施工单位和监理单位将被授予流动红旗。

②活动结束后，项目办将根据活动总结评比情况，评选出2~3个竞赛活动优胜施工单位、2~3个竞赛活动优胜监理单位进行表彰。

③竞赛活动中表现突出、作出重要贡献的参赛单位和个人，项目办将以特殊贡献奖的形式予以奖励。

④竞赛活动中受到表彰的参赛单位，项目办将以贺信的形式抄送各参赛单位母公司。

⑤对活动期间月度考核平均分850分以下，或由于工程质量、安全事故、廉政、环境等原因取消竞赛资格的，工程进度严重滞后的施工单位给予处罚，并通报其母公司。

⑥对监理的奖惩与其所管辖的施工单位所获奖惩挂钩，监理单位奖罚数额为所管辖施工单位奖罚数额的 10%。

⑦项目办将在总结 2016 年月度和年度综合考评的基础上，结合本次劳动竞赛活动，修订考核奖惩标准，另行下发奖惩办法。

竞赛活动具体完成效果如下：

①工程进度：竞赛活动期间完成了 185493 万元的建安投资计划任务目标，且确保完成 2017 年上半年形象进度计划。各合同段劳动竞赛期间具体完成建安投资计划分解见表 8-9。

各合同段建安投资计划分解表　　表 8-9

序号	合同段	时间				上半年合计（万元）
		3 月	4 月	5 月	6 月	
1	JQSG-1	16135	9701	12197	13458	54438
2	JQSG-2	1638	2822	4499	5746	16306
3	JQSG-3A	3327	6750	6778	7093	25113
4	JQSG-3B	3108	4255	4580	4622	17165
5	JQSG-4	5086	6991	7349	8811	30593
6	JQSG-5	1314	2445	3496	4172	11985
7	JQSG-6A	2199	3011	3186	4838	16237
8	JQSG-6B	1680	3081	3698	4433	13656
合计		34487	39056	45783	53173	185493

②安全施工：因工伤死亡、重伤事故为零；消防安全责任事故为零。

③工程质量：严把过程质量，实现工程精品，符合工程质量验收标准。

④创新创优：积极采取、推广新材料、新技术。

⑤廉政建设：严格遵守法律法规和相关规章制度。

⑥环境保护：严格遵守国家及地方有关环境保护的法规要求，做到标准施工、文明施工。

（2）定期培训。

①技术交底。在工程开工前或分项工程施工前，由工程相关专业技术人员向参与施工的人员进行技术性说明，其目的是使施工人员对技术质量要求、工程特点、施工方法与措施和安全等方面有一个比较详细的了解，便于科学地组织施工，有效避免技术质量等事故的发生。

②安全培训。针对“平安工地”建设要求，定期组织安全培训，印发安全手册，使得施工现场人员均能做到安全生产。

8.2 财务管理

8.2.1 项目建设资金保证

项目建设资金由山东高速公司采用自筹资金和银行贷款等形式进行筹集，不存在股权行为，没有入股资金。

根据固定资产投资项目的最低资本金比例要求，并结合公司实际情况，济青高速公路改扩建项目的资本结构为：公司自筹资金（用于资本金）25%，国内银行贷款 75%；按照项目总概算额约 297.96 亿元计算，自筹资金约 74.5 亿元，国内银行贷款约 223.5 亿元。

8.2.1.1 资金管理制度

1）资金管理职责与权限

（1）财务处是项目办资金归口管理部门，负责建立和完善资金管理制度，定期检查资金管理活动情况，确保资金管理活动安全有效运行。

（2）资金支付计划由项目办各处室编制，各处室每月 25 日前将经分管领导审核的资金支付计划报至财务处。财务处汇总整理资金支付计划表并编制资金预算表，每月定期上报股份公司计划财务部。

（3）出纳人员不得兼任稽核、会计档案保管和收入、支出、费用、债权债务账目的登记工作。不得由一人办理货币资金业务的全过程。

（4）各分公司项目办应设有一名财务报账员，负责分公司项目办资金计划的编制和日常经费的报销等工作。

2）现金管理

（1）现金的收入、支出和保管，应由出纳员专门负责管理。在出纳人员调换时，必须办理交接手续。

（2）现金的收、付业务都必须逐笔核清，必须根据原始凭证办理。不符合规定的或手续不完备的原始凭证不予报销，业务处理完毕后，出纳员应及时在相关业务凭证上加盖现金收付讫印章。

（3）每日终了，出纳员根据账面余额与库存现金余额核对，做到账实相符。发现问题要及时查明原因，每月末编制现金盘点表并经财务负责人监盘、签字确认。

（4）必须严格执行国家有关现金管理规定。不准用不符合财务制度规定的凭证（白条）顶替库存现金；不准假造用途，套取现金；不准用银行账户代其他单位或个人套取现金；不准将单位的收入以个人名义存入储蓄户；不准保留账外公款（即“小金库”）。

（5）职工因公借用现金，应由本人按规定填制借款单，由部门负责人、财务处负责人、分管领导、项目办领导逐级审签后，办理借款手续。职工报销及借款金额超过3000元应提前一天通知财务处出纳员以便准备现金。借款人应于相关业务结束后15日内到财务处办理还款手续。

（6）备用金定期对账，出纳员应于每月末编制员工备用金余额明细表，并经借款人本人确认签字。

（7）收入的现金应及时送存银行，并及时入账，不得坐支现金。

3）银行存款、印章及票据管理

（1）根据国家有关规定，结合工作实际需要，开立必要的银行账户。账户的开立、注销按山东高速集团规定办理。

（2）银行存款的收、付业务应由项目办出纳员专门负责。各项银行存款的收、付业务都必须有完整的手续，相关业务处理完毕后，出纳员应及时在业务结算单据上加盖银行收付讫印章。付款业务应及时由出纳员依据审批完整的费用报销单或支付审批单填制结算单据，财务负责人审核无误后履行支付程序。

（3）银行日记账与银行对账单必须按月核对，编制银行存款余额调节表并经财务负责人审核签字。

（4）银行印章实行专人分别管理，严禁一人保管支付款项所需的全部印章。

（5）银行票据包括现金支票、转账支票、银行汇票、电汇凭证等。

（6）银行票据由出纳负责购买，购买票据时要逐一清点检查，查看票据是否完整无损，编号是否连续，如有问题当场更换。

（7）银行票据、银行印鉴必须存放在保险柜中，严格执行空白票据现用现盖章，出纳员应随时掌握各开户银行存款余额情况，严禁开具空头支票。

（8）出纳员应于每月末编制银行票据盘点表，详细记录各类银行票据的结存情况并经财务负责人审核签字。

（9）建立支票签发登记制度，认真办理领用、注销手续，作废支票要盖有“作废”戳记，与支票存根一起保存；防止空白票据的遗失和被盗用，支票丢失要立即向银行办理挂失。

4）工程资金管理

（1）项目全过程需聘请中介机构进行跟踪审计，工程资金须经中介机构审计后办理支付手续。

（2）工程进度款和结算款，须根据合同协议以及监理编制的计量证书，按照审批程序逐级审签后，交财务处办理支付手续。

（3）大额工程建设资金履行完毕项目办签字审批后，按照山东高速公司财务制度相关规定进行支付。

（4）财务处应建立施工单位工程款支付台账，详细记录工程款支付情况，并至少每年一次与各施工单位书面询证核对工程款支付情况。

8.2.1.2 工程造价控制

（1）制定计量支付管理办法，严格审核计量支付，定期会同相关部门到参建单位对每一期计量支付进行核查，出具检查报告；对总监办上报的每期计量支付按规定审核，并根据跟踪审计单位意见进行批复；及时整理归档每期计量支付资料，确保计量支付资料完整。

（2）优化计量支付流程，确保项目资金使用；建立数据与形象相结合的计量支付台账，内容全面及时更新；根据每期计量重点，严格外业检查和内业资料抽检。

（3）积极督促参建单位加快新增单价申报、工程量清单复核；根据跟踪审计单位出具的工程量复核初步审计报告，确定计量红线，对各标段计量支付进行有效控制。

（4）积极推动材料价格调整工作，组织总监办、审计等相关单位，制定材料价格调整实施细则，与各标段签订补充协议并完成支付。

8.2.2 计量支付管理

8.2.2.1 项目办工作职责

（1）项目办全面负责本项目计量支付工作，监督、检查监理工程师、承包人的计量支付管理工作是否符合合同条款和财务管理办法的要求。

（2）审查计量支付证书和其他工程费用，对本项目计量支付的准确性、真实性和合法性负责。

（3）对计量支付证书中工程量大或重点分项工程技术资料进行定期、不定期抽查，避免超计、重计现象发生。

（4）督促监理工程师和承包人建立计量支付台账、变更台账，审查台账数据是否准确及时。

（5）办理工程进度款等工程费用支付的审批手续。

8.2.2.2 总监办、驻地办工作职责

（1）监理工程师应根据计量支付管理办法、监理规范及监理服务合同的要求，制订本项目计量支付工作程序，并将计量支付相关表格下发承包人。

（2）监理工程师对已完工程按合同约定的方法进行计量，做到客观、公正、准确、及时。

（3）监理工程师审核承包人的支付申请，保证无漏计、重计、超计、不满足支付条件、弄虚作假等现象发生，确认无误后签发支付证书报项目办。

（4）建立计量支付台账，根据承包人申请和有关规定及时登账记录，实施动态管理。当有较大差异时应及时告知项目办。

（5）配合项目办完成计量支付审查工作，按期完成修正工作，并及时签发计量支付证书以文件报送项目办。

（6）完成监理规范和监理服务合同规定的其他计量支付有关工作。

（7）支付不能解除承包人的任何质量义务，即使是承包人获得了计量确认后的付款，但其质量义务并未解除，而且工程质量是终身责任制。

（8）施工单位、监理单位均应设专职计量工程师，并能熟练操作电脑和使用计量支付软件。施工、监理单位的计量工程师不得随意更换。

8.2.2.3 计量基本原则

根据合同条款和工程量清单说明部分的有关规定，工程量清单所列的工程量是估算数量，不能作为施工单位应得支付金额的依据，支付数量应通过工程计量来确定，并应遵循下列原则：

（1）工程计量项目，其质量必须满足技术规范和设计要求，检查验收合格，检验资料齐全。

（2）计量必须据实计量，由驻地办现场验收，同时签署意见。总监办进行抽查，如发现与现场不符，退回资料并按相关条款进行处罚。

（3）工程计量的范围和方法必须符合合同条款、技术规范、工程量清单说明和补遗

等规定。工程计量以净值为准，对承包人超出施工设计图纸（含设计变更图）范围和因承包人原因造成返工的工程量，不予计量。

（4）工程变更费用无监理变更令及项目办的变更批准文件不得计量。

（5）暂定金额和专项暂定金额的使用必须经总监办审查并得到项目办批准，计量时必须附有审查意见和批准文件复印件。

（6）索赔金额、未付款利息支付必须附有相应的监理工程师签证和项目办批文复印件等。

8.2.2.4 内容与依据

1）工程进度款计量依据

（1）工程量清单及说明。

（2）施工图纸。

（3）工程合同条款。

（4）技术规范。

（5）证明工程质量合格和计量数量的技术资料。

（6）已批准的工程设计变更、索赔。

（7）项目奖惩办法。

（8）有关计量支付的补充协议及文件等。

工程进度款计量支付的先决条件是已完分项、分部工程经过自检和监理检验，确认工程质量合格，且各项试验检测资料齐全有效；同时符合安全、环保等各项规定。

2）监理费的计量依据

（1）监理服务合同。

（2）项目奖惩办法。

（3）有关计量支付的补充协议。

（4）会议纪要等文件。

3）计量

（1）复核工程量清单：承包人和驻地办根据现场和施工图纸、合同条件、技术规范进行工程量复核，总监办审核并经业主确认，此工程量为承包人计量控制的依据。

（2）中间计量：监理工程师在施工过程中依据工程合同文件、监理规范、计量支付管理办法相关规定进行计量。

（3）变更项目计量：变更增加或减少的工程必须待变更令下达后或完成变更审批手续后计量，以达到对工程投资控制的目的。

4）支付

（1）依据完成工程量进行预付款、工程进度款、材料预付款、暂列金额、材料价差调整、价格调整、质量保证金、奖罚金额、最终付款等费用的支付工作。

（2）为有效控制计量支付，路基土石方工程累计计量数量最高不得超过初步复核量的85%；路面、桥梁、交安、绿化环保工程累计计量工程不得超过初步复核量的95%，待最终工程量核实工作完成后再支付相关剩余工程款。进度付款证书最低限额：5‰签约合同价。

（3）中期支付证书的修正：所有质量不合格的、不满足计量条件的、超出工程量清单细目范围的和其他计算错误的工程细目必须在当期支付证书中删除或进行必要合理的修正。

8.2.2.5 审查工作要求

（1）每月25日为工程计量截止日期（不含当日），计量支付资料每月30日前报驻地办，次月7日前报总监办，14日前报业主。

（2）每季度首月5日前驻地办将上季度监理服务费支付申请上报总监办，总监办7日前上报业主。

（3）项目办组织工程管理人员与跟踪审计人员对当期计量支付进行审查。主要通过查阅资料和现场审核相对照的方式，审查计量支付证书是否规范、计量依据是否充分合理、是否满足计量条件、质量证明资料是否真实有效、工程数量计算是否准确、现场形象进度与计量工程数量是否一致（特别是关键线路上工程量实际完成与计量情况等内容）。

（4）如审查无误，项目办完成审批手续后交山东高速公司财务部办理工程费用拨付手续。

（5）项目办、总监办、驻地办审查过程中发现的问题必须在当期进行修正。

8.2.2.6 资料要求

计量支付资料由计量支付计算资料、计量支付质量检测资料（含驻地办抽检资料）、中期计量支付月报组成。

（1）计量支付报表及其附件均用 A4 纸，表格形式由总监办下发，未经总监办同意不得擅自更改。

（2）资料装订牢固整洁，装订后不得覆盖表格标题或文字内容。

（3）资料数量：所有计量支付资料均一式六份，计量批复文件签发后，由总监办、驻地办、承包人各存留一份。

为便于理解和应用，绘制了济青高速公路改扩建工程项目计量支付工作流程图，如图 8-2 所示。

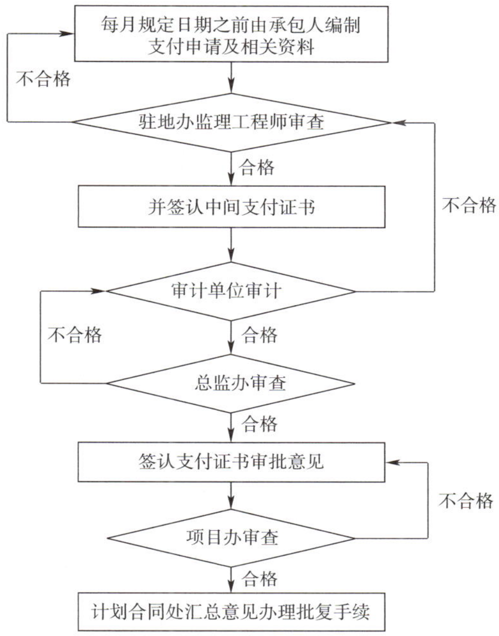

图 8-2 济青高速公路改扩建工程项目计量支付工作流程图

8.2.3 科研项目资金管理

（1）经费由交通运输部补助、项目承担单位自筹资金组成。实行收支两条线，科研经费由财务部统一负责管理、建立台账；科研费用按合同支付，日常宣传、培训等费用采用预算批准制；执行小组年度经费预算报领导小组批准，按批准方案使用。经费由领导小组负责监控。

（2）项目研究经费为交通运输部拨款的，严格按照交通运输部及山东省交通运输厅有关科研经费使用和管理的有关规定使用，使用范围仅限与本项目有关的内容，不得超出项目合同书的开支范围。

（3）执行小组办公室会同财务部于每年 12 月统计当年科技示范工程科研经费开支情况（表 8-10），填写报表，经执行小组审查通过后报科技示范工程领导小组。

济青高速公路改扩建绿色科技示范工程项目经费使用情况表（年度）（单位：万元） 表 8-10

经费收支情况	项目名称				
	合计	项目名称 1	项目名称 2	项目名称 3	备注
一、项目经费总额					
1. 经费拨款					
2. 自筹资金					
二、当年收入					
1. 经费拨款					
2. 自筹资金					
三、累计收入					
1. 经费拨款					

续上表

经费收支情况	项目名称				
	合计	项目名称 1	项目名称 2	项目名称 3	备注
2. 自筹资金					
四、当年支出					
1. 经费拨款					
2. 自筹资金					
五、累计支出					
1. 经费拨款					
2. 自筹资金					
六、年末结余					
1. 经费拨款					
2. 自筹资金					

注：年末结余 = 累计收入 − 累计支出。

（4）攻关、推广项目工作结束后，项目负责人需要按照相关财务制度要求填报科研项目经费决算表，报执行小组办公室和财务部审核。项目费用主动接受和配合相关部门审计。

8.2.4 建立工程项目“风险抵押金”机制

为了加强对工程项目承包商施工期间的监督管理，落实承包商的安全生产责任制，确保施工期间安全，特制定工程项目“风险抵押金”机制。

项目部责任担当体成员（包括项目总监、项目经理、项目总工、商务经理、机电经理、生产经理、物资经理）必须参与项目风险抵押，其他项目管理人员不需要参与项目风险抵押。

8.3 信息和知识管理

项目注重信息和知识管理，对信息进行分析和整理，将信息转化为知识，并通过知识分享机制提升项目竞争力。

8.3.1 信息源的识别、开发和获取

（1）信息源的识别。项目建立项目办牵头、各参建单位分类负责的信息管理模式，

结合宏观经济政策和行业发展趋势，根据项目战略目标、管理以及相关方的需求，在全面收集、整理和分析各类信息的基础上，将信息划分为外部信息和内部信息（表 8-11）。

信息源识别一览表 表 8-11

信息类别			信息价值及需求部门	识别和开发责任部门	信息源	开发渠道
外部	宏观环境	政治环境、经济环境、社会环境、法律环境、收费公路政策	管理层：发展战略决策、经营决策 各部门：各类策略制定、规范制定	投资开发、计划财务部、董事会秘书	政府文件、政府机构、咨询机构、合作伙伴、各类媒体	访问互联网、购买相关资讯、市场调研
	市场	高速公路网建设、市场份额情况、航空、高速铁路等发展情况	管理层：市场战略决策、经营决策 各运营管理部门：投资建设管理、服务改进、管理提升	收费管理部、投资开发部等部门	政府文件、政府机构、咨询机构、中国公路学会、集团智慧管理中心	访问互联网、加入行业协会、购买相关资讯、市场调研、参观交流
	顾客	顾客满意度情况、顾客需求、顾客反馈意见或建议	管理层：经营决策分析 各部门：提高服务水平的依据	收费管理部、运营事业部等部门	顾客、互联网、各类媒体、集团智慧管理中心、收费站	“96659”热线电话、公司微博、ETC（Electronic Toll Collection，电子不收费停车）客户服务中心、满意度调查
	同行业	竞争对手情况、标杆企业情况	管理层：经营决策分析 各运营管理部门：管理和服务改进绩效评估	企业管理部、收费管理部、养护基建部等	咨询机构、各类媒体、行业标杆	加入行业协会、同行业互访和学习参观、市场调研
	供方	设备质量、资质信誉、售后服务、研发能力、管理水平、人员素质	管理层：经营决策分析、经营决策 各业务归口部门：采购管理、招标谈判	企业管理部、收费管理部、养护基建部、运营事业部等	生产作业现场、供方现场、设备使用人、经销商	设备管理系统、固定资产信息系统、访问互联网、现场调研
	合作伙伴	综合实力、诚信情况、行业地位、成长情况、履约能力	管理层：战略合作依据 各相关部门：合作方选择、合同签订	各相关部门	合作伙伴座谈会议、各类媒体	访问互联网、合同履约调查、高层领导互访

（2）信息源的开发。按照信息价值和需求，项目明确各类信息源的识别与开发部门，具体负责信息的收集、分析和应用，为项目战略目标实施、决策、管理创新和服务改进提供参考依据。

（3）数据和信息的获取渠道。项目通过公司网站、协同办公系统、微信群等方式向相关方提供数据和信息，以提高整体效率和快速反应能力。

120
139

90
客 车
100
80
客货车
100
60
客货车
应急车道
139

8.3.2 信息化管理平台

建设工程智慧云平台系统可以处理大量的质量、进度等方面的数据，并使信息在组织内部快速流动，使绩效指标及时地反映施工状况，提高战略的反馈和调整能力。

8.3.2.1 平台架构

建设工程智慧云平台涵盖了项目管理中的合同管理、变更管理、计量支付、计划进度、文档资料、办公应用等基础业务，同时还在质量管理、安全管理等方面实现了数据+影像实施采集的立体监管和分析，为建设项目提供了可视化、数据化、智能化管理手段，实现了各项业务之间的数据互联互通。

8.3.2.2 平台核心功能

1）工程现场管理可视化

（1）项目航拍视频接入平台系统，实时呈现工程现场的施工进度。

（2）工程现场、试验室、拌和站、料场等重点场所的摄像头统一接入平台，实时呈现场站运行、现场作业情况。

（3）所有视频影像在电脑端和手机端同步呈现，可以随时随地掌握工程现场动态，满足实时调度要求。

（4）对实时和历史视频影像进行整合，利用基于深度学习算法的智能视频分析技术，实现人员身份识别、行为识别和安全防护措施识别等视频智能识别应用。

（5）通过信息化手段创建项目调度中心，将在建项目的线路图在一张电子地图中显示，存在的征拆难点、施工任务在系统中登记后实时展现在地图上。

2）投资进度分析智能化

投资费用与进度统计建立统一的编码体系和数据接口，数据“一处填报多表引用”，由手工逐级统计汇总转变为系统自动汇总，降低了参建单位的统计工作量，提高了统计的效率和精度。

通过进度和费用智能化对比分析，完成项目、标段、章节、统计项的逐级数据挖掘，实现进度与计量的完成占比、偏差预警，为项目决策提供及时有效的依据。

（1）计量管控。

通过信息化手段将合同管理、变更管理、计量支付等业务在统一WBS（Work

Breakdown Structure，工作分解结构）基础上开展，使得项目的所有经济活动置于合同的约束之下。计量支付功能组成如图 8-3 所示。

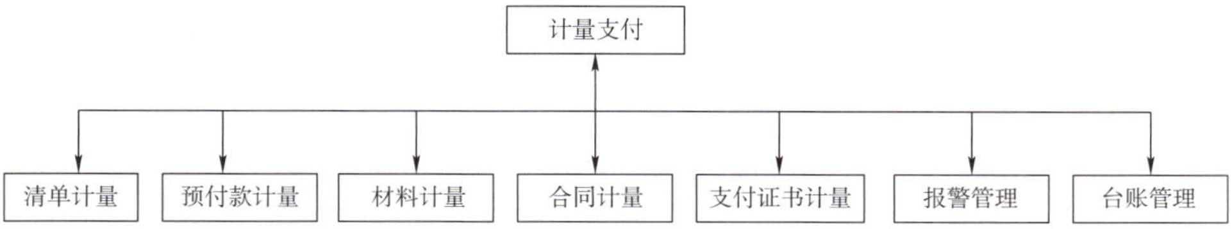

图 8-3　计量支付功能组成

通过合同清单和计量支付的紧密结合，合同的清单数据直接成为计量支付的基础数据，计量支付的结果自动提供合同管理系统进行结算控制；合同管理与变更管理有机结合，只有变更令生效后才会影响到计量数据并且填报变更计量数据。

通过信息化计量支付有效地减少了大量的人工劳动，避免了烦琐复杂的重复计算，大大提高了工作效率，提高了项目管理的水平。主要包括计量支付（根据 FIDIC 合同条款，建立各类计量申请、审批的标准工作流程，以及涵盖各类工程计量规则、工程量清单和各种费用类型的证书、表格）和变更（通过变更意向、申请到变更令，实现了变更审批流程的信息化）。

计量支付与质检资料关联，质检资料作为计量支付先决条件，确保计量内容与质检内容同步。

（2）进度统计。

在统一 WBS 基础上进行进度统计，实现日常计划进度编制、填报的基本需求的同时，兼顾计量和进度的对比分析，为计划编制、进度控制、资金计划等提供决策依据。

以每个部位桩号的每天日进度数据为基础，施工单位一次填报即可形成日、周、月等不同周期的统计报表，大大减少了进度统计工作中的人力投入，提高了统计的时效性和精准度。

3）人员管控体系化

通过人员管控体系建设，实现了包含劳务人员进场、施工、退场、健康情况、个人工资卡信息、支付记录、个人档案、班前教育等业务功能。以班组为单位对农民工进行动态管理，从农民工进场开始进行确认和信息采集，保证了项目上务工人员实际投入问题；务工人员日常施工阶段，在施工现场结合二维码定位技术进行考勤打卡管理，按天为单位进行统计分析，实时了解务工人员工作情况，为后续务工人员工资计算提供位置、时间等时效性数据保障。

4）质量安全监管业务数据化

通过物联网 +GIS（Greographic Information System，地理信息系统）技术，搭建工程质量安全数据中心，实现建设项目的质量安全信息的自动采集、预警分析和问题处置。

（1）质量监管。

包含质量追溯体系建设、原材进场数据管理、试验设备数据采集、网络版试验软件应用、拌和站（水泥混凝土、沥青、水稳）设备生产数据采集、梁场生产数据管理、梁场智能张拉压浆设备数据采集、路基路面压实数据采集、软基处理施工数据采集等功能，并将采集数据与标准值进行比较，若发现偏差，则进行纠偏，做到防患于未然，真正达到全面质量管理的要求，有效杜绝偷工减料，确保工程施工质量。

（2）安全监管。

通过物联网+GIS技术，对工程现场的机械设备、工程实体、人员行为等信息进行自动采集、识别、分析、预警，形成全方位全天候的安全监管一张网。将特种人员、特种设备等重点安全因子纳入视频+数据的监管范畴，并提供实时预警，保障工程安全。

5）数据自动采集及分析传输系统（质量溯源系统）

通过对原材料、半成品、工程实体等关键场景的数据采集和监管，实现工程实体的质量溯源。原材料供应商、原材料进场批次、拌和站生产数据、现场施工工序、张拉压浆与养生、成品检验等关键环节中的数据全程记录和分析，实现从实体到原材料的反向溯源和原材料到实体的正向追溯。

6）与计量支付、物联系统实现数据穿透

实现与智慧管理平台计量支付模块的数据交互，使质检电子资料直接关联计量支付数据，作为计量依据。将计量支付、电子档案管理系统 WBS 进行对接，实现计量支付模块与电子档案管理系统进行数据交互，实现工序资料与中间计量有效联动，使工序资料不仅用于后期归档，也可用于中间计量，提升中间计量审批工作效率。

8.3.3 知识管理

1）知识管理办法

项目按照自身实际，建立以项目办为知识管理归口部门、各参建单位为责任部门的知识管理体制，参考公司制定的《知识管理办法》，规范了知识的收集、推广、应用以

及创新等各环节，并对各单位知识管理工作进行考核，形成了“统一管理、分头收集、分类整合、共用共享”的知识管理机制。

项目秉承“外部知识内部化、隐形知识显性化、分散知识集成化、集成知识标准化”的管理理念，通过组织和个人学习等方式，收集、传递和应用相关方知识，推广应用最佳实践，提升了项目建设的核心竞争力。知识管理体系如图 8-4 所示。

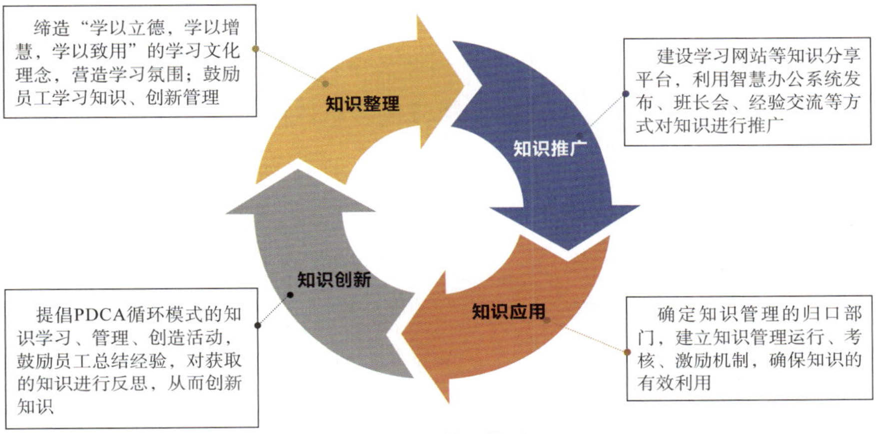

图 8-4　知识管理体系图

2）知识的收集和整合

知识是生产经营管理过程中积累的有价值的信息、实践、技术和方法等智力资源，是竞争性核心资产之一。项目根据知识来源和知识类别分别明确了各类知识的收集、整合部门，并开发或借鉴内外部信息化系统对知识进行整合，实现了外部知识内部化、分散知识集成化。

项目注重知识积累和沉淀管理，通过档案管理、信息化建设和标准化建设等方式将分散知识集成化、集成知识标准化，逐步完善项目建设知识资产库。

（1）档案管理：要求各参建单位设立专职或兼职档案管理员负责收集整理各种知识资料，并按照《档案管理办法》时限和质量要求，将重要知识资料移交档案室。

（2）信息化建设：通过门户网站系统整合各业务信息化系统，将各系统生产经营管理过程中心形成的数据库资料分类定期备份，完善信息化系统数据库。

（3）标准化建设：及时将先进知识和经验转化为具体标准和规范，实现了集成知识标准化，以便于推广应用。

3）知识的共享和应用

项目将知识资产的共享和应用作为保障知识资产增值和培育项目建设工作核心竞争

力的重要环节，通过员工教育培训体系等途径和方式，提高了知识的共享范围和应用程度。

（1）内部知识的共享和应用。

①员工教育培训体系是内部知识共享的主渠道。各参建单位负责人和业务骨干负有对周边员工进行教育培训的责任，通过经验交流会、培训材料编写和现场示范等方式，使隐性知识显性化，并迅速在较大范围内得到共享和应用。

②质量和职业健康安全体系交叉互审是具有公司特色并长期坚持的一种内部知识共享途径。各参建单位通过互派内审员队伍进行交叉审核，不仅能及时发现管理问题和不足，还可以通过双方充分交流沟通，深入挖掘和传播各单位优秀管理成果，实现内部优秀知识的广泛共享。

③现场观摩活动是公司经常组织的知识共享方式，通过参观学习先进企业、优秀班组，观摩人员将学到的知识应用到本单位、本岗位，实现了外部知识内部化。

（2）最佳实践的共享和应用。

通过内外部管理对标、举办业务技术比武、精细化管理样板建设，“青年文明号”创建和收费形象大使评选、劳模报告会、到优秀企业参观考察和互派员工交流培训等活动，树立和学习内外部标杆和最佳实践成果，实现了最佳实践的广泛推广。

4）对知识贡献的激励

（1）物质奖励：根据《公司知识管理办法》《公司专利管理办法》有关规定，对取得技术专利、QC（质量控制）活动成果、技术诀窍及其他具有较高价值的技术管理创新成果的单位和个人，按照成果的类别和层级给予物质奖励。

（2）精神奖励：公司通过先进评选和员工命名等方式表彰在技术和管理创新过程中作出突出贡献的单位和个人。如公司以收费员王涛名字命名的收费纸卡查询方法——“王涛纸卡速查法”、以宣传员杨东命名的数码影像制作团队——“杨东数码工作室”。

（3）综合奖励：公司通过绩效考核等方式将创新成果与个人考核成绩和薪酬挂钩，优先为公司技术和管理创新作出突出贡献的先进个人提供培训和晋升机会。

8.3.4 数据、信息和知识特性的保障

着重从制度建设、优化管理、信息技术等方面采取相关措施以确保数据、信息和知识的完整性、及时性、可靠性、安全性、准确性、保密性。数据、信息和知识特性的保障机制和措施详见表 8-12。

数据、信息和知识特性的保障机制和措施　　表 8-12

知识特性	保障机制和措施
完整性	通过公司门户网站整合各业务子系统，系统收集各业务数据、信息和知识
及时性	专人负责收集、更新知识库，通过各信息化平台整合、发布知识信息
可靠性	数据、信息和知识实行专人负责，并定期组织评审，发现偏差及时纠正；权限设定、电子印章等
安全性	升级信息系统软件、建立物理和软件防火墙及数据防入侵检测等系统、制定突发情况应急预案
准确性	执行《质量记录控制程序》，建立审核评价制度，应用自动纠错技术
保密性	制定《信息保密制度》《内幕信息知情人登记制度》等相关制度，提高公司员工的保密意识

8.4　项目技术保障

济青高速公路改扩建项目作为山东省第一条改扩建高速公路，也是全国一次性改扩建规模最大的“边通车、边施工”的改扩建项目。项目面临着“路线交叉多，管线密集，迁改施工难度极大”“旧路服役时间长，新旧道路结构与材料匹配困难”“四车道保通施工，安全风险高，交通组织极其复杂”“沿线取土困难，地材紧缺，绿色节能利用任务重”“保通压力大，运营服务和智慧出行要求高”等重点、难点。

8.4.1　总工程师

协助项目总经理完成高速公路建设项目质量-安全管理工作，负责项目质量-安全管理体系的全过程运行，保证项目质量与安全的协调性。定期组织项目质量、安全检查等，定期组织评价项目质量、安全工作。落实项目质量、环境、职业健康安全的目标指标、方案措施和各项强制性标准。

8.4.2　工程技术处

协助项目总工程师完成项目质量-安全管理工作，贯彻落实项目质量-安全管理工作。负责项目质量、安全的定期检查及评价工作，发现项目质量与安全发生冲突，或项目质量-安全与工期、成本等其他因素发生冲突的时候，及时上报领导或采取其他有效措施。具体如下：①质量-安全施工管理人员经常深入工地，及时了解并解决施工现场出现的质量、安全问题。组织施工管理人员及施工人员严格按照质量-安全管理规定进行操作，若因为施工环节的原因，使得项目质量导致安全问题发生，或者安全问题导致项目质量的不合格，都应该及时处理并解决问题。定期对项目施工的质量-安全的协调性进行评价。②质量-安全技术管理人员协助项目总工程师做好项目质量-安全的施工技术管理工作。负责项目质量-安全技术方案、操作规程及施工方案编制的审核和监督。当项目质量和安全在技术方面发生冲突时做好协调工作。③质量-安全环境管理人员对高速公路建设项目所在的公司、项目部以及施工等环境进行管理，促进、带动项目的质量和安全管理。④质量-安全监督管理人员对与项目质量-安全相关的各个部门及各部门工作人员进行行为监督，协调各部门之间关于项目质量与安全发生的冲突，参与沟通。⑤质量-安全物资管理人员制定项目质量-安全物资消耗计划，合理控制质量、安全设备、设施和材料的投入。⑥质量-安全费用管理人员控制项目质量-安全费用的使用，包括项目人工、材料、机械和管理等全部费用，并协调项目质量和安全费用的使用。⑦质量-安全制度管理人员明确项目质量与安全的责任制度，落实项目质量与安全教育制度的实施。

8.4.3 设计技术保障

通过严格的招投标程序，选取综合能力强的设计院作为主体设计单位（表8-13），设计文件采用两审三校制编制。设计单位总体设计方案经济合理，符合有关标准、规范，为济青高速公路改扩建工程顺利实施提供了技术保障。前期设计阶段，能严格执行国家有关的设计标准及规范，按时提交初步设计和施工图设计文件，积极配合项目办和交通运输主管部门组织的各项咨询、审查、评审、报批及施工招标工作；施工过程中，派驻经验较为丰富的设计代表配合施工，做好施工图设计交底，及时处理和帮助解决施工中出现的技术问题，为项目争创品质工程奠定了良好的基础。房建工程设计理念较为先进，在满足消防规范的前提下，尽量减少硬化路面和门前广场面积，增加绿地面积。施工过程中设计服务及时到位，设计代表常驻工地，深入施工一线，对施工过程中出现的问题认真分析并及时给出明确的答复；严格审查设计变更依据，反复论证，为顺利推进建设奠定了良好的基础。

主体设计单位一览表

表 8-13

	合同段	名　称	资　质
设计单位	设计一标	山东省交通规划设计院	工程勘察综合类甲级； 工程设计综合资质甲级； 公路行业甲级； 水运行业（港口工程，航道工程）专业乙级； 市政行业（道路工程、桥梁工程、城市隧道工程）专业甲级； 建筑行业（建筑工程）甲级
	设计二标	中交第一公路勘察设计研究院有限公司	工程勘察综合类甲类； 工程设计综合资质甲级； 公路行业甲级； 市政行业（给水工程、排水工程、道路工程、桥梁工程、城市隧道工程、轨道交通工程）专业甲级； 建筑行业（建筑工程）甲级； 风景园林工程设计专项甲级

续上表

	合同段	名　　称	资　　质
设计单位	设计三标	中交公路规划设计院有限公司	工程勘察综合类甲类； 工程设计综合资质甲级； 公路行业甲级； 市政行业（道路工程、桥梁工程、城市隧道工程、轨道交通工程）专业甲级； 建筑行业（建筑工程）甲级

8.4.4　施工技术保障

按照主体与交安工程、绿化工程、房建工程、机电工程专业划分，招标施工合同段16个，绿化合同段12个，涉及施工资质单位22个，绿化施工单位12个。

1）主体工程

主体工程、绿化工程、机电等施工单位在合同签订后，及时组织管理、技术人员和机械设备进场，组建施工管理机构，明确岗位责任制，健全质量保证体系；施工过程中，均能较好地遵守合同、诚守信誉，各项管理制度、保障体系健全，运转顺畅，管理人员充足，机械设备投入及时，施工组织得力，管理有序，自觉服从监理监督和检查指导，工程质量符合规范及招标文件相关要求，安全生产、文明施工措施得力，重视环保工程，工程资料及时、完整、真实。建设期间无质量、安全责任事故和廉政案件发生。主体工程施工单位一览表见表8-14。

主体工程施工单位一览表　　表 8-14

类　　型	合同段	名　　称	资　　质
主体、交安工程施工单位	施工一标	中铁十四局集团有限公司（联合体主单位） 从单位：山东路之峰有限公司	地基基础工程专业承包壹级； 防水防腐保温工程专业承包壹级； 建筑装修装饰工程专业承包壹级； 建筑幕墙工程专业承包壹级； 环保工程专业承包壹级； 机电工程施工总承包贰级； 特种工程（结构补强）专业承包不分等级； 特种工程（特殊设备起重吊装）专业承包不分等级
	施工二标	山东省公路桥梁建设有限公司（联合体主单位） 从单位：山东省高速路桥养护有限公司	公路工程施工总承包壹级； 公路路面工程专业承包壹级； 公路路基工程专业承包壹级； 公路交通工程（公路安全设施）专业承包壹级
	施工三标	中国建筑第八工程局有限公司（联合体主单位） 从单位：宁夏路桥工程股份有限公司	建筑工程施工总承包特级； 公路工程施工总承包特级； 市政公用工程施工总承包特级

续上表

类型	合同段	名称	资质
主体、交安工程施工单位	施工四标	中交路桥建设有限公司	公路工程施工总承包特级； 铁路工程施工总承包壹级； 市政公用工程施工总承包壹级； 桥梁工程专业承包壹级； 隧道工程专业承包壹级； 公路路面工程专业承包壹级； 公路路基工程专业承包壹级； 公路交通工程（公路安全设施）专业承包壹级； 公路交通工程（公路机电工程）专业承包壹级
	施工五标	山东省公路建设（集团）有限公司（联合体主单位） 从单位：湖南高速公路配套设施有限公司	公路工程施工总承包特级； 桥梁工程专业承包壹级； 隧道工程专业承包壹级； 公路路面工程专业承包壹级； 公路路基工程专业承包壹级； 公路交通工程（公路安全设施）专业承包壹级
	施工六标	山东省路桥集团有限公司	公路工程施工总承包特级； 市政公用工程施工总承包特级； 建筑工程施工总承包壹级； 桥梁工程专业承包壹级； 钢结构工程专业承包壹级； 公路路面工程专业承包壹级； 公路路基工程专业承包壹级； 公路交通工程（公路安全设施）专业承包壹级
绿化工程施工单位	绿化一标	山东普利园林工程有限公司	
	绿化二标	山东省公路桥梁建设有限公司	
	绿化三标	青岛绿地生态技术有限公司	
	绿化四标	山东润昌园林科技有限公司	
	绿化五标	莱芜科苑公路绿化有限公司	
	绿化六标	山东民生建设有限公司	
	绿化七标	福建荣冠环境建设集团有限公司	
	绿化八标	山西路众道桥有限公司	
	绿化九标	山东绿达景观工程有限公司	
	绿化十标	山东东泰工程咨询有限公司	
	绿化十一标	山东道景园林景观工程有限公司	
	绿化十二标	天津绿茵景观生态建设股份有限公司	
房建工程施工单位	施工一标	山东滨州城建集团公司	
	施工二标	联合体牵头人：山东三箭建设工程管理有限公司 联合体成员：江苏欧美钢结构幕墙科技有限公司	

续上表

类　型	合同段	名　称	资　质
房建工程施工单位	施工三标	联合体牵头人：山东省建设建工（集团）有限责任公司 联合体成员：山东宝冶建设有限公司	
	施工四标	山东圣大建设集团有限公司	
	施工五标	山东省路桥集团有限公司	
	施工六标	江西中金建设集团有限公司	
	二期施工一标	中建八局第一建设有限公司	
	二期施工二标	山东高速齐鲁建设集团有限公司	
机电工程施工单位	施工一标	紫光捷通科技股份有限公司	
	施工二标	山东博安智能科技股份有限公司	

2）房建工程

房建工程各施工单位均能够严格按合同要求和规范标准施工；各项管理制度、保障体系健全，工程质量符合规范要求；管理人员充足，人员分工合理，能够自觉服从房建处及监理单位的监督和检查指导；对安全隐患进行自查自纠，安全生产、文明施工措施得力，重视环保工程；严格按照国家及省市规范制度及济青项目办档案管理要求完善相应工程资料，工程资料及时、完整、真实。建设期间无质量、安全责任事故和廉政案件发生。

8.4.5 监理技术保障

对应施工合同段，招标6个主体监理标，2个房建监理标，1个机电工程施工监理标，涉及资质监理单位11家。

8.4.5.1 推行监理、检测工作标准化

1）原材料出入管控标准化

原材料出入库实行监理与施工单位双控制度，1门双锁，严格落实盲样管理，进场材料检测全覆盖，检测合格后方可投入使用。严禁不合格原材料进场，做到进场原材料合格率100%。

2）现场督查项目巡检标准化

完善监理、检测现场监督检查工作机制，重点巡检现场施工内容的设计符合性、工序合理性、程序规范性。重点查看双箍筋接触、垫块布设、钢筋绑扎侵入保护层、钢筋错漏碰、钢筋焊接质量、混凝土外观质量等问题，发现违反现场操作规范化的问题和情况，责令立即整改。

3）严格规范检测程序

开工之初建立项目的检测总体方案，动态更新，按期核查落实情况，推行检测任务的清单式管理，做到应检必检。所有检测资料必须得到明确的确认或完成责任人签字，相关的材料才可使用，相关的部品部件才可安装，相关的工序才可进行。对有质量疑问的材料、中间产品和工程部位加大检测频率，严禁有质量疑问的材料和中间产品用于工程，严禁有疑问的工程蒙混过关。为了保持项目检测人员水平，确保数据客观、准确，定期组织各试验室间比对试验。

8.4.5.2 推行试验检测工作信息化

一是实时采集压力机、万能试验机等关键试验检测设备的试验数据和工作性能，对钢材、沥青、水泥、机制砂等原材料试验数据和混凝土拌和配比、构件张拉压浆等关键工艺检测数据分析与预警。

二是提高工程质量问题溯源水平，对预制产品，在浇筑完成的构件上张贴包含全过程信息的二维码，做到重要检测活动实时记录和可追溯。

三是推广检测报告数字化，从系统设计上保证报告的及时性，杜绝补签漏签。定期汇总检测结果，分析研判，为后续设计和施工的优化提出质量提升建议。

四是完善智慧管理平台，增加第三方数据录入，做到各方数据互相印证，保证检测结果真实可靠。

1）主体工程

各监理单位都能够做到严格监理，热情服务。内部管理制度健全，责任分工明确。认真执行监理服务合同的规定，监理工程师持证上岗，未出现擅自更换监理工程师的现象。各类试验仪器、交通工具、办公设备配备齐全。严格执行监理规范，加强工地巡查，重要工序严格旁站。能够及时采取有效措施保证工程质量、安全、进度、费用处于良好的受控状态，同时加强廉政教育和学习，工作得到了建设单位和施工单位的好评。

2）房建工程

房建工程各监理单位均能够严格履约，认真执行监理服务合同的规定，监理工程师持证上岗，未出现擅自更换监理工程师的现象；严格执行监理规范，加强工地巡查，重要工序严格旁站；能够及时采取有效措施保证工程质量、安全、进度、费用处于良好的受控状态；同时加强廉政教育和学习，无廉政案件发生。实现了监理工作的规范化、制度化、程序化，对质量、费用、进度、合同等管理工作起到了积极作用。

监理单位一览表见表 8-15。

监理单位一览表　　表 8-15

类型	合同段	名　称	资　质
监理单位	总监办	山东高速工程咨询有限公司	公路工程甲级； 在全国范围内从事一、二、三类公路工程、桥梁工程、隧道工程项目的监理业务
	主体绿化监理一标	青岛交通工程监理咨询有限公司	公路工程甲级； 在全国范围内从事一、二、三类公路工程、桥梁工程、隧道工程项目的监理业务
	主体绿化监理二标	山东省滨州市公路工程监理咨询公司	公路工程甲级； 在全国范围内从事一、二、三类公路工程、桥梁工程、隧道工程项目的监理业务
	主体绿化监理三标	山东华潍工程监理咨询中心	公路工程甲级； 在全国范围内从事一、二、三类公路工程、桥梁工程、隧道工程项目的监理业务
	主体绿化监理四标	北京中交公路桥梁工程监理有限公司	公路工程甲级； 在全国范围内从事一、二、三类公路工程、桥梁工程、隧道工程项目的监理业务
	主体绿化监理五标	济南金诺公路工程监理有限公司	公路工程甲级； 在全国范围内从事一、二、三类公路工程、桥梁工程、隧道工程项目的监理业务
	主体绿化监理六标	山东省交通工程监理咨询公司	公路工程甲级； 在全国范围内从事一、二、三类公路工程、桥梁工程、隧道工程项目的监理业务
	房建监理一标	上海市市政工程管理咨询有限公司	
	房建监理二标	山东能建建设管理有限公司	
	机电工程施工监理	联合体牵头人：山东省交通工程监理咨询有限公司 联合体成员：山东高速工程咨询有限公司	

8.4.6　科技创新技术支撑

指挥部致力于科技创新，以自主创新为支撑，在项目建设过程中，不断使用新技术、新方法，提高施工效率。

8.4.6.1 高速公路改扩建工程新旧路基差异沉降控制及沉降计算修正方法研究

为科学合理、经济有效地控制高速公路拓宽工程差异沉降问题，基于济青高速公路调研分析，开展了拓宽路基沉降计算理论分析及现场测试工作，研究了拓宽路基差异沉降规律及对路面结构的影响规律，揭示了拓宽路基差异沉降发生机理及控制标准，为工程设计标准的选取提供依据。

8.4.6.2 新旧路面材料与结构性能协调及匹配关键技术

为极大地减少旧路面结构层的铣刨，提高旧路面结构层的利用率，最大化利用旧路基，对新旧路材料和结构性能协调及匹配进行研究，以期取得良好的经济和社会效益。

8.4.6.3 基于扩建工程的路基路面结构优化设计

通过对目前常用的路面结构或新建高速公路中即将采用的结构进行性能评价与分析，采用加速加载实现结构性能的验证，最终通过对路面结构进行合理优化，使其更加合理。通过路基路面一体化设计，采用新材料、新工艺等技术减薄路面结构，并延长寿命，达到效益最大化。

8.4.6.4 济青项目拼接加宽桥梁中既有中小跨径旧桥部分荷载适应性研究

对汽车荷载适应性研究、既有桥梁结构承载力评估、既有结构加固措施三个方面展开研究，从评估标准、评估方法、提升措施三个方面解决改扩建项目中既有桥梁结构的合理评估、合理利用问题。不仅可以客观地评价现有旧桥的使用情况，同时能够在改扩建中避免过度加固和拆除重建，节约工程投资，具有良好的经济效益。研究成果不仅可指导济青高速公路的改扩建设计，还将对我国高速公路改扩建工程设计具有示范和指导性作用。

8.4.6.5 在役钢筋混凝土梁疲劳损伤试验及剩余寿命预测

济青高速公路改扩建工程面临众多老旧的钢筋混凝土、预应力混凝土梁桥，既有旧桥的处置工作是改扩建中一项尤为重要的议题，为节约建设成本避免浪费以及本着环境友好的原则，开展“在役钢筋混凝土梁疲劳损伤试验及剩余寿命预测”的研究工作。

8.4.6.6 基于模型试验及实桥验证的桥梁整体层参与结构受力分析

济青高速公路改扩建工程中，原有空心板梁桥占了相当大的比例。随着当前荷载等级的提高，旧空心板梁桥的极限承载力理论上已不满足现行设计规范的要求，但从目前的运营状况看，大部分旧空心板梁桥技术状况良好，表明其实际的承载力状况比理论上要好。

8.4.6.7 高速公路梁桥加宽桩基础沉降差异控制技术研究

通过对桥梁加宽后新、旧基础沉降差异控制技术进行系统研究，为项目实施提供相应的理论支撑和技术支持，指导梁桥加宽基础沉降控制的设计与施工，在减少拆迁工程量、实现节能环保、创建绿色交通、保障工程安全、提升科技创新能力等方面具有重要的经济和社会价值。

8.4.6.8 固体工业废弃料规模化再生路用关键技术研究

“固体工业废弃料规模化再生路用”项目以赤泥、铁尾矿等典型固体工业废弃料在道路工程中的应用为研究目标，在确保工程质量满足路用技术标准的同时，坚持与环保科研、测试单位的联合研究，严格把控对生态环境的安全性。

目前，已完成实施“轻质免碾压烧结法赤泥台背回填”“拜耳法赤泥填筑路基”“铁尾矿粉填筑路基”等多个资源化、规模化推广应用项目。项目已发表学术论文 5 篇，授权受理专利 3 项，形成技术指南 1 项和山东省地方标准 1 项。“固体工业废弃料规模化再生路用”项目作为交通运输部绿色科技示范工程在济青高速公路改扩建工程中得到成功推广应用，同时将配套技术列入山东省绿色交通省战略亮点工程。

8.4.6.9 高速公路改扩建工程施工区交通安全评价方法研究

通过无人机、多通道数据采集车等设备，采集各阶段（路基、路面）、各典型路段高精度区域连续车辆轨迹数据、驾驶人生理数据、道路线形数据、交通流参数数据等，随后综合、多角度考虑各影响因素，对采集数据进行处理分析，基于改进的交通冲突法，建立各因素与交通冲突之间相关的模型，形成高速公路改扩建施工区安全评价方法，并能根据其影响安全的因素提出相应的安全改进措施。

8.4.6.10 管状劲性体在高速公路软基及特殊路基处理中的应用研究

通过在济青六标选取 K8+910~K12+012.5 作为试验段，使用管状劲性体替换了 CFG

桩及高压旋喷桩，体现了管状劲性体在特殊路基处理过程中的质量稳定、现场施工方便、高效率、环保等优势，解决了新旧路基之间的差异沉降控制严格、柔性桩复合地基施工质量难控制、工后沉降大等难题，为该方法在高速公路软基及特殊路基中的处理提供了借鉴。

8.4.6.11 高速公路改扩建保通施工与应急救援交通组织研究

针对改扩建保通施工与应急救援交通组织难题，对高速公路改扩建施工期间的交通流特性、保通施工交通组织、应急救援交通组织以及交通安全保障措施四个方面展开深入系统的研究。研究成果将为我国高速公路改扩建期间的交通组织方案提供新的思路和方法，对改扩建期间的安全保障具有重要的参考价值。同时，可有效减少生命、财产损失，对于提高路网运行效率和效益也具有重要意义。

目前发表论文 2 篇，申请软件著作权 1 项。

8.4.6.12 基于 BIM 的桥梁建造一体化技术研究

通过在济青高速公路改扩建工程的建造、施工过程中应用 BIM（Building Information Modeling，建筑信息模型）技术，以工程结构物的三维模型为核心，以数据共享和协同工作为目标，保证施工质量，确保安全运营，延长使用寿命，开展了三相预应力钢筋碰撞检查、施工进度的模拟、施工工艺的模拟、施工图校核、挂篮施工监测等，有效提升了工程建设效率和质量。

8.4.6.13 沥青路面施工期能耗及排放监测、评估与减量化关键技术研究

济青高速公路改扩建项目中实际应用了沥青发泡温拌技术，在保证路用性能指标满足要求的前提下，沥青拌和温度和出料温度显著下降（平均降低 30~40℃），能耗也随之显著降低，使沥青在生产环节中大幅降低了能耗，为节约能源、降低施工成本探索了一个方向，对工程建设具有较强的指导意义；通过在工程中应用沥青发泡温拌技术，在对沥青拌和站沥青烟及颗粒物的长期对比监测以及现场施工过程中的对比监测得出，采用新技术可有效降低沥青烟中有害物质的成分种类和排放量，同时也可降低颗粒物的排放量，真正做到节能减排。

8.4.6.14 废弃结构物混凝土再生集料高值化利用技术研究

依托济青高速公路改扩建绿色科技示范工程，开展了废弃结构物混凝土再生集料高

值化利用技术研究，主要解决改扩建过程中产生的废弃混凝土再生利用难题。

该项目研究成果已成功申报山东省地方标准一项，弥补了山东省公路工程领域再生集料工程应用技术空白，为山东省公路改扩建工程建设提供技术支撑和科学指导，有助于规范山东省公路工程再生集料工程应用，推进新旧动能转换重大工程工作实施。目前发表论文 5 篇，申请专利 1 项，申报山东省地方标准 1 项。

8.4.6.15 大跨径预应力混凝土连续梁桥时变效应与长期变形发展研究

针对预应力混凝土桥梁全寿命周期内出现的挠度变形过大、梁体开裂等工程技术难题，本项目以济青高速公路小清河特大桥为工程依托，采用现场调研、室内试验、现场监测和理论分析等技术手段，在国内外已有相关研究成果的基础上，从混凝土时变性能试验与机理研究、混凝土时变性能预测模型改进研究、小清河特大桥全寿命周期内性能发展预测研究、小清河特大桥全寿命周期内变形发展监测研究四个主要方面进行更加深入系统的研究，构建适用于实际服役环境下预应力混凝土桥梁变形预测和监测技术体系，为完善现有的预应力混凝土桥梁设计、施工和维护技术等方面提供科学依据。

8.4.6.16 基于“互联网 +”的高速公路智慧出行服务技术推广应用

依托“高速公路智能交通信息平台关键技术研究及应用示范”项目，在搭建基于物联网的高速公路智能交通信息平台、研发交通信息基础感知与集成技术、交通状态判别

预警技术等关键技术、探讨施工环境下高速公路运行组织保障与应急指挥调度等成果的基础上，充分利用云计算、大数据等信息技术，以“互联网+”为载体，重点研究基于“互联网+”的高速公路智慧出行服务技术，研究内容主要包括多源多维高速公路交通信息感知技术、多源多维交通信息处理与挖掘技术、高速公路出行信息精细化发布以及智慧出行服务评价。通过一体化感知交通信息进行无缝处理与挖掘，提供精细化、个性化出行信息服务，并根据用户出行满意度反馈，及时调整出行服务功能。

8.4.6.17 重载交通高劲度改性沥青及沥青混凝土技术推广应用

在济青高速公路改扩建工程潍莱高速公路互通以东（济青二合同段），长度约2km，纵坡高达2.997%的长大纵坡，桃源河大桥、小清河特大桥、小许家以及华山高架桥桥面铺装中推广应用，使路面在重载作用下具有良好的抗剪强度、抗高温变形能力和抗疲劳性能，延长路面的使用寿命。

8.4.6.18 永久性沥青路面结构设计理论与关键技术推广应用

在永久性路面结构设计理论、力学响应测试分析、工程监测等关键技术方面取得了重大突破，创立了适合我国重载交通和复杂自然环境条件的永久性沥青路面设计理论与方法以及技术，解决了济青高速公路改扩建工程的重载沥青路面结构的耐久性问题，延长了道路的使用寿命。

8.4.6.19 高等级公路半刚性基层结构损失理论与控制方法推广应用

通过本项目的推广应用，进一步验证基于连续损伤力学原理的损伤率与模量衰减模型；通过对现场半刚性基层材料的取芯以及现场的检测和室内的材料模量试验，进一步研究济青高速公路经过二十多年的使用，其半刚性基层材料的模量衰变程度，为新扩建路的基层材料的预估疲劳方程以及寿命提供有力的数据支持，为结构力学分析提供支撑。

8.4.6.20 基于信息化技术的沥青路面全过程动态质控管理系统与评价方法

本项目的实施有助于对路面混合料整个施工过程进行有效的实时信息传输，能够及时明了地掌握整个路面的施工进度、质量，且对整个路面施工数据建立大数据平台后可以实现数据的可溯源性，对于保证沥青路面的施工质量起到了积极的推进作用。

8.4.6.21 沥青路面冷再生性能评价指标体系与高性能乳化沥青冷再生乳化沥青冷再生技术推广应用

济青高速公路改扩建施工产生沥青路面铣刨料达 127.4 万 t，水稳基层铣刨料达 157.3 万 t，铣刨料废弃将造成巨大的资源浪费，也对周围环境产生不利影响。乳化沥青冷再生技术在济青高速公路改扩建工程中应用，将节约 100 多万 t 的碎石用量、每百公里节约弃渣填埋场用地 46667m^2，少开采岩石超 60 万 m^3，对节能减排、保护水资源、森林资源、提高国土资源利用效率意义重大，创新技术打造了公路绿色发展新动能。

本研究依托济青高速公路改扩建项目，结合沥青路面冷再生强度形成机理的研究成果，对乳化沥青冷再生混合料进行以下几个层面的推广：冷再生设计方法及性能评价指标体系的应用、高性能乳化沥青冷再生混合料的研发和应用、冷再生拌和站综合改造技术研究。通过本推广项目，对济青高速公路改扩建项目中乳化沥青冷再生混合料从混合料设计、混合料评价指标、混合料施工进行综合优化，实现冷再生结构层的耐久。

8.4.6.22 稳定型橡胶改性沥青混合料技术推广应用

利用废旧轮胎磨细后的胶粉用于生产改性沥青胶结料可以有效降低废旧轮胎存放所带来的“黑色污染”问题，同时减少固体废物对环境的污染，资源化利用节约了高分子材料，释放了轮胎中的功能组分，提高了改性沥青的路用性能。

济青高速公路改扩建项目在章丘互通立交上路床层位，采用 DHT 土凝岩稳定细粒土材料代替石灰稳定细粒土材料成功铺筑 3267m^3，各项路用性能指标均满足设计与规范要求。将 DHT 土凝岩技术应用于绿色科技示范工程，不仅可提高济青高速公路改扩建项目的工程质量，而且为工业废弃物的无害化、规模化利用提供了有效途径，解决了工业废弃物大量堆积带来的环保、安全隐患问题，引领了全国甚至全世界工业废弃物资源化利用，有效地解决了山东省交通运输绿色发展问题，在实践中践行着“绿水青山就是金山银山”的伟大使命。

8.4.6.23 基于绿色循环利用功能的公路护栏安全提升系统研究

为提升济青高速公路改扩建工程护栏安全防护性能以达到新规范要求，减少生命财产损失，避免重复投资，结合新规范规定、工程实施现状、工程进度要求以及现有原材料（包括旧护栏的材料和已经采购的护栏材料）再利用要求，开展了基于绿色循环利用功能的公路护栏安全提升系统研究工作。

8.4.6.24 岩石路堑边坡生态防护技术推广应用

本项目将“路堑边坡生态防护技术”及“路堤桥台坡体生态砖综合防护技术”推广至济青高速公路改扩建工程的边坡生态恢复工程，既具有优越的研究基础和推广条件，又能高水平实现整体高速公路边坡的生态恢复，在济青高速公路生态建设工程中具有突出绿色和科技相结合的典型示范意义。

8.4.6.25 恶劣天气下特殊路段沥青路面抗凝冰与交通安全设施新技术推广应用

项目以提升济青高速公路安全保障为目标，针对济青高速公路特殊路段及恶劣天气条件，推广应用沥青路面抗凝冰技术、可导向吸能防撞垫、旋转式防撞护栏、高辨识性标志标线、无缝防护交通安全设施等先进科技成果，提高道路安全通行效率，保障驾乘人员的生命和财产安全，集中展示科技对交通行业技术进步和安全升级的引领推动作用。

8.4.6.26 低碳海绵型服务区建设技术推广应用

“低碳海绵型服务区建设技术推广应用”项目通过集成应用服务区低碳建筑设计技术、光伏发电系统与建筑一体化技术、服务区污水资源化技术、高性能彩色透水路面铺装技术、低影响开发雨水综合利用技术等，可有效降低服务区能耗，解决路面积水等问题，提高水资源利用率，提升服务体验，打造高速公路温馨驿站新品牌。

8.5 保障体系

8.5.1 质量保障体系

8.5.1.1 质量保证体系

1）有明确的质量方针、目标和计划

（1）质量方针。

坚持标准，严格规范，硬化合同，履行承诺；健全机制，落实责任，依靠科技，强化管理。

（2）质量目标。

①交工验收的质量评定：合格（质量评分不低于95分）；竣工质量验收评定：优良（质量评分不低于90分）。

②杜绝发生重大质量事故和一级一般质量事故，有效防止质量事故的发生。

③最大限度消除质量通病。

（3）质量计划。

要求施工单位或监理单位制定完善的质量管理制度，包括现场质量管理工作规定、工程施工过程控制制度、隐蔽工程验收检查制度、工程质量三级检验制度、检验批验收制度、原材料质量验收管理制度、首件工程认可制度、样板工程推广制度、标准化管理制度、质量事故奖罚制度等。

有了明确的质量方针、目标和计划，才能使质量保证活动有明确的方向和具体的目标，才能有目的的开展活动，而不是无的放矢。

有相应的质量管理机构（框架图）或人员（名单）负责建立质量管理体系组织机构，成立质量管理领导小组。

2）建立严格的质量责任制

仅有组织机构或人员具体负责还不够，必须建立与实现质量目标有关的各级、各部门、每个岗位的质量责任制和考核奖罚办法，才能把质量工作真正落在实处。

3）实行管理业务标准化和管理流程程序化

有了质量责任制，事事有人负责，在此基础上还必须进一步制订管理的业务流程和管理业务标准、工作标准，以便进行检查、考核，逐步做到质量管理业务流程合理化、工作标准化。

4）建立高效灵敏的质量信息反馈系统

信息是进行质量管理活动的依据，要使质量保证体系正常运转，必须建立高效灵敏的内、外部信息反馈系统，这是质量保证体系的重要组成部分。

5）组织外协外购单位的质量保证活动

良好的外协条件和外购材料是保证公路质量的必要条件，是建立公路质量保证体系的重要一环。它们的质量对工程质量有很大影响，要把质量保证体系延伸到外协外购单位，逐步建立起外协外购的质量保证体系。项目办、监理、施工单位质量保证组织体系分别如图 8-5~ 图 8-7 所示，质量监督体系如图 8-8 所示。

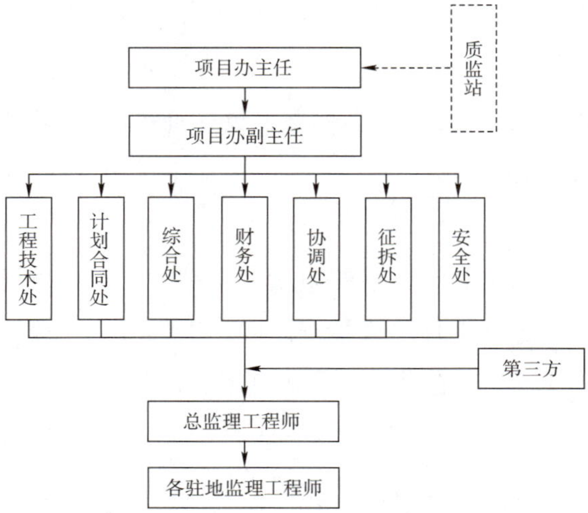

图 8-5　项目办质量保证组织体系

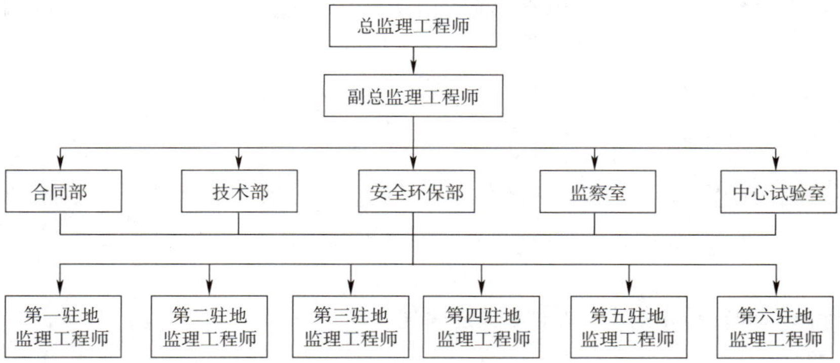

图 8-6　监理质量保证组织体系

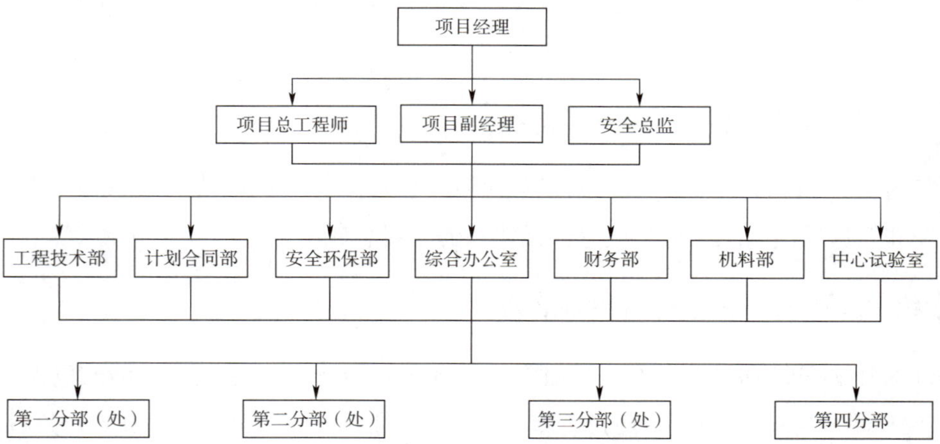

图 8-7　施工单位质量保证组织体系

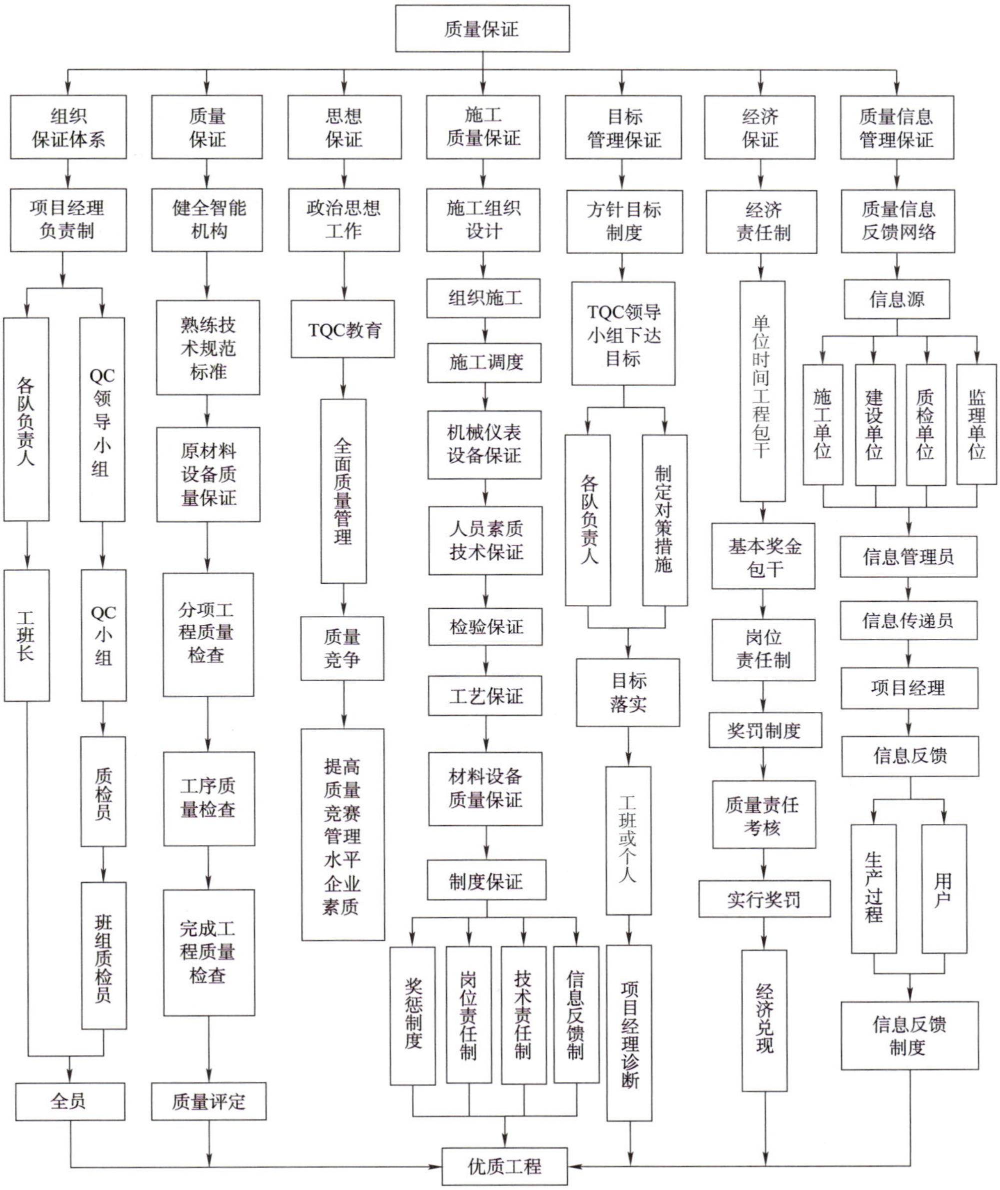

图 8-8　质量监督体系

8.5.1.2　质量检验监督体系

1）质量检验的定义和步骤

质量检验就是借助某种手段或方法，测定公路或工程质量特性，然后把测定结果同规定的质量标准比较，从而对该公路或工程质量作出合格或不合格的判断和评价。

公路质量检验一般要经历五个步骤，即：明确所检测项目的质量要求、测试质量数据比较、判定和处理。对判定不合格的材料、半成品、成品加强管理，不得将其投入工程使用；对于不合格的工程项目或部位，要责令补强加固或返工。在质量检验中，检验人员或作业人员必须认真记录质量数据，完整、准确的原始记录是工程交工、竣工、验收的必需资料，是全面评价公路或工程质量的重要依据。

2）质量检验的重要性

质量管理要强调“工序控制、预防为主”，不仅管结果而且着重管因素。但需同时保持和加强质量检验工作，充分发挥检验的职能。

质量检验有三项职能作用，即“把关（或称保证）、预防、报告（或反馈）”。做好质检工作，才能真正做到：

（1）不合格的材料、半成品和成品不投入使用；

（2）不合格的上工序产品不进入下工序；

（3）及时取得质量信息，便于工序控制，管好质量因素。

可以说，质量检验体系是质量保证体系的前提，因此，为确保质保体系发挥应有的作用，首先要加强质量检验体系，否则，没有质量检验这一支柱，质量保证体系难以形成，实行质量管理也难以落到实处。

3）质量检验的种类

（1）作业检查：由监理工程师、施工技术负责人组织人员对作业段落的每个施工环节、每道工序工程位置、各部尺寸、材料及操作程序进行检查。在施工作业期间应坚持“自检”“互检”和“专检”相结合的三检制度，所谓“自检”即班组和作业人员的自我把关；“互检”即作业人员之间的互相检查，起到相互学习、监督的作用；“专检”是专职检验人员对作业的检查，如原材料检验、上下工序交接检验等。

（2）定期检查：项目办会同总监办定期对项目进行一次全面检查，检查内容为：①施工组织机构和设备配备是否合理；②工程质量；③工程进度；④安全技术措施是否得当；⑤技术操作是否符合规范；⑥各种原始资料归档是否合理；⑦是否文明施工等。此外，要依据《济青高速公路改扩建工程项目工程考评办法》进行考评打分。

（3）中间检查：除上述主要内容外，还包括分项、分部、单位工程和隐蔽工程的检查。由总监办、驻地监理办负责抽检、评分、定级，承包人由专职质检员按照国家标准、交通运输部颁规范、标准和规程进行全面自检、评分、定级，具体指标抽检和自检频率、具体评定项目划分必须遵守现行《公路工程质量检验评定标准》有关规定。

隐蔽工程检查包括：路基填土前地表处理，路面铺筑前的底层和路槽，基桩灌注前的基底土质，高程和各部尺寸，浇筑混凝土前埋设钢筋的规格、数量、位置以及其他隐蔽部分。在检查中，由于质量不符合标准而造成返工、加固处理的事件均属于质量事故。凡是因质量问题造成重大人身伤亡或设备事故、大型构造物坍塌、主要构件强度不足、基础严重下沉等重大事故，必须迅速报请项目办、监理单位。同时，工程质量月报、周报、旬报应按规定及时上报。

4）质检机构设置、人员考核

（1）工地临时试验室和中心试验室等质检机构要牢固树立“质量第一”和“为用户服务”的思想，认真贯彻国家有关质量的方针、政策、法令，严格执行各项质量标准、检验规程和规章制度。在工作中要严格把关，及时提供准确的质量信息，不断改进检验方法，提高工作质量。

质检部门的主要任务是：

①编制和执行质量检验计划，进行质量把关；

②建立健全质量检验体系，不断提高质检人员的业务技术素质；

③填写、分析、整理质量检验报告，及时反馈质量信息，建立质量检验档案；

④掌握质量动态，加强质量分析；

⑤参与新工艺、新材料的试验鉴定工作；

⑥积极采用先进测试仪器及试验方法；

⑦参与制订有关质量管理制度。

（2）质检人员的条件。

质检人员对保证施工质量肩负着特殊使命，应选择作风正派、具有强烈责任心和一定技术水平的人担任，并应经过培训、考核和资格认证。

质检人员一般应具备以下条件：

①作风正派，办事公正，责任心强；

②具有技术员以上职称，熟练掌握质量管理的基本知识，具有较强的分析能力和判断能力；

③熟悉并掌握与所从事质检业务相适应的专业技能，熟悉有关的质量标准和检验、抽样方法等质检业务常识；

④熟练掌握有关的质检仪器；

⑤身体健康，能胜任工地专门质检任务。

（3）质检人员考核：对质检人员工作质量的考核，主要是考核质检工作量、检验的准确性和数据记录的及时性、完整性。此外，还重点考核工作态度、文明操作、劳动纪律等方面。同时结合工程质量评定，考核其工作质量，进行评比奖励。

5）现场质量保证体系

公路工程质量的形成主要在施工现场，因此，建立现场质量保证体系是施工质量保证体系的基础，也是总的质量保证体系中最重要的子体系。现场质量管理的任务就是严格按照图纸和标准、规范施工，保证符合性质量，提高一次性合格率和优良率，避免返工重做而造成人、财、物力的浪费。公路现场质量一般以分项工程为基础，而每一分项工程中又包含若干道工序。因此，现场质量保证体系一般由“质量把关-质量检验”和“质量预防-工序控制”两方面组成。施工现场质量保证体系示意图如图8-9所示，分项、分部工程质量控制程序图如图8-10所示。

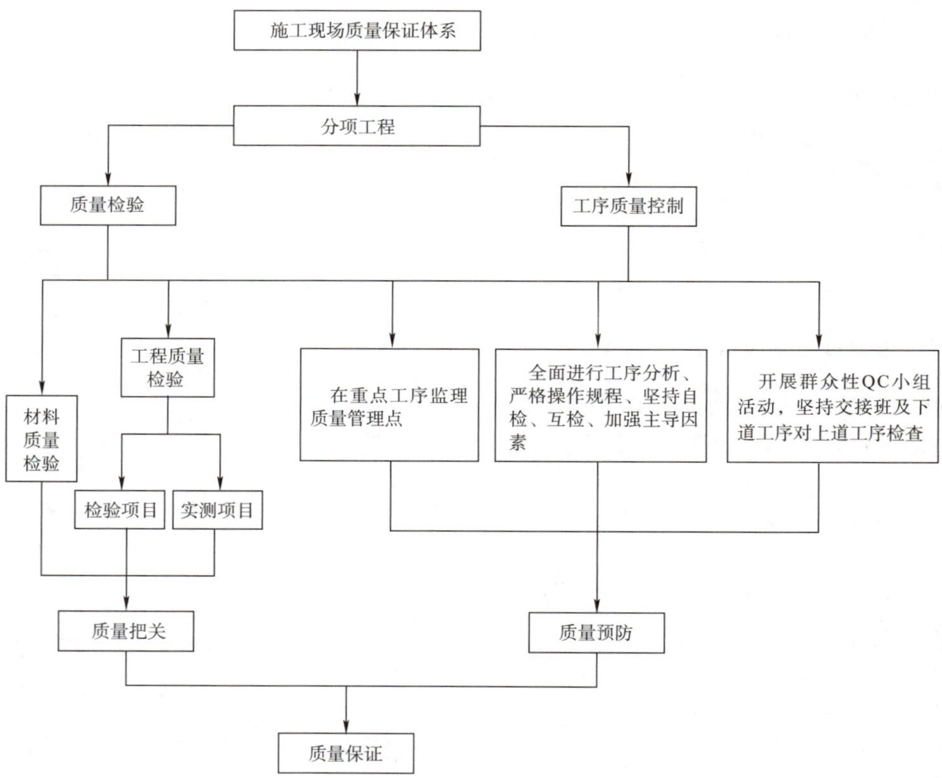

图 8-9　施工现场质量保证体系示意图

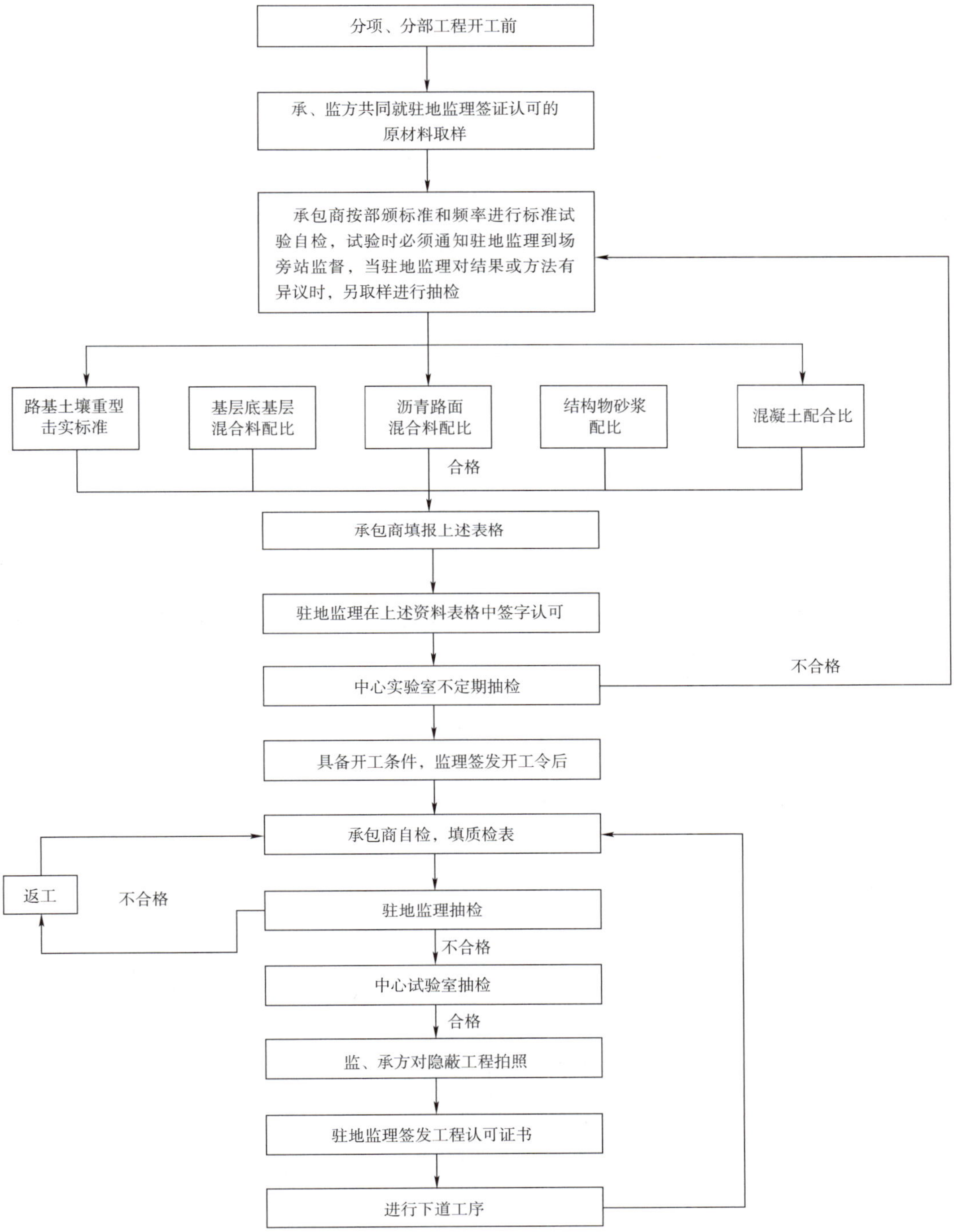

图 8-10　分项、分部工程质量控制程序图

8.5.1.3 施工阶段质量控制

1）施工项目质量控制阶段

（1）事前质量控制。

①审查施工单位的施工组织设计方案，未经批准的方案、方法、工艺不准在工程中使用。

②审查施工单位的施工组织机构及主要管理人员、技术人员、试验检测人员配备情况，主要人员不足不准开工。

③审查施工单位的施工机械设备和试验检测设备的数量、规格、性能等配备情况，准备不足不准开工。

④审查施工单位进场材料在数量、质量、规格等方面的准备情况，准备不足不准开工，未经检验认可的原材料不准进场。

⑤审查施工单位标准试验、质量控制指标、试验检测资料表格和试验检测频率等准备情况，不符合要求不准开工。

⑥对施工单位现场进行的基准线、基准点、基准高程等定线控制测量进行抽检、认可，监督施工单位对主要的控制桩详细记录并加以固定。

⑦检查施工单位分项、分部工程的现场放样测量情况，对控制工程位置、高程、尺寸及形状线形的准确性进行抽检和认可。

⑧对施工单位工程放样与测量的成果资料进行检查和认可。

（2）事中质量控制。

①现场原材料检验。

现场原材料检验包括对工程所用各种原材料的组成成分、有害物含量、物理力学性能、规格品种等技术指标与规范技术要求的复合性检验，不合格的原材料坚决不能用到工程中。

②标准试验、配比试验的控制包括对路基土方、路面基层材料的标准击实、各层标准密度、沥青、水泥混凝土和基层混合料的配比组成、结合料的用量、标准密度等技术指标的符合性检验，尤其是当材料和条件发生变化时，更应该加强此方面的检查。

③现场结合料用量的检验。

现场结合料用量的检验包括对灰土中石灰用量、水泥稳定碎石中水泥、水泥混凝土中粉煤灰及水泥用量、沥青混凝土中沥青用量等进行符合性抽查检验。

④现场压实度、密度的检验。

现场压实度、密度的检验包括对路基土方、路面基层等不同高程位置和层次所要求的压实度和水泥混凝土、沥青混凝土的密度进行符合性检查。

⑤现场承载力、强度、回弹模量的抽检。

现场承载力、强度、回弹模量的抽检包括对地基承载力、土基回弹模量、结构物构件强度、水泥混凝土芯样强度、沥青混凝土马歇尔试验等进行抽检。

⑥按照图纸和规范的技术要求对正在施工的工程或工序的长、宽、高（厚）等外形几何尺寸、高程、位置以及平整度、顺直度、垂直度等外观质量进行符合性检验。

（3）事后质量控制。

按规定的质量评定标准和办法，对完成的分项工程、分部工程、单位工程进行质量评定。

2）项目质量控制的方法

（1）审核有关技术文件、报告或报表。

对技术文件、报告、报表的审核是进行全面质量管理的重要手段，具体内容有：

①审核开工报告，并经现场核实。

②审核施工方案、施工组织设计和技术措施。

③审核有关材料、半成品的质量检验报告。

④审核反映工序质量动态的统计资料或控制图表。

⑤审核设计变更、修改图纸和技术核定书。

⑥审核有关质量问题的处理报告。

⑦审核有关应用新工艺、新材料、新技术、新结构的技术鉴定书。

⑧审核有关工序交接检查；分项、分部工程质量的检查报告。

⑨审核并签署现场有关技术鉴定、文件等。

（2）现场质量检查的内容。

①开工前检查：检查是否具备开工条件，开工后能否连续正常施工，能否保证质量、进度和安全。

②工序交接检查：对于重要的工序或对工程质量有重大影响的工序，在自检、互检的基础上，还要组织专职人员进行工序交接检查。

③隐蔽工程检查：凡是隐蔽工程必须在检查认证后才能掩盖。

④停工后复工前检查：因处理质量问题或某种原因停工后需复工时，应经检查认可后才能复工。

⑤分项 / 分部工程完成后检查认可，才能进行下道工序。

⑥成品保护检查：检查有无成品保护措施或保护措施是否可靠。

此外，还应经常深入现场，对施工操作质量巡视检查，必要时，跟班或追踪检查。

3）施工工序的质量控制

工程质量是在施工工序中形成的，而不是靠最后检出来的。为了把工程质量从事后检查把关转向事前控制，达到“以预防为主”的目的，必须加强施工工序的质量控制。

（1）工序质量控制的概念。

公路工程在施工过程中，是由一系列相互关联、相互制约的工序所构成的，工序质量是基础，直接影响工程项目的整体质量。要控制工程项目施工过程的质量，首先必须控制工序的质量。

工序质量包含两个方面：第一，工序活动提供条件的质量；第二，工序活动效果的质量。两者互为关联，一方面要控制工序活动条件的质量，即每道工序投入品质量（人、机、料、法、环）是否符合要求；另一方面又要严格控制工序活动效果的质量，即每道工序施工完成的工程产品是否达到有关质量标准。工序质量控制的手段是采用数理统计方法，通过对工序一部分检验的数据进行统计、分析来判断整道工序的质量是否稳定、正常；若不稳定，产生异常情况，必须及时采取对策和措施予以改善，从而实现对工序质量的控制，其控制步骤如下：

①实测：采用必要的检测工具和手段，对抽出的工序进行质量检验。

②分析：对所得到的数据通过管理图法等进行分析，了解数据遵循的规律。

③判断：根据数据分布规律分析的结果，判断引起质量变异的原因，并对整个工序的质量予以判断，从而确定是否达到质量标准。若出现异常情况，应寻找原因，采取对策和措施加以预防，以达到控制工序质量的目的。

（2）工序质量控制的内容。

①严格遵守施工工艺，是确保工序质量的前提，任何人都必须严格执行，不得违反。

②主动控制工序活动条件的质量，切实将五大因素有效地控制起来，使它们处于被控制状态，确保工序投入品的质量，避免系统性因素变异发生，保证每道工序质量正常、稳定。

③加强质量检验工作，及时检验工序活动效果的质量，综合统计和分析质量状况，及时掌握质量动态，一旦发现问题及时研究处理，自始至终使工序活动效果质量满足规范和标准的要求。

④设置工序的质量管理点，明确关键部位、薄弱环节，并制定有针对性的改善和提高措施，使工序处于良好的控制状态。

（3）工序质量的检验。

工序质量检验就是利用一定方法和手段，对工序操作及其完成产品的质量进行实际而及时的测定、查看和检查，并将所测得结果同该工序的操作规程及形成质量特性的技术标准进行比较，从而判断是否合格或是优良。简单说，就是对工序活动效果的评价。工序质量检验工作的内容主要有以下几项：

①正确执行具体化标准。

②对工程或产品的质量特性进行检验度量，并出具质量特征值的数据报告。

③把检验度量出来的质量特征值同质量技术标准进行比较。

④根据比较结果判断工程或产品的质量是否符合规程、标准的要求，并作出结论。判定结果要以事实、数据为依据，以标准、规范为准绳。

⑤根据判定结果，对合格或优良的工程或产品的质量予以认证；对不合格者，则查找原因，采取对策措施予以调整、纠偏或返工。

⑥把质量检验出来的特征值，准确、完整、及时地记录下来，以供统计、分析、判定、审核和备查用。

（4）施工项目质量的预控。

施工项目质量的预控，是事先对要进行施工的项目，分析在施工中可能或容易出现的质量问题，从而提出相应的对策，采取质量预控的措施予以预防。

4）质量控制的方法和内容

（1）施工单位。

①施工放线、原材料试验、标准试验、工艺试验（包括试验段）。

②提交分项工程开工报告（包括上述试验成果、施工计划、施工方案、质量控制指标及试验频率、方法）。

③按照规范、规程及施工图、施工方案组织施工。

④对每道工序或工艺进行现场质量自检控制，保证整个施工过程中的材料、操作及工艺符合要求并获得监理认可。

⑤对不符合工艺要求的工作及时进行纠正。

⑥按规范规定的指标、抽样频率、时间和方法，及时通知工地试验室进行取样或现场试验。

⑦及时检测各结构部位的位置、高程和几何尺寸，并提供资料以获得监理人员认可。

⑧对每道工序或分项工程完工后进行自检和测定，配合监理工程师检查验收。

⑨对不合格工程进行返工处理，直至达到要求为止。

（2）监理单位。

①检查施工单位机械、人员、材料进场等履约情况，严格控制转包、非法分包，审查验收工地试验室及施工单位质量保证体系。

②对原材料进行平行抽样验证检查，平行进行标准试验，监督工艺试验，审批开工报告。

③复核施工放线。

④对施工单位的各项施工程序、施工方法和施工工艺以及材料、机械、配比等进行全方位巡视、全过程旁站、全环节检查，包括：

a. 驻地监理工程师应在施工期间每天对施工现场巡视一次，现场发现并处理施工质量问题；

b. 对施工单位施工的隐蔽工程、重要工程部位、重要工序及工艺，由专业监理工程师或其助理人员实行全过程旁站监理；

c. 监督施工单位现场质量控制试验，按规范规定对现场质量控制指标进行平行抽样试验，对施工单位自检资料进行签认，对不合格项目提出返工。

⑤分项工程完工后，按规范规定项目、频率进行抽检认定，并监督施工单位的相应自检。根据结果对分项工程进行评定，签发中间交工证书。

⑥参与质量事故处理，审定有关处理方案。

⑦工程中间检查验收。

⑧参与交、竣工验收。

（3）建设单位。

①向质监机构办理工程质量监督手续，主动接受质量监督。

②组织施工图设计审查和设计交底。

③审查施工单位机械、人员进场等履约情况，控制分包，并查处转包。

④审查、审批施工组织设计、阶段施工计划、重要施工工艺（方案）、重要标准试验等。

⑤审查、审批设计变更。

⑥审查质量报表、检查施工单位及监理单位施工原始记录，对施工现场进行巡查，及时发现质量管理及现场质量控制中存在的问题，提出改正要求和措施。

⑦对重点项目和重点部位进行质量抽检。

⑧组织质量事故处理。

⑨组织交工验收，协助进行竣工验收。

8.5.1.4 现场质量巡查管理办法

为加强济青高速公路改扩建项目工程质量管理，规范各参建单位建设行为，提高工程质量管理水平，特制定本办法。

1）巡查依据

（1）公路工程质量管理相关法律、法规。

（2）《山东省公路工程施工和监理企业信用评价办法》。

（3）公路工程施工技术规范、试验检测规程。

（4）《高速公路施工标准化技术指南》。

（5）《山东省高速公路施工标准化管理标准指南》（规范化施工标准、工地建设标准）。

（6）设计图纸及合同文件。

（7）项目办下发的有关质量文件。

2）巡查组织机构

为全面加强项目办质量管理工作，提高质量管理水平，决定成立质量巡查工作领导小组。组成人员如下：

组长：刘甲荣；

副组长：邹波、郭建民、苏建明；

成员：项目办工程技术处及东、西指挥部技术管理人员。

领导小组下设一个综合巡查组及两个巡查小组。

综合巡查组成员主要由项目办工程技术处人员组成；巡查小组成员主要由东、西指挥部工程技术管理人员组成。

3）巡查内容、方式和时间

（1）巡查主要内容为：

①各参建单位质量安全管理的法律、法规和规范、标准及执行情况。

②各参建单位质量安全保证体系的运行和落实情况。

③各参建单位项目施工现场质量安全管理情况。

④抽检用于工程的材料的质量情况。

⑤抽查质量安全保证资料的整理情况。

⑥巡查各参建单位的试验检测工作情况。

⑦巡查各参建单位工作整改落实情况。

（2）巡查以现场查验、随机抽检的方式进行。

（3）综合巡查组原则上每月巡查一次，每月初根据各单位工程进展情况制定巡查计划，巡查计划应覆盖整个工程，突出对关键环节、重点部位的巡查；巡查小组原则上每周巡查一次，根据所管辖单位进度情况自行制定巡查计划。

4）巡查结果及处理方式

（1）一般性质量问题。

①对于巡查中发现的一般性质量问题，巡查小组应现场发出《工作联系单》（图 8-11），联系单中应体现巡查问题、整改要求及期限，并抓好整改落实工作。

编号：

安排事项或事由： 整改标准及要求：	第一联 由接收人留存
济青高速公路改扩建项目办现场指挥部（经办人）： 驻地监理工程师或施工项目经理（接收人）： 签收时间：　　年　　月　　日 注：本联系单一式两联，第一联由接收人留存，第二联由驻市工作组留存。	

图 8-11　济青高速公路改扩建工程第　合同段（驻地办）工作联系单

②参建单位应根据下发的《工作联系单》要求，对发现的问题进行整改，整改以文字和影像资料的方式进行对应回复。参建单位按月将整改结果汇总、登记台账，报驻地办复核，驻地办复核后报对应指挥部工程技术管理人员审核。东、西指挥部工程技术管理人员每月 25 日前报项目办工程技术处备案。

③巡查过程中发现参建单位质量管理存在违规行为的，纳入当月考核（专项活动）。

（2）重大质量隐患问题。

①对于巡查中发现的重大质量隐患，巡查小组应立即通知总监办发出《停工通知书》，责令相关单位或相关作业区停止施工，并及时向巡查领导小组汇报，指挥部工程技术管理人员应抓好整改落实工作。整改符合要求后，承包人应提出复工申请，经总监办复查合格发出《复工通知书》后方可复工。

②整改问题落实不到位或造成不可逆的质量缺陷时，巡查工作领导小组应按招标文件相关条款扣以相应的违约金，并对其进行通报，在同一阶段被通报两次及以上的单位取消当年评优资格。对整改不积极或存在抵触情绪的，项目办可依据《山东省公路工程施工和监理企业信用评价办法》，向上级交通主管部门建议对其扣以相应信用分处理。

③在质量安全巡查联系单中要求整改的相关分项工程未整改或整改不到位之前，该分项工程不予计量。

④项目办工程技术处每月将本月巡查的情况汇总后进行全线通报，主要内容应包括本期巡查工作内容、发现的主要问题、整改落实情况、下一步巡查重点。

⑤项目办工程技术处负责做好巡查资料的收集、整理和归档工作。

8.5.2 安全保障体系

8.5.2.1 安全管理目标

（1）安全管理总目标：本项目办员工工伤重伤率、死亡率为0%，所管理项目杜绝特别重大、重大及较大安全生产事故，防止和减少一般安全生产事故的发生，确保安全生产形势稳定。

（2）责任事故控制目标：

①杜绝因工重伤、死亡责任事故的发生。

②年度负轻伤责任事故频率控制在5‰以内。

③不发生火灾、中毒和重大机械责任事故。

④无环境污染和严重扰民事件。

（3）文明安全管理目标：

①安全管理人员、专职安全员及特种作业人员持证上岗率达到100%。

②重大事故隐患整改率达到100%，一般隐患整改率达到100%。

③扬尘、噪声、职业安全作业点合格率100%。

（4）安全管理目标：

①项目办负责人负责组织制定本项目的安全管理目标，并将目标分解到各部门（岗位）、分公司项目办及相关人员。

②项目办安全处根据安全管理目标制定年度总体工作计划。

③项目办应依据制定的安全计划开展工作，并接受上级有关部门组织的考核。

④项目办安全处负责审查监理单位和施工单位制定的安全管理目标与计划，定期对监理单位和施工单位安全生产管理情况进行检查。

⑤项目办应按规定进行年度安全管理总结，并按上级有关要求上报。

8.5.2.2 安全生产保障

1）安全生产责任书

自项目办组建之日起至工程投入运营止，项目办每年均需与职工签订安全生产责任书。施工、监理单位要按规定逐级签订安全生产责任书。

2）安全会议

（1）安全会议的种类。

①安全会议按照召开的频次和会议内容可以分为年度安全生产工作会议、季度安委会会议、月度安全例会和安全专题会议。会议主要学习有关安全生产的法律法规，传达上级文件及会议精神，通报安全生产检查及整改情况，总结当前安全生产工作，布置下一步安全生产工作任务，研究解决当前相关安全生产问题等。

②项目办每年召开年度安全生产工作会议，可与其他工作会议合并召开，由项目办主任组织，项目办领导班子成员、现场指挥部指挥长、分公司项目办主任、各部门负责人、安全生产管理人员、各监理和施工单位负责人等相关人员参加。

③项目办每季度召开安委会安全生产工作会议，可与其他工作会议合并召开，由安委会负责人组织，安委会成员参加。

④项目办每月至少召开一次月度安全例会，可与年度安全会议、安委会会议合并召开，由项目办主任组织，项目办领导班子成员、现场指挥部指挥长、各部门负责人等相关人员参加。

⑤施工、监理单位每月至少召开一次月度安全例会，各单位负责人组织，有关单位和人员参加。

⑥安全生产专题会议可根据工作需要适时召开，由项目办组织相关人员参加。

（2）相关要求。

①安全会议要做好会议记录，形成会议纪要并按要求下发各部门及相关单位。

②安全生产会议的召集人可根据实际情况，决定扩大会议参加人员范围。

③安全生产会议签到表、会议记录、影像资料以及形成的会议纪要，应按照档案管理规定归档。

（3）重大事故隐患清单管理。

①施工企业是事故隐患排查治理的责任主体。应制定生产安全事故隐患清单管理制度，明确管理程序、管理内容及相关职责，做好重大事故隐患清单管理及事故隐患排查治理工作。

②施工单位在开工前，应依据工程实际，参照有关清单，制定本标段重大事故隐患清单，由施工单位项目负责人审核发布，并向施工企业法人单位及驻地办、总监办、项目办备案。

③施工单位要将清单纳入岗前教育培训，并在相应作业区域公示；当建设条件、施工环境、施工作业内容等发生变化时，施工单位应对清单及时调整，并经审核重新备案。

④施工单位应参照清单开展事故隐患排查，对发现存在重大事故隐患的作业区域应立即停止相关作业。

⑤施工单位应根据重大事故隐患清单建立治理台账，台账应在清单的基础上明确治理负责人、治理时限及治理措施。按照治理措施进行隐患消除，治理完成后，由治理责任人签认并将治理台账存档。

⑥施工企业法人单位、监理单位应对施工单位的重大事故隐患清单管理工作进行检查，督促施工单位及时排查治理重大事故隐患。

⑦项目办工程技术处、安全处和现场指挥部对重大事故隐患清单管理工作进行监督检查，对工作开展不到位的，按照有关法律法规、规章制度及招标文件对相关责任单位和责任人采取约谈、督办以及处罚等相应措施。

（4）安全检查与整改。

检查形式应包括定期检查及不定期检查。

①定期检查：每月不少于1次，由项目办安全处负责组织或参与对工程现场及安全内业资料进行检查。

②不定期检查：根据需要随时检查，遇到恶劣自然条件、重大节假日、重大活动等时要加大检查力度和频次。

③施工、监理单位负责做好本单位的安全生产自查，施工单位自查每月不少于3次，

监理单位检查每月不少于 2 次。

（5）检查内容。

①对监理单位的检查内容：

a. 安全生产制度建设和组织机构情况；

b. 安全检查和旁站记录情况；

c. 审查安全专项施工方案情况；

d. 安全生产活动落实情况；

e. 安全生产专项经费的审核情况；

f. 教育培训情况；

g. 监理档案建立情况。

②对施工单位的检查内容：

a. 安全生产制度建设和组织机构情况；

b. 安全检查记录情况；

c. 编制安全专项施工方案，组织安全技术交底情况；

d. 应急预案编制及演练情况；

e. 安全生产费用使用及办理保险情况；

f. 教育培训情况；

g. 安全管理资料建立情况；

h. 人员安全操作情况；

i. 设备与设施管理情况；

j. 作业环境安全情况；

k. 其他应当检查的安全生产事宜。

（6）检查要求。

安全检查依据国家、山东省相关法律、条例及山东高速集团、山东高速公司、项目办安全管理办法，结合工程实际，明确检查项目和检查内容，对照安全检查考核表逐项检查登记。

（7）安全整改。

定期检查时发现的问题应保留图片或影像资料，要求相关单位及时整改，并及时下发通报。不定期检查须下发检查通报或开具安全检查整改通知单。

（8）复查。

①针对检查中发现的问题，由项目办下发整改通知书等书面文件，监理单位负责做

好对施工单位的整改监督工作。

②施工单位做好整改，监理单位做好复查工作后，由监理单位将整改情况以书面报告形式上报安全处，并备案。

③项目办收到安全问题整改回复后进行落实并在近期安全检查中予以抽查。

（9）检查过程中如发现重大安全隐患必须停工整顿的，应责令监理工程师现场开具停工指令，施工单位整改后向监理工程师提出复工申请，监理工程师复查合格后报项目办同意方可复工。

（10）项目办应积极配合上级有关部门组织的安全检查，并按要求及时整改。

8.5.2.3 事故隐患排查治理

（1）监理、施工单位应组织开展隐患排查工作，查找可能导致人身伤亡或经济损失等安全生产事故因素，并鼓励职工发现和社会公众举报本项目事故隐患。

①监理、施工单位负责人对本单位事故隐患排查治理工作全面负责。监理、施工单位须将生产经营有关的场所、设备发包、出租的，必须与承包、承租单位签订安全生产管理协议，并在协议中明确各方对事故隐患排查、治理和防控的管理职责。

②对于一般事故隐患，由监理、施工单位负责人或者有关人员立即组织整改。

③对于重大事故隐患，由监理、施工单位负责人组织制定并实施事故隐患治理方案。重大事故隐患治理方案应当包括以下内容：

a. 治理的目标和任务；

b. 采取的方法和措施；

c. 经费和物资的落实；

d. 负责治理的机构和人员；

e. 治理的时限和要求；

f. 安全措施和应急预案。

（2）在事故隐患治理过程中，应当采取相应的安全防范措施，防止事故发生。事故隐患排除前或者排除过程中无法保证安全的，应当从危险区域内撤出作业人员，并疏散可能危及的其他人员，设置警戒标志，暂时停产停业或者停止使用。

（3）监理、施工单位对政府部门提出的确实存在的安全隐患应抓紧整改，对政府文件、文书等要进行书面回复。

（4）监理、施工单位要建立事故隐患排查治理专项档案，做到及时准确、完整配套、长期保存。事故隐患排查治理档案应包括以下内容：

a. 隐患整改通知书、检查通报或其他明确指出存在隐患的有效书面材料；

b. 关于事故隐患排查治理的会议纪要、领导批示、上报文件等资料；

c. 对事故隐患部位组织进行复查和评估、分析、研究及形成的结论等文件资料；

d. 已完成事故隐患整改的报告；

e. 重大隐患审查验收的结论报告；

f. 其他具有保留价值的隐患排查治理资料。

8.5.2.4 安全教育培训

（1）每年度初期，项目办安全处负责组织各部门制定部门年度安全培训计划，负责汇总并修订成为项目办年度安全培训计划。

（2）安全培训的形式及内容。

①项目办全员教育培训由安全处负责组织，项目办全员参与，必要时可要求总监办、驻地办、施工单位安全管理人员参加培训。培训内容包括国家安全生产相关法律法规和规范，安全生产规章制度，安全操作规程，应急预案；安全设施设备、劳动防护用品的使用和维护，应急救援知识，救援设备现场操作，自救常识、现场突发状况救援知识（如防洪、防坍塌知识）等。全员教育培训每年度不得少于 12 学时。

②安全取证培训由项目办安全处负责组织，项目办负责人及项目安全管理人员参加具有相应资质的培训机构组织的安全培训，并取得相应安全培训合格证书。

③新进、离岗 6 个月以上的或者换岗的从业人员，以及采用新工艺、新技术、新材料或者使用新设备后的有关从业人员的培训由项目办相应业务部室负责组织，岗前安全培训时间不得少于 24h。

（3）培训记录按照档案管理规定整理归档。

（4）施工、监理单位负责本单位的安全生产教育培训工作，建立安全生产教育培训制度，制定安全生产教育培训年度计划并组织实施，保证本单位安全教育培训所需资金。单位安排从业人员进行安全教育培训期间，应当支付其工资和必要的费用，并建立从业人员安全教育培训档案。

8.5.2.5 安全生产费用管理及安全保障

（1）安全处负责项目办安全经费预算的编制工作，负责项目办安全经费的预算执行，项目办安全经费标准为每年每名员工 500 元，用于安全生产管理性支出。

（2）安全处负责施工单位安全生产经费使用计划的审核工作，对施工单位安全生产费用的使用情况进行监督检查。

（3）分公司项目办负责本项目办安全经费预算的编制工作，负责项目办安全经费的预算执行。

（4）财务处负责项目办及分公司项目办安全经费预算的拨付工作，并对安全经费账目进行专业管理。

（5）项目办安全经费的支付。

①安全经费据实计量，限额控制，计量凭证可为安全器材采购、培训教育等发票，所有凭证都必须经过安全处负责人签字验收，项目办主任审核签字认可。

②根据实际安全经费使用情况，编制安全生产费用使用台账（附相关凭证）。

③用于安全生产的物资设施，要建立入库、出库台账，做到账物相符，入库、出库、使用记录一一对应，保证安全生产物资、设施真正用于安全生产工作。

（6）项目办安全经费的使用。

①管理性支出，主要包括用于安全生产的宣传、教育培训、科研、检查评价、预案演练、活动开展等支出。

②非管理性支出，主要包括劳动防护用品、应急物资等支出。

（7）施工单位安全经费的使用。

①施工单位负责根据《企业安全生产费用提取和使用管理办法》（财企〔2012〕16号）规定，并结合工程项目实际，制定本项目安全生产费用管理实施细则，实施细则内容应包括适用范围、审批支付程序及监督管理等。公路工程安全生产费用计提比例按照国家和行业有关规定及合同约定执行。

②安全生产经费应专款专用，保证安全生产投入的有效实施。

③施工单位要及时投入满足安全生产条件的所需资金。

8.5.2.6 危险源辨识

（1）安全处负责牵头组织项目办各部门结合自身业务特点开展危险源辨识工作，每年开展不少于1次。

（2）项目办负责督导监理单位要求施工单位按照国家法律法规及标准要求严格开展危险源辨识工作，并做好相关记录。

8.5.2.7 安全应急预案

1）应急预案的编制

（1）项目办安全处负责梳理和修订项目办的综合应急预案，并督促相关部门梳理、修订专项应急预案和现场处置方案。

（2）施工、监理单位负责编制和修订本单位的综合应急预案，根据存在的重大危险源和可能发生的事故类型，制定相应的专项应急预案，并针对危险性较大部位或环节，制定现场处置方案。

（3）应急预案体系应符合有关法律、法规和《生产经营单位安全生产事故应急预案编制导则》（GB/T 29639—2013）及《生产安全事故应急预案管理办法》（国家安全监管总局令第88号）要求，结合本项目的危险源状况、危险性分析情况和可能发生的事故特点。

（4）项目办与公司编制的综合应急预案、专项应急预案和现场处置方案之间应当相互衔接，统一联动。

（5）施工、监理单位与项目办编制的综合应急预案、专项应急预案和现场处置方案之间应当相互衔接，统一联动。

2）应急预案的分类及主要内容

应急预案体系主要包括综合应急预案、专项应急预案和现场处置方案三类。

（1）综合应急预案：包括本项目的危险性分析、应急组织机构及其职责、预防与预警、应急响应、信息发布、后期处置、保障措施、培训与演练等内容。

（2）专项应急预案：包括事故类型和危害程度分析、应急处置基本原则、组织机构及职责、预防与预警、信息报告程序、应急处置、应急物资与装备保障等内容。

（3）现场处置方案：包括事故特征、应急组织与职责、应急处置、注意事项等内容。

（4）应急预案应包括有关应急部门、机构或人员的联系方式，重要物资装备的名录或清单，规范化格式文本，关键的路线、标识和图纸，相关应急预案名录，有关协议或备忘录等附件信息。附件信息应当经常更新，确保信息准确有效。

3）预案修订

应急预案应当根据预案演练、机构变化等情况适时修订，至少每 1 年修订一次，预案修订情况应有记录并归档。

有下列情形之一的，应急预案应当及时修订：

（1）依据的法律、法规、规章、标准及上位预案中的有关规定发生重大变化的。

（2）应急指挥机构及其职责发生调整的。

（3）面临的事故风险发生重大变化的。

（4）重要应急资源发生重大变化的。

（5）预案中的其他重要信息发生变化的。

（6）在应急演练和事故应急救援中发现问题需要修订的。

（7）项目办认为应当修订的其他情况。

预案修订完毕后，施工、监理单位应及时向项目办报告应急预案的修订情况，并按照有关应急预案报备程序重新备案。

4）应急演练

（1）项目办安全处每年度初期应组织制定项目办应急预案演练计划，施工单位应将应急预案演练计划上报至监理单位审核，并报备安全处。

（2）项目办安全处应根据项目的事故预防重点，每年至少组织一次综合应急预案演练或者专项应急预案演练。

（3）监理单位负责督促施工单位做好演练计划的落实工作。

（4）应急预案演练结束后，组织单位应对应急预案演练效果进行评估，撰写应急预案演练评估报告，分析存在的问题，并对应急预案提出修订意见。

（5）施工单位应当按照应急预案的要求配备相应的应急物资及装备，建立使用状况档案，定期检测和维护，使其处于良好状态。

（6）应急预案启动后，应及时组织有关力量进行救援，并按照规定将事故信息及应急预案启动情况报告当地安全生产监督管理部门和公司。

8.5.2.8　事故报告与调查处理

（1）安全生产事故等级划分。

安全生产事故分为轻微、一般、较大、重大和特别重大五个等级，具体应参照《生产安全事故报告和调查处理条例》及《山东高速股份有限公司安全生产管理办法》划分。

（2）施工单位发生一般及以上安全生产事故后，应立即向属地安全监督管理部门、驻地办、总监办、现场指挥部及项目办报告，事故发生后1h内应将事故简要情况以书面形式如实报送至项目办。项目办接到事故报告后，应当立即向公司及相关上级单位报告。

（3）事故报告后出现新情况的，应当及时补报。自事故发生之日起30日内，事故造成的伤亡人数发生变化的，应当及时补报。道路交通事故、火灾事故自发生之日起7日内，事故造成的伤亡人数发生变化的，应当及时补报。

（4）事故报告的内容。

报告内容应包括：事故单位概况；事故发生的时间、地点以及事故现场情况；事故的简要经过；事故已经造成或者可能造成的伤亡人数（包括下落不明的人数）和初步估计的直接经济损失；已经采取的措施；其他应当报告的情况。

（5）事故调查。

①造成人员伤亡的一般事故、较大事故、重大事故、特别重大事故按照法律规定由政府有关部门负责调查。未造成人员伤亡的轻微事故，由项目办委托事故发生单位组织事故调查组进行调查。事故调查处理结束后，事故发生单位应向项目办报送事故处理情况报告。

②事故处理情况报告应当包括事故发生单位概况、事故发生经过和事故救援情况、事故造成的人员伤亡和直接经济损失、事故发生的原因和事故性质；事故责任的认定以及对事故责任者的处理意见或建议；事故防范和整改措施、事故处理情况相关资料。

（6）事故处理。

①事故发生单位应当按照政府有关部门、集团、公司对安全事故调查处理意见和批

复文件，依照权限和程序，对本单位负有事故责任的人员进行处理。

②事故发生单位责任人员由政府有关部门依法处以罚款行政处罚的，罚款金额由责任人员本人缴纳，不得从单位公款中列支。

③事故发生单位应认真吸取事故教训，按照“四不放过”原则，落实防范和整改措施，防止事故再次发生。防范整改措施的落实情况应当接受工会和职工的监督。

④事故只造成轻微财产损失，没有人员伤亡，但是社会影响恶劣，项目办认为需要进行调查处理的，依照事故调查处理办法执行。

8.5.2.9 安全档案管理

（1）项目办应当建立完善安全生产档案，安全生产档案由专人负责，定期进行收集、整理、分类和归档。归档资料应规范、完整、系统，符合档案管理规定。

（2）安全档案的内容：

①安全规章制度及法律法规台账。

②安全组织机构资料。

③施工单位的安全生产许可证。

④安全生产活动台账及相关记录表。

⑤安全生产培训管理台账及相关培训记录表。

⑥安全生产会议台账及相关签到表、会议记录。

⑦安全生产检查台账及相关检查表。

⑧隐患整改台账、相关隐患整改通知书及复查记录表。

⑨事故管理台账及事故调查报告。

⑩安全生产事故应急预案演练台账及应急预案演练成果。

⑪安全费用使用台账。

⑫安全生产奖惩管理台账。

⑬与施工单位、监理单位签订的安全生产责任合同。

⑭施工单位、监理单位安全管理人员、专职安全员台账。

⑮其他安全档案。

（3）安全档案资料的保管要求。

①存放的安全资料必须标志明显，排放整齐，方便查找使用。

②安全资料在项目完工后存放年限按档案资料管理有关规定执行，超过存档期的资料，需销毁的必须上报公司领导和集团公司相关人员批准。

③防止重要资料的缺失、丢失，一经发现应及时予以补修，保证资料的完整性。

④做好安全档案资料借阅管理，建立借阅台账，有借阅人、保管人及分管领导的签字。

8.5.2.10 “平安工地”考核评价制度

（1）考核评价工作由安全处牵头组织，按照《关于开展公路水运工程“平安工地”考核评价工作的通知》（交质监发〔2012〕679号）及《公路水运工程“平安工地”考核评价标准（试行）》的要求实施。

（2）考核评价按照百分制计算得分。考核评价评分90分（含）以上为示范工程（合同段），评分70（含）~90分为达标工程（合同段），评分70分以下为不达标工程（合同段）。

（3）实施步骤。

①项目开工准备阶段。

安全生产条件审查按照安全保障管理办法相关条款执行。

②项目施工阶段。

项目办安全处每半年对所有监理和施工合同段组织一次“平安工地”考核评价，按照《公路水运工程“平安工地”考核评价标准（试行）》进行评分。监理单位按季度做好“平安工地”考核评价工作，连同自查考核评价结果向项目办报备。施工单位按月做好自查自评工作，并将考核评价结果向监理单位和项目办报备。

③项目交工前。

项目办安全处负责督促监理、施工单位严格对照《公路水运工程“平安工地“考核评价标准（试行）》组织全面自评工作，并整理好安全管理资料和考核备案资料以备项目办考核评价和竣工备案。

④考核结果运用。

“平安工地”考核评价结果作为项目办对各参建单位安全生产管理年度考核的重要组成部分，并纳入年度综合考核评价体系。

8.5.2.11 安全生产考核与奖惩

（1）项目办安全处负责牵头组织对施工、监理单位的安全生产考核工作，安全生产考核工作结合项目办综合考评同时进行。

（2）考核标准：安全检查考核表。

（3）考核方式：现场评分，考核总分为200分，按照安全检查考核表对施工、监理单位进行打分。

（4）如发生一般及以上安全责任事故，实行一票否决，本考核期监理、施工单位的考核结果为不合格，并视严重程度处 200 万元以上 500 万元以下罚款。

（5）如出现重大隐患未及时整改、阶段性重点安全工作落实不到位、对各级监管单位的要求执行不力、被市级及以上监管单位通报等情况，项目办将对该单位进行全线通报，通报当月的安全考核得分（在实际得分的基础上加扣 100 分）；如当年被全线通报 2 次及以上，年度安全考核得分在实际得分的基础上加扣 100 分。

（6）安全考核奖惩。

①施工单位安全生产考核。

根据济青高速公路改扩建项目主体工程施工招标文件项目专用合同条款 13.8 规定，发包人设置工程质量与履约考核奖惩金，此费用包括扣除的各承包人当期计量支付款的 5‰及对承包人的违约扣款（如有）。安全生产考核分值根据项目办综合考评办法的权重划分计入总分内，按得分排名、通报及奖惩。

②监理单位安全生产考核。

根据济青高速公路改扩建项目主体工程监理招标文件项目专用合同条款 3.9 规定，发包人将每期支付给监理人的服务费中扣除 5% 和监理人因违反合同条款的规定所缴纳的违约金作为考核管理基金，对监理单位考核管理使用。安全生产考核分值根据项目办综合考评办法的权重划分计入到总分内，按得分排名、通报及奖惩。

③项目办对在安全生产工作中取得优异成绩或有突出贡献的部门和个人给予表彰奖励。

8.5.2.12 安全监督检查管理

（1）安全生产条件审查。

①对监理单位审查的主要内容应包括安全监理规章制度建立情况、安全监理组织机构建立情况、安全监理人员到位和持证情况、安全监理计划编制审批情况等。

②对施工单位审查的主要内容应包括安全生产规章制度及操作规程建立情况、安全管理组织机构建立情况、安全管理人员到位和持证情况、施工组织设计中安全技术措施和临时用电方案编制审批情况、危险性较大的工程安全专项方案编制计划报批情况、安全生产费用投入计划报批情况等。

③对安全生产条件审查不符合要求的应责令限期整改。

（2）施工安全风险评估。

①符合《公路桥梁和隧道工程施工安全风险评估指南（试行）》和《高速公路路堑

高边坡工程施工安全风险评估指南（试行）》规定的项目，由项目办安全处牵头组织开展施工安全总体风险评估工作，专项风险评估由施工单位负责。

②施工安全风险评估项目范围、方法、步骤、报告、动态监管及其他工作要求应参照《公路桥梁和隧道工程施工安全风险评估指南（试行）》及《高速公路路堑高边坡工程施工安全风险评估指南（试行）》执行。

（3）项目办协调处、工程处负责在工程开工前，向施工单位提供设计部门提报的施工现场及毗邻区域内水、电、气、通信等地下管线资料，气象和水文资料，以及相邻建（构）筑物、地下工程有关资料，向施工单位交底。

施工单位在接受交底后，应进行复核，监理单位应派员参与。当复核情况与提供情况不符，或在施工过程中发现新情况时，应及时向项目办报告，项目办应及时向有关部门查询并再次交底确认。

（4）危险性较大工程的安全管理。

①施工单位负责在施工组织设计中编制安全技术措施和施工现场临时用电方案，对危险性较大的工程编制专项施工方案，并附安全验算结果，经施工单位技术负责人、监理工程师审查同意签字后实施，由专职安全生产管理人员进行现场监督。

②危险性较大的工程见表 8-16。

危险性较大的工程　　表 8-16

序号	类别	需编制专项安全施工方案	需专家论证、审查
1	基坑开挖、支护、降水工程	（1）开挖深度不小于 3m 的基坑（槽）； （2）深度小于 3m 但地质条件和周边环境复杂的基坑（槽）开挖、支护、降水工程	（1）深度不小于 5m 的基坑（槽）的土（石）方开挖、支护、降水； （2）开挖深度虽小于 5m，但地质条件、周围环境和地下管线复杂，或影响毗邻建（构）筑物安全，或存在有毒有害气体分布的基坑（槽）开挖、支护、降水工程
2	滑坡处理和填、挖方路基工程	（1）滑坡处理； （2）边坡高度大于 20m 的路堤或地面斜坡坡率陡于 1∶2.5 的路堤，或不良地质地段、特殊岩土地段的路堤； （3）土质挖方边坡高度大于 20m、岩质挖方边坡高度大于 30m，或不良地质、特殊岩土地段的挖方边坡	（1）中型及以上滑坡体处理； （2）边坡高度大于 20m 的路堤或地面斜坡坡率陡于 1∶2.5 的路堤，且处于不良地质、特殊岩土地段的路堤； （3）土质挖方边坡高度大于 20m、岩质挖方边坡高度大于 30m 且处于不良地质、特殊岩土地段的挖方边坡
3	基础工程	（1）桩基础； （2）挡土墙基础； （3）沉井等深水基础	（1）深度不小于 15m 的人工挖孔桩或开挖深度不超过 15m，但地质条件复杂或存在有毒有害气体分布的人工挖孔桩工程； （2）平均高度不小于 6m 且面积不小于 $8m^2$ 的砌体挡土墙的基础； （3）水深不小于 20m 的各类深水基础

续上表

序号	类别	需编制专项安全施工方案	需专家论证、审查
4	大型临时工程	（1）围堰工程； （2）各类工具式棱板工程； （3）支架高度不小于 5m，跨度不小于 10m，施工总荷载不小于 $10kN/m^2$，集中线荷载不小于 15kN/m； （4）搭设高度 24m 及以上的落地式钢管脚手架工程，附着式整体和分片提升脚手架工程，悬挑式脚手架工程、吊篮脚手架工程，自制卸料平台、移动操作平台工程，新型及异型脚手架工程； （5）挂篮； （6）便桥、临时码头； （7）水上作业平台	（1）水深不小于 10m 的围堰工程； （2）高度不小于 40m 墩柱、高度不小于 100m 索塔的滑模、爬模、翻模工程； （3）支架高度不小于 8m，跨度不小于 18m，施工总荷载不小于 $15kN/m^2$，集中线荷载不小于 20kN/m； （4）50m 及以上落地式钢管脚手架工程，满堂承重支撑体系，承受单点集中荷载 7kN 以上； （5）移动模架
5	桥涵工程	（1）桥梁工程中的梁、拱、柱等构件施工； （2）打桩船作业； （3）施工船作业； （4）边通航边施工作业； （5）水下工程中的水下焊接、混凝土浇筑等； （6）顶进工程； （7）上跨或下穿既有公路、铁路、管线施工	（1）长度不小于 40m 的预制梁的运输与安装，钢箱梁吊装； （2）跨度不小于 150m 的钢管拱安装施工； （3）高度不小于 40m 的墩柱、高度不小于 100m 的索塔等的施工； （4）离岸无掩护条件下的桩基施工； （5）转体施工
6	起重吊装工程	（1）采用非常规起重设备、方法，且单件起吊重量在 10kN 及以上的起重吊装工程； （2）采用起重机械进行安装的工程； （3）起重机械设备自身的安装、拆卸	（1）采用非常规起重设备、方法，且单件起吊重量在 100kN 及以上的起重吊装工程； （2）起吊重量在 300kN 及以上的起重设备安装、拆卸工程
7	拆除、爆破工程	（1）桥梁、隧道拆除工程； （2）爆破工程	（1）大桥及以上桥梁拆除工程； （2）一级及以上公路隧道拆除工程； （3）C 级及以上爆破工程、水下爆破工程
8	其他	其他危险性较大的工程（视具体情况而定）	—

③施工单位对上述所列工程的专项施工方案组织专家进行论证、审查时，参加人员如下：

a. 建设单位：项目办技术负责人；

b. 监理单位：总监理工程师、驻地监理工程师、专业监理人员及安全监理人员；

c. 施工单位：项目负责人、项目技术负责人及专项施工方案编制人员；

d. 专家组成员：专家组成员应当从专家库中选取；

勘察、设计单位技术负责人及相关专业技术人员应当参加专家论证审查会。

④项目办工程技术处负责督促监理、施工单位开展危险性较大的工程安全专项施工方案编制、专家论证和报批工作。

⑤监理单位负责对施工单位安全专项施工方案落实情况进行抽查，并做好检查记录。

8.5.3 进度保障体系

8.5.3.1 计划进度编制

1）编制原则

（1）全局原则。编制计划必须以本项目的总体计划安排为依据，认真分析项目的生产经营状况，综合考虑项目的发展内外环境，从项目办全局出发安排计划。

（2）重点原则。编制计划要明确具体，突出重点，抓主要矛盾，要集中力量解决好影响项目全局的问题。

（3）量入原则。编制计划要具有现实可行性、可持续性，留有余地。

（4）指令性计划与指导性计划相结合的原则。

（5）效益优先的原则。各项计划的安排，必须把经济效益放在优先考虑的位置。

（6）可持续发展原则。编制计划要立足当前、着眼未来，充分考虑未来的变化，有利于项目的顺利进行。

2）计划分类

工程进度计划可根据项目实施的不同阶段，分别编制总体进度计划及年、月进度计划，对于起控制作用的重点工程项目，应单独编制单位工程或单项工程进度计划。

3）编制依据

（1）总体进度计划。

施工合同中规定的总体工期、开工日期和交工日期；

投标书中确认的工程进度计划及施工方案；

主要材料和设备的采购合同及气候条件；

施工人员的技术素质和设备能力；

建成同类工程的施工进度及经济指标。

（2）年进度计划。

项目办下达的年度计划目标；

前一年度的进度计划执行情况。

（3）月进度计划。

总体进度计划；

年度计划目标；

前一月进度计划执行情况。

4）计划内容

（1）总体进度计划。

项目总体进度计划包括文字说明和总体进度计划表两部分。文字说明的主要内容应包括项目概况和特点、制定计划的原则和依据、年度形象进度完成情况，还应包括：

①工程项目的总工期，即合同工期或指令工期；

②完成各单位工程及各施工阶段所需要的工期、最早开始和最迟结束时间；

③各单位工程及各施工阶段所需配备的人力和设备力量；

④各单位工程及各施工阶段所需要完成的工程量及现金流量估计；

⑤各单位工程或分部工程的施工方案和施工方法（及施工组织设计）等。

（2）年进度计划。

①本年计划完成的单位工程及施工阶段的工程项目内容、工程数量及投资指标；

②施工队伍和主要施工设备的转移顺序；

③不同季节及气温条件下各项工程的计划安排；

④在总体进度计划下对各单项工程进行局部调整或修改的详细说明等。

（3）月进度计划。

①本月计划完成的分项工程内容及顺序安排；

②完成本月及各分项的工程数量及投资额；

③在年度进度计划下对各单位工程或分项工程进行局部调整或修改的详细说明等；

④前一月进度计划完成情况，分析未完成计划的原因；

⑤在本月计划投入人员施工机械设备情况。

（4）重点工程进度计划。

①本工程的具体施工方案和施工方法；

②本工程的总体进度计划及各道工序的控制日期；

③本工程的现金流动计划；

④本工程的施工准备及结束清场的时间安排；

⑤对总体进度计划及其他相关工程的控制、关系和说明等。

5）计划表示方式

总体进度计划及关键项目的工程进度计划，采用横道图、斜道图、网络图及对应工程量清单的每月计划完成的工程量和工作量。

年、季、月度进度计划可采用横道图、进度曲线及对应工程量清单的每月计划完成的工程量、工作量或其调整情况来表示。

8.5.3.2 计划审批

1）计划提交

（1）在中标通知书发出后合同规定的时间内，监理工程师要求承包人书面提交以下文件：

①一份细节和格式符合要求的工程总体进度计划及必要时的各项特殊工程或重点工程的进度计划；

②一份有关全部支付的年度现金估算及流动计划；

③一份有关施工方案和施工方法的总说明（即通过施工组织设计时提出）。

（2）在即将开工前或开工后，在合同规定的时间内，监理工程师要求承包人提交以下文件：

①年进度计划及现金流动估算和流动计划；

②季进度计划及现金流动估算；

③重点工程的进度计划。

2）计划审查程序

监理工程师和项目办分别组织有关人员对承包人提交的各项进度计划进行审查，并在合同规定或满足施工需要的合理时间内审查完毕。审查工作按以下程序进行：

①阅读文件、列出问题、进行调查了解；

②提出问题与承包人进行讨论或澄清；

③对有问题的部分进行分析，向承包人提出修改意见；

④审查承包人修改后的进度计划，直到满意并批准。

3）计划审查内容

（1）工期和时间安排的合理性。

①施工总工期的安排应符合合同工期；

②各施工阶段或重点工程（包括分项、分部工程）的施工顺序和时间安排与材料、设备的进场计划相协调；

③易受炎热、雨季等气候影响的工程应安排在适宜时间，并采取有效的预防和保护措施；

④对动员、清场、假日及天气影响的时间，应有适当的扣除并留有足够的时间、空间。

（2）施工准备的可靠性。

①所需主要材料和设备的运送日期已有保证；

②主要管理人员及施工队伍的进场日期已经落实；

③施工测量、材料检查及标准试验的工作已经安排；

④驻地建设，通行道路及供水、供电等已经解决或已有可靠的解决方案。

（3）计划目标与施工能力的适应性。

①各阶段或单项工程计划完成的工作量及投资额与承包人的设备、人员实际状况相适应；

②各项施工方案和施工方法应与承包人施工经验和技术水平的实际相适应；

③关键线路上的施工力量安排应与非关键线路上的施工力量安排相适应，各驻地办将审查的初步意见报总监办，总监办组织相应人员研究后报项目办审批。

8.5.3.3 计划检查

1）每月工程计划完成报告

总监办应根据驻地办提供的施工计划完成情况，通过分析和整理，每月向项目办提交一份月工程计划完成情况报告，应报告以下主要内容：

（1）工程概况（工程基本情况、本月工程施工及形象概述）。

（2）气象数据[日期、星期、天气情况、最高温度(℃)、最低温度(℃)、风力(级)……]。

（3）月进度与累计进度(本月工程进度完成情况以及累计进度，应以分部工程为单位，编制出工程进度累计曲线和完成投资额的进度累计曲线）。

（4）工程质量（本月工程质量问题及事故处理记录、本月质量控制采取的监理措施及效果）。

（5）进度分析及保证措施（应以记事方式对进度计划执行情况提出分析，说明工程进度或造成延误的因素及解决措施）。

（6）下月计划。

（7）进度障碍。

（8）变更令。

(9)监理事宜(本月监理人员动态、监理工作统计、工程例会、专题会议、监理周会、图纸会审、监理通知、方案审批、计量支付审批、其他)。

2)项目办的检查

(1)项目办定期组织有关人员对各承包人进行定期和不定期的检查。

(2)对照计划,检查计划完成情况。

3)计划进度控制图表

总监办及各驻地办应编制和建立各种用于记录、统计、标记以反映实际工程进度与计划工程季度差距的计划进度控制图及计划进度统计表,一般随时对工程进行分析和评价,并作为要求承包人加快工程进度、调整进度计划或采取其他合理措施的依据。

8.5.3.4 计划的调整

1)进度符合计划

在工程施工期间,如果实际进度(尤其是关键线路上的实际进度)与计划进度基本相符,监理工程师不应干预承包人对进度计划的执行,应提供和创造各种外部条件,及时调查处理影响和妨碍工程进展的不利因素,促使工程按计划进行。

2)进度计划调整

各单位、各相关部门应按照下达的总体进度计划和年度计划,严格组织实施,不得随意变更和修改。若有特殊情况需进行调整,需将调整计划报业主,经批准后方可予以调整。

3)加快工程进度

承包人在无任何理由取得合理延期的情况下,项目办或监理工程师认为实际工程进度过慢,将不能按照进度计划预定的交工期完成工程时,应要求承包人采取加快的措施,以赶上工程进度计划中的阶段目标或总目标;承包人提出和采取的加快进度的措施必须经过监理工程师的批准,批准时应注意以下事项:

(1)只要承包人提出的加快工程进度措施符合施工程序并能确保施工质量,监理工程师应予以批准;

(2)因采取加快工程进度措施而增加施工费用由承包人自负。

4）进度计划的延期

由于项目办或监理工程师的责任，或承包人在施工中遇到不可预见或不可抗力的因素，因而使工程进度延误时，监理工程师应根据合同的规定，在与承包人适当协商并报业主批准后，授权对原来的工程进度计划及现金流动计划予以调整，并按调整后的进度计划实施工程。

5）对承包人延误的处理

承包人按规定的进度计划完成目标任务，进度滞后影响总工期时，业主有权强制性指定分包，监理工程师将保证业主指定合法分包单位的利益，同时不免除承包人的合同义务。

8.5.4 科研保障体系

济青高速公路改扩建工程自前期筹划之初，始终坚持交通科技创新理念，在项目筹划、设计、建设等全过程积极实施建设绿色改扩建工程。结合工程实际特点和需求，先后咨询了众多业内专家、召开了多次协调会议，最终于2017年6月被确定为2017年度交通运输部科技示范工程。

为保证绿色科技示范工程的顺利实施，在交通运输部、山东省交通运输厅的正确领导和技术指导下，济青高速公路改扩建项目办联合山东省交通科学研究院、交通运输部公路科学研究院组成项目组，按照“科技示范工程理念统领工程建设”的总体思路，积极探索，认真组织，精心实施，有效地推进济青高速公路改扩建工程建设和绿色科技示范工程项目的实施。具体先进管理工作如下：

（1）积极探索科技创新项目管理新模式，建立强有力的组织领导和保障机构。

加强济青高速公路改扩建绿色科技示范工程组织领导，一是成立了以山东省交通运输厅领导为组长的科技示范工程领导小组，以山东高速公司领导、项目办主任为组长的科技示范工程执行小组，指导济青高速公路改扩建绿色科技示范工程实施，并定期进行组织调度；二是聘请国内知名行业专家组成专家技术咨询小组，保证科技示范工程的顺利实施。

（2）积极搭建产学研用协同创新平台，建立坚实的技术支撑和人才保障。

针对济青高速公路改扩建绿色科技示范工程科研项目情况，项目办及全体参研、参建单位近450名专业技术人员组成了27个科研攻关及推广小组，分别联合了山东省交通科学研究院、交通运输部公路科学研究院、清华大学、山东省交通规划设计院、中交公路规划设计院有限公司、中交公路长大桥建设国家工程研究中心有限公司等12家交通行业知名科研单位共同展开项目科研工作。

（3）及时提炼总结科技研究及推广应用成果，不断强化科技示范工程的实施管理和宣传工作。

为了提高济青高速公路改扩建工程科技水平，促进科技成果转化和推广示范应用，加强济青高速公路改扩建绿色科技示范工程实施管理，规范科技项目管理工作，保障科技示范工程顺利实施，制定了《济青高速公路改扩建绿色科技示范工程实施管理办法（试行）》等一系列管理制度，在本项目工程建设及示范工程实施过程中发挥了重要作用。

此外，项目办还成立了科技示范工程宣传小组，定期编制实施简报，对示范工程的进展情况及阶段性成果进行跟踪报道和宣传。

（4）建立科研项目技术咨询服务团队，确保科研工作任务落到实处。

项目办联合山东省交通科学研究院、交通运输部公路科学研究院成立了济青高速公路改扩建绿色科技示范工程技术咨询服务团队，形成定期的科研项目调度制度，紧密结合济青高速公路改扩建工程建设实际技术需求，真正做到以责任促落实，以责任促成效，扎扎实实推动各项科研工作任务的深入开展。

8.5.4.1 科技示范工程实施管理办法

1）选题

根据济青高速公路改扩建工程建设中急需解决的问题以及科技成果推广应用示范要求进行选题，邀请有关科研、设计、施工单位及院校提出项目建议书；咨询单位组织对初选项目的研究或推广价值进行评价；经执行小组初步审查，报科技示范工程领导小组审查批准，确定具有高水平、典型科技示范意义、适用于济青高速公路改扩建工程建设的攻关、推广项目规划和选题。

2）申报与立项

为集中解决济青高速公路改扩建工程建设中遇到的关键技术难题，促进工程建设理念、质量和技术水平提升，根据项目规划和工程建设实际，进行科技攻关项目申报与立项。按照年度科研计划和规模，积极申报省部级科技项目。推广项目按技术开发或咨询方式处理。

3）成果应用

各攻关、推广项目科研成果应用于本项目中，如需进行工程设计或设计变更，由科研单位向设计单位提供出图所需的科研成果和技术资料，设计单位按照科技示范和工程设计变更相关要求办理设计变更手续。

4）检查与验收

（1）各攻关、推广项目负责人每季度向执行小组办公室提交一份项目季度执行情况表（图 8-12），每半年提交一份项目总结报告，每年度提交年度总结报告（图 8-13）及下阶段工作计划。在执行小组领导下，执行小组办公室根据具体情况对各攻关、推广项目进行定期检查，一般每年安排 1~2 次。项目检查的依据是项目合同书、计划任务书及科技示范工程领导小组的相关要求。执行小组办公室进行项目检查时，须认真分析项目合同书、计划任务书的各项内容，切实起到监督管理作用。

年　　月

<table>
<tr><td>项目名称</td><td colspan="3"></td><td colspan="2">项目类型（攻关 / 推广）</td><td></td></tr>
<tr><td>承担单位</td><td colspan="3"></td><td colspan="2">起止时间</td><td></td></tr>
<tr><td>项目负责人</td><td colspan="3"></td><td colspan="2">合同编号</td><td></td></tr>
<tr><td rowspan="2">项目执行情况</td><td colspan="3">任务书计划安排（含预期阶段目标）</td><td colspan="3">实际执行情况</td></tr>
<tr><td colspan="3"></td><td colspan="3"></td></tr>
<tr><td rowspan="2">存在的问题及改进措施</td><td colspan="3">存在的问题</td><td colspan="3">改进措施及下步工作安排</td></tr>
<tr><td colspan="3"></td><td colspan="3"></td></tr>
<tr><td rowspan="3">经费收支（万元）</td><td colspan="2">总经费</td><td colspan="2">收入</td><td colspan="2">支出</td></tr>
<tr><td>拨款</td><td>自筹</td><td>累计拨款</td><td>累计自筹</td><td>当期使用</td><td>累计使用</td></tr>
<tr><td></td><td></td><td></td><td></td><td></td><td></td></tr>
</table>

项目负责人（签字）：

审核日期：　　年　　月　　日

图 8-12　济青高速公路改扩建绿色科技示范工程项目季度执行情况表

合同编号：________________

济青高速公路改扩建绿色科技示范工程项目年度总结报告

项 目 名 称：____________________________

项 目 类 型：（攻关 / 推广）

承 担 单 位：____________________________

项目负责人：____________________________

报 告 日 期：____________________________

图 8-13　科技示范工程年度总结报告封面

（2）各攻关、推广项目的中间成果及项目完成后的最终成果，由执行小组办公室及时整理备案，并协助组织专家开展审查验收鉴定；在山东省交通运输厅立项的项目，协助上级主管部门组织验收。

（3）各攻关、推广项目成果（含中间成果）应及时应用于工程建设中。科技成果（含各科研项目中间成果）经领导小组审查批准后及时转业主相关部门和相关参建单位，各单位各部门各负其责，将科研成果及时用于项目建设中，把建设中的相关问题及时反馈到科研单位。

8.5.4.2 科研成果审查与登记备案制度

为加强科研成果登记的制度化、规范化、科学化管理，及时全面做好科研成果的统计和上报，更好地推进济青高速改扩建绿色科技示范工程创建工作，特制定科研成果审查与登记备案制度。

1）科研成果登记类型

科研成果登记的类型包括论文、著作、专利成果、技术标准、获奖成果和其他作品。

（1）论文：指在正式学术刊物、以书代刊书籍、公开发行的报纸理论版或学术版等载体上发表的旨在阐明作者学术观点、调查研究成果的学术作品。随笔、自传、访谈等不属于学术论文。

学术论文字数一般要求 4000 字以上；在报纸理论版或学术版上发表的学术论文版面字数须在 2000 字以上。

（2）著作：包括专著、译著、古籍整理作品、教材、工具书。资料汇编、指南等不认定为著作。

各类著作均须具有中国版本图书馆 CIP 数据核字号。

（3）专利成果：指依据《中华人民共和国专利法》被授予专利的发明、实用新型和外观专利。

（4）技术标准：包括国家标准、行业标准、地方标准。各类标准须具有我国标准编号。

（5）其他成果：包括指导性的技术文件等公开出版或发表的作品。

2）科研成果登记

科研成果登记范围指科研成果审查与登记备案制度第四条所列各种形式的科研成果。科研成果由科研协作单位技术负责人申请登记。权属不明或者研究人员署名存在争议的科研成果不予登记。科研成果登记以季度为一个周期，所有提交的科研成果经审核后再进行最终登记、存档。不符合登记要求、备案要求的科研成果予以退回。

8.5.4.3　科研项目工作协调会议制度

为加强科研项目管理，保障项目顺利实施和成果及时落地，积极高效推进济青高速公路改扩建绿色科技示范工程创建工作，特制定科研项目工作协调会议制度。根据科研项目研究进展与改扩建工程建设结合情况，联合所有参研、参建单位不定期召开科研项目工作协调会。会议由项目办负责组织，结合实际情况确定会议时间。

会议内容主要包括：

（1）科研项目研究进展、科研项目与工程建设结合情况、设计变更、存在的问题及解决方案、下一阶段工作计划等情况汇报。

（2）各参研、参建单位就相关问题进行研讨，确定具体工作方向和实施方案。

科技示范工程执行小组办公室负责汇总各方意见、讨论情况及结果，形成持续改进和督办措施，并在下一次协调会议上听取相关单位对工作改进的反馈意见。由执行小组办公室负责会议记录，形成纪要，存档备查。

8.5.4.4　科研项目月度执行情况报告制度

为加强科研项目管理，保障项目顺利实施和成果及时落地，积极高效推进济青高速公路改扩建绿色科技示范工程创建工作，特制定科研项目月度执行情况报告制度。

执行情况报告的主要范围及内容如下：

（1）当月科研项目工作进展，包括工作进度、亮点及成果等。

（2）下月工作计划，依据计划任务书要求及当月工作完成情况，制定下月工作计划。

（3）总结与建议，总结项目开展过程中发现的问题，并提出相应的合理化建议。

原则上，所有科研项目协作单位每月提交一份执行情况报告至执行小组办公室，执行情况报告要求文字简明扼要、语言平实，能准确表达报送内容。

8.6　相关方关系保障

项目办注重与员工、供方、合作伙伴、顾客和其他相关方合作，致力于共同实现价值、创造价值，实现共赢。具体见表 8-17。

相关方关系保障一览表 表 8-17

<table>
<tr><th>分 类</th><th>相关方名称</th><th>关系定位</th><th>建立和保持关系的方法</th></tr>
<tr><td rowspan="7">参建单位</td><td>设计单位</td><td rowspan="5">战略合作</td><td rowspan="5">签订长期或战略合作协议、座谈、联谊、高层互访、与科研院所实行产学研一体化</td></tr>
<tr><td>施工单位</td></tr>
<tr><td>监理单位</td></tr>
<tr><td>信息系统的代维单位</td></tr>
<tr><td>科研院所</td></tr>
<tr><td>路政、信息设备实施供应商</td><td>长期合作</td><td>签订长期合作协议、产品信息反馈、技术信息共享</td></tr>
<tr><td>一般设施设备供应商</td><td>一般合作</td><td>签订合同、新品发布会、信息资源交流</td></tr>
<tr><td rowspan="3">有关部门</td><td>交警、ETC 电子收费中心、服务区经营单位</td><td>战略合作</td><td>座谈、联谊、高层互访</td></tr>
<tr><td>公安、交通、消防、沿线地方政府、媒体、金融机构、保险公司</td><td>长期合作</td><td>与公安、消防等部门建立工作联动机制、与新闻媒体建立信息共享机制、与保险公司、银行及其他金融机构建立合作共赢关系</td></tr>
<tr><td>行业协会、同行业公司、地方公路局</td><td>一般合作</td><td>路网信息共享、互访学习参加协会会议，分享信息技术</td></tr>
</table>

09

关键过程与创新
可持续发展

项目团队结合卓越绩效管理模式中过程管理的主要理念和方法，重点考虑项目目标、相关方需求、工程建设特点、过程质量要求等因素，建立科学合理的组织管理体系对项目进行过程管理。本项目主要考虑项目前期设计和施工两个主要阶段，并通过对标研究、头脑风暴、综合评分等方法，将整个建设过程按照对项目目标实现的贡献程度进行评分确认，最终确定总分32分（总分的80%）及以上为项目的关键过程，分别是勘察设计过程、进度管理过程、质量管理过程、交通组织及安全管理过程。关键过程识别打分表见表9-1。

关键过程识别打分表　　表9-1

过　程	目　标					
	科技创新强	设备工艺优	质量效率高	服务体验好	总分	识别结果
勘察设计过程	8	9	8	8	33	关键过程
进度管理过程	8	9	9	8	34	关键过程
质量管理过程	9	9	10	9	37	关键过程
交通组织及安全管理过程	9	8	9	9	35	关键过程
合同管理过程	7	7	8	7	29	非关键过程
财务管理过程	7	7	8	7	29	非关键过程
宣传管理过程	7	7	7	8	29	非关键过程

9.1　关键过程的实施

项目紧密围绕顾客、股东、员工、供方和合作伙伴、社会五大相关方需求，结合项目目标，针对不同过程的特点，运用访谈、调查问卷等方法，调研相关方的要求，运用层次分析法对相关方需求进行确认，识别出过程的关键要求。然后，结合技术知识和经验，根据SMART原则，设置过程要求的具体测量工具和测量方法，使得关键指标可控、有效。

9.1.1　勘察设计过程

本项目勘察设计工作量大、质量要求高。为加强项目勘察设计管理，保证勘察设计成果质量，项目严格按照相关标准、规范、条例以及勘察设计招标、合同文件进行管理。

9.1.1.1 要求确定与过程设计

项目团队进行勘察设计过程设计时充分考虑相关方需求（表 9-2）。依据项目总体勘察设计目标，以保证交通安全为核心，坚持以人为本，以景观、环保为主线，考虑与施工、交通紧密结合，体现可持续发展，确保设计方案可行性；在考虑经济合理性的原则下，全面应用新技术，提高工程质量的同时，尽可能控制工程规模，以降低工程造价。整个勘察设计子过程设计见表 9-3，流程设计如图 9-1~ 图 9-3 所示。

勘察设计过程相关方要求确定表

表 9-2

关键过程	关键因素	相关方要求						关键绩效指标	测量方法 / 频次	相关方要求
		股东	员工	顾客	参建方	居民	政府			
勘察设计	质量	符合规范要求，设计理念先进	符合规范要求，设计质量高	提高道路设计通行能力，服务水平增强，驾驶舒适，满足出行需求	满足相关规范、标准，方案合理可行，保证工程质量	解决地方出行排水问题	符合规范要求，考虑地方规划和诉求	确保工程设计质量符合国家标准、规范以及设计招标文件、合同条款要求	人员履约率 100%；软硬件先进，达到国内领先，严格执行现行行业有关标准、规范，执行率 100%；保证工程设计质量；设计文件审查专家修改意见执行率 100%，保证一次通过行业审查	每月检查考核、专家评审 6 次、行业部门审查 6 次
	安全	保障交通、施工安全	保障施工交通安全	保障交通顾客安全	保障交通施工安全	—	保障交通施工安全	为施工、交通安全提供技术保障	勘察设计过程安全责任事故为 0；为改扩建施工提供安全技术保障	每月检查考核、专家评审 6 次、行业部门审查 6 次
	环保	创建绿色科技示范工程，打造国家高速公路绿色通道，确保绿色环保、节约资源、可持续发展	绿色环保，节约资源	绿化环保景观效果	—	减少征迁环境污染	节约用地，加强生态保护，落实环保措施	符合国家有关高速公路绿色通道设计要求，按照节能、环保的设计理念进行设计	满足绿色、节能、可持续发展要求；对旧路资源循环利用进行详细设计，充分利用旧桥涵结构物，旧沥青路面材料回收率须达到 100%，废旧护栏回收利用率 100%	每月检查考核、专家评审 6 次、行业部门审查 6 次
	成本	控制工程规模，降低工程造价	控制工程规模，降低工程造价	—	—	—	—	全面应用新技术降低工程造价	设计费用控制在国内中等水平，工程造价经济合理	每月检查考核、专家评审 6 次、行业部门审查 6 次
	效率	加快勘察设计，为项目提前开工提供技术保障，工程建设顺利实施	工程建设顺利实施	—	及时解决设计技术问题	—	—	加快勘察设计，保障工程建设顺利实施	合同工期内完成设计工作	每月检查考核、专家评审 6 次、行业部门审查 6 次

勘察设计过程表　　表 9-3

子过程	主要活动与控制措施	过程检测指标	依据
初步设计	（1）编制实施计划； （2）初测、初勘； （3）组织初步设计； （4）组织审查	通过专家审查取得行业主管部门批复勘察设计信用评分≥ 95 分	《中华人民共和国公路法》； 《建设工程质量管理条例》； 《建设工程勘察设计管理条例》； 《公路工程技术标准》（JTG B01—2014）； 《公路交通安全设施设计规范》（JTG D81—2017）； 《济南至青岛高速公路改扩建工程勘察设计合同文件》； 《济南至青岛高速公路改扩建工程主体、绿化工程设计变更管理办法》； 《济青高速改扩建工程公路护栏变更设计科研成果配套通用图》； ……
施工图设计	（1）考虑人员组织保障措施、设备资源落实措施、项目管理措施； （2）针对改扩建设计重难点，提出解决对策		
设计变更	通过图纸会审、设计施工复核、变更方案审查和论证，对改扩建过程设计进行优化	图纸会审有记录，设计变更有依据	

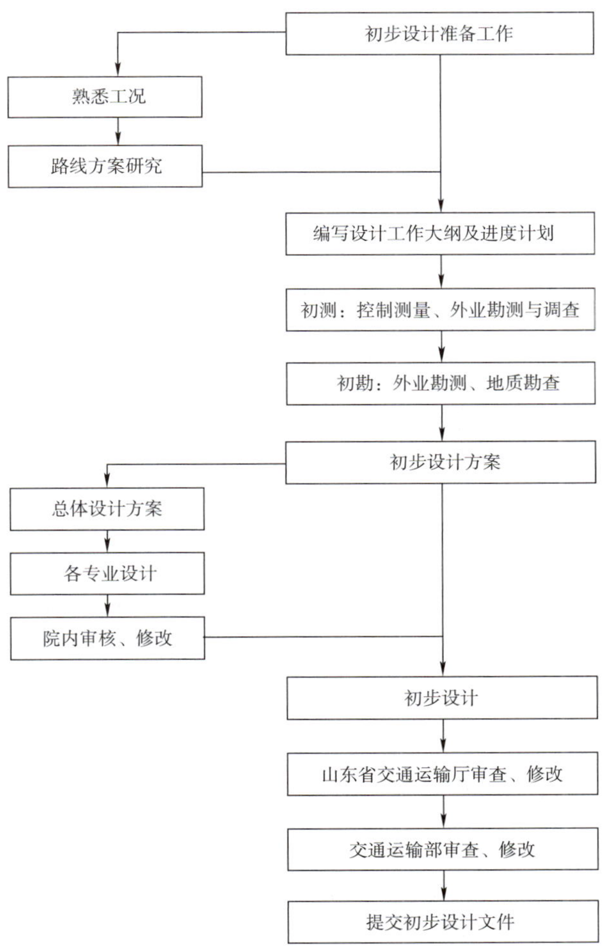

图 9-1　初步设计阶段工作流程

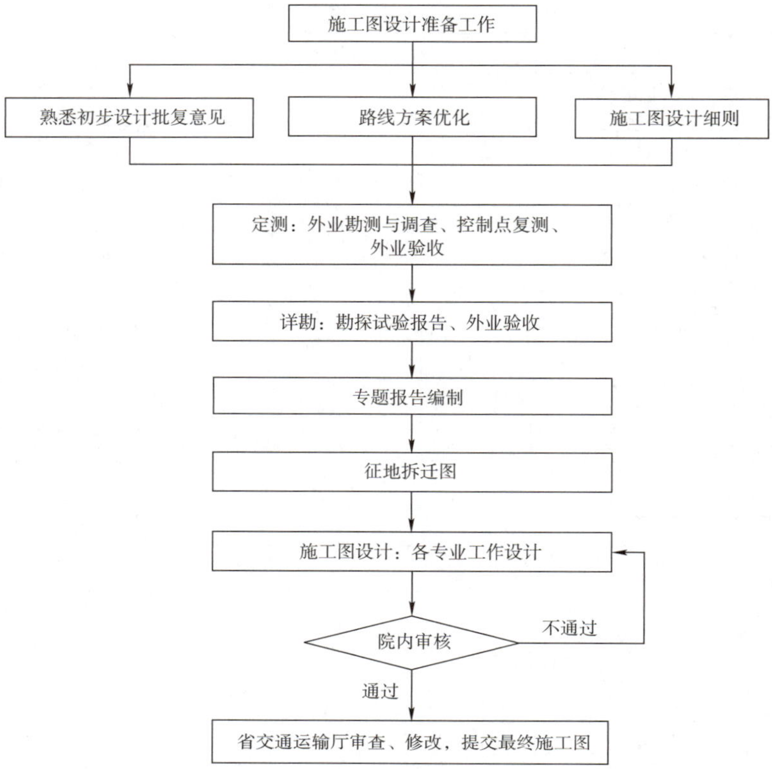

图 9-2 施工设计阶段工作流程

9.1.1.2 实施与控制

为确保按时、优质、高效地完成任务，项目的建设程序和设计图纸均严格执行国家有关方针、政策、法律、法规、技术标准以及公路行业勘察设计标准、规范、规程、办法和有关规定、要求，落实好人员组织、设备资源、进度质量等方面的措施，攻关重点难点，确保勘察设计过程的实施控制有效、高效，落实品质公路设计理念，创建优质工程。

为加强人员组织保障，公司内部抽调多名经验丰富的工程技术管理人员，项目通过公开招标方式选定国内领先的三家高速公路勘察设计单位和三家高速公路勘察设计咨询单位（设计单位分别为山东省交通规划设计院、中交第一公路勘察设计研究院、中交公路规划设计院；设计咨询单位分别为中交第二公路勘察设计研究院、河南省交通规划勘察设计院、江苏省交通规划设计院），组建高水平设计团队。合同签署后，项目承诺的勘察设计、咨询项目负责人及各专项负责人全部到位，负责人均为院内技术骨干、专家。

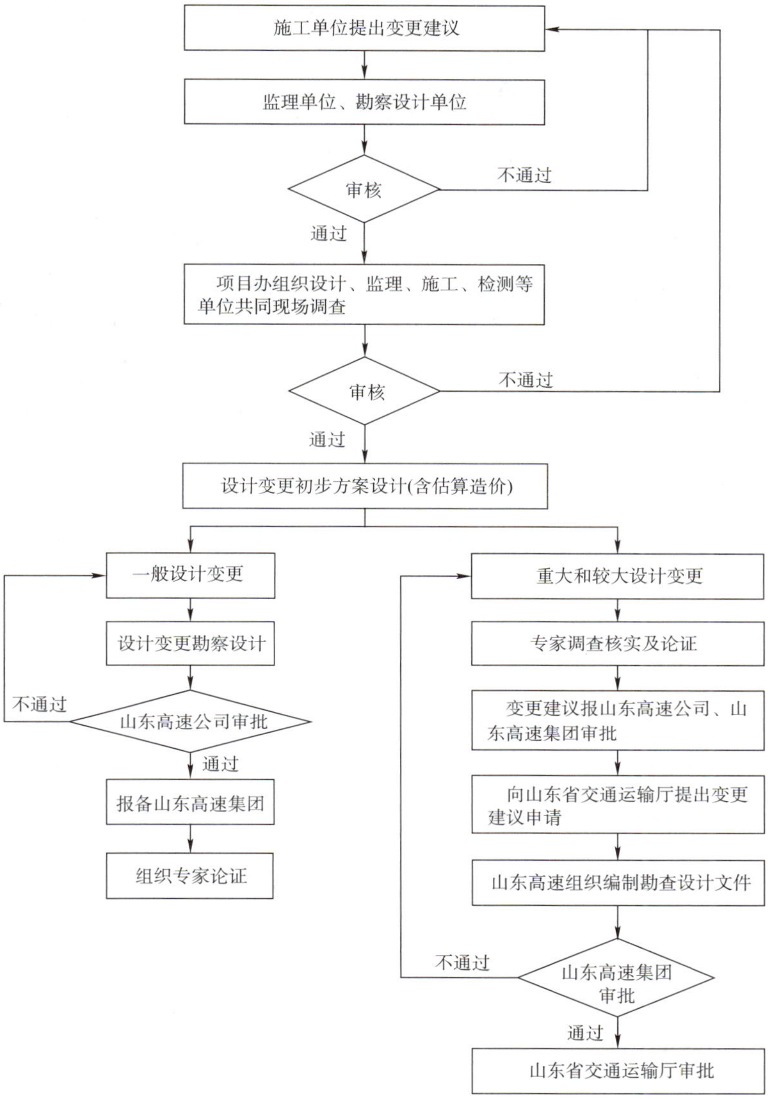

图 9-3　设计变更管理流程

1）设备资源落实措施

公路测量采用机载激光数码测量系统、全站仪、GPS 定位仪及水准仪等。外业调查采用 GPS 定位仪数码照相机、摄像机进行定位与记录。工程地质、水文资料采用调绘、综合勘探、地质遥感、原位测试、室内试验等方法和手段获取。勘察设计过程中，除配备电脑、打印机、绘图机、复印机等硬件设备外，还配备有路线、桥梁、边坡、软土、隧道等各种专业软件。图 9-4 所示为直升飞机搭载激光雷达设备进行航空扫描。

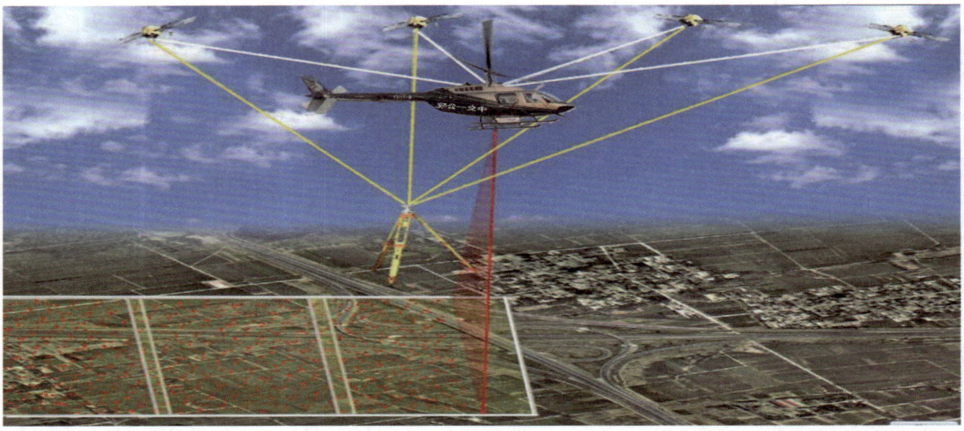

图 9-4 直升飞机搭载激光雷达设备进行航空扫描

2）项目设计进度、质量管理措施

项目勘察设计委托山东省交通规划设计院作为总体勘察设计单位，成立总体设计组，负责各设计单位间的协调管理、总体设计组内各成员工作的协调和分工。设计双院制咨询单位根据勘察设计单位提交的设计文件开展咨询审查工作，就方案与勘察设计单位及时进行沟通并反馈咨询意见，对施工图设计全过程咨询，尤其对关键技术进行论证、研究，提出咨询意见形成正式的咨询报告；项目施工期间，参与方案的重大调整咨询。

3）快速反应，积极寻找对策，攻关改扩建设计重难点

本项目为高速公路改扩建工程，技术复杂，涉及的方面较多，设计深度受资料及信息等限制，且施工中有些条件会随工程进展发生随机变化。原有道路为设计速度 120km/h 的双向四车道高速公路，现将其加宽为双向八车道高速公路，项目区分布有众多的桥梁、涵洞、互通式立交、分离式立交、通道等构造物。改建工程路面拼接位置、新老路基的衔接、构造物拓宽方案、互通改建形式和规模、施工期的交通组织均是本项目的重点、难点。因此，设计的进一步完善需要随施工进展逐步跟进，把施工中的动态设计看作是整个设计工作的组成部分。图 9-5 所示为既有公路检测评价。

施工过程中主要进行了以下设计方案优化：

（1）新老路基沉降控制。

新老路基沉降时间差别较大，易引起新老路基接合处裂缝。根据不同的加宽方式，合理确定新老路基差异沉降控制标准，通过实施开挖台阶、控制路基填料、加强压实度控制、必要时实施地基处理等多种措施，努力将新老路基差异沉降控制在允许范围内，

确保路基稳定、耐久。对于单侧加宽路基，因新老路基之间至少有 1.5m 左右的分隔带相隔，新老路基差异沉降指标较双侧拼宽有所下降，结合以往设计经验，差异沉降按 10cm 控制，并采用同双侧拼宽基本一致的处理措施。

图 9-5　既有公路检测评价

（2）旧路面改善方案。

随着交通量不断加大，目前沥青层仅 16cm，重载、超载车辆荷载应力对基层影响较大，不适时地对面层加厚，基层破损、损害在所难免，而且一旦破坏，挖除困难，修复代价高，也会干扰大动脉的畅通，社会影响大。从加厚面层、全面提高路面抗车辙能力等角度考虑，在对旧路面病害修补后采用加铺 6cmAC20C（采用 SBS 改性沥青）+4cmSMA13（采用 SES 改性沥青）方案，路面改善后可以预见基层破坏概率将大为减小，整个路面破坏方式向柔性路面转变，更加有利于后期养护，延长道路使用寿命。

（3）通道加高及积水处理。

本次通道排水设计结合老济青公路的现状进行了综合考虑，采取蒸发池、加大路基边沟、被交路设置反坡、改沟、泵站等多种措施来改善通道积水；为满足地方通道出行需求，解决沿线积水问题，施工过程中项目办多次召开排水方案专题会，对存在的问题和相关方进行研究和讨论，就排水的方式、被交路改建长度及宽度等进行设计变更。

（4）已建互通立交改造。

本项目互通立交密度较大，且多为已建互通立交改造或重建，设计的重点是互通立交根据实施需要的改扩建方案，通过对已建互通方案进行不同位置、不同形式的收费方式的比选，选择与交通量匹配、与地形协调、占地少、工程量小的设计方案。针对每座立交交通量的特点，统筹考虑各互通立交在路网交通分配的作用及其服务范围，以交通特性确定匝道设计的标准、指标和参数，合理控制规模。做好出入口设计，提高互通立交的服务水平。根据总体景观设计确定每座互通的景观设计风格，使立交景观成为公路设计亮点。

（5）交通组织及安全保证设计优化。

项目勘察设计采用项目安全性评价和交通安全审查，从各个专业审查和评价公路运营的安全性。开展必要的安全风险评估工作，设计方案注重提高高速公路设计的可靠度、工程的可实施性、运营的安全性，消除安全隐患。高度重视行车安全问题，充分考虑公路自身的结构安全、路线平纵面线形指标控制、超高、视距等因素。路线平纵面线形指标将根据运行速度检验优化设计。

为保证改扩建期间行车安全和施工安全，降低安全隐患，经调查核实和专家论证，对两次施工转序交通组织及安全设施等进一步优化完善。采用动态设计模式，优化本项目施工转序、保通方案及交通组织；完善临时交安设施、标志和标线设置方案。

9.1.1.3 评价与改进

本项目作为全国首条超饱和交通量条件下“边通车、边施工”高速公路改扩建工程，在整个设计过程中没有任何经验可行，项目设计联合团队引入体系思维，严格按照ISO 9001标准对勘察设计过程进行管理，认真贯彻“两校三审”的质量控制制度，保证设计质量。编制详细、严密、可行的工作大纲，做到工作内容、任务、进度、质量、责任“五明确”，使管理科学化。

同时，加强技术交流工作，注重引进吸收先进、成熟的技术经验；加强设计验证，对重要的计算分析成果采用不同的计算程序和计算方法进行验证和复核。采用最新、有效的设计规范，保证每项技术工作均在有效控制中。重点控制各道工序的输入和输出质量，尽量减少人为因素的影响，以控制总体质量。根据工作进展情况定期汇报工作和阶段成果，接受指导和检查。

9.1.2 进度管理过程

9.1.2.1 要求确定与过程设计

进度管理过程的各方需求、主要设计方法和内容见表9-4、表9-5，项目进度工作流程图如图9-6所示。

进度管理过程相关方要求确定表 表 9-4

关键	相关方要求							关键要求	关键绩效指标	测量方法 / 频次
	股东	员工	顾客	供应商	参建方	居民	政府			
质量	加快施工进度，提前运营，增加效益	项目计划分解合理	加快建设进度，更早享受高质量出行服务	项目按计划工期进行，减少材料供应的影响	按计划工期进行	加快建设进度，减少对生活的影响	在保证项目安全前提下，加快项目建设进度，拉动区域经济发展	在保证项目目标前提下加快施工进度	月度工程计划完成率	检查 / 月度
									年度工程计划完成率	检查 / 年度

进度管理过程设计表 表 9-5

子过程	主要活动	过程监控指标	依　据
计划编制	编制切实可行的工程计划，制定高效的动态调整机制	编制完成总体工程计划 年度计划 月度计划	《济南至青岛高速公路改扩建工程项目主体工程施工合同协议书》《济南至青岛高速公路改扩建工程项目主体工程施工监理合同协议书》《山东高速集团有限公司公路建设项目管理办法》《济南至青岛高速公路改扩建工程项目提前交工通车施工补偿协议书》《济青高速改扩建工程2018年年终综合考核奖惩办法》《济青高速改扩建工程小许家以东段剩余控制性工程周计划完成情况考核办法》《"创品质、树标杆、保安全顺利实现第二次交通转序"竞赛活动实施方案》《济青高速改扩建工程"决战100天，确保按时交工通车"劳动竞赛活动主体工程考核奖惩办法》
进度控制	制定有力的工期保障措施，加大项目资源投入	按计划完成年度计划 三次施工转序	
偏差控制	加强进度督导督查，及时调整偏差，采取有效的激励措施，用足、用好奖惩基金	按计划完成通车节点任务	

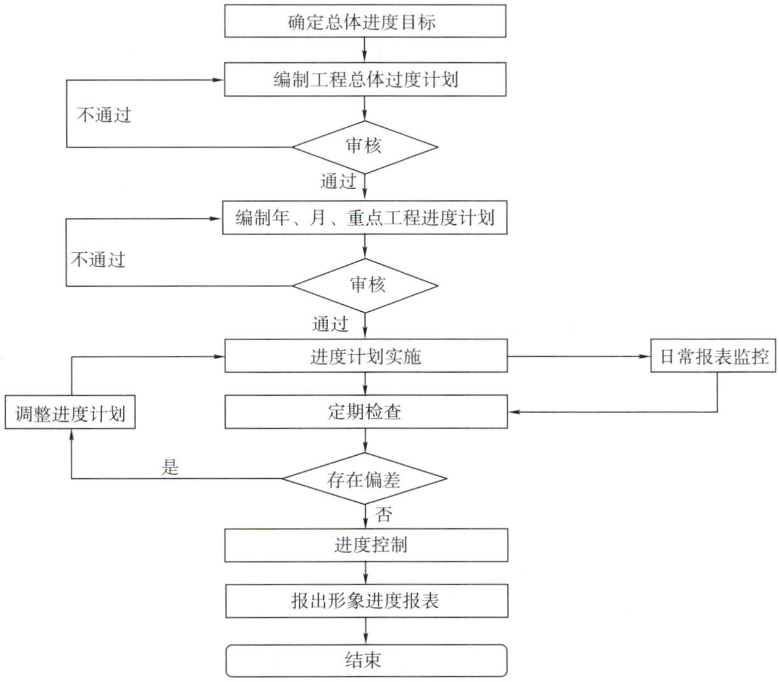

图 9-6　项目进度工作流程图

9.1.2.2 实施与控制

1）编制切实可行的工程计划，制定高效的动态调整机制

济青高速公路改扩建工程从全局出发制定项目建设总体计划，并根据总体计划层层分解编制年度计划、月度计划和周计划，明确三次交通转序节点，对小清河特大桥、华山高架桥和小许家高架桥等控制性工程，单独编制工程进度计划，将施工计划细化至天；严格工序衔接，妥当安排作业层次，突出项目重点，抓住关键线路，对全线上跨桥拆除、三次交通转序等控制性节点的施工采取集中调度、统一安排的原则进行，提前发布公告，统一调度资源；在计划实施过程中采取有效的调整机制，项目业主对计划进度实行二级监理模式，通过日报、周报、旬报、半月报、月报和年报对计划实施情况进行监控，如图9-7所示。

2018年济青高速改扩建工程项目进度日报表（8月7日）

总里程(公里)	本日完成（万元）	月度投资完成（万元）							年度投资完成（万	
		截止本日完成月计划	年计划中批复月计划		调整后月计划		核减2016年备料产值后月计划		年度投资计划	截止本日
			计划	完成比例	计划	完成比例	计划	完成比例		建安费
64	543.0	3700.0	8234	44.90%	27847.0	13.30%	28412.5	13.00%	100046	51628.0
50.08	247.7	1248.2	3654.0	34.2%	5072.7	24.6%	6059.4	20.6%	65063.0	42267.9
43.94	280.3	1318.5	4148.0	31.8%	10446.5	12.6%	11072.1	11.9%	57464.0	34834.0
20.51	136.8	892.6	3495.0	25.5%	4851.8	18.4%	5914.0	15.1%	36043.0	20603.8

非保通B幅形象进度日报表　JQGS-6标段三座大桥进度日报表

2018年全省在建高速公路项目周调度表（6月7日）

目前形象进度（含各项工程完成工作量及完成比例等）	制约进度主要因素
一、征地拆迁。 1、全线房屋拆迁、大棚拆迁、林地及交付净地工作全部完成。 2、管线迁改工作：截止目前已完成沿线全部次要管线、12家单位重要管线迁改。剩余1家重要管线中石化华北分公司鲁皖输油管道迁改方案已完成专家安全性评审，迁改协议基本达成共识，目前正在推进环评、安评、规划手续办理等相关工作。潍坊、淄博、邹平影响点位已经完成保护施工，不影响改扩建主体工程施工。 二、用地手续办理：全线23个县市区已经完成正线组卷基础工作，全线土地组卷基础资料大部分已完成审核。邹平组卷工作已经报送市国土局审核。潍坊13个区县已全部解决耕地占补平衡指标，组卷材料已经上报市国土局审核。济南指标3002亩已经全部解决，组卷材料5月中旬上报市局审核。青岛即墨325亩指标已经解决，胶州825亩占补指标正在积极协调；淄博耕地占补平衡指标已经解决，5月底上报市局审核。 三、施工进展情况（截止6月6日） 全线共有大桥24处，中桥25处，小桥79处，通道394处，涵洞884处，互通立交30处，分离立交99处，实现开工；其中： 临时工程：完成投资98861.89万元，完成铺设施工便道599.28Km，隔离栅外移619.19Km。 路基工程：完成投资276430.25万元，路基挖土方完成5173千立方米，占总量6342.26千立方米的81.56%；路基填土方完成23962.8千立方米，占总量24778千立方米的96.71%；冲击压实7979.67千平方	

图 9-7　日、周报表示例

2）制定有力的工期保障措施，加大项目资源投入

根据通车目标节点，建立项目办领导联系点制度，与总监办工作组人员联合对全线六个标段进行现场督导。督促各施工单位调整工程计划，增加人员、机械设备投入，保障钢筋加工场、混凝土拌和站、沥青拌和站等场站满足施工进度需求，加强材料供应和运输管理；充分考虑项目建设特点，针对旧桥加固、扩孔及路改桥梁、旧路病害处理、路面反开挖、路基抬高段等施工中的重难点，创新工艺方法，加强组织调度，开展多工序平行、流水作业，确保工程进度全面受控。

通过对全线进行材料价格调整支付、加速计量审批流程、缓扣材料预付款、加快资金拨付等措施，有效缓解了环保高压态势下各施工单位建设资金压力，保证了工程快速推进需求。项目办各部门主动与各参建单位和沿线各地政府加强沟通，督促施工单位加大环保投入，及时解决工程协调中的各种难题，为工程顺利推进创造良好的内外部环境（图9-8）。

图 9-8　夜间施工抢抓进度

3）采取有效的激励措施，用足用好奖惩基金

项目办围绕交通转序、提前交工通车等重大节点任务，以活动为载体，先后开展“创品质、树标杆、保安全、顺利实现第二次交通转序劳动竞赛”“济青高速公路改扩建工程年终综合考核”“党旗飘扬一线，决胜百日会战”“决战一百天，确保按时交工通车”等活动，对全线参建单位进行考核评比，严格兑现考核结果的奖惩，累计奖惩金额 9000 余万元，充分调动各参建单位的积极性、主动性和创造性（图 9-9）；项目办制定提前交工通车补偿办法，与主体工程各施工、监理单位签订提前交工通车补偿协议书，对完成阶段目标和通车任务的单位进行补偿，全线补偿费用共计 4936 万元。

图 9-9　“四比一创”誓师动员大会

9.1.2.3 评价与改进

项目办定期组织总监办和驻地办对各标段投资及形象进度完成情况进行现场检查，对计划完成比例全线通报；定期召开调度会，对执行偏离的单位动态调整计划，对调整后的计划经驻地办、总监办逐级审核把关后严格贯彻执行；对进度落后的单位，项目办采取细化分解控制性工程节点目标、现场驻场调度督导、约见法人和协调其他标段施工资源增援等措施，确保全线工程进度快速均衡推进。

9.1.3 质量管理过程

9.1.3.1 要求确定与过程设计

质量管理过程的主要设计方法和内容如图 9-10、图 9-11 及表 9-6、表 9-7 所示。

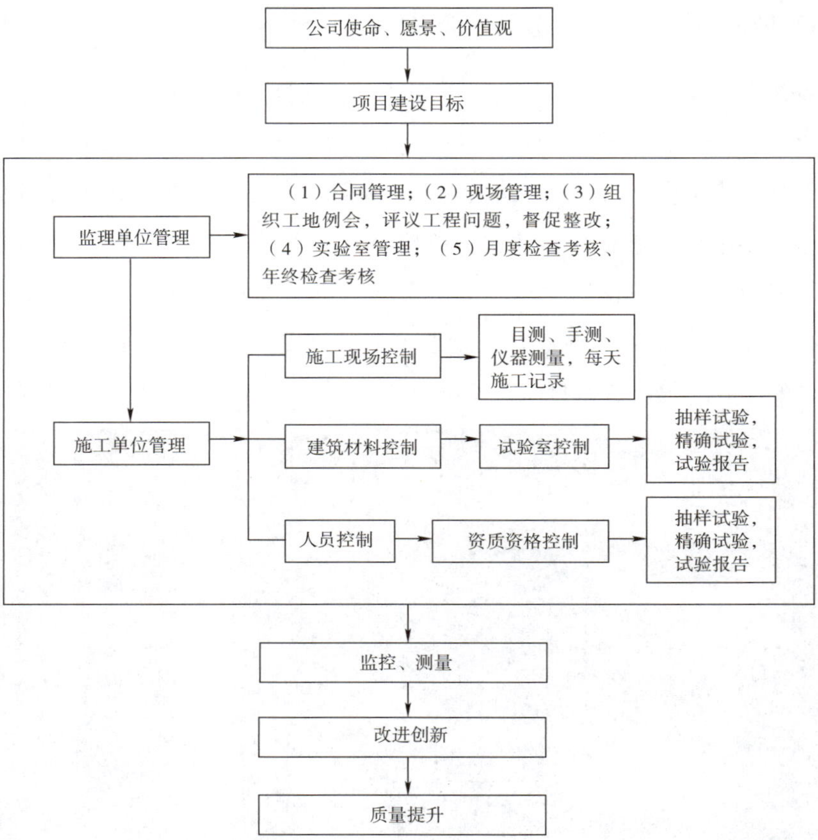

图 9-10 施工过程质量管理流程

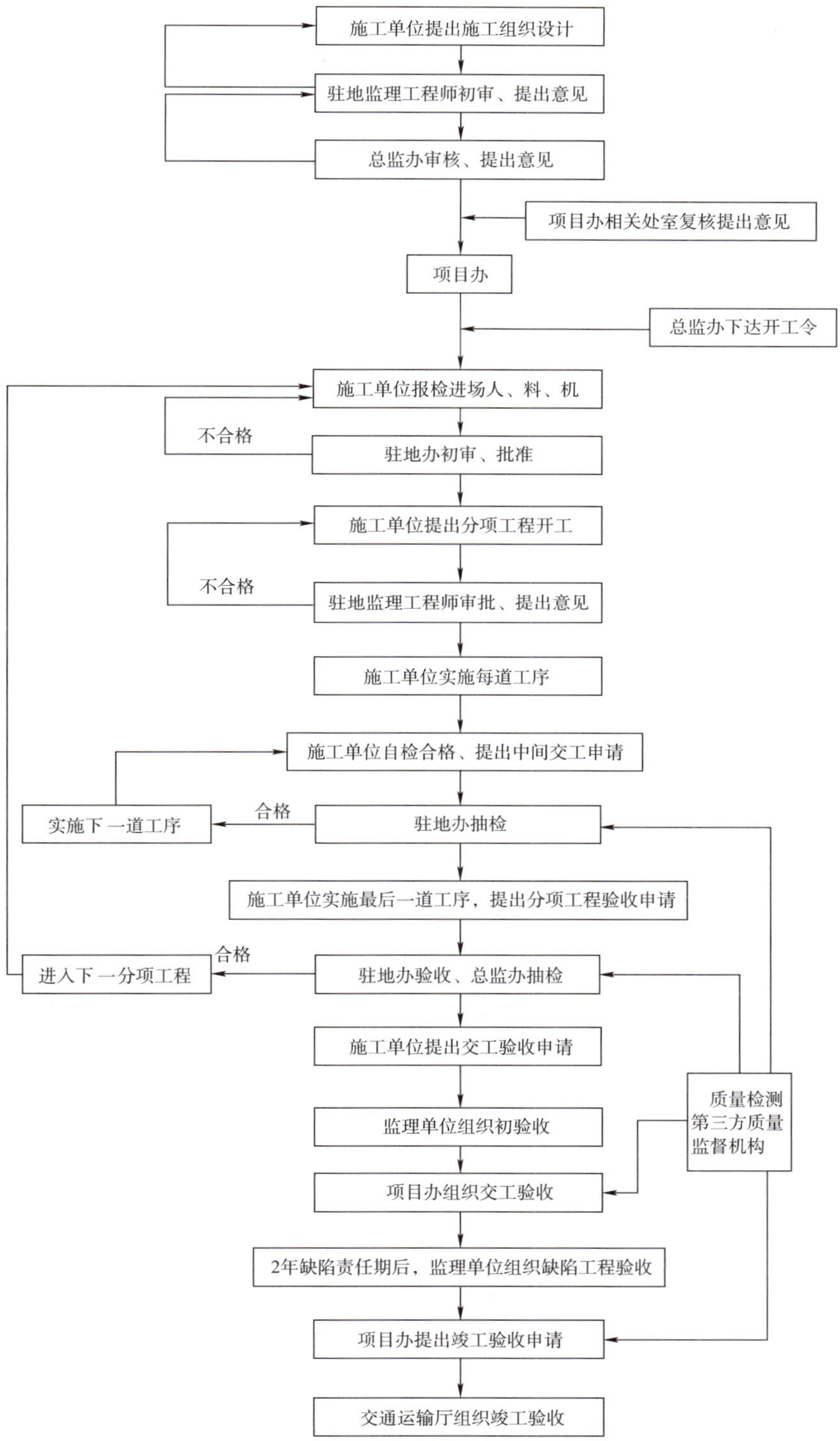

图 9-11　四方质保体系质量管理流程

布质量管理相关方需求确定表

表 9-6

关键因素	相关方要求							关键要求	关键绩效指标	测量方法 / 频次
	股东	员工	顾客	供应商	参建方	居民	政府			
工程质量	打造品质工程、优质工程	按设计施工	适用耐久	质检合格	验收合格	内实外美	优质工程	交竣工验收合格	路床项指标合格率 100%	《公路工程质量检验评定标准》/ 规定频次
									交工验收合格，评分 95 分以上	《公路工程质量检验评定标准》/ 交工
									竣工验收优良，且评分 90 分以上	《公路工程质量检验评定标准》/ 竣工
人员	按照合同约定，各岗位人员按时到场	多组织相关知识培训、分项工程观摩会	服务热情	业务能力强	专业知识强，组织能力强	减少对百姓生活的人为干扰	为更多农民提供就业机会	人员履约率高，质量意识高	人员履约率	考核 / 月
机械设备	性能先进，数量满足，利用率高	性能先进，自动化程度高，故障率低	先进高效	支付费用及时，加强设备保养	配置数量符合进度计划需要，性能先进，故障率低	减少机械施工对生活的影响	尽量购置租赁当地设备	设备完好无故障，配置合理，利用率高	设备完好率	现场测试 / 台
									设备利用率	抽查 / 随时
材料	废物重复利用，新材料及时引进	材料供应及时，质量合格	外观美观	及时结算，及时验收	质量合格	环保美观	减少材料废弃，持久耐用	加强材料质量控制	材料合格率	按试验频率 / 随时
									废旧材料利用率、合格率	随时调查统计 / 半年
方法	工艺方法合理，过程控制到位，引进新技术、新工艺	便于施工，易于操作	方法得当高效	成本有保证	工艺工法合理，便于组织施工	绿色环保	方案合理，经济环保	方法、方案正确	一次审核（评审）通过率	监理审核（专家）/ 每项

质量管理过程设计表 表 9-7

过程	主要要求	过 程 设 计	质量工具和方法
质量管理	人员质量意识高，素质高	（1）开展全员“大学习、大培训、大考试”专项活动，通过播放视频、PPT 课件讲解、文件学习、多媒体培训工具箱、宣传手册、QC 小组、观摩会等方式进行教育培训； （2）技术、安全及环保等专业考试，分数要达到优秀； （3）年终评比中，各单位向项目办推荐本年度表现优秀者进行表彰、奖励	QC 小组打分法
	加强材料质量控制	（1）施工单位要建立长期合作供应商制度，材料提供及时，质量合格； （2）把好材料进场关，通过施工单位自检及监理、独立第三方、业主的抽检，杜绝不合格材料用于工程施工； （3）不合格材料供应商纳入“黑名单”	目标管理法
	方法、方案正确	各施工工艺必须经过驻地办、总监办批准，推行首件认可制度；加强设计管理，及时组织召开设计协调会、施工推进会、专家论证会等，解决设计和技术问题，确保方法、方案正确	专家评审法、头脑风暴法
	机械合理、正确使用	推广应用“四新”技术，采用 18.75m 大断面全幅抗离析、多功能沥青混合料摊铺机、大功率压路机等设备，在提高效率的同时提高工程质量	6S管理水平对比法

9.1.3.2 实施与控制

项目始终坚持质量第一原则，严格执行“标准化、模块化、工厂化”施工，实现集约化、精细化管理，推广“首件工程认可制”，制定和完善各项管理制度及考核奖惩办法。

1）质量管控体系完善

构建“44634”质量管控模式，做到技术管理、工序质量控制、质量责任、质量保证措施“四到位”，严把材料进场、人员素质、施工机械、首件工程样板制“四道关”，抓好软基处理、原地表处治、台背回填、路床施工、结构物施工、路面平整度“六个重点部位”质量控制，推动“三化”施工，完善施工自检、监理抽检、业主检查与行业主管部门监督的“四方”质保体系。图 9-12 所示为质量管控措施。

2）加强专项控制

针对关键的分部、分项工程与隐蔽工程等开展检查，签订台背回填、路基拼接、桥梁伸缩缝质量责任登记卡，适时确定控制重点。组织做好实体质量检测，开展原材料、交安设施、沥青拌和场等多项目专项检查；反开挖部位的水稳，采用傢机侧向输送的方式；全线上面层采用单机 18.75m 全幅摊铺，打造“横向一字坡、纵向无接缝”的“四改八”路面；通过“微信亮点及曝光台”下发通报并监督整改（图 9-13）。

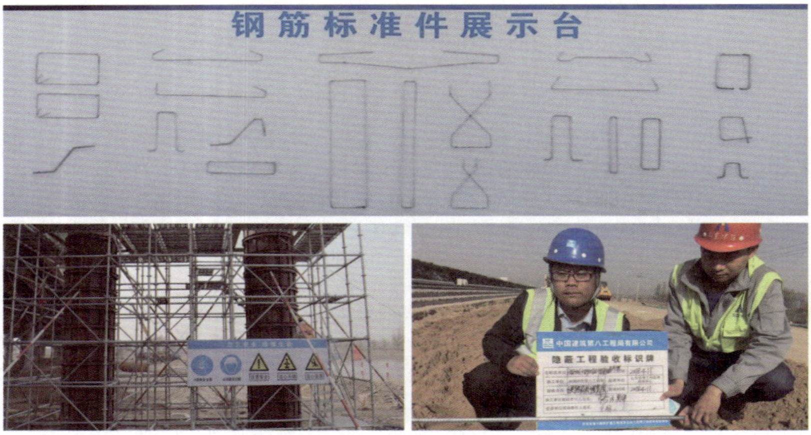

图 9-12　质量管控措施

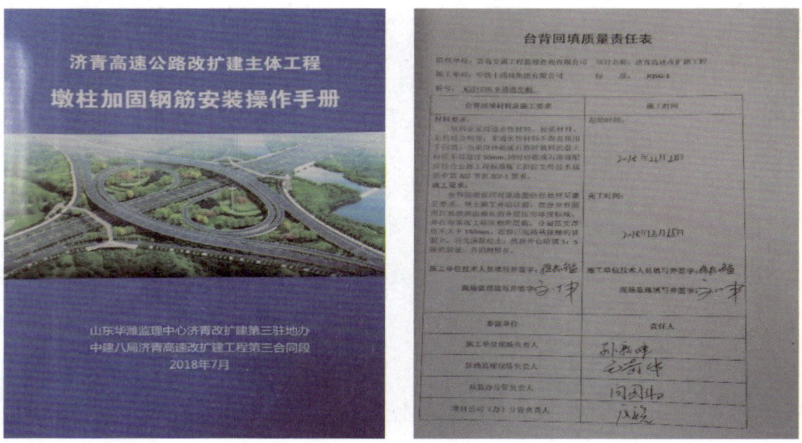

图 9-13　钢筋、台背回填专项质量控制

3）加强料源管理

加强对原材料供应的管理，杜绝贴牌、冒牌、劣质产品用于工程建设。项目办制定了原材料管理制度，对于施工过程各级检测中发现的不合格现象，除立即将该产品清除出场外，对应的供货商和生产厂家立即列入本工程的供货商黑名单，全线不再采用该供货商和生产厂家的所有产品。

4）做好设计及施工技术管理

加强设计管理，及时组织召开设计协调会、施工推进会、专家论证会等，解决设计和技术问题。组织老路病害处置动态设计、编制 3 次交通转序施工交通组织方案、分批交工检测方案，核发《冬季施工指导意见》并监督落实。

9.1.3.3　评价与改进

项目办以“四比一创”为抓手，通过培训、指导、竞赛比武等加强学习交流，提高项目团队整体质量意识与质量管理水平；此外，积极推广应用“四新”技术，提高质量管理能力；引入第三方检测、咨询等专业服务团队，全面提高质量管理过程管控能力。

1）加强技术培训与学习交流

组织召开旧桥加固、路面施工等多个专题技术培训、活动，全线推广工艺、工法。先后组织梁板架设、路面反开挖等9次观摩会，召开沥青路面中面层及调平层施工经验交流会、质量专题会等，加强各单位间学习交流，提升全线施工水平（图9-14）。

图9-14　项目组织参建单位开展反开挖观摩学习会

2）用好竞赛比武载体

设立工程实体质量专项奖、外观质量专项奖，开展钢筋加工自查自纠、“品质工程评选”等多项活动。组织“技能兴鲁”工程职业技能竞赛等多项技能比武，三年多来共举行了10余次劳动竞赛活动，狠抓工程质量管理，持续培养质量工匠人才（图9-15）。

3）利用专业第三方队伍

委托第三方检测机构独立进行场站及原材料、路基路面工程、桥梁涵洞工程、桩基、交安设施、内业资料等进行检测、检查与评价。项目办每月下达检测派遣单（共进行月度检测合计 48 次、专项检测 13 次），项目办人员全程陪同进行检测，由第三方出具正式检测报告，并下发各监理、施工单位（图 9-16）。

图 9-15　“技能兴鲁”职业技能竞赛闭幕颁奖仪式

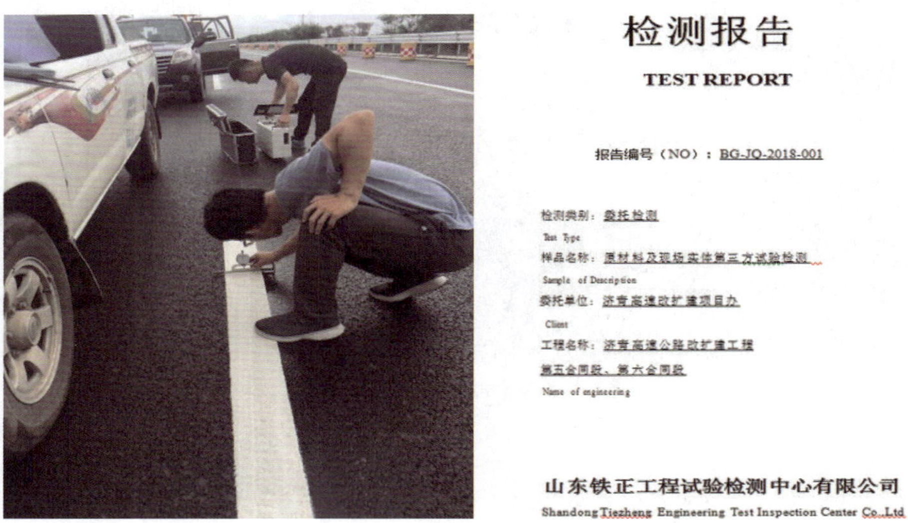

检测报告

TEST REPORT

报告编号（NO）：BG-JQ-2018-001

检测类别：委托检测

Test Type

样品名称：原材料及现场实体第三方试验检测

Sample of Description

委托单位：济青高速改扩建项目办

Client

工程名称：济青高速公路改扩建工程

第五合同段、第六合同段

Name of engineering

山东铁正工程试验检测中心有限公司

Shandong Tiezheng Engineering Test Inspection Center Co.,Ltd

图 9-16　第三方检测及独立检测报告

4）推广应用“四新”技术

项目创新了路面反开挖部位处置施工工艺、创新自动凿毛机、旧桥翼缘板切割采用高压水射流技术、桥梁加固自密实混凝土采用透水模板布技术、隆声带等，有效提高工程质量和道路运营安全（图 9-17）。

图 9-17　桥梁护栏水力切割

9.1.4　交通组织及安全管理过程

9.1.4.1　需求确定及过程设计

交通组织及安全管理过程的主要设计方法和内容如图 9-18~ 图 9-20 及表 9-8、表 9-9 所示。

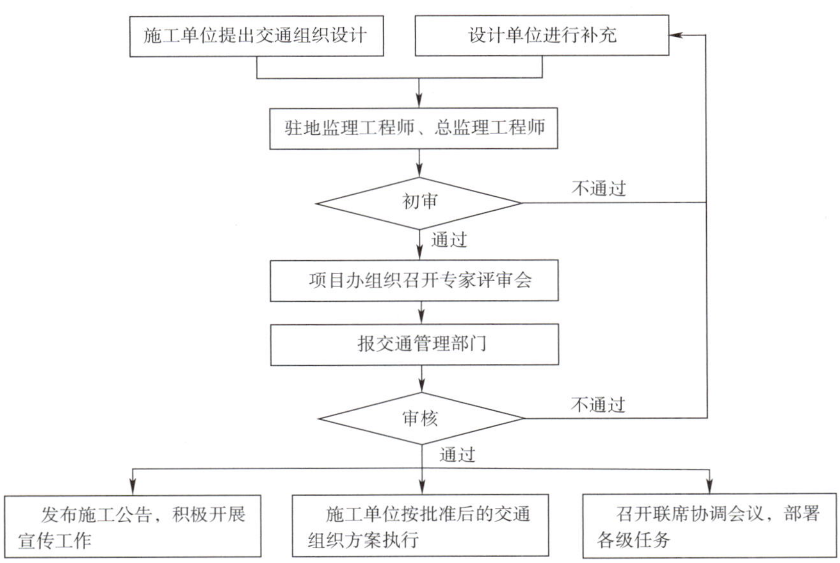

图 9-18　交通组织管理流程图

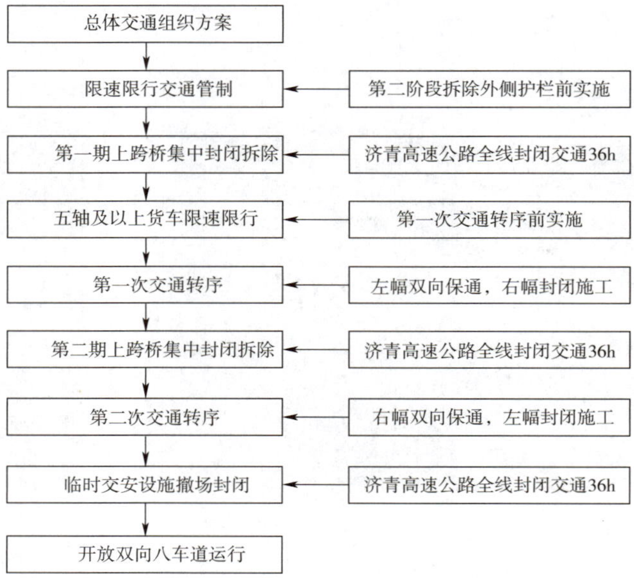

图 9-19　不中断交通施工交通组织流程图

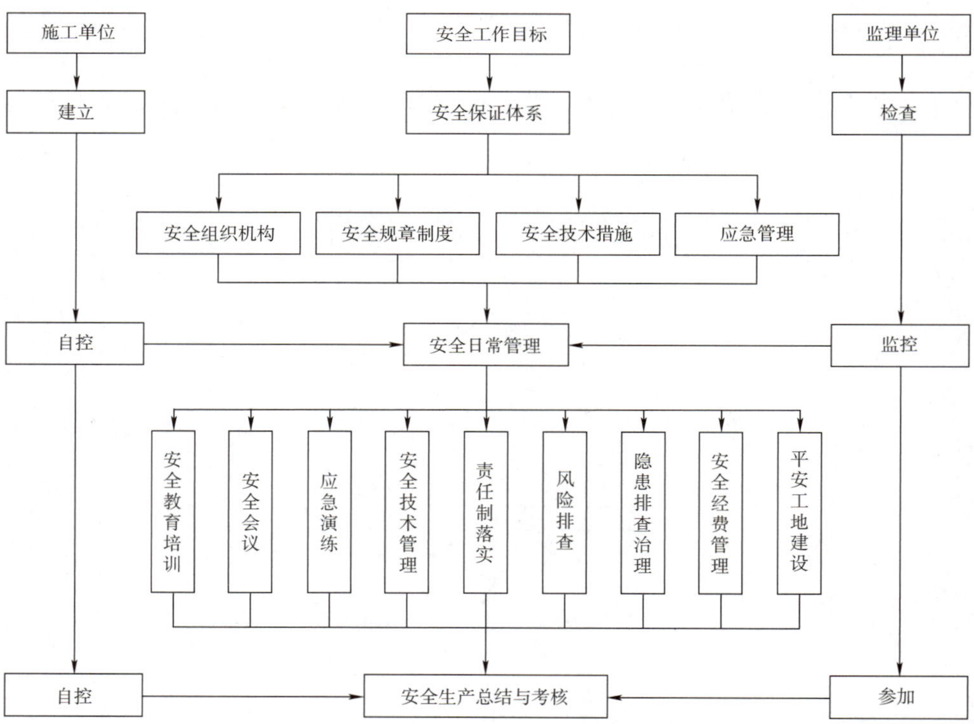

图 9-20　安全管理流程图

交通组织及安全管理相关需求确定表 表 9-8

关键因素	相关方要求							关键要求	关键绩效指标	测量方法 / 频次
	股东	员工	顾客	供应商	参建方	居民	政府			
效率	科学组织，高效及时	保证畅通通行能力	保证畅通	—	合理统筹安排，保证畅通施工进度	保证畅通	科学组织通行能力	科学管理，保证通行能力	车辆通行平均延期时长	实时在线监控
安全	无生产安全事故，安全智慧管控	安全措施到位，劳保齐全，应急设施齐全，安全教育培训到位	畅通无安全事故	安全措施到位、畅通	安全措施到位、提供应急支持和保障	无生产安全事故	安全环保设备设施健全	无生产、交通安全事故，安全培训、措施、设施到位	交通事故率，施工安全事故率	检查、检测、考核 / 月、年度
环保	节能，无环境污染事故	节能，作业环境好	无环境污染事故，污染物排放达标	—	提供必要支持和保障	文明施工，无环境污染事故	无环境污染事故、污染物排放达标	—	污染物达标排放率	—

交通组织及安全管理过程设计表 表 9-9

子过程	主要活动和控制措施	过程监测指标	制度 / 流程 / 标准
交通组织	（1）成立交通组织管理部门：负责制定交通组织限速、限行、限载、临时隔离设施、标志标牌标准，制定及开展巡视检查计划、应急演练方案。 （2）加强交通管控：基于区域路网交通大数据分析，制定"一级诱导 + 二级分流 + 三级管制"的分流方案；严格执行方案论证审批程序，全线组织召开专家论证会，对各施工阶段的交通组织设计方案进行评审。 （3）建立动态现场联动处置机制：建立"五方三保"交通安全机制，保安全、保畅通、保施工；与高速公路交警、路政建立联动机制，处置交通安全事故和实施应急救援。 （4）利用"三微一端"等媒体平台及收费站、服务区等公告和宣传渠道，建立全方位信息传播网络，实时发布路况信息	保畅通； 通行能力； 交通事故率； 简易程序事故数； 一般程序事故数	《中华人民共和国道路交通安全法》； 《山东省高速公路交通安全条例》； "五方三保"交通安全机制； "一级诱导 + 二级分流 + 三级管制"的分流方案
施工安全	（1）安全检查与隐患排查：全面落实"一岗双责"和全员安全生产责任，贯彻执行相关制度规定，建立健全安全保证体系，完善安全管理制度和保证措施：实施现场检查、隐患整改、整改效果验收及双重预防机制运行管理。 （2）安全生产：坚持"安全第一、预防为主、综合治理"基本方针，积极推动"双重预防体系"、深入开展"平安工地"建设，力保安全零事故	现场管理检查频率、隐患排查数量及整改率； 施工安全事故率、安全检查合格率	《中华人民共和国安全生产法》； 《建设工程安全管理条例》； 《安全生产责任制》； 《安全生产现场检查与奖惩办法》； 《安全风险分级管理和隐患排查治理管理规定》； 《特殊作业安全管理规定》

续上表

子过程	主要活动和控制措施	过程监测指标	制度 / 流程 / 标准
职业健康安全	（1）安全培训：培训计划、培训实施、效果验证：以专项员工安全培训次数为抓手，坚决做好特殊时期安全保障工作。 （2）职业健康：贯彻执行《中华人民共和国职业病防治法》《工作场所职业健康监督管理规定》，预防、控制和消除职业危害，防治职业病，保护劳动者健康及其相关权益。 （3）环境因素管理：建立健全环境管理机制，贯彻落实国家关于环境保护的方针、政策和法律法规	员工安全培训次数/人次、应急演练次数；职业病发生人数，作业场所噪声、扬尘土等排放指标、竣工环保验收合格	《安全监理计划》； 《职业卫生管理规定》； 《劳保用品管理规定》； 《环境保护管理规定》
应急预防	（1）应急管理：预防和控制项目潜在事故或紧急情况发生，提高项目组处置突发事件能力，最大限度预防和减少突发事件及其造成的损害和影响。 （2）事故管理：规范项目生产安全事故的报告及调查处理，落实生产安全事故责任。	有效处治突发安全生产事件，事故调查处理	《中华人民共和国应急管理规定》； 《事故报告及调查处置规定》

9.1.4.2 实施与控制

本项目是山东省内首条高速公路，也是山东省内第一条改扩建高速公路，此次在“超饱和”不中断交通状态下实施的“四改八”改扩建，是截至2021年底，全国改扩建战线最长、交通安全压力最大、综合影响力最大的一次性改扩建项目。项目办根据改扩建项目的建设特点和保通要求，始终坚持“安全第一、预防为主、综合治理”的基本方针，紧紧围绕“平安建设，安全保通”这个中心，全面落实“一岗双责”和全员安全生产责任制，不断加强安全生产监督管理力度，把好教育、措施、交底、防护、文明、验收、检查的“七关”要求，认真开展重大安全活动和施工项目的日常安全活动，保证安全生产形势持续稳定。

图9-21所示为项目边施工边通车。

具体的举措如下：

1）搭建安全和交通组织管理体系。

（1）全面落实安全生产责任制。

根据“一岗双责”的原则，逐级全员签订安全目标责任书，形成 “一级抓一级，层层抓落实”的安全责任体系，完善安全管理组织机构，成立安全处；各施工、监理单位成立安全管理部室和现场指挥部。建设期间保证安全管理团队和工作的连续性、执行力，设有专职安全员岗位，不允许随意调动安全管理人员。同时建立安全曝光平台、安全改扩建微信群、安全监理QQ群等线上组织，合力构建“安全统一战线”。安全管理体系如图 9-22 所示。

图 9-21　项目边施工边通车

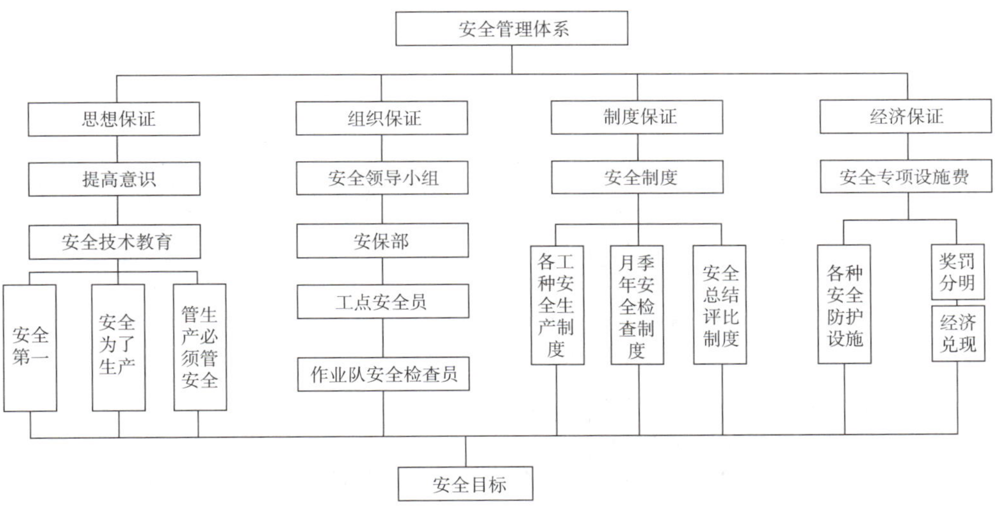

图 9-22　安全管理体系

（2）积极推动“双重预防体系”建设。

树立“安全第一，预防为主”“隐患就是事故”两个理念，根据上级有关单位统一部署，结合改扩建施工特点，以“安全检查、隐患排查、综合绩效考核、现场处罚”四项工作为抓手，抓整改落实。每月组织开展拉网式安全风险点辨识，按照分级管控思路，制定管控方案，落实管控责任、明确管控措施，建立健全安全风险分级管控体系。根据风险管控措施，制定切合实际的隐患排查治理清单，进一步明确和细化隐患排查的事项、内容和频次，确保覆盖全线所有工作面，对不同时期的安全管控重点难点开展专项检查，对检查中发现的事故隐患执行销号制度。

在施工中以风险管理为核心，做到桥涵无坍塌、坠落事故，路基无滑坡事故，在高速公路上施工无交通事故；以全面安全管理为重点，做到无中毒事故、无重大机械设备事故、无火灾事故、无洪灾事故，无火工品、重要器材、设备被盗和爆炸事故。

（3）加强安全监督检查力度。

制定印发《安全生产现场检查与奖惩办法》等制度，采用定期检查与日常巡查相结合的方式，克服战线长、作业面多等不利因素，坚持每月检查覆盖所有单位，对发现的问题以隐患整改通知单、检查通报等形式书面下发给责任单位。建立隐患排查治理台账，提出隐患整改达到“五定”要求，即：定整改责任人、定整改措施、定整改完成时间、定整改完成人、定整改验收人。针对“要求一丈，落实一尺甚至一指”“打不到痛处，起不到效果”的现象，提出“停止当前施工、停止进入下一工序、暂停安全费计量”的“三停”措施或运用“一票否决”制。着力扫清“安全管理通病”，突出抓好改扩建项目“安全管理重点”，实现“保卫安全、守住底线”的目标，确保项目又好又快地推进。共开展43次定期安全检查，识别隐患2546处。图9-23所示为安全专题会与安全检查处罚单。

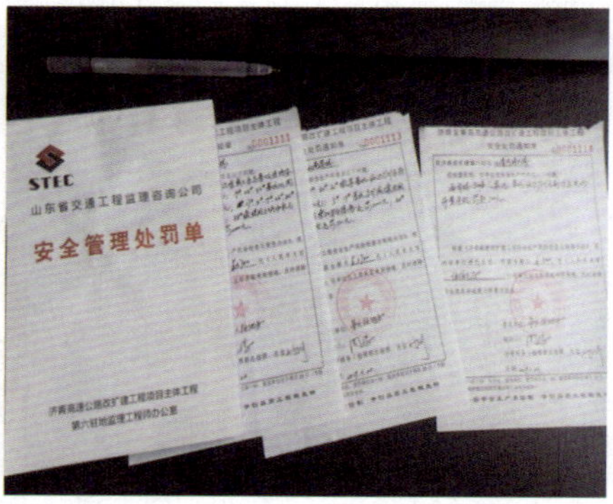

图 9-23　安全专题会与安全检查处罚单

（4）深入开展“平安工地”建设活动。

以交通运输部“平安工地”考核标准为基础，结合改扩建施工实际，制定印发了本项目的“平安工地”考核评价标准，删除了隧道部分，增加了路基路面拼宽、桥梁加固、交通组织管理等内容，使其更契合改扩建工程，监督指导施工、监理单位按照标准要求进一步完善安全管理基础资料和施工现场安全管控，定期开展自我评价与考核，加强经验总结，促进安全管理水平的不断提升。

2）安全培训、模拟演练，提升全员安全意识和技能

施工单位每个月都要组织安全培训、安全会议，一年两次安全模拟演练。开工伊始，组织开展高层次安全教育培训12次，培训人数1800人次，全线安全专题会21次，人数532人次。项目办邀请交通运输部公路科学研究院、山东省交通运输厅、山东省检察院、山东省高速交警总队等单位的专家教授就施工安全相关法律法规、安全督察要点、检察机关同步介入安全生产事故调查有关原则规定、高速公路涉路施工安全管理等方面进行培训，切实提高了从业人员安全责任意识和安全管理水平；通过对事故案例分析、责任认定、事故处理等方面进行培训，抓项目经理、总工、安全总监等重点人、关键少数，让他们在改扩建过程中始终带着"安全万无一失，安全一失万无"的"紧箍咒"（图9-24）。

图 9-24　安全教育培训

针对改扩建工程易出现的交通事故、高空坠落、防汛、除雪防滑、应急救援等进行了现场"真刀真枪"模拟演练，与路政、交警、消防、医疗等部门联动，项目每年组织2次规模较大的集中演练，各施工单位自行组织2次，切实达到了提高应急处置能力的效果。

在重要节日、"两会"、青岛上合组织峰会等特殊时期，以安全保畅专项工作为抓手，结合项目特点和工程进展，组织开展各项安全生产专项活动29次，提前部署重点工作任务，严格落实领导带班、值班人员24h值班制度，强化应急值守能力和意识（图9-25）。

图 9-25　针对性应急演练与交通事故演练

3）以人为本，重视职业健康安全

项目办根据建设实际情况，明确项目安全生产方针，制定职业健康与安全管理目标，为实施、实现、评审和保持安全方针和安全目标，策划管理活动，明确管理职责，遵守有关法律法规，编制职业健康与安全管理方案，实行过程控制并提供人员、设备、资金和信息资源，保证职业健康安全管理目标的实现和持续改进。相关具体措施如下。

（1）开展项目危险源的辨识和风险评价。

组织开展项目职业健康与安全生产的危险源辨识和风险评价，主要包括以下三个方面。

①项目危险源的辨识：项目办组织专门的工作小组，在工程开工前，针对施工关键工序，采购、办公和服务等主要活动，工作场所的设备设施、材料和人员行为等各个环节存在的危险因素进行辨识。重点放在工程施工的基础、主体等阶段和危险品的控制及影响上，并考虑国家法律、法规的要求，特种作业人员、危险设施，经常接触有毒、有害物质，具有易燃、易爆特性，具有职业性健康伤害、损害的作业活动和情况，曾经发生或行业内经常发生事故的作业活动和情况。针对危险源识别的结果形成危险源清单，并依据危险源导致的风险大小和风险危险进行风险分级，按不同级别制定有针对性的风险控制措施，组织编制项目应急救援预案。

②项目管理风险评估：针对项目自身管理模式和工程特点，分析项目的合同条款、工期条件、市场资源、分承包模式等影响因素对项目职业健康与安全管理造成的潜在危险或影响，制定对应措施。

③使用法律法规和其他要求的识别：及时识别并获取适用的法律、法规、规范和标准，地方行政主管部门的规章和规范性文件，上级安全生产规定及项目所有相关方的职业健康安全要求，形成管理信息输入，并及时更新，以便传达给项目员工和其他相关方。

（2）明确职业健康安全管理目标。

项目办结合实际制定职业健康安全目标，目标一般包括：职业危害强度或浓度符合国家标准、行业标准，施工现场粉尘及有害气体不超过国家规定标准，劳动保护符合有关规定；生活及工作场所干净整洁，生产布局合理，有害作业与无害作业分开；防止食物中毒、传染病扩散及职业病、地方病的发生等。编制职业健康与安全管理方案；结合改扩建项目反开挖、桥梁拆除新建等施工特点，制定环保和文明施工资源配置标准，通过“大排查”“提升周”“回头看”等活动，逐级、逐项落实，并初步建立长效机制，确保职业安全健康目标的实现。图 9-26 为职业健康演练。

图 9-26　职业健康演练

（3）通过安全技术手段防止生产安全事故和职业病的发生。

项目组织设计和工程项目施工时，从技术上采取措施，针对工程特点、施工现场环境、施工方法、劳动力组织、作业方法及使用的机械动力设备、架设工具以及一系列安全防护设施和安全预防措施等，防止安全事故和职业病的发生。

9.1.4.3　评价与改进

以保证现有高速公路扩建工程顺利施工和道路安全畅通为中心，以扩建工程的交通组织为重点，妥善处理施工和交通运营矛盾，总结出一套科学可行、切实有效的管理模式。

（1）严格执行方案论证审批程序。

积极协调山东省公安厅、山东省交通运输厅、山东省交警总队、山东省高速公路交警总队及沿线各市公安局交警支队、高速公路交警支队、安监局、交通运输局、应急办、质监站等部门，全线组织召开专家论证会 147 次，对各施工阶段的交通组织设计方案进行评审，并报经山东省公安厅批准（图 9-27）。

（2）加强交通流量管控。

通过对区域路网交通数据进行深入分析，全线设置 1294 块交通诱导标志标牌，通过“一级诱导 + 二级分流 + 三级管制”的分流方案，使驾乘人员及时获得相关路网分流信息，选择适合的路线绕行。组织设计院根据交通保畅方案的实际实施情况，动态地对保通幅车道划分、临时交安设施布设、交通管制及分流措施等方面进行深入研究并及时调整。

图 9-27　交通组织方案论证

封闭交通、交通转序、限速限行等工作实施前，利用“三微一端”、电视、广播、报纸等平台提前发布交通管制公告和绕行线路，在收费站、服务区、物流公司、客运站点等地发放宣传彩页，收费站张贴施工公告和宣传条幅，高速公路信息情报板上滚动播出施工信息，在百度地图、高德地图、e 高速、路网等 App 上及时更新施工信息和绕行路段。通过多形式、全方位、多角度的宣传报道，最大限度降低对周边群众出行的影响（图 9-28）。

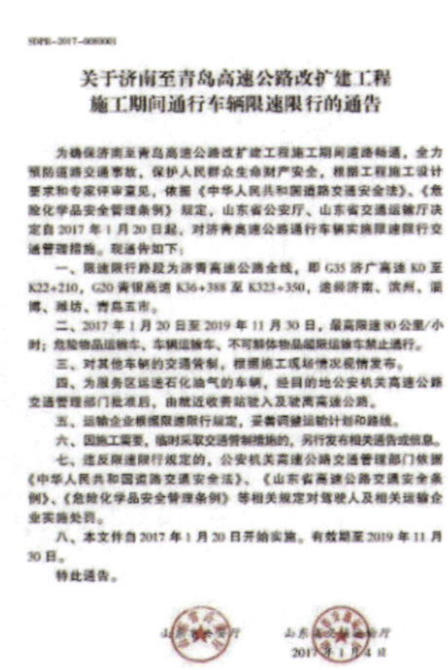

关于济南至青岛高速公路改扩建工程
施工期间通行车辆限速限行的通告

为确保济南至青岛高速公路改扩建工程施工期间道路畅通，全力预防道路交通事故，保护人民群众生命财产安全，根据工程施工设计要求和专家评审意见，依据《中华人民共和国道路交通安全法》、《危险化学品安全管理条例》规定，山东省公安厅、山东省交通运输厅决定自 2017 年 1 月 20 日起，对济青高速公路通行车辆实施限速限行交通管理措施。现通告如下：

一、限速限行路段为济青高速公路全线，即 G35 济广高速 K0 至 K22+210，G20 青银高速 K36+388 至 K323+350，途经济南、滨州、淄博、潍坊、青岛五市。

二、2017 年 1 月 20 日至 2019 年 11 月 30 日，最高限速 80 公里/小时；危险物品运输车、车辆运输车、不可解体物品超限运输车禁止通行。

三、对其他车辆的交通管制，根据施工现场情况视情发布。

四、为服务区运送石化油气的车辆，经目的地公安机关高速公路交通管理部门批准后，由就近收费站驶入及驶离高速公路。

五、运输企业根据限速限行规定，妥善调整运输计划和路线。

六、因施工需要，临时采取交通管制措施的，另行发布相关通告或信息。

七、违反限速限行规定的，公安机关高速公路交通管理部门依据《中华人民共和国道路交通安全法》、《山东省高速公路交通安全条例》、《危险化学品安全管理条例》等相关规定对驾驶人及相关运输企业实施处罚。

八、本文件自 2017 年 1 月 20 日开始实施，有效期至 2019 年 11 月 30 日。

特此通告。

2017 年 1 月 4 日

图 9-28　交通组织宣传

（3）加强现场联动处置。

严格按照方案设置临时隔离设施、标志标牌；成立交通组织管理部门，配备交通组织管理员和专业保通队伍；坚持每日巡视检查，定期开展应急演练；与高速公路交警、路政建立联动工作机制，积极配合处置交通安全事故和应急救援工作。共同与交警部门确立“五方三保”机制，“五方”即项目办、总监办、驻地办、施工单位、交警部门，“三保”即“保安全、保畅通、保施工”，多次提出有利于交通组织管理的措施（图 9-29）。落实限速、限行、限载标准，实施“限速 80km/h”，与交警配合实行区间测速，超速抓拍，违法处罚。

图 9-29 “五方三保”交通转序联席会

（4）不断探索创新，自设标准。

对无标准参照参考的问题，项目办协调全线监理单位，发挥技术、协调、统领作用，通过现场观摩，召开交流会，统一部分标准的要求，经设计院或专家会审查明确、确认，经路政、交警等有关单位和部门同意，统一下发要求执行。典型的包括转序前后在路侧设置“路侧施工、谨慎驾驶”“应急车道、行车道划分牌”、龙门架“车道划分牌”、电子测速仪等。

项目确保在不中断交通的前提下道路畅通，保证过往车辆的通行安全，努力降低道路扩建施工对道路安全运营、周边公路和整个路网所造成的不利影响，实现施工、交通双顺利。2015—2018 年，简易程序事故下降了 1893 次，一般程序事故降低了 34 次。

图 9-30 所示为通过交通组织探索形成分车道管理成果。

图 9-30　通过交通组织探索形成分车道管理成果

9.2　创新工作的实施

9.2.1　工作体系与激励机制

公司把创新作为公司发展动力源泉，明确提出了“缘小求新，顺变求成”的创新理念。截至 2021 年底，济青高速公路改扩建科技示范工程科研人员达 284 人，其中正高级职称占比 23%，副高级职称占比 38%，博士学历人员 45 人；实施过程中持续加大科技支持力度和科研经费投入，共计投入了约 5000 万元科研经费（图 9-31）。

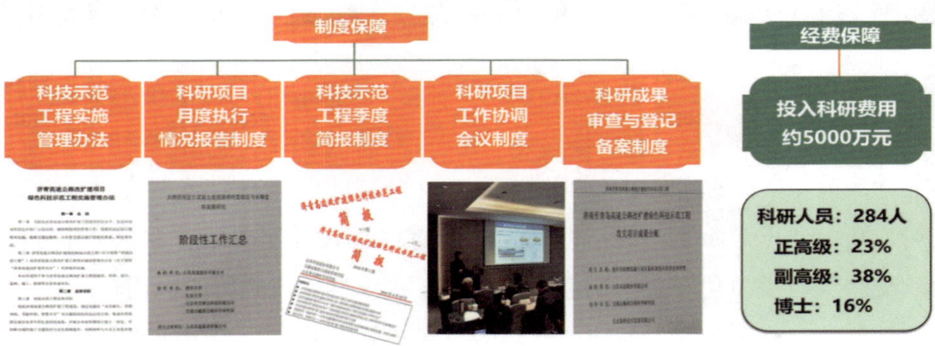

图 9-31　创新过程完善的保障措施及组织体系

其他具体措施主要包括以下几点。

1）完善组织机构，完善制度、流程基础，构建规范管理创新平台

项目建立创新工作小组，由山东省交通运输厅、山东高速集团、山东高速公司相关领导、项目办和技术支撑单位相关负责人组成领导小组，定期进行组织调度；由公司相

关领导、项目办相关负责人、技术支撑单位主要技术负责人组成执行小组，由行业专家组成专家技术咨询小组，保证科技示范工程的顺利实施。

项目办注重从日常建设管理中总结经验教训，并以制度形式进行固化，先后制定了《济青高速公路改扩建绿色科技示范工程实施管理办法》《科研项目管理办法》《科研项目工作协调会议制度》《科研项目月度执行情况报告制度》《科技示范工程季度简报制度》《科研成果审查与登记备案制度》6项制度，并不断完善相关流程，为创新活动有效开展提供了规范的平台，保障科技进步和管理创新有序进行。

图9-32所示为技术创新流程图。

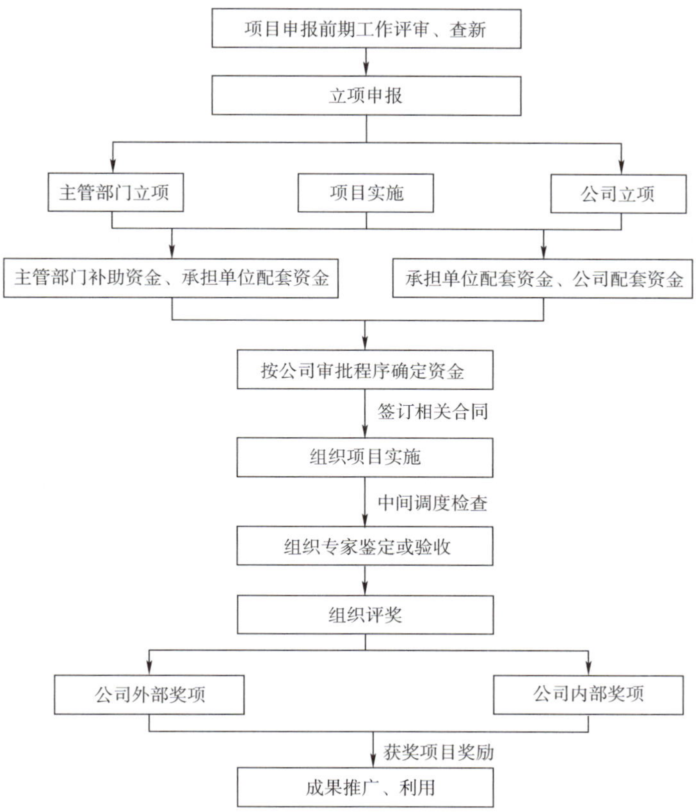

图9-32 技术创新流程

2）注重考核引导，建立以综合绩效考核为主体的公司考核体系

公司成立了创新中心，负责牵头开展各类科技创新和管理创新活动，并成立了以董事长、总经理为组长的创新体系。同时为提升公司创新能力，推动公司战略目标任务顺利实现，促进公司创新工作的系统化、规范化、专业化、制度化，增强对创新工作的引导，

制定了《公司创新工作管理办法》，从指标设计、奖惩兑现等方面积极引导所属各单位开展创新活动，形成浓厚的创新氛围。

3）积极借助外力，搭建产学研用协同创新工作平台

结合项目实际，采取引进培训、联合研究开发的方式，增强公司创新能力，为项目创新注入活力。同时建立多方联动创新工作机制，从科研、设计、施工等逐个环节持续推动科技攻关及推广工作，把科技和工程建设紧密结合起来（图 9-33）。

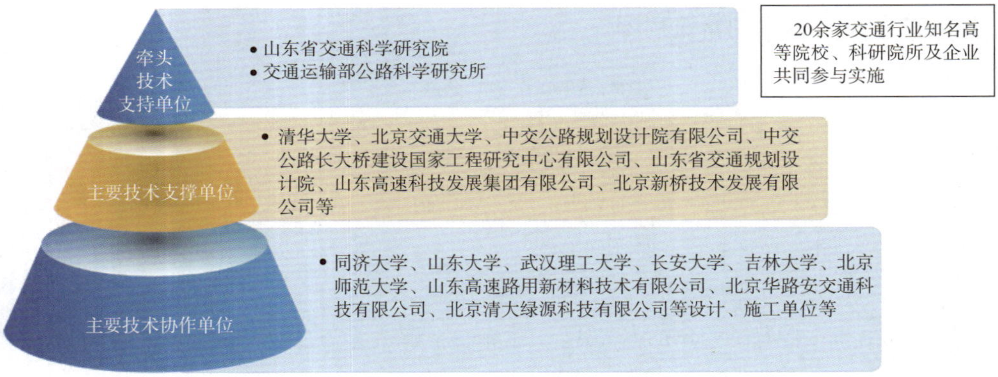

图 9-33 产学研创新协同平台

4）开展全国范围内的创新活动交流学习

为确保科技示范工程顺利实施，先后组织调研了鹤大高速公路资源节约循环利用科技示范工程、京石高速公路改扩建科技示范工程、广佛肇高速公路绿色低碳工程、贵州乌蒙山区毕都高速公路安全保障科技示范工程等，为相关工作开展提供经验借鉴。

项目分别在 2018 年、2019 年围绕科研创新组织两次全国性交流会，吸引来自全国范围内约 40 家相关单位 900 余人到场观摩学习。此外，项目在通车之际受邀出席世界交通运输大会，公司高层领导发表主旨演讲，获得一致认可。表 9-10 所列为两次全国性交流会基本情况。

两次全国性交流会基本情况　　表 9-10

年份（年）	参会单位（列举）	单位类别	参会规模
2018	交通运输部、江苏省交通运输厅、山东省交通运输厅、山东省交通科学研究院等 16 家单位	行政及事业单位	30 余家单位约 500 人
	中国公路学会、中国公路学会学术交流中心、山东公路学会等 4 家单位	协会组织	
	湖北省交通投资集团有限公司、山西交通控股集团有限公司、北京新桥技术发展有限公司、中交公路长大桥梁建设国家工程研究中心有限公司等 10 家单位	行业企业	
	同济大学、北京师范大学、北京交通大学 3 家高校	高校	

续上表

年份（年）	参会单位（列举）	单位类别	参会规模
2019	交通运输部、山东省交通运输厅、四川交通运输厅、甘肃交通运输厅等5家单位	行政及事业单位	30余家单位约400人
	天津高速集团、河北高速集团、齐鲁交通发展集团等7家单位	行业企业	
	中交公路规划设计院有限公司、山东省交通科学研究院、交通运输部公路科学研究院、招商局重庆交通科学研究院4家单位	设计及科研单位	
	同济大学	高校	

5）扩大技术交流与学习，推进交流 - 观摩 - 应用一体化

公司总经理兼项目办主任吕思忠同志在“世界交通运输大会”“全国公路改扩建技术交流暨济青高速公路绿色科技示范工程现场观摩会”“交通运输部科技示范工程暨济青高速公路改扩建绿色科技示范工程技术交流会”上作专题报告，向国内外业界人士介绍了济青高速公路改扩建建设管理经验；采用“引进来”的模式，加强业界学习交流，有江苏交通控股有限公司、浙江省交通投资集团有限公司、安徽交通控股集团等13家国内交通建设、管理单位前来学习交流（图9-34）。

图9-34　吕思忠同志在世界交通运输大会（WTC）上作主旨演讲

9.2.2　五大创新工作

济青高速公路是山东省第一条改扩建高速公路，济青高速公路改扩建项目也是全国一次性改扩建规模最大的“边通车、边施工”的改扩建项目。项目面临着“路线交叉多，管线密集，迁改施工难度极大”“旧路服役时间长，新旧道路结构与材料匹配困难”“四

车道保通施工，安全风险高，交通组织极其复杂”“沿线取土困难，地材紧缺，绿色节能利用任务重”“保通压力大，运营服务和智慧出行要求高”等重点、难点。为实现工程高质量建设，从解决制约工程建设的重要难题出发，梳理出“全寿命周期设计施工一体化、不间断交通施工交通组织与安全保障提升、旧路材料与大宗工业废弃物循环利用、生态防护与节能减排、信息化建管养效率提升”五大科技专项，以国际先进技术为目标，通过一系列科学实践为国内后期即将开展的一大批高速公路改扩建工程加强技术储备。为此，公司项目办制定了科技攻关与技术推广工作计划，积极开展技术创新与应用示范。济青高速公路改扩建绿色科技示范项目见表 9-11。

济青高速公路改扩建绿色科技示范项目　　表 9-11

技术类型		序号	项目名称
全寿命周期设计施工一体化技术	推广	1	永久性沥青路面结构设计理论与关键技术推广应用
		2	高等级公路半刚性基层结构损伤理论与控制方法推广应用
		3	重载交通高劲度改性沥青及沥青混凝土技术推广应用
	攻关	4	新旧路面材料与结构性能协调及匹配关键技术
		5	基于扩建工程的路基路面结构优化设计
		6	高速公路改扩建工程新旧路基差异沉降控制及沉降计算修正方法研究
		7	济青拼接加宽桥梁中既有中小跨径旧桥部分荷载适应性研究
		8	高速公路梁桥加宽桩基础沉降差异控制技术研究
		9	在役钢筋混凝土梁疲劳损伤试验及剩余寿命预测
		10	基于模型试验及实桥验证的桥梁整体化层参与结构受力分析
		11	大跨径预应力混凝土连续梁桥时变效应与长期变形发展研究
		12	管状劲性体在高速公路软基及特殊路基处理中的应用研究
		13	沥青路面全幅无缝成型关键技术与应用研究
		14	水稳结构大厚度连铺连压整体成型技术与装备研究
不间断交通施工交通组织与安全保障提升技术	推广	15	恶劣天气下特殊路段沥青路面抗凝冰与交通安全设施新技术推广应用
		16	基于绿色循环利用功能的公路护栏安全提升系统研究
	攻关	17	高速公路改扩建保通施工与应急救援交通组织研究
		18	高速公路改扩建工程施工区交通安全评价方法研究
旧路材料与大宗工业废弃物循环利用技术	推广	19	沥青路面冷再生性能评价指标体系与高性能乳化沥青冷再生混合料推广应用
		20	稳定型橡胶改性沥青混合料技术推广应用
		21	水性聚碳化二亚胺交联剂土凝岩稳定材料技术推广应用
	攻关	22	固体工业废弃料规模化再生路用关键技术研究
		23	废弃结构物混凝土再生集料高值化利用技术研究
生态防护与节能减排技术	推广	24	低碳海绵型服务区建设技术推广应用
		25	岩石路堑边坡生态防护技术推广应用
	攻关	26	沥青路面施工期能耗及排放监测、评估与减量化关键技术研究
		27	全金属环保耐候泡沫铝声屏障研究开发

续上表

技术类型		序号	项目名称
信息化建管养效率提升技术	推广	28	基于“互联网+”的高速公路智慧出行服务技术推广应用
		29	基于信息化技术的沥青路面全过程质控管理系统与评价方法推广应用
	攻关	30	基于BIM的桥梁建造一体化技术研究

9.2.3 推动服务创新

服务创新主要包括技术服务创新、管理服务创新、运营服务创新，建设期统筹考虑，开展多元化、有效的服务创新。

1）技术服务创新

技术服务创新主要通过建立结合施工进度不定期技术指导机制、邀请外部专家指导借助外脑实现，多角度为工程建设提供技术支持；项目印发12份技术指南，做好技术支持；举办技术专题会，开展技术研讨；根据建设节点和内容需求，举办观摩交流会，促进各参建单位间技术学习交流，推广先进经验做法。

2）管理服务创新

（1）将业主与参建方合同管理关系转变为“清、亲”合作伙伴关系；项目通过各项制度、办法规范管理参建单位，同时采取向公司争取提前通车补偿，及时出台材料价格调差实施细则，加快资金到位速度，联合开展活动，积极帮助协调解决困难，实现合作共赢。

（2）建立项目办负责人联系点制度，充分授权，及时协调解决工程现场难题。

（3）监理单位坚持“优质服务、主动监理、联合检查验收”工作方式，简化工作程序，保证工程质量，推进施工进度。

3）运营服务创新

（1）高水准统一企业运营服务标准，运营理念由传统的“路桥运营商”向“高品质出行服务提供商”转变，从收费服务、清障救援、路桥养护、信息机电四个业务口入手，以高于国家标准规定的标准将运营服务经验、做法等总结提炼，并固化为企业内部标准规范。

（2）统筹规划智慧高速公路建设，将智慧锥筒用于改扩建施工中，依托高速公路智慧云推广“e高速”，探索车道级管理和智慧出行，提高公共信息服务水平。

（3）根据全国收费系统并网运行和收费模式变革的有关文件，积极对接行业主管部门，果断变更设计，在全线安装32对龙门架、节约投资的同时抢占先机，为公司后续运营服务提升奠定基础。

（4）自主开发应用“96659”服务热线“温馨”机器人，自动获取用户需求并进行语义分析，将查询结果以语音形式播报给用户，提高用户使用体验和服务智慧度，降低人工服务压力。

9.3　绿色可持续理念的贯彻

9.3.1　制度体系建立

1）制定环保制度

项目高度重视节能环保，是山东省高速公路建设首个通过招标方式引入环保、水保监理及水保监测的项目，制定《济南至青岛高速公路改扩建工程环境保护工作管理办法》作为项目环保管理内部依据。图9-35所示为项目环保管理制度文件示例。

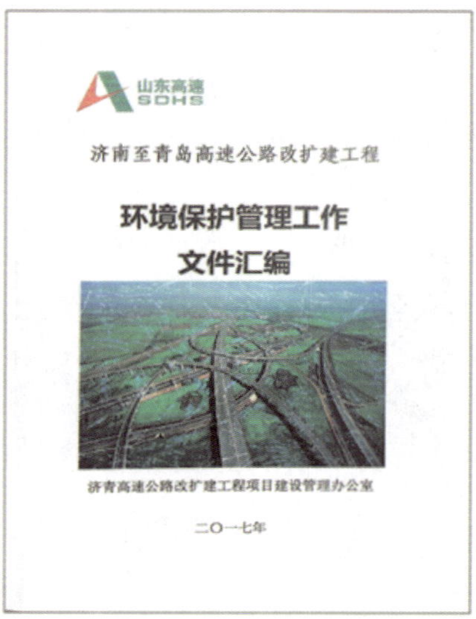

山东高速
SDHS

济南至青岛高速公路改扩建工程

环境保护管理工作
文件汇编

济青高速公路改扩建工程项目建设管理办公室

二〇一七年

济青高速公路改扩建工程项目建设管理办公室文件

济青改扩办工〔2017〕36号

关于印发济青高速公路改扩建工程
《环境保护管理办法（试行）》等文件的通知

项目办各部门，东、西段现场指挥部，各监理、施工单位：

为进一步加强环境保护管理工作，创造良好的文明施工环境，全面落实《中华人民共和国环境保护法》、《山东省高速公路施工标准化指南》、《2017年环境保护突出问题综合整治攻坚方案》、环评批复等有关文件要求，现将济青高速公路改扩建工程《环境保护管理办法（试行）》、《项目办环境保护组织机构及职责》、《环境保护检查制度》、《环境保护事故报告与调查处理制度》印发给你们，请各单位认真贯彻落实。

济青高速公路改扩建工程项目建设管理办公室

201[illegible]年8月[illegible]日

图9-35　环保管理制度文件示例

2）确立环保管理体系

项目建立了完整的环保过程管理组织结构，如图9-36所示。

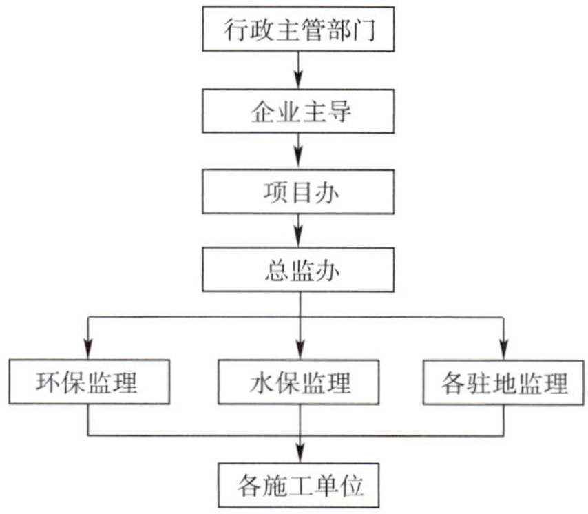

图 9-36　项目环保管理体系

9.3.2　节能环保目标和评价标准

1）节能环保总目标

依靠技术创新，开发和推广环保节约、循环利用的先进适用技术，完成节约环保型改扩建工程施工。

2）节能环保评价标准

项目严格按照国家行业相关节能环保标准开展工作，并通过在线监测等手段对指标进行检测跟踪，见表 9-12。

环保管理过程控制标准、关键指标及目标　　表 9-12

种类	关键控制手段	领域	执行标准	国家 / 行业的控制标准		测量方法
废气	环保监测、废气处理	废气治理	《大气污染物综合排放标准》（GB 16297—1996）	种类	排放浓度 mg/m^3	在线监测；人工取样检测
				TSP	1.00	
				PM10	1.00	
				PM2.5	1.00	
废水	环保监测、污水处理	污水排放处理	《地表水环境质量标准》（GB 3838—2002）（对沿线各段河流根据其水域功能等级不同执行相对应标准限值）	种类	排放浓度 mg/L	在线监测；人工取样检测
				COD_{cr}	15~40	
				氨氮	0.15~2.0	
				悬浮物	—	
				石油类	0.05~1.0	

续上表

种类	关键控制手段	领域	执行标准	国家/行业的控制标准		测量方法
噪声	环保监测、噪声治理	噪声达标	《声环境质量标准》（GB 3096—2008）4A类标准限值要求	种类	等效声级 dB（A）	在线监测；人工取样检测
				噪声	昼间70；夜间55	
固体废物	委托第三方机构处理；循环利用	固体废物妥善处置	《一般工业固体废物贮存、处置场污染物控制标准》（GB 18599—2001）及修改单中相关要求	—	—	—

9.3.3　节能环保具体举措

设计期已将环保管理纳入管理体系，重点关注声环境敏感点降噪措施设计、饮用水水源地保护区环境风险防控设计、服务区废水和废气处理措施设计等。施工期以环保管理办法为依据，按照“六个100%”（施工工地周边100%围挡、物料堆放100%覆盖、出入车辆100%冲洗、施工现场地面100%硬化、土方施工100%湿法作业、渣土车辆100%密闭运输）总体要求，对施工期环保关键过程的施工、进度、质量的落实情况进行有效管理。运营期重点考虑通行车辆和沿线服务基础设施环保管理。

1）施工期环保管理

施工期废水、废气、噪声以及固体废物均进行妥善处理，保证了项目有效落实环保“三同时”制度；同时考虑到公路建设点、线结合的特点，环保工作重点集中在场站、施工点位和沿线；此外结合项目绿色科技示范工程，开展环保管理和技术创新。具体表现为：

（1）临时场站、生活区均设置有生活垃圾收集点，并由当地环卫部门定期负责清运。场站物料堆、施工现场渣土使用密目防尘网进行全覆盖，搅拌站安装除尘装置，场站内定期进行洒水抑尘，施工现场配备雾炮进行湿法作业，施工点位全部采取围挡处理。

（2）施工便道定期洒水抑尘，上坡道路面进行硬化且设置一定数量的车辆冲洗装置，并在重要路口设置车辆冲洗平台。针对施工期间跨河特大桥、大桥及敏感河段桥梁施工，采取了行之有效的防治措施。如项目工程以桥梁形式穿越黄旗堡—眉村—朱里水源保护区，采取了一系列措施，包括但不限于桥墩施工选择在枯水期进行，桩基施工使用泥浆不乱排，钢护筒外设置拦油带防范施工机械的漏油、跑油情况（图9-36）。

图 9-36　小清河特大桥施工防尘网全覆盖、围挡到位

2）运营期环保管理

加强中央分隔带、边坡绿化抚育管理，以吸收汽车尾气；加油站统一安装油气回收装置，废机油、废油毡交由有资质的单位回收处理；餐饮区安装油烟净化器；服务区、停车区内加油站设置防渗灌池，可有效防止油罐腐蚀泄漏污染地下水环境；跨水源地桥梁、路基等均建设雨污分流池，确保雨污水得以分流；污水收集池、隔油池、化粪池等配套设施均采取了有效防渗措施，可以避免泄漏导致土壤或者水体污染；对沿线敏感水体设计桥梁排水系统及径流收集系统，对桥面径流进行隔油、沉淀处理，均有效降低对地表水环境的不利影响。

3）资源综合利用

依托济青高速公路改扩建绿色科技示范工程，开展了“生态防护与节能减排”专项科研工作，确立了大宗工业废弃物及旧路材料再利用、沥青路面施工期能耗及排放监测评估与减量化关键技术及低碳海绵服务区建造等科研项目，主要通过资源化利用和技术改造解决工程建设过程中产生废弃物污染问题和能源消耗问题。

（1）旧路材料环保循环利用。

一是将高性能乳化沥青厂拌冷再生技术与耐久性路面技术进行集成应用，实现了旧路材料的再生利用和路面结构耐久的目标。该项技术在济青高速公路改扩建工程中应用，节约了大量砂石料及沥青用量，同时可减少弃渣填埋场用地近百亩。

二是开展废弃结构物混凝土再生集料高值化利用技术攻关，由传统的简单填埋或粗放加工应用模式向高技术附加值生产应用模式转变，解决了项目面临的因拆除各类桥梁、立柱等混凝土结构物而产生大量废弃材料处置难题，实现废弃混凝土材料高值化综合利用率达到60%。

三是对旧路波形梁钢护栏进行了升级改造再利用，自主研发了多种护栏形式，通过实车碰撞试验验证，全线再利用旧波形梁护栏642km，节省钢材近万吨，大幅降低资源消耗。

（2）工业固体废物环保资源化利用。

一是开展赤泥路用关键技术研究，突破了赤泥路用的技术瓶颈问题，实现世界上首次将拜耳法赤泥应用于高速公路建设，成功铺筑了赤泥路床，赤泥路床的路用指标和污染性控制指标满足设计与规范要求，从而为赤泥在道路工程建设中的资源化利用奠定了基础。

二是在面层沥青混合料推广应用稳定型橡胶改性沥青，橡胶改性沥青的使用在节约资源的同时，降低了黑色污染，改善生态环境，节能减排意义重大。

4）节能减排

（1）低碳环保技术应用方面。在济南东服务区通过集成应用低碳建筑设计、服务区污水资源化处理、透水路面铺装、雨水收集利用等新技术，打造低碳海绵服务区典型示范。

（2）降低能耗和减少排放方面。针对不同施工阶段、不同原材料的生产、运输和使用的能源消耗等情况进行调查，采用包括清洁煤转气、动态加热、发泡温拌、颗粒流动拌和技术，以及拌和站场站抑尘、除尘技术，尾气清洁处理技术，节能减排效果显著。

此外，在工程建设中，对传统沥青混合料拌和站采用燃料油（重油）加热进行改造，燃料由重油转变为清洁能源天然气。与重油加热相比，采用天然气对沥青混合料加热有如下优点：①运行管理——重油燃烧器在燃烧的过程中会经常发生故障，维修成本高；天然气加热设备一旦调试运行，长时间之内不用维修，节省维修成本。②环境保护——重油燃烧不完全，产生黑烟，污染环境；改用天然气，燃烧充分，无烟、无味，洁净环保。③优化质量——重油燃烧后有残渣，与成品料混合在一起影响沥青混合料的质量；天然气燃烧后主要产生CO_2、H_2O，避免了以上情况的发生。

10 关键过程的测量、评价及动态调整

10.1 测量、分级和评价系统

项目紧密围绕顾客、股东、员工、供方和合作伙伴、社会五大相关方需求，结合项目目标，针对不同过程的特点，运用访谈、调查问卷等方法，识别出相关方的要求，运用层次分析法对相关方需求进行确认，识别出过程的关键要求。然后，结合技术知识和经验，根据SMART原则，设置了过程要求的具体测量工具和测量方法，使得关键指标可控、有效。图10-1是根据各方需求对战略目标的分解图。围绕项目使命、愿景、战略目标，对项目建设的关键过程进行识别，然后对关键过程的绩效指标进行分解，测量、分析、改进，项目关键过程绩效管理系统如图10-2所示。

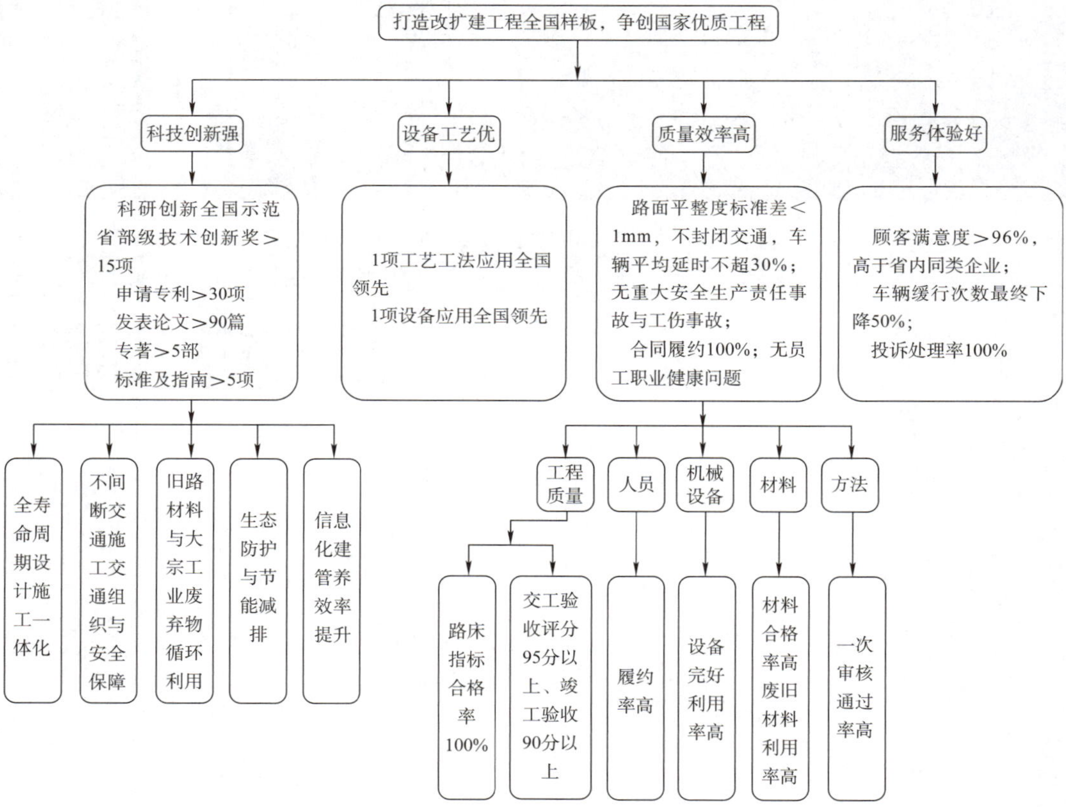

图10-1 目标分解图

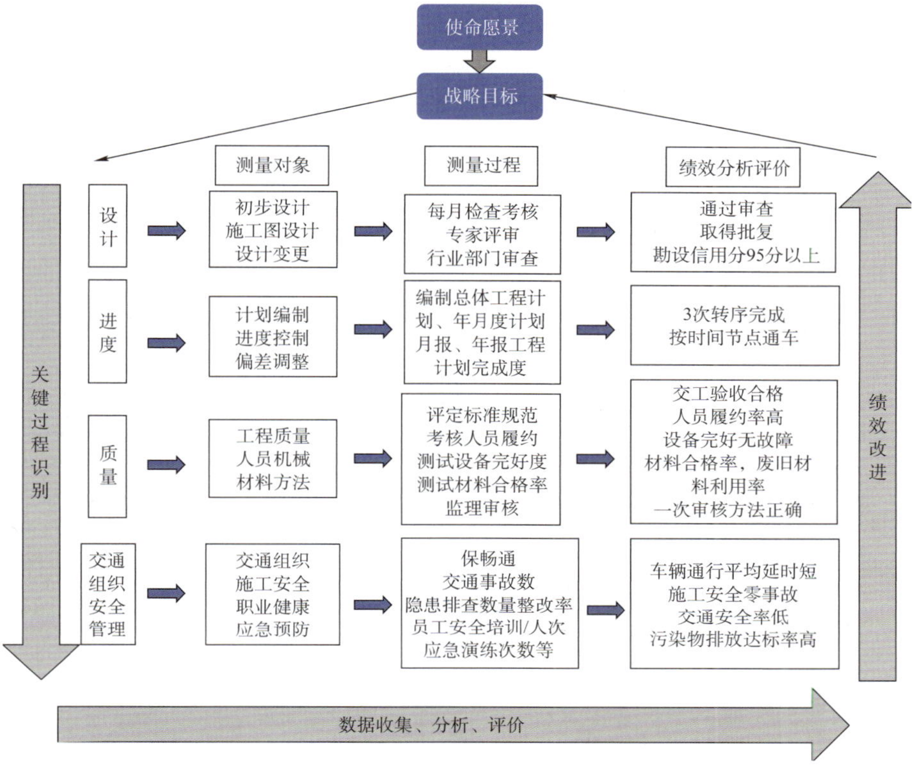

图 10-2　项目关键过程绩效管理系统

下面就各个关键过程进行举例分析，描述测量、评价及动态调整过程。

10.2　勘察设计管理的测量分析与改进

本项目作为全国首条超饱和交通量条件下“边通车、边施工”高速公路改扩建工程，在整个设计过程中没有任何经验可行，项目设计联合团队引入体系思维，严格按照 ISO 9001 标准对勘察设计过程进行管理，认真贯彻“两校三审”的质量控制制度，保证设计质量。编制详细、严密、可行的工作大纲，做到工作内容、任务、进度、质量、责任“五明确”，使管理科学化。

同时，加强技术交流工作，注重引进吸收先进、成熟的技术经验；加强设计验证，对重要的计算分析成果采用不同的计算程序和计算方法进行验证和复核。采用最新、有效的设计规范，保证每项技术工作均在有效控制中。重点控制各道工序的输入和输出质量，尽量减少人为因素的影响，以控制总体质量。根据工作进展情况定期汇报工作和阶段成果，接受指导和检查。

10.2.1　勘察管理制度

对初设与施工图设计均采用“双院制审查”，即在确定一家主体单位的基础上，聘请另一家具有同等资质的独立单位作为咨询审查与监督单位，提出咨询意见，对方案的设计与制定、施行进行审查把关（图 10-3）。通过该制度，严把设计质量关，规范了审查的规程、标准、程序，提升了审查准确性，提高了审查的质量，为提高方案设计施行质量提供了专业技术保障。

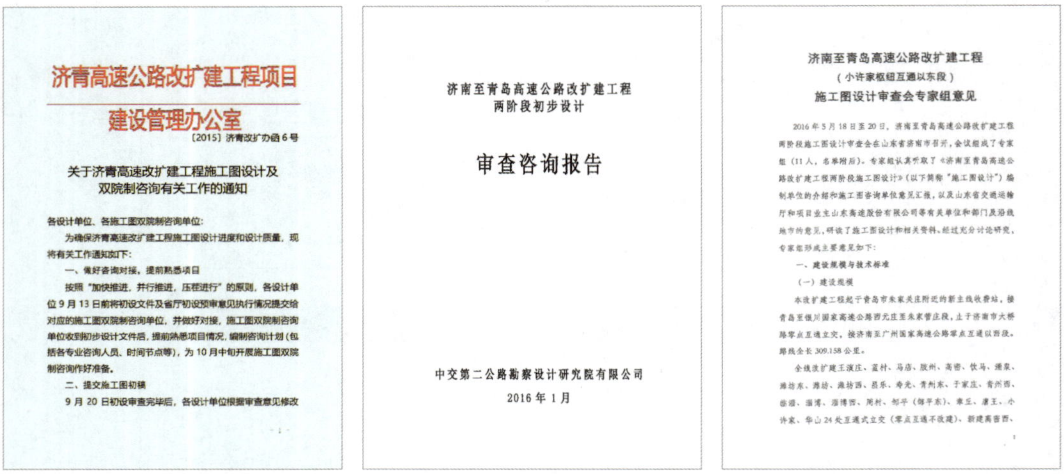

济青高速公路改扩建工程项目

建设管理办公室

〔2015〕济青改扩办函 6 号

关于济青高速改扩建工程施工图设计及双院制咨询有关工作的通知

各设计单位、各施工图双院制咨询单位：

为确保济青高速改扩建工程施工图设计进度和设计质量，现将有关工作通知如下：

一、做好咨询对接，提前熟悉项目

按照“加快推进，并行推进，压茬进行”的原则，各设计单位 9 月 13 日前将初设文件及省厅初设预审意见执行情况提交给对应的施工图双院制咨询单位，并做好对接，施工图双院制咨询单位收到初步设计文件后，提前熟悉项目情况，编制咨询计划（包括各专业咨询人员、时间节点等），为 10 月中旬开展施工图双院制咨询作好准备。

二、提交施工图初稿

9 月 20 日初设审查完毕后，各设计单位根据审查意见修改

- 1 -

济南至青岛高速公路改扩建工程
两阶段初步设计

审查咨询报告

中交第二公路勘察设计研究院有限公司
2016 年 1 月

济南至青岛高速公路改扩建工程
（小许家枢纽互通以东段）
施工图设计审查会专家组意见

2016 年 5 月 18 日至 20 日，济南至青岛高速公路改扩建工程两阶段施工图设计审查会在山东省济南市召开，会议组成了专家组（11 人，名单附后）。专家组认真听取了《济南至青岛高速公路改扩建工程两阶段施工图设计》（以下简称“施工图设计”）编制单位的介绍和施工图咨询单位意见汇报，以及山东省交通运输厅和项目业主山东高速股份有限公司等有关单位和部门及沿线地市的意见，研读了施工图设计和相关资料，经过充分讨论研究，专家组形成主要意见如下：

一、建设规模与技术标准

（一）建设规模

本次扩建工程起于青岛市朱家关庄附近的新主线收费站，接青岛至银川国家高速公路西元庄至朱家曾庄段，止于济南市大桥路零点互通立交，接济南至广州国家高速公路零点互通以西段。路线全长 309.158 公里。

全线改扩建王演庄、蓝村、马店、胶州、高密、饮马、潍泉、潍坊东、潍坊、潍坊西、昌乐、寿光、青州东、于家庄、青州西、临淄、淄博、淄博西、周村、邹平（邹平东）、章丘、唐王、小许家、华山 24 处互通式立交（零点互通不改建）、新建高密西、

1

图 10-3　双院制审查制度

10.2.2　应用的质量工具

应用的质量工具见表 10-1。

质量工具使用情况（勘察设计）　　表 10-1

序号	过程	质量工具	质量工具落地保障措施	效果（结果）
1	勘察设计	流程图法	严格按照相关设计标准、规范、条例以及招标、合同文件进行勘察设计管理，细化初步勘察设计、施工图设计及变更设计工作流程，对设计全过程实施有效控制	实现对设计过程进行分析和改进，对关键环节进行重点关注，确保项目初步设计、施工图设计及变更设计顺利开展
2		调查法	采用调查、测绘、物探、钻探、原位测试等勘察手段，收集既有公路相关资料和国内高速公路改扩建工程经验成果，对项目沿线工程地质条件和既有公路病害进行综合勘察	勘察内容、工作深度及勘察成果满足设计要求

续上表

序号	过程	质量工具	质量工具落地保障措施	效果（结果）
3	勘察设计	头脑风暴法	执行勘察设计和双院制咨询机制，成立总体设计组，召开设计协调会、专家论证会，对改扩建方案进行综合比选、科学论证，及时反馈和修改完善设计成果	设计方案合理可行、技术指标运用适当，设计文件的内容及深度基本满足《公路工程基本建设项目设计文件编制办法》的要求，为项目施工建设提供了技术保障

10.2.3 初步设计的质量评价与改进

以改扩建主体工程的设计为例，主体设计单位为山东省交通规划设计院，在完成济青高速公路初步设计后，交由具有同等设计资质的中交第二公路勘察设计研究院有限公司进行审核，审核单位就初步设计进行了“政策执行情况审查，总体设计及标准化工作审查，地质勘察与设计的结合审查”，出具主要审查意见与具体审查意见，全面涵盖路线、路基路面、桥梁涵洞及交叉构造物、路线交叉、交通工程及沿线设施、设计概算。形成“济南至青岛高速公路改扩建工程初步设计咨询审查报告”，由主体设计单位针对提出的具体意见逐条答复并形成答复意见，同时对初步设计进行修改，再由审查单位就答复意见情况及修改情况审查，出具咨询确认意见。由此完成初步设计的评价、改进、再评价的质量控制过程。

下面以 K67+401.50 墨水河大桥为例，说明初步设计质量评价改进循环的过程。

K67+401.50 墨水河大桥跨越墨水河，桥位平面位于直线内，原有桥梁上部构造采用 20m 预应力混凝土 T 梁，简支桥面连续，孔跨布置为 8×20m、全桥共分 2 联，下部构造桥墩采用柱式墩、桩基础，桥台采用 U 形台、桩基础。桥梁全长 168.08m。

原桥技术状况评价等级：右幅上部为四类、左幅为三类，改扩建方案拟采用左幅原桥维修加固利用、同型结构拼宽，拼宽宽度 9.5m：右幅整体拆除新建。

（1）根据原桥技术状况评价结论，左右幅桥采用不同的改扩建方案合理，原则同意本桥改扩建方案。

（2）桥型布置图图注说明右幅上部技术状况评定等级为四类，下部情况未说明，采用整体拆除新建，新建桥梁与原桥孔跨布置一致，原有桥梁墩台基础拆除工作量大、拆除困难，应研究尽量利用原桥下部结构方案。

执行情况：右幅桥方案优化为拆除上部结构，加固利用下部结构方案。

[咨询确认]：同意右幅桥优化调整的改建设计方案。

（3）左幅桥桥面系检测评定等级为 3 类，应重视原桥面系维修改造，必要时可凿除原桥面现浇层，与拼宽桥一起新建桥面现浇层。

执行情况：执行审查意见，优化墨水河右幅桥设计方案，对新建方案与利用基础方案进行比选，择优推荐。

[咨询确认]：同意。

10.2.4 施工图设计的质量评价与改进

初步设计审查完毕后，各设计单位根据审查意见修改完善初设文件和施工图文件，形成执行报告，然后将施工图初稿及勘测资料提交给施工图双院制咨询单位，正式开展施工图双院制咨询。各施工图双院制咨询单位完成施工图初步审查，形成初步审查意见，各设计单位按照施工图初步审查意见修改完善施工图设计，再次将完善好的施工图送审稿提交各双院制咨询单位，各双院制咨询单位完成施工图复审，形成最终审查意见，各设计单位根据施工图最终审查意见修改完善施工图设计后提供最终施工图纸。

为了保证施工图设计的质量，由山东省交通运输厅主办，济青高速公路改扩建项目办筹办了济青高速公路改扩建工程施工图设计审查会，审查专家对施工图设计文件进行了认真审查，征求了相关单位意见，就相关问题进行了质询和讨论，并对施工图的进一步完善提出了意见和建议，形成了“施工图设计审查会专家组意见”文档，各设计单位对照专家组意见，逐一修改和答复，进一步巩固了施工图设计质量。专家评审会对科学施工、保证工程质量起到了关键性作用，为全面开工提供了技术保障（图 10-4）。

图 10-4　施工图设计审查会

下面以桥梁设计为例，对采用专家评审提高设计质量的评审、改进、再评价进行说明。

专家组提出：对 5m、6m、8m、10m 跨径既有板桥拆除上部构造，下部构造加固利用：13m、16m 跨径空心板及 20m、25m、30m 跨径 I 梁、T 梁上、下部构造加固利用的改扩建方案基本合适。

建议：（1）既有 13m、16m 空心板抗弯、抗剪承载能力均不足。空心板梁斜截面抗剪加固采用在绞缝内补充设置抗剪钢筋，实际加固效果不明确，应先期选取桥梁进行加固后，采用桥梁荷载试验验证加固效果。如果加固效果不明显，以上跨径旧桥宜仅利用下部桩基。

（2）优化完善 i 梁、T 梁拼宽部横隔板的细节设计，确保横向预应力的施加效果。20m、25m 跨径时采用 8cm 防水混凝土偏薄，宜将旧桥防水混凝土凿除，新旧桥防水混凝土厚度统一采用 10cm。

对于建议（1），设计单位选取典型桥梁进行加固，然后采用桥梁荷载试验验证了加固效果，最终选择放弃上部结构，仅采用下部桩基的改扩建方案。

对于建议（2），采取专家建议，将旧桥防水混凝土凿除，新旧桥防水混凝土厚度统一采用 10cm。

10.2.5 工程变更

工程较大变更见表 10-2，总变更额为 65249.23 万元，变更率极低，说明设计质量高。

工程较大变更 表 10-2

序号	变更编号	项目名称	变更原因及内容	变更费用（万元）
1	济青路变 01	青州弘润化工厂路段拼宽方案调整	为满足《山东省高速公路条例》规定的建筑控制界限 50m 的要求，调整济青高速公路弘润化工厂路段主线、服务区和于家庄枢纽互通的线形和拼宽方案	4211
2	济青路变 02	寿光互通移位新建	根据《关于济南至青岛高速公路改扩建工程寿光互通位置调整意见的函》（鲁文保办〔2016〕第 187 号），为避开国家级文物古墓，减小因文物发掘或保护导致的增加较大投资和工期延长，经现场调查核实、专家论证和山东高速公司办公会议研究决定，拟对施工第三合同段原设计新建寿光互通立交向西整体移位	824
3	济青路变 03	弥河大桥拆除新建改拼宽利用	根据《济南至青岛高速公路改扩建工程潍坊段弥河大桥（调整方案）防洪评价报告及防洪影响补救工程专项设计专家评审意见》和《潍坊市水利局关于济青高速改扩建工程潍坊段跨越弥河桥梁工程调整后建设方案的审查意见》，潍坊市水利局对弥河大桥建设方案重新进行了审批，同意弥河大桥采取“旧桥完全利用两侧拼宽”的改扩建方案。为保证车辆正常通行、缩短建设工期和节约工程造价，经现场调查核实、征求原设计单位意见、组织专家论证，拟对施工第三合同段弥河大桥拆除新建改为拼宽利用、弥河大桥路段路基抬高改为原路拼宽	–6268

续上表

序号	变更编号	项目名称	变更原因及内容	变更费用（万元）
4	济青路变05	S218分离立交路段设计高程抬高	原设计济青高速公路S218分离立交纵断保持不变，对S218三城路进行下挖，以满足分离立交桥下净空要求。因青岛市公路管理部门多次来函要求“保持S218三城路标高和跨线桥净空不变（即现状5.17m）”，为满足S218三城路高程不变及分离立交的桥下净空要求，对S218分离立交和前后路段（K45+800 ~ K46+840）设计高程进行抬高	769
5	济青路变06	韩仓河桥预留被交路下穿条件	根据济南市规划局《关于华山二号路等四条规划道路交叉方案规划意见的复函》（济规管函〔2017〕196号）和山东高速集团专题会议纪要（第16期）有关要求，韩仓河东西侧道路需要增设预留被交路下穿条件，韩仓河的桥梁规模需要调整扩大。为满足预留被交路下穿条件的要求，经征询济南市规划局和交通运输局意见，将韩仓河跨径组合由原设计6~16m变更为14~16m	1666
6	济青路变07	更换护栏形式	济青高速公路改扩建工程原设计中央分隔带及路侧护栏采用A级双波梁护栏和利用旧护栏改造的双板双波梁护栏，鉴于《公路交通安全设施设计规范》（JTG D81—2017）及《公路交通安全设施设计细则》（JTG/T D81—2017）于2018年1月1日起实施，新规范对公路护栏的安全性能提出了比原设计高的要求。为提高济青高速公路运营安全水平、避免重复投资，结合新规范、工程实施现状等因素，对全线护栏形式进行变更处理	48784
7	济青路变08	马店枢纽互通范围内同三高速改造方案调整	原设计对马店互通范围内同三高速旧路面进行铣刨，铺筑新的路面结构层，2015年9月同三高速公路的路面和桥面进行过养护大修，目前路面技术状况良好，无须挖除重建。为节约投资，建议对原设计进行优化	–2624
8	济青路变09	主线拼宽路段下面层顶封层设计调整	鉴于全线路面封层设计不统一，且受保通影响，通行车辆对拼宽路段下面层造成污染。为延长大中修期周期、降低后期养护成本，保证工程质量，加强下面层与中面层之间的黏结效果，同时增强层间防水性能，对封层设计进行全线统一，将主线路面封层变更为全断面设置	6138
9	济青路变10	收费岗亭	因施工图设计、招标文件中收费亭尺寸、工程做法、内部配置等技术指标不统一，有些技术参数不明确；依据山东省交通运输厅、山东高速集团、山东高速公司智慧高速公路的总体要求，按照以人为本的理念，对收费亭进行了智能化升级改造	834.1
10	济青路变11	精装修	原设计为办公区基础装修，未包含公共卫生间装饰装修。为进一步提升服务区综合服务能力，为驾乘人员和社会公众提供更舒适的休憩环境，根据山东高速集团提出的各服务区设计标准不低于泰安服务区的要求，对邹平西、昌邑、高密服务区装饰装修设计进行深化、优化	3005.78
11	济青路变12	青州北区综合楼	原综合楼接待能力不足，布局不合理，设施老化陈旧，不能满足社会公众日益提升的出行需求。原综合楼平移工程经结构鉴定，存在安全隐患，综合楼平移后需要重新加固，相关费用增加较大。最终决议原综合楼拆除，新建钢结构综合楼1座，建筑面积约5100m^2	3663.35
12	济青路变13	声屏障	为防止高速公路噪声污染，满足环境保护和验收相关要求，对济青高速公路改扩建工程声屏障进行设计变更	2246
合计（万元）			65249.23	

10.2.6 绩效管理模式在实现设计目标中的作用体现

绩效管理模式在实现设计目标中的作用体现如图 10-5 所示。

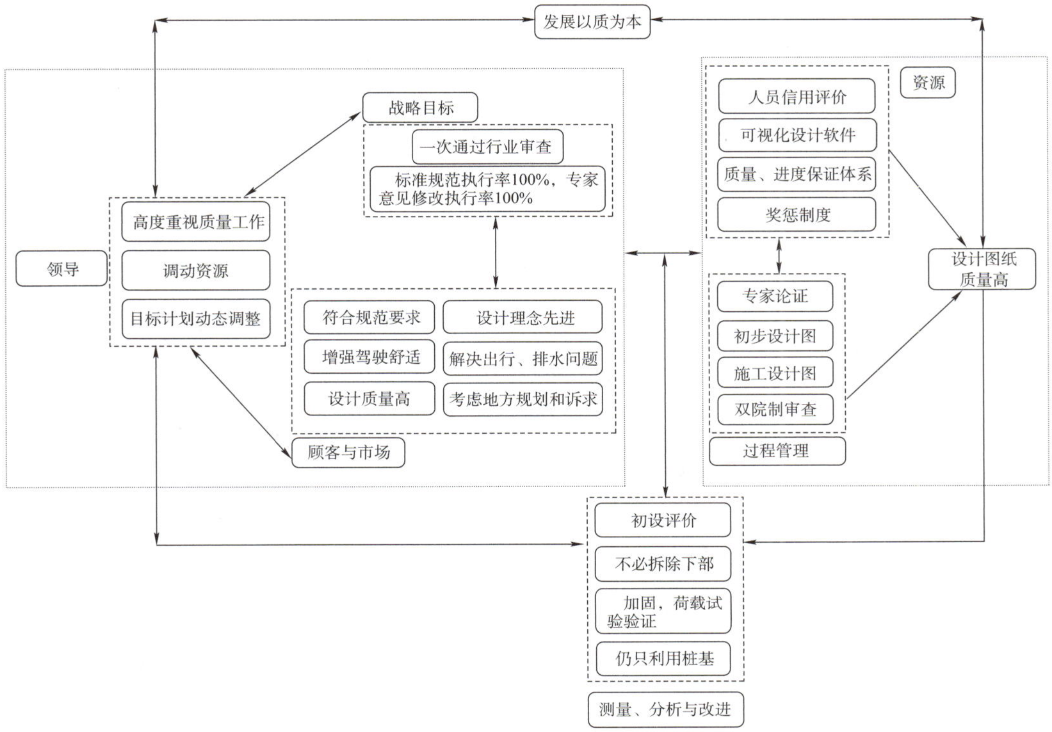

图 10-5　绩效管理模式在实现设计目标中的作用体现

10.3 进度管理过程的测量分析与改进

10.3.1 进度管理制度

1）集中深化“五大手段”抓关键

一是出台提前交工验收补偿实施方案，对提前建成通车的单位给予经济补偿，尽快与各单位签订补充协议，调动各单位积极性。

二是推进主体工程价格调整方案审批流程，协调集团尽快批复，尽快组织实施，解决施工单位后顾之忧。

三是加大奖惩力度，出台了年终综合考核奖惩办法，对完成年度目标任务的施工单位给予 300 万元奖励，对未完成年度目标任务的施工单位各处罚 300 万元。对完成进度目标标段的监理单位各奖励100万元，未完成进度目标标段的监理单位各处罚100万元。

四是加快计量支付进度，缩短计量支付周期，加快计量支付审核力度，为施工单位缓解资金压力。设计、驻地办、总监办、项目办共同努力，施工单位尽快报，监理单位尽快审核，项目办尽快批复。

五是提高决策效率，简化决策程序，项目办主任对各分管副主任充分授权，围绕2019年7月底通车目标，各副主任在分管范围内作出决策。

2）编制切实可行的工程计划

根据山东省政府下达的投资任务目标以及合同工期、节点工期的要求，通过认真分析改扩建项目的施工特点，综合考虑项目的内外部环境，从全局出发制定项目建设总体计划，并根据总体计划编制年度计划和月度计划，明确具体节点，突出项目重点，抓住关键线路，集中力量解决好影响项目全局的问题。对于起控制作用的重点工程项目，单独编制单位工程或单项工程进度计划。

3）制定有力的工期保障措施

一是采取形象进度与投资进度双控管理模式。本项目在推进过程中对计划实行双控，以形象进度控制为主，以投资进度进行验证，确保各标段投资完成情况与现场形象进度一致。二是统筹规划，确保项目顺利实施。各单位根据制定的计划，组织满足项目要求的人员、设备进场，对驻地、场站等进行规划、建设，充分考虑项目建设特点，加强材料供应和运输管理，保障工程建设有序推进。三是动态调整，加大项目资源投入。按照提前通车目标要求，各单位关死后门，倒排工期，空间占满，时间连续，动态调整，明确各分项工程时间节点，项目办要求各参建单位加大人力、物力投入，不讲条件，不打折扣，圆满完成工程各项建设任务。四是统一调度，控制性节点施工有序进行。项目办对全线上跨桥拆除、施工转序等控制性节点的施工采取集中调度、统一安排的原则进行，提前发布公告，统一调度资源，确保全线施工均衡推进。五是做好主体、房建、机电、绿化等工程的交叉施工调度，超前谋划，明确分工，制定工作面交接计划，加强各工序之间的衔接，确保各附属工程、服务设施同步建成。

4）建立健全奖惩制度

一是开展主题劳动竞赛活动，为实现创建优质工程、品质工程、绿色科技示范工程、平安工地建设，充分调动参建单位的积极性，加快工程进度，根据《济青高速公路改扩建工程优质工程考核标准》，扎实开展“百日大干劳动竞赛”“党旗飘扬一线，决胜百日会战”等活动，确保完成项目如期交工通车任务目标。二是与各参建单位及其主要负责人签订目标责任状，按照提前通车节点要求，项目办制定阶段性目标，加强督导，并根据各阶段目标及年度目标完成情况，对各参建单位及其主要负责人加大奖惩力度。三是制定提前交工通车补偿办法，项目办与主体工程各施工、监理单位签订了提前交工通车补偿协议书，全线补偿费用共计 4936 万元，为项目提前完工提供有力保障。

5）加强对剩余工程的控制

一是在小许家以东段进入全面攻坚阶段后，项目办对护栏提升、边坡边沟等 8 项剩余工程进行倒排工期、严卡时间节点规划建设，实行日报表、周考核、月调度制度，即各参建单位每天上报经监理审核后的进度情况报表，项目办工程技术处收集整理后呈报领导审阅，全面掌握各标段每天进度；每周对各标进度情况进行严格考核并下发通报，不达标的单位扣除 20 万元（项・周），坐实制度；每月由项目办领导调度一次建设进度，并根据情况安排后续工作。二是成立以项目办副主任为组长的督导小组，对全线实行巡回督导，制定配套奖惩考核制度，着重针对剩余工程、重点部位查找问题并下发通报督促整改，工程建设提质增速效果显著。

截至 2019 年 7 月 20 日，济青高速公路改扩建项目小许家以东段所有工程内容已经全部完工，质量评定、交工检测等工作已经全部结束，并于 7 月底提前通车运营。

10.3.2 应用的质量工具

由于进度管理本身是一动态过程，在施工过程中受到施工工艺、交通环境、材料涨价等不确定因素的影响，致使工程实际进度与计划进度产生偏差，这就需要在进度控制过程中，不断地与原计划进行检查比较，查找分析造成工程进度延缓或者出现偏差的原因，采取有针对性的处理方案和巩固措施，然后根据效果重新调整进度计划，不断循环反复，直至整个工程进度目标按期实现。质量工具使用情况见表 10-3。

质量工具使用情况　　表 10-3

序号	过程	质量工具	质量工具落地保障措施	效果
1	进度管理	流程图、检查表、统计抽样、直方图	通过日常和定期的检查，统一全线进度管理、统计分析的质量工具，建立进度检查纠偏机制	有效控制了工程建设进度，按时完成各节点目标，提前 5 个月通车
2		横道图、网络图	将整个项目分成若干个工序，按前后逻辑关系将工作联系成整体，明确各项工作的机动时间，找出关键线路和关键工作，分析工期影响因素，进行重点控制	找出影响工期的关键工作和关键线略，优化工程实施过程，对计划的开展进行合理的组织和指挥

10.3.3 进度管理过程的实施效果测量

实际进度与计划进度的比较法有很多种，除了在第 2 章中论述的 S 形曲线比较法外，现将其他的比较方法介绍如下。

1）甘特图比较法

甘特图比较法是一种比较直观简便的比较方法，具体操作时将每次检查时间点的实际进度记录下来，绘制在计划进度的甘特图上，据此进行比较和分析。甘特图比较法包括工期比较法和实际工程量比较法。

2）“香蕉”曲线

“香蕉”曲线由两条 S 形曲线构成一条的封闭曲线，其中，*A* 是按最早开工时间绘制的 S 形曲线，称为 ES 线：*B* 是按最迟时间绘制的 S 形曲线，称为 LS 线，*P* 是实际施工进度线（图 10-6）。理想的状况是每次按实际进度描出的点都落在 *A*、*B* 两条曲线所包含的区域内。若检查的落点落在 ES 左侧，则说明实际进度比计划进度超前：若检查点落在 LS 右侧，则说明实际进度拖后。同一时刻两条曲线所对应的计划完成量形成了一个允许实际进度变动的弹性区间，只要实际进度曲线落在 ES、LS 之间，就表示项目进度控制在合理的理想状态。两条 S 形曲线都是以计划的开始时刻开始和完成时刻结束，因此，形成一条类似香蕉形状的闭合曲线，故称为“香蕉”曲线。

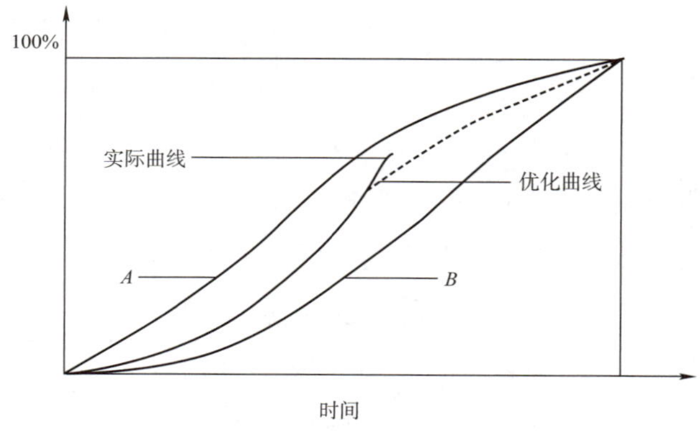

图 10-6　“香蕉”曲线比较图

香蕉曲线的作图方法与 S 形曲线的作图方法一致，所不同之处在于它是以工作的最早开始与最迟开始时间分别绘制两条 S 形曲线，用于表示工程项目总体进展情况。

3）列表比较法

当采用无时标网络计划时也可以采用列表分析法，比较项目施工实际进度与计划进度的偏差情况。该方法是根据检查时间点各工序的名称和实际的进行天数，并将其列成表格，分别计算时差，再与计划进度中的总时差和进行到该工序应有的时差进行对比，来判断实际进度是否与计划进度相符。

4）前锋线比较法

前锋比较法适用于项目的施工进度计划是以网络图的形式表达的情况。具体的操作是在原来的时标网络图上，将检查的时刻点作为起点，然后将各项工作的实际进度位置依次连接，画出一条实际进度前锋线。根据实际进度前锋线与工作箭线的交点的位置来判定实际进度是否滞后于计划进度。

根据该公路改建项目的计划进度与实际进度的网络进度计划图，我们采用 S 形曲线比较法，将计划进度曲线与实际进度曲线绘制在同一张图中，假设在整个施工过程中，单位时间完成的工程量是等量的，以总工期作为分母，进行比较分析。

如图 10-7 所示，通过 S 形曲线比较图，我们可以看出，实际完工日期比计划完工日期拖延了 17 天。当工期进行到第 29 天的时候，工程进度比原定计划提前了 3.5%，当工期进行到 69 天的时候，计划工期和实际工期刚好重合，既不提前也不落后。当工期进行到 92 天的时候，实际工期比计划工期延后了 1.4%。当工期进行到第 168 天的时候，实际进度比计划进度落后了 1.8%。

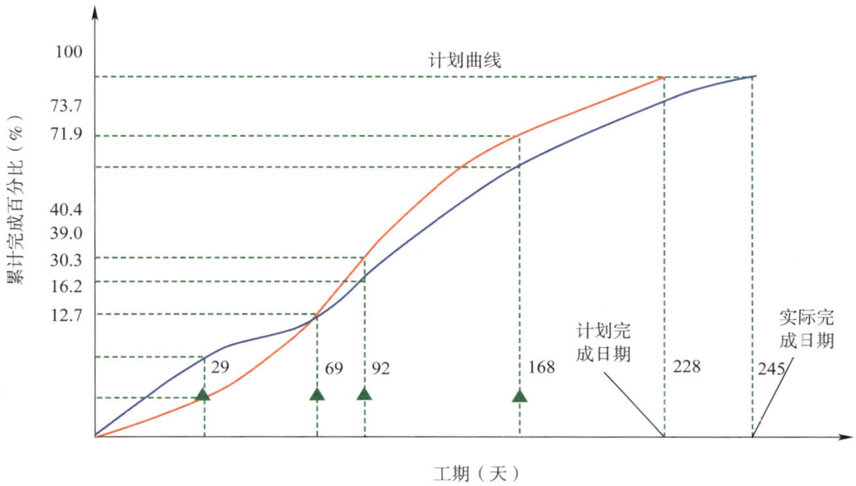

图 10-7　S 形曲线比较图

10.3.4 进度滞后原因分析

工程在进度计划实施过程中存在的问题是“部分时段进度计划未能实现”，经过综合分析，以下这些因素是本项目部分时段进度滞后的主要影响因素：①出现渗漏水现象；②路面出现大面积空鼓；③主体工程施工中出现严重的窝工现象；④激励机制缺乏。对这些因素进行控制就显得至关重要。

在道路主体结构的施工中，由于现场管理人员的管理水平不足，材料供应不及时，没有对泥水班、钢筋班、木工班进行合理的安排，使他们在施工中出现了窝工现象，严重地耽误了工期的顺利进行。为了保证进度顺利实施，必须加强施工现场的组织管理，加强管理人员的责任心，做好不同工程的交接管理，记录备案，做到有据可查；使不同工种之间协调配合，科学地安排工序，尽量减少相互干扰，并根据工程的特点，做好交叉作业保护。

1）项目施工进度影响因素

由于交通环境恶劣、施工工艺复杂，导致完成工期目标的难度加大，为确保本工程顺利实施，现对施工过程中可能影响工程进度的因素进行分析，以便制定出有针对性应对措施，实现对建设项目进度管理的动态控制。

（1）人为因素。

①由于施工单位管理经验不足，缺乏有效的监督、约束机制，个别工序不按规程操作，存在野蛮施工现象。

②建设单位有的时候要求提前工期，导致某些工序安排不合理，存在抢工期现象。

③管理人员忽视对质量、安全的管理，易出现停工、返工现象，进而增加成本，延误项目工期。

（2）材料、设备。

①原材料的质量、数量、储备能力不能满足工程建设进度需求。

②机械设备的规格和数量不能根据现场情况及时调配，对设备保养不及时，容易出现机械故障，施工机械效率低，影响工程进度。

（3）施工技术。

①投入技术力量不足，技术交底不到位，导致一线施工技术人员不能深刻理解图纸设计内容，易形成质量安全隐患。

②因业主要求对项目设计变更，施工单位不能及时调整资源配置。

③建设单位提供图纸不及时、现场勘察资料不完善，不能有效指导施工。

（4）资金因素。

①业主不能按照合同及时进行计量支付，致使承包单位资金周转困难，进而影响工程进度。

②原材料涨价超出预期，施工单位的施工成本大幅增加。

（5）社会环境影响。

①由于临时用地、临时供水、供电等相关手续批复不及时，施工单位不能开展正常施工活动。

②因征地拆迁、临时便道协调不力，影响工程进度。

③因上级检查、大气污染防治等问题，可能造成施工单位停工天数增多，对施工进度产生影响。

（6）其他因素。

①工程项目的风险因素包含了很多不可预见的因素，比如战争、地震、洪涝灾害、重大疫情等，对施工工期产生重大影响。

②建设单位配合国家一些重大政治活动，需要发生工程项目变更或改变施工工艺等。

2）影响工程进度因素的原因分析

（1）当前影响施工进度最关键性因素是大气污染防治工作。

国家对环境保护的要求越来越高，各地都把大气污染防治工作作为各级政府及其负责人考核的重要内容，施工现场的扬尘治理工作格外受到管理部门的重视，预计这种治理力度未来只能强化，不会降低标准。现今，施工单位每天的首要任务就是控制扬尘，防尘覆盖，对易起扬尘的施工项目全天候地洒水降尘，大大降低了施工效率。通过近三年的工程统计，因为环保、质检部门、上级部门检查、媒体的监督等方面原因，每年停工整顿的天数累计在20天以上，施工单位为了完成建设单位制定的目标，抢工期现象十分严重，工程质量得不到保证。

（2）原材料涨价，高成本运行。

由于环境治理等原因，大部分采石场处于停产状态，致使砂石等原材料价格飞涨，近三年来已经涨了3倍。不断上扬的价格，让施工单位不堪重负，如何应对工程项目的高成本运行是施工企业迫切需要解决的问题。

（3）公路承载的职能更多地向城市道路转变。

近年来，随着城市规模的不断扩大，处在城市郊区或乡镇政府所在地的公路在新建或改建时，大部分都是采取一级公路兼城市主干路的设计，增设人行道、非机动车道、雨水、污水配套设施，方便周边居民生活、出行。应该说雨水、污水等配套设施施工难度大，受外界干扰因素多，这就需要管理者调整原有工作思路，合理安排各分项工程的施工进度，确保整个工程按期完成。

（4）标准化文明施工越来越受到重视。

标准化文明施工，是衡量一个工程项目管理水平高低的重要依据。社会的发展对安全文明施工要求的标准越来越高，文明施工已经被提到与质量、安全同等样的高度。因此，在施工过程中，业主、监理单位也加大了安全文明方面检查力度，施工单位被要求停工或者整改的次数越来越多，在一定程度上制约工程进度的发展，施工单位在制定进度计划时，一定要考虑这方面的因素影响。在施工定额中，安全文明施工费率一般为 1.4%，而根据各施工单位反馈，该项费用实际支出均不低于总造价的 3%，这也给降低施工企业成本造成了很大的考验。

（5）对施工企业的管理水平提出了更高的要求。

绝大多数施工企业仍然使用传统的施工技术和施工工艺，施工理念也缺乏创新和突破，在施工过程中还是依靠原先的管理经验，忽略了不同项目之间的独特和差异性。同时施工人员资质、经验、水平也参差不齐，有些年轻技术人员未能深入领悟设计文件，对设计图纸理解出现偏差，存在质量、安全隐患，很容易出现停工、返工现象，这就对施工企业管理水平提出了更高的要求。

10.3.5 进度管理过程的实施效果改进

偏差产生之后，我们要根据对实际进度的分析，选择合适的进度调整方法。可行的进度调整方案是多种多样的，但归纳起来，主要有以下几种：

（1）改变某些工作间的逻辑关系。

在偏差影响了总工期且各工作之间的逻辑关系可以改变的前提下，可以通过变更相关工作之间的逻辑关系来缩短工期，如把顺序施工的工作变更为互相搭接的、平行的或分成几个施工工区流水施工的工作。

（2）缩短某些工作的持续时间。

这种方法只是缩短某些工作的持续时间但不改变工作之间的逻辑关系，来加快施工进度。当然，这只能针对可以压缩持续时间并且造成了总工期延误的工作。

（3）增减施工内容。

这种方法只调整局部工作的逻辑关系，但不会改变原来总计划的逻辑关系。

（4）增减工程量。

这种方法通常是因为施工方案、方法的改变，改变了工程量。

（5）调整资源供应。

应用资源优化方法调整计划或者采取应急措施，确保工期不变。

（6）改变工作的起止时间。

改变工作的起止时间要控制在相应工作时差范围内。调整后计算时间参数必须重新计算，调整时可选择下列方法进行：

①将工作在其最早开始时间与最迟完成时间范围内移动；

②延长工作的持续时间；

③缩短工作的持续时间。

按照上面对进度计划的调整方法，针对工程实际进度拖延工期的现象，我们除了可以用工期优化缩短工期外，还可以改变工作间的逻辑关系。根据网络进度计划图，由于路基施工、基础施工、面层施工为依次作业，为了缩短工期，我们可以改为平行或互相搭接以及分成几个施工段进行施工，进行流水施工的工作。由于水电、设备安装工程具有比较多的自由时差，我们可以调整资源，在不影响总工期的条件下，把一些人力、物力、财力利用到关键线路上的工作上来，使得工期按照计划进度进行或提前完成任务。

对此公路改建项目而言，关键线路上“龙岗河桥Ⅰ、Ⅲ桥加固”工作可通过调整人力和机械设备资源的方法使得工序持续时间由140天减少至132天，项目竣工日期也因此由2012年8月30日提前到2012年8月21日，调整后的施工进度计划见表10-4。

某公路改建项目调整后的进度计划 表10-4

序号	工程任务名称	工期（天）	开始时间	完成时间	紧前工作
1	临时设施及施工准备	30	2011/1/1	2011/1/30	—
2	路面拓宽部分地下管线迁改	224	2011/2/15	2011/9/28	—
3	旧路两侧地下管线	185	2011/2/15	2011/8/20	1FS+15天
4	拓宽范围给排水管线施工	165	2011/3/20	2011/9/5	3SS+34天
5	拓宽范围燃气管线施工	160	2011/4/10	2011/9/18	4SS+21天
6	拓宽范围三电管线施工	155	2011/4/25	2011/9/28	5SS+15天
7	路面拓宽部分新管线施工	166	2011/2/15	2011/7/30	—
8	顶管工作井	100	2011/2/15	2011/5/25	1FS+15天
9	顶管接收井	50	2011/4/1	2011/5/20	8SS+46天

续上表

序号	工程任务名称	工期（天）	开始时间	完成时间	紧前工作
10	管线顶进	120	2011/4/1	2011/7/30	8SS+46 天
11	路面拓宽部分新路基处理及施工	152	2011/6/1	2011/10/30	—
12	新道两侧防护施工	110	2011/6/1	2011/9/20	9FS+11 天
13	拓宽范围路基施工	110	2011/6/10	2011/9/30	12SS+9 天
14	拓宽范围基层施工	90	2011/8/1	2011/10/30	10FS+1 天
15	两侧路缘石铺设	21	2011/10/14	2011/11/15	13FS+13 天
16	交通疏解	10	2011/9/10	2011/10/20	7FS+41 天

为了保证工期，可以采用新技术、新工艺以缩短工期，具体应用如下：①模版采用酚醛树脂覆膜的钢框组合钢模版，酚醛树脂覆膜的防水胶合板。②给排水管件采用复合型塑料管材。③路面防水采用SBS新型防水材料。④对新的管理方法与计算机技术的运用。

项目办对护栏提升、边坡边沟等8项剩余工程进行倒排工期、严卡时间节点规划建设，实行日报表、周考核、月调度制度。

各参建单位每天上报经监理审核后的进度情况报表，每周对各标进度情况进行严格考核并下发通报，不达标的单位扣除20万元（项·周），坐实制度。

项目办领导调度一次建设进度，并根据情况安排后续工作。以项目办副主任为组长的督导小组，对全线实行巡回督导，制定配套奖惩考核制度，着重针对剩余工程、重点部位查找问题并下发通报督促整改。

10.3.6　进度管理过程的实施效果再评价

主体工程共设6个合同段，小许家以东路段2016年6月1日开工，于2019年7月20日完工。

房建工程共分济青房建一期和房建二期，2018年4月20日开工，2019年6月30日完工。

机电工程共设2个合同段，小许家以东路段2018年7月1日开工，于2019年7月20日完工。

绿化工程共设12个合同段，小许家以东段与主体工程同步完工。

10.3.7　绩效管理模式在实现进度目标中的作用体现

绩效管理模式在实现进度目标中的作用体现如图10-8所示。

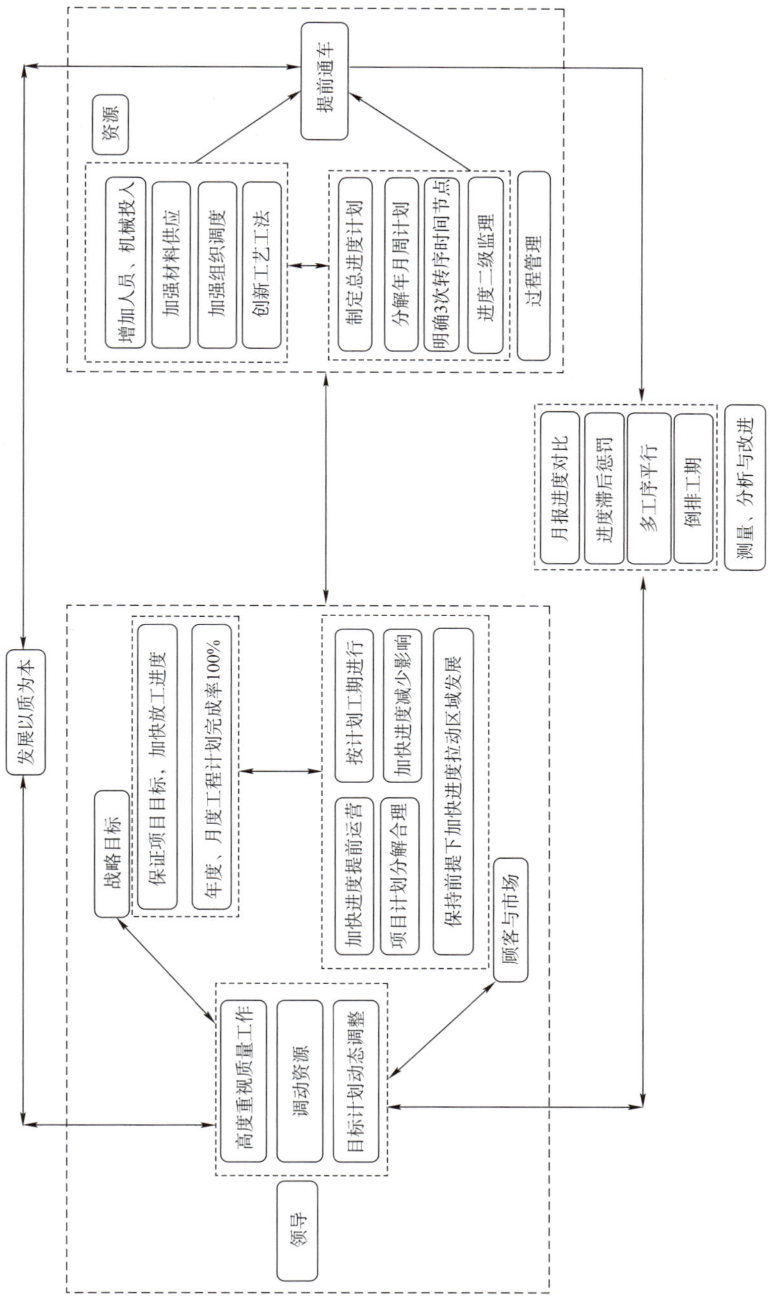

图10-8 绩效管理模式在实现进度目标中的作用体现

10.4 质量管理过程的测量分析与改进

10.4.1 质量控制措施

项目办以“四比一创”为抓手，制定各项管理制度及考核奖惩办法，实行精细化管理，做到技术管理、工序质量控制、质量责任、质量保证措施“4 到位”；严把材料进场、人员素质、施工机械、首件工程样板制“4 道关”；抓好软基处理、原地表处治、台背回填、路床施工、结构物施工、路面平整度 “6 个重点部位”质量控制。三年多来共举行了 10 余次劳动竞赛活动，狠抓工程质量管理，品质工程建设成效显著。

一是推动“三化”施工，质保体系完善。发扬标准化、模块化、工厂化施工模式，实现集约化制式管理，推广“首件工程认可制”。始终保持企业自检、监理把关、业主抽检、行业主管部门监督检查的四方立体质保体系全线全覆盖。

二是加强专项控制，针对性提升工程质量。针对关键的分部、分项工程与隐蔽工程等开展检查，签订台背回填、路基拼接、桥梁伸缩缝质量责任登记卡，并根据时节适时确定控制重点。组织做好实体质量检测，开展原材料、交安设施、沥青拌和场等多项目专项检查；反开挖部位的水稳，采用侧向输送僚机的方式，大大提高了施工效率和施工质量；全线上面层采用单机摊铺，打造了中国第一条真正意义的横向“一字坡”的“四改八”路面，采用单机 18.75m 全幅摊铺，避免了“并机摊铺”造成并机接缝，解决了横向平整度差的难题（路面多横坡、多路拱，下雨积水、超车变道摇晃的顽疾）；通过“微信亮点及曝光台”下发通报并监督整改。

三是做好设计及施工技术管理，扫除品质工程建设障碍。加强设计管理，组织召开设计、施工协调会几十次；及时组织召开专家论证会，解决设计和技术问题。组织编制 3 次交通转序施工交通组织方案、分批交工检测方案，核发《冬季施工指导意见》并监督落实。

四是开展培训与指导，加强学习与交流。组织召开旧桥加固、路面等多个专题技术培训、活动，全线推广工艺、工法。先后组织梁板架设、路面反开挖等 5 次观摩会，召开沥青路面中面层及调平层施工经验交流会、质量专题会等，加强各单位间学习交流，提升全线施工水平。

五是推广应用四新技术，除 18.75m 大断面全幅抗离析、多功能沥青混合料摊铺机、赤泥、旧波形梁护栏再生利用、沥青冷再生等科研课题结合项目落地推广外，项目还创新了其他各类工艺方法和设备。创新路面反开挖部位施工工艺、研发创新自动凿毛机、采用旧桥翼缘板切割采用高压水射流技术、桥梁加固自密实混凝土采用透水模板布技术等，有效提高工程质量。

六是以具体鲜活的活动为载体，下足品质工程建设功夫。利用“四比一创”抓手，开展钢筋加工自查自纠、“品质工程评选”等多个活动。组织“技能兴鲁”工程职业技能竞赛等多项技能比武，构建质量保障和工匠人才培养体系，提高管理水平。

七是委托第三方检测机构，利用技术手段控制施工质量。三家第三方检测机构独立进行场站及原材料、路基路面工程、桥梁涵洞实体工程、桩基检测、交安设施检测、内业资料等检测与评价。项目办每月下达检测派遣单（共进行月度检测合计 48 次、专项检测 13 次），项目办人员全程陪同进行检测，各第三方出具正式检测报告，并下发各监理、施工单位。

10.4.2 应用的质量工具（表 10-5）

质量工具使用情况统计表（质量管理过程） 表 10-5

序号	过程	质量工具	质量工具落地保障措施	效果（结果）
1	质量管理	流程图法	分析质量管理过程，进行顶层设计，建立项目整体质量保证体系：开展质量管理培训，参建方结合国家标准、自身实际细化分解质量管理流程	建立质量保证体系，明确了质量管理各相关方职责和最终目标
2		直接测量法	按照规范要求开展项目关键指标的过程及阶段性直接检测，聘请第三方质检团队开展独立指标检测，落地质量工具和过程控制	准确掌握施工过程中各工序各部位质量品质情况，及时纠正质量瑕疵
3		排列图法	通过对问题诱因进行统计分析，按照诱因占比，分析引发某种质量问题出现的主要原因，找出解决问题关键因素	明确目标，针对性突破，解决工程质量问题
4		因果图（鱼骨图）	将问题出现的可能原因一一列出，从可能的一系列原因中，分析出主要原因	针对主要原因，制定有效解决措施，解决质量问题
5		头脑风暴法	讨论导致某一质量问题出现原因，分析质量问题整改提升的措施，确保质量管理到位	找出关键原因，针对性解决问题

10.4.3 质量管理过程的实施效果测量

以梁板水泥混凝土抗压强度检测为例，说明质量管理过程的实施效果测量。

按照《公路工程质量检验评定标准　第一册　土建工程》（JTG F80-1—2017）开展济青高速公路改扩建工程 ×× 梁场预制梁板的抗压强度抽检，检测项目及要求见表 10-6。

梁、板或梁段预制实测项目　　表 10-6

项次	检查项目	规定值或允许偏差	检查方法和频率
1	混凝土强度（MPa）	在合格标准内	按《公路工程质量检验评定标准　第一册　土建工程》（JTG F80-1—2017）附录 D 检查

按照附录 D 要求，梁板长 20m，将制取的标准养护 28 天的 2 组（6 块）试块按照《公路工程水泥及水泥混凝土试验规程》（JTG 3420—2020）测试抗压强度检测结果 45MPa，不合格。

监理单位对梁板进行钻芯取样测强，平均抗压强度 53MPa。

10.4.4　质量问题原因分析

由于按照设计要求，梁板 28 天抗压强度应达到 59MPa 以上，判定该片梁板不合格，监理单位下发整改通知单。

施工单位所在项目部负责人组织 QC 小组、质检员等人，采用因果图法分析造成梁板抗压强度不合格原因，如图 10-9 所示。

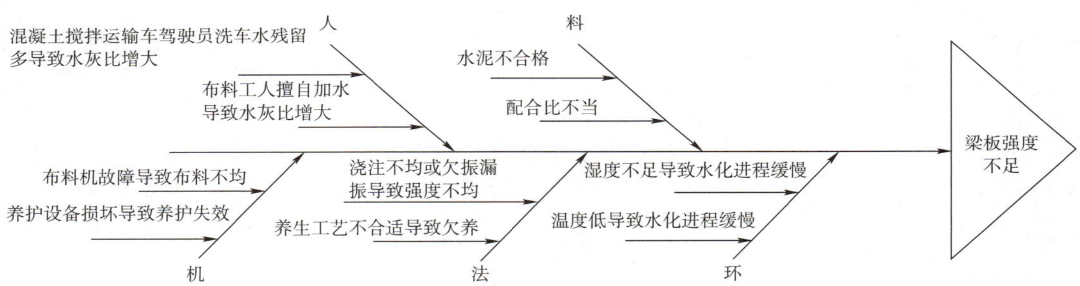

图 10-9　梁板强度影响因素

分析结论：水泥与配合比均未发现问题，与上一批梁板的原材料与配合比相同，上一批次全部合格；养生工艺也与之前一致，浇筑设备方法均没有变化，布料工人与混凝土搅拌运输车驾驶员等可能直接接触混凝土的施工人员均否认加水，最后发现可能是浇筑初期环境温度变化导致，前一批梁板 7 月 21 日浇筑，日平均温度 30℃，但该批梁板养生期间已经进入 10 月，环境温度仅 10℃，全养护期内并未采取任何保温措施。

10.4.5　质量管理过程的实施效果改进

项目组联合混凝土服务团队就出现的质量问题进行分析与改进。对梁板强度不足的处理办法采用穷举法，见表 10-7。

梁板不足解决办法决策分析表　　表 10-7

解决办法	优　点	缺　点	采纳程度
报废	彻底	经济性极差	③
表面补强	经济性好	有造假嫌疑，影响诚信	否
保温养护再评价	若后期检查合格，经济性最佳	工期有风险，如果仍然不合格，还需要加载试验	①
加载试验	经济性居中	需聘请有资质团队操作，会产生额外费用	②

项目组决定采取先保温养护，随时自检强度，同时联系第三方检测单位，预备如果养护后强度仍不合格，采取静载试验方法检测结构安全性。

项目组对不合格梁板采取了覆盖密封棚并通热蒸汽养护，每 3 天回弹测强；同时联系了国家道路工程质量监督检验检测中心，如果强度仍不合格，准备进场进行静载试验。定期测强结果如图 10-10 所示。

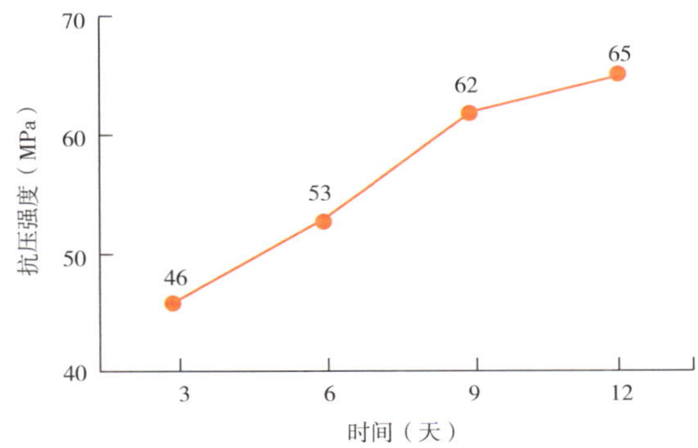

图 10-10　抗压强度与蒸汽养护时间的关系

由图可知，在养护第 9 天时，梁板强度已经上升到 62MPa，高于强度设计值 59MPa。且第 12 天强度增长速度放缓，说明梁板强度已经逐渐趋于稳定。

10.4.6　质量管理过程的实施效果再评价

施工单位报请监理检测单位复检，检测单位进行梁板复检，复检强度检测结果 63MPa，合格。

10.4.7　信息经验分享

施工单位事后 3 天内将本次质量问题及解决办法撰写成报告，报传监理单位，监理单位报传信息管理中心，信息管理中心将质量问题分享至各梁场，督促各梁场吸取本次经验教训，待环境温度明显下降后，积极采取保温养护措施。

各梁场组织学习质量问题整改经验，提交学习情况报告，并提交杜绝该类质量问题保证书。

10.4.8　绩效管理模式在实现质量目标中的作用体现

绩效管理模式在实现质量目标中的作用体现如图 10-11 所示。

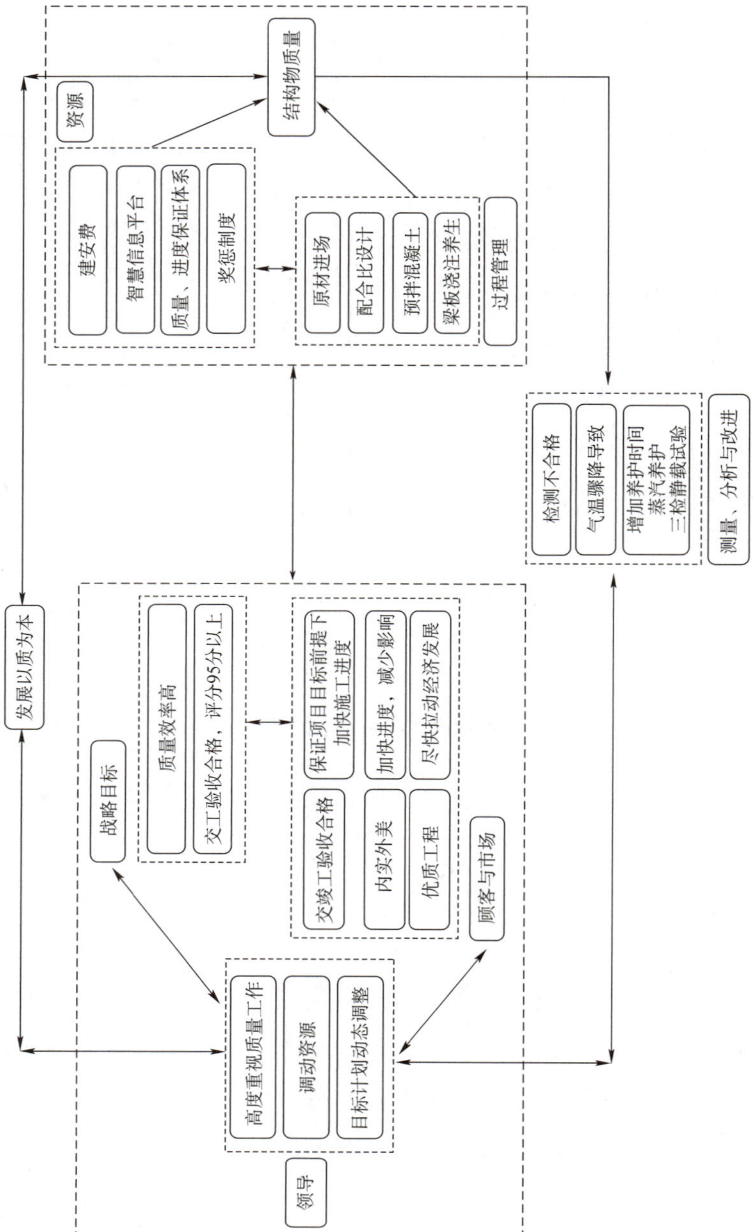

图 10-11　绩效管理模式在实现质量目标中的作用体现

10.5 交通组织与安全管理过程的测量分析与改进

10.5.1 交通组织与安全管理办法

10.5.1.1 交通组织管理办法

作为全国首条超饱和交通量条件下的“边通车、边施工”高速公路改扩建工程，本项目没有任何经验可循，项目办不断探索，勇于创新，总结出一套科学可行、切实有效的管理模式。

一是严格执行方案论证审批程序。积极协调山东省公安厅、山东省交通运输厅、山东省交警总队、山东省高速公路交警总队及沿线各市公安局交警支队、高速公路交警支队、安监局、交通运输局、应急办、质监站等部门，多次组织召开专家论证会，对各施工阶段的交通组织设计方案进行评审，并报经山东省公安厅批准。

二是加强交通管控。通过对区域路网交通数据进行深入分析，全线设置 1294 块交通诱导标志标牌，通过“一级诱导 + 二级分流 + 三级管制”的分流方案，使驾乘人员及时获得相关路网分流信息，选择适合的路线绕行，达到预期目标。

三是加大宣传力度。封闭交通、交通转序、限速限行等工作实施前，通过网站、广播、微信公众号、微博等媒体提前发布交通管制公告和绕行线路，在收费站、服务区、物流公司、客运站点等地发放宣传彩页，收费站张贴施工公告和宣传条幅，高速公路可变信息标志上滚动播出施工信息，在百度地图、高德地图、易高速、路网等 App 上及时更新施工信息。

四是加强现场联动处置。严格按照方案设置临时隔离设施、标志标牌；成立了交通组织管理部门，配备了交通组织管理员和专业保通队伍；坚持每日巡视检查，定期开展应急演练；与高速公路交警、路政建立联动工作机制，积极配合处置交通安全事故和应急救援工作。

10.5.1.2 安全生产管理办法

自开工以来，项目办紧紧围绕安全工作目标，紧密结合改扩建施工实际，扎实开展各项安全生产工作，积极推动“平安工地”和“双重预防体系”建设，深入开展安全专项活动，为项目稳固推进提供坚实安全保障。

一是全面落实安全生产责任制。根据“一岗双责”的原则，逐级签订了安全生产责任书，与各施工、监理单位签订了安全目标责任书，将安全责任逐级细化分解，形成了“一级抓一级，层层抓落实”的安全责任体系。成立了安全管理部门和现场指挥部，配备了专职安全管理人员，进一步强化施工现场安全监管力度。

二是加强安全监督检查力度。制定印发了《安全生产现场检查与奖惩办法》等制度，采用定期检查与日常巡查相结合的方式，克服了战线长、作业面多等不利因素，坚持每月检查覆盖所有单位，对发现的问题以隐患整改通知单、检查通报等形式书面下发给责任单位，建立隐患排查治理台账，督促整改落实。

三是坚持以人为本的管理理念，高层次组织开展安全教育培训。多次邀请交通运输部公路科学研究院、山东省交通运输厅、山东省检察院、山东省高速交警总队等单位的专家教授来项目授课，就施工安全相关法律法规、安全督察要点、检察机关同步介入安全生产事故调查有关原则规定、高速公路涉路施工安全管理等方面进行培训，切实提高了从业人员安全责任意识和安全管理水平。共开展26次培训。

四是加强应急管理，提升应急救援能力。对改扩建施工过程中可能出现的风险进行充分分析预测，制定了综合和专项应急预案，明确了组织体系、预警行动、信息报告、应急措施等内容。为检验应对突发事件的应急响应能力和应急预案的可操作性，积极组织开展应急演练活动，邀请应急办、高速公路交警、消防、医疗、路政、养护等部门参加，通过现场实地演练，增强了与地方政府应急机制的衔接，以及与高速公路交警、运管单位、应急救援单位之间的协调配合能力，完善联动机制，有力地提升了应急处置能力。共开展9次演练。

五是以专项活动为抓手，坚决做好特殊时期安全保障工作。为贯彻落实上级单位有关文件精神，切实做好重要节日、“两会”、青岛上合组织峰会等特殊时期安全保障工作，结合项目特点和工程进展，组织开展各项安全生产专项活动，提前部署重点工作任务，加强隐患排查治理力度，加大人力物力投入，严格落实领导带班、值班人员24h值班制度，强化应急值守，确保了特殊时期项目安全生产形势良好稳定。印发落实方案41套。

六是积极推动“双重预防体系”建设。根据上级有关单位统一部署，结合改扩建施工特点，全面细致开展拉网式安全风险点辨识，每月组织开展，按照分级管控思路，制定管控方案，落实管控责任，明确管控措施，建立健全了安全风险分级管控体系。根据风险管控措施，制定了切合实际的隐患排查治理清单，进一步明确和细化了隐患排查的事项、内容和频次，确保覆盖全线所有工作面，对不同时期的安全管控重点难点开展专项检查，对检查中发现的事故隐患执行销号制度。

七是深入开展“平安工地”建设活动。以交通运输部“平安工地”考核标准为基础，结合改扩建施工实际，制定印发了本项目的“平安工地”考核评价标准，删除了隧道部分，增加了路基路面拼宽、桥梁加固、交通组织管理等内容，使其更契合改扩建工程，监督指导施工、监理单位按照标准要求进一步完善安全管理基础资料和施工现场安全管控，定期开展自我评价与考核，加强经验总结，促进安全管理水平不断提升。

通过落实各项安全保障措施，项目在建设过程中未出现生产安全事故。

10.5.2　应用的质量工具

应用的质量工具见表 10-8。

质量工具使用情况统计表（交通组织及安全管理）　　表 10-8

序号	过程	质量工具	质量工具落地保障措施	效果（结果）
1	交通组织及安全管理	流程图法	按照“一岗双责”的原则，明确安全管理制度，层层签订安全生产击任书，将安全生产责任落实到岗、到人。内外部专业人员分析确定交通组织及安全管控的原因和过程，确定解决方案和重点，实施过程控制	形成了“层层负责、人人有责、各负英贵”的安全生产责任体系；确保生产建设和交通组织过程安全

10.5.3　交通组织与安全管理过程的实施效果评价与改进

第一次交通转序设置移动钢护栏作为上下行车辆的分隔带，如图 10-12 所示。

图 10-12　移动钢护栏

在行车过程中，车辆距离钢护栏的间距较近，在夜间行车时，钢护栏辨认度不佳，考虑容易发生剐蹭碰撞事故，为了解决安全隐患，在第二次转序施工时，在钢护栏两侧，距离钢护栏 50~60cm 处放置了防撞桶，防撞桶间距 3m，高度 60~80cm，防撞桶上设置反光条，彻底解决了行车距离与夜间导向作用，如图 10-13 所示。

图 10-13　加防撞桶的移动钢护栏布置

10.5.4　绩效管理模式在实现交通组织目标中的作用体现

绩效管理模式在实现交通组织目标中的作用体现如图 10-14 所示。

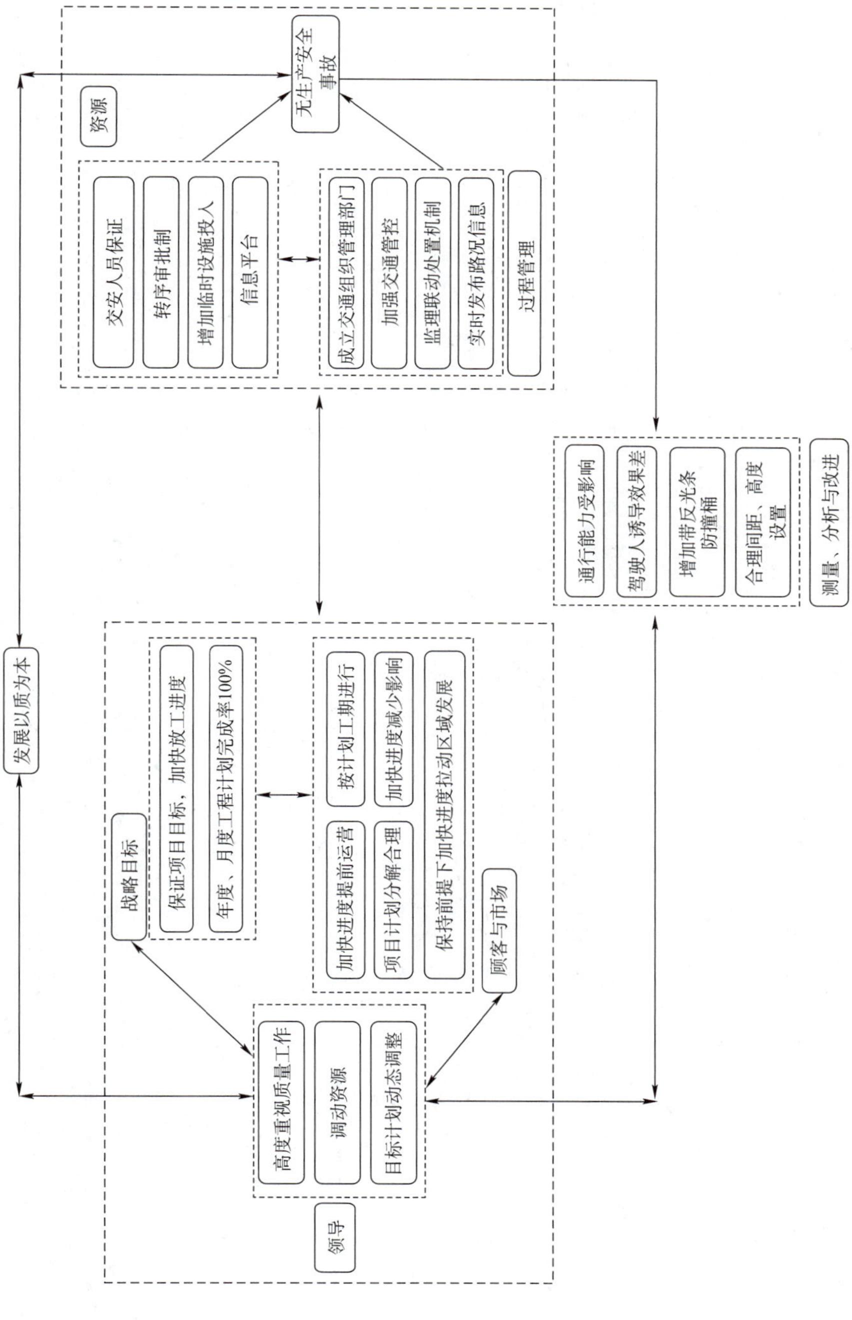

图10-14 绩效管理模式在实现交通组织目标中的作用体现

11 建设成效

济青高速公路改扩建工程已依照国家法律、法规，按照基本建设程序进行工程勘察、设计、施工和监理，各方均已按合同要求完成任务，完成工程建设，达到验收条件。工程施工、监理单位通过招标确定，建设期间参建各方责任主体质量行为规范，按照现行相关规范对工程质量实施了有效的控制，鉴定检定单位按照规定的频率，依据现行技术标准、规范和规程，对工程实体的关键部位进行了抽检和验证。

2019 年 7 月 20 日，项目办组织设计、施工和监理单位对小许家以东工程进行交工验收，各方对各自的质量责任进行了检查，并审阅了工程档案资料，对工程勘察设计施工的各管理环节进行了综合评定，验收各方达成一致意见，同意交工，工程质量评定得分为 99.24 分，质量合格。工程实体质量符合国家有关法律、法规和工程建设强制性标准，质量控制资料真实、完整，观感质量较好，建设期间无质量事故发生，整体工程质量达到合格标准。

11.1 项目目标

11.1.1 关键指标结果

11.1.1.1 科技创新强

项目依托济青高速公路改扩建绿色科技示范工程建设，形成了一系列科技成果，并已经全部通过鉴定验收，17 个项目均达到国际先进水平以上，其中国际领先水平 6 项，总体国际先进水平、部分成果国际领先水平 3 项，国际先进水平 8 项；累计申请专利 42 项（已授权 27 项），其中发明专利 17 项；发表论文 172 篇；制定标准规范 7 部，编制技术指南或工法 13 部；编制专著 10 部；获得软件著作权 6 项。获得国家优质工程奖等奖项共计 18 项。详细各项成果见表 11-1~ 表 11-7。

科研项目成果水平一览表　　表 11-1

序号	项 目 名 称	鉴 定 水 平
1	基于扩建工程的路基路面结构优化设计	国际领先水平
2	高速公路梁桥加宽桩基础沉降差异控制技术研究	国际领先水平

续上表

序号	项目名称	鉴定水平
3	在役钢筋混凝土梁疲劳损伤试验及剩余寿命预测	国际领先水平
4	基于模型试验及实桥验证的桥梁整体化层参与结构受力分析	国际领先水平
5	沥青路面全幅无缝成型关键技术与应用研究	国际领先水平
6	基于 BIM 的桥梁建造一体化技术研究	国际领先水平
7	固体工业废弃料规模化再生路用关键技术研究	总体成果国际先进水平，部分成果国际领先水平
8	废弃结构物混凝土再生集料高值化利用技术研究	总体成果国际先进水平，部分成果国际领先水平
9	济青高速公路改扩建护栏安全提升关键技术研究与示范应用	总体成果国际先进水平，部分成果国际领先水平
10	新旧路面材料与结构性能协调及匹配关键技术	国际先进水平
11	高速公路改扩建工程新旧路基差异沉降控制及沉降计算修正方法研究	国际先进水平
12	济青拼接加宽桥梁中既有中小跨径旧桥部分荷载适应性研究	国际先进水平
13	管状劲性体在高速公路软基及特殊路基处理中的应用研究	国际先进水平
14	水稳结构大厚度连铺连压整体成型技术与装备研究	国际先进水平
15	高速公路改扩建保通施工与应急救援交通组织研究	国际先进水平
16	高速公路改扩建工程施工区交通安全评价方法研究	国际先进水平
17	沥青路面施工期能耗及排放监测、评估与减量化关键技术研究	国际先进水平

济青高速公路改扩建绿色科技示范工程部分主要科技成果 表 11-2

名称	专利名称	专利类型	申请号	授权时间
1	半刚性基层沥青路面裂缝损伤状态确定方法	发明	ZL201510267683.1	2018 年 2 月 13 日
2	一种沥青路面渗水试验用密封材料，其制备方法及配套工具	发明	ZL201610242431.8	2018 年 3 月 27 日
3	硅烷改性聚羧酸减水剂、使用该减水剂的混凝土外加剂及其制备方法	发明	ZL202010834895.4	2020 年 12 月 8 日
4	一种实测路面结构层底最大应变及车辆轴载速度的方法	发明	ZL201810933933.4	2021 年 1 月 12 日
5	一种绞缝排水结构及其施工方法	发明	ZL201610261158.3	2017 年 12 月 26 日
6	双层波形梁护栏（具有上三波下双波）	外观设计	ZL201830276331.7	2019 年 1 月 8 日
7	一种轻质砌块生态防护结构	实用新型	ZL201821179375.9	2019 年 3 月 22 日
8	一种由废旧轮胎制成的土工格室	实用新型	ZL201821472558.X	2019 年 6 月 14 日
9	一种开启关闭方便的防盗中分带开口活动护栏结构	实用新型	ZL201821691801.7	2019 年 7 月 2 日
10	一种赤泥基轻质填料道路扩建拼接结构	实用新型	ZL201821612488.3	2019 年 7 月 23 日
11	拜耳法赤泥填筑的海堤结构	实用新型	ZL201821827455.0	2019 年 8 月 6 日
12	一种公路中分带桥墩防撞护栏结构	实用新型	ZL201822079339.1	2019 年 9 月 13 日
13	一种高速公路改扩建施工区驾驶诱导信息采集装置	实用新型	ZL201922357410.2	2020 年 5 月 8 日
14	一种剪切仪加载装置	实用新型	ZL201921532048.1	2020 年 6 月 30 日

续上表

名称	专利名称	专利类型	申 请 号	授权时间
15	一种用于桩基试验的埋入式桩顶和桩端沉降监测装置	实用新型	ZL201921552047.3	2020 年 6 月 30 日
16	一种混凝土裂缝深度检测装置	实用新型	ZL202020151191.2	2020 年 7 月 28 日
17	一种采用混凝土填料的空心板梁桥结构	实用新型	ZL201921433732.4	2020 年 7 月 31 日
18	一种密闭式沥青烟研究装置	实用新型	ZL202020180409.7	2020 年 9 月 11 日
19	拼宽梁桥与既有梁桥的组合装置	实用新型	ZL201920904301.5	2020 年 10 月 27 日
20	一种混凝土路面平整装置	实用新型	ZL201921964406.6	2020 年 10 月 27 日
21	一种大厚度水泥稳定碎石基层的夹紧式取芯装置	实用新型	ZL202020349068.1	2020 年 10 月 30 日
22	一种大厚度水泥稳定碎石基层的锚固式取芯装置	实用新型	ZL202020349067.7	2020 年 10 月 30 日
23	一种监测桥梁长期挠度的装置	实用新型	ZL202020338894.6	2020 年 12 月 1 日
24	一种高速公路服务区雨水收集利用系统	实用新型	ZL202020416504.2	2020 年 12 月 25 日
25	一种高速公路改扩建施工区导航信息补偿系统	实用新型	ZL201920061395.4	2020 年 12 月 29 日
26	空心板梁抗剪加固用模板	实用新型	ZL201920082155.2	2019 年 1 月 18 日
27	一种桥梁裂缝检测装置	实用新型	ZL201721346890.7	2018 年 4 月 27 日
28	一种由废旧轮胎制成的土工格室及施工方法	发明申请	201811045467.2	2018 年 9 月 7 日
29	拜耳法赤泥填筑的海堤结构及其建造方法	发明申请	201811319325.0	2018 年 11 月 7 日
30	减小拼宽梁桥与既有梁桥差异沉降的组合控制方法、装置	发明申请	201910519893.3	2019 年 9 月 17 日
31	一种用于沥青路面结构设计的一级和二级公路交通数据调查及统计方法	发明申请	202010758120.3	2020 年 7 月 31 日
32	采用超高性能混凝土填料的空心板梁桥结构及施工方法	发明申请	201910816471.2	2019 年 8 月 30 日
33	土工格栅加筋与膜袋注浆联合降沉装置及降沉方法与应用	发明申请	202010326846.X	2020 年 4 月 23 日
34	一种乳化沥青乳浆制造及路面纵向冷接缝乳浆灌注方法	发明申请	202011271679.X	2020 年 11 月 13 日
35	路面改扩建沥青路面冷再生与旧沥青路面冷接缝黏结剂	发明申请	202011545227.6	2020 年 12 月 24 日
36	道路新老水稳基层冷态拼接黏合剂	发明申请	202011534333.4	2020 年 12 月 23 日
37	一种用于空心板受力铰缝清理后拉毛设备	发明申请	202110439346.1	2021 年 4 月 23 日
38	一种旧桥空心板铰缝用混凝土凿除清理装置	发明申请	202110460825.1	2021 年 4 月 27 日
39	一种再生粗集料吸水率测试方法及系统	发明申请	202110316969.X	2021 年 3 月 25 日
40	一种高弹蓄盐抗凝冰沥青路面用检测装置	实用新型申请	202022082250.8	2020 年 9 月 21 日
41	一种公路施工用便于调节摊铺宽度的摊铺机	实用新型申请	202120216150.1	2021 年 1 月 27 日
42	一种摊铺机伸缩型导料装置	实用新型申请	202120216140.8	2021 年 1 月 27 日

计算机软件著作权一览表

表 11-3

序号	计算机软件著作权名称	软件著作权号	完成时间
1	济青高速公路改扩建期间突发事件应急救援系统 V2.0	2019SR1139941	2018 年 12 月 21 日
2	预应力混凝土梁桥 BIM 模型与有限元模型的转换软件 V1.0	2019SR1035518	2019 年 7 月 15 日
3	高速公路混凝土梁桥 BIM 模型轻量化软件 V1.0	2019SR1118859	2019 年 7 月 15 日
4	济青高速公路改扩建期间突发事件应急救援系统 V1.0	2019SR0093653	2018 年 3 月 9 日
5	U 盘存储激光车辙仪采集系统	2020SR0672941	2019 年 12 月 1 日
6	高速公路改扩建项目路面施工能耗评估系统 V1.0	—	—

标准一览表

表 11-4

序号	标准中文名称	发布时间	标准类别
1	公路工程赤泥（拜耳法）路基应用技术规程	2019 年 5 月 29 日	地方标准
2	沥青路面乳化沥青厂拌冷再生技术规范	2019 年 5 月 29 日	地方标准
3	水泥稳定碎石基层施工技术规范	2019 年 5 月 29 日	地方标准
4	高速公路护栏改造技术指南	2021 年 5 月 10 日	团体标准
5	无机结合料稳定类材料单轴压缩弹性模量试验方法（中间段法）	2020 年 7 月 21 日	国家标准
6	公路工程废旧混凝土再生集料混凝土应用技术规程	2018 年立项	地方标准
7	公路工程管状劲性体地基处理技术规程	2019 年立项	地方标准
8	高速公路施工区安全防护技术规程	2020 年立项	团体标准

学术专著一览表

表 11-5

序号	专著名称	出版时间	出版社
1	拜耳法赤泥路基工程应用技术指南	2020 年 9 月	哈尔滨工业大学出版社
2	公路 SB 级三波形梁钢护栏安全应用技术	2020 年 9 月	人民交通出版社股份有限公司
3	多源交通信息感知与交互技术	2020 年 12 月	吉林大学出版社
4	半刚性基层损伤评价与工程应用	2018 年 12 月	人民交通出版社股份有限公司
5	赤泥资源化公路工程应用	2018 年 12 月	山东大学出版社
6	沥青路面施工期能耗及排放监测、评估与减量化关键技术及应用	—	中国水利水电出版社
7	拜耳法赤泥路基工程资源化利用技术	—	人民交通出版社股份有限公司
8	在役钢筋混凝土梁的静力与疲劳性能研究	—	中国建材工业出版社
9	济青高速公路改扩建工程卓越绩效管理模式实践	2022 年	人民交通出版社股份有限公司
10	济青高速公路改扩建工程科技创新实践	2022 年	人民交通出版社股份有限公司

科技论文一览表　　表 11-6

序号	论文名称	刊物名称	级　别	卷号期号
1	Evaluation of Energy Consumption of Typical Asphalt Pavement Structure	IOP Conference Series：Earth and Environmental Science	EI	2021 年第 4 期
2	Influence of Subgrade Splicing Mode and Width on Differential Settlement of Pavement Subgrade	IOP Conference Series：Earth and Environmental Science	EI	2021 年第 3 期
3	Monitoring and Evaluation of Energy Consumption in the Whole Process of Asphalt Pavement Construction	IOP Conference Series：Earth and Environmental Science	EI	2021 年第 4 期
4	Time-dependent reliability assessment of existing concrete bridges including non-stationary vehicle load and resistance processes	Engineering Structures	EI	2019 年第 15 期
5	Establishment and Updating of Nonstationary Resistance Deterioration Model of Existing Concrete Bridge Component	Journal of Performance of Constructed Facilities	EI	2020 年第 6 期
6	Structure Safety Assessment Under Heavy Traffic Based on Weigh in Motion and Simulation Analysis	Advances in Structural Engineering	EI	2017 年第 12 期
7	Study on micro Influencing Factors of Traffic Conflicts in Subgrade Stage of Express way Construction Area	2019 The 12th International Conference on Intelligent Computation Technology and Automation	EI	2019 年第 10 月
8	Traffic Conflict Prediction Model for Bottleneck Section of Expressway Construction Area Based on Video Recognition	2019 The 12th International Conference on Intelligent Computation Technology and Automation	EI	2019 年第 10 月
9	Application of High Stiffness Modulus Asphalt Mixture in Longitudinal Slope of Jiqing Expressway	2019 International Conference on Advanced Materials and Ecological Environment（AMEE 2019）	EI	2019 年 12 月
10	Estimating the Floor Area Ratio of the Vehicular Infrastruction Network Based on Road Grid Cell	Mobile Networks and Applications	EI	2019 年第 2 期
11	Use of recycled fine clay brick aggregate as internal curing agent for low water to cement ratio motar	Construction and Building Materials	SCI	2020 年
12	Applied research in volatile organic compounds（VOCs）emission from asphalt pavement	Earth and Environmental Science	SCI	2019 年
13	Application of Mid-surface Layer in Asphalt Pavement Tunnel Paving Based on Foam Warm Mix Technology	Earth and Environmental Science	EI	2020 年
14	Study on preparation and performance evaluation of environment-friendly asphalt mixture	EERMR 2020	EI	2020 年
15	An approach for response prediction of a single pile subjected to tension load considering modulus degradation of soil	Geotechnical and geological engineering	ESCI、EI	2020 年第 2 期

续上表

序号	论文名称	刊物名称	级　别	卷号期号
16	Effect Analysis of Soil Type and Silt Content on Silt-Based Foamed Concrete with Different Density	Materials	SCI、EI	2020 年第 13 期
17	In Search of the Consequence Severity of Traffic Conflict	Journal of Advanced Transportation	SCI、EI	2020 年第 2 期
18	Flexural capacity and behavior of RC hollow bridge beams after a time service of 24 years	Advances in Civil Engineering	EI	2020 年
19	Experimental study on the pullout behavior of scrap tire strips and their application as soil reinforcement	Construction and Building Materials	EI	2020 年
20	Properties of silt-based foamed concrete： A type of material for use in backfill behind an abutment	Construction and Building Materials	EI	2020 年
21	Experimental Research on Fatigue Behavior of Existing Reinforced Concrete Beams	Advances in Civil Engineering	SCI	2020 年
22	Flexural Capacity of RC Hollow Beams after Service for 24 Years	Advances in Civil Engineering	SCI	2020 年
23	Test and Numerical Analysis for Floating Geogrid-Reinforced Pile-Supported Embankments over Deep Soft Soils	arabian journal for science and engineering	SCI	2021 年
24	Research on the active earth pressure behind pile based on the horizontal trap-door experiment	Applied Science	SCI	2021 年
25	Comparison of Concrete Creep-Induced Structural Prestress Loss Calculated by Codes from Different Countries	Journal of Highway and Transportation Research and Development 公路交通科技（英文版）	INSPEC	2019 年第 4 期
26	考虑腹板剪切变形及滑移的波形钢腹板梁理论模型	建筑结构学报	EI、CSCD、北大核心	2019 年第 S1 期
27	聚合物乳液对水泥砂浆流变性能的影响	建筑材料学报	EI、CSCD、北大核心	2017 年第 6 期
28	拼宽空心板桥荷载横向分布计算方法	中国公路学报	EI、CSCD、北大核心	2019 年第 6 期
29	机动车交通冲突技术研究综述	中国公路学报	EI、CSCD、北大核心	2020 年第 2 期
30	高速公路施工区合流路段交通冲突模型	哈尔滨工业大学学报	EI、CSCD、北大核心	2020 年第 9 期
31	不同沉降模式下土工格栅加筋路基模型试验研究	土木工程	EI、CSCD、北大核心	2019 年第 5 期
32	半刚性基层材料动态抗压模量试验研究	土木工程	EI、CSCD、北大核心	2019 年第 10 期
33	基于 plaxis 的赤泥路基力学响应数值分析	土木工程	EI、CSCD、北大核心	2020 年第 4 期

续上表

序号	论文名称	刊物名称	级　别	卷号期号
34	基于平面应变模拟特征的钢棒相似土抗剪强度试验研究	土木工程	EI、CSCD、北大核心	2020 年第 11 期
35	抗滑桩合理桩间距分析	土木工程	EI、CSCD、北大核心	2021 年第 1 期
36	砂土介质中废旧轮胎加筋条带拉拔特性研究	山东大学学报（工学版）	北大核心、CSCD	2021 年第 4 期
37	粉土基泡沫轻质土三轴力学特性研究	山东大学学报（工学版）	北大核心、CSCD	2021 年第 5 期
38	在役空心板桥梁拆除构件室内破坏试验	长安大学学报（自然科学版）	EI、北大核心	2019 年第 6 期
39	IFC 信息一致性问题及目前解决方法综述	公路交通科技	北大核心、CSCD	2020 年第 9 期
40	黏度改性剂对混凝土拌合物流变参数剂及匀质性能影响	公路交通科技	北大核心、CSCD	2018 年第 2 期
41	早期混凝土压缩拉伸和弯曲基本徐变与干燥徐变比较	公路交通科技	北大核心、CSCD	2020 年第 2 期
42	基于模型试验的柔性桩轴力分布函数修正	四川建筑科学研究	北大核心、CSCD	2020 年第 4 期
43	高速公路岩石边坡 3 类人工植物群落凋落物分解特征	草原与草坪	CSCD	2020 年第 2 期
44	建筑垃圾对混凝土强度的影响试验研究	硅酸盐通报	北大核心	2019 年第 9 期
45	考虑整体化层的旧 PC 空心板承载力试验研究	公路	北大核心	2020 年第 1 期
46	空心板梁桥整体化层厚度对受弯失效模式的影响	公路	北大核心	2020 年第 9 期
47	层状土中考虑桩-土-承台相互作用的群桩基础承载特性研究	工业建筑	北大核心	2020 年第 8 期
48	基于交通冲突的高速公路施工区安全评价	中国安全科学学报	北大核心	2019 年第 6 期
49	沥青挥发性有机物复合型抑制剂研究进展	合成化学研究	北大核心	2020 年第 3 期
50	沥青挥发性有机物（VOCs）抑制剂研究	合成化学研究	北大核心	2020 年第 3 期
51	泡沫沥青温拌大粒径透水性沥青混合料性能衰减规律研究	公路工程	北大核心	2018 年第 5 期
52	水泥基固化剂固化赤泥的路用特性研究	轻金属	北大核心	2017 年第 9 期
53	轻质烧结法赤泥浇注材料的工程应用研究	轻金属	北大核心	2019 年第 8 期
54	改性拜耳法赤泥路基的模量特性研究	中外公路	北大核心	2018 年第 2 期
55	基于新版沥青路面设计规范的路面结构设计分析	中外公路	北大核心	2019 年第 2 期
56	基于驾驶模拟技术的隧道反光环设置间距综合效果分析	科学技术与工程	北大核心	2019 年第 34 期
57	桥头台背回填泡沫轻质土体积稳定性能的研究	建筑技术	北大核心	2019 年第 4 期
58	考虑整体化层作用的空心板梁桥横向分布计算与承载能力分析	结构工程师	北大核心	2021 年第 2 期
59	高速公路改扩建梁桥新旧桩差异沉降控制标准研究	公路	北大核心	2019 年第 4 期

续上表

序号	论文名称	刊物名称	级　别	卷号期号
60	土凝岩稳定黏性土的路用性能研究	公路	北大核心	2019 年第 6 期
61	基于双层规划模型的改扩建高速公路收费站保通方案研究	公路与汽运	科技核心	2021 年第 3 期
62	高速公路路面施工期能耗减排监控研究	公路与汽运	科技核心	2018 年第 6 期
63	拜耳法赤泥路基对地下水水质的影响研究	环境科学与管理	科技核心	2019 年第 12 期
64	高速公路改扩建废旧混凝土再生料标准化技术应用要点分析	标准科学	科技核心	2018 年第 8 期
65	基于隧道沥青路面温拌现场摊铺释放挥发性有机物（VOCs）GC-MS 分析研究	当代化工	科技核心	2020 年第 7 期
66	改性拜耳法赤泥路基填料施工与质量评价研究	路基工程	科技核心	2018 年第 3 期
67	既有钢筋混凝土空心板梁抗剪承载力分析	武汉理工大学学报（交通科学与工程版）	科技核心	2019 年第 6 期
68	济青高速公路改扩建绿色科技示范工程建设实践	公路交通科技应用技术版	北大核心	2018 年第 5 期
69	基于 Hirsch 预测模型的沥青稳定碎石（ATB）动态模量试验研究与分析	公路交通科技应用技术版	北大核心	2018 年第 5 期
70	拜耳法赤泥酸碱度试验研究	公路交通科技应用技术版	北大核心	2018 年第 5 期
71	山东省高速公路沥青路面典型结构力学响应观测验证	公路交通科技应用技术版	北大核心	2018 年第 5 期
72	济青高速公路桥梁疲劳荷载车辆模型研究	公路交通科技应用技术版	北大核心	2018 年第 5 期
73	基于计重收费数据的高速公路车辆荷载研究	公路交通科技应用技术版	北大核心	2018 年第 5 期
74	桩网式复合地基竖向承载性能现场试验研究	公路交通科技应用技术版	北大核心	2018 年第 5 期
75	高速公路施工区中央分隔带开口长度研究	公路交通科技应用技术版	北大核心	2018 年第 5 期
76	浅析高速公路改扩建工程节能减排技术应用	公路交通科技应用技术版	北大核心	2018 年第 5 期
77	信息化动态质量控制技术在高速公路改扩建工程中的应用	公路交通科技应用技术版	北大核心	2018 年第 5 期
78	基于自然养生条件下的乳化沥青冷再生混合料性能变化研究	公路交通科技应用技术版	北大核心	2018 年第 5 期
79	桥台锥坡生态防护设计及在济青高速公路工程中的适用性分析	公路交通科技应用技术版	北大核心	2018 年第 5 期
80	济青高速公路改扩建项目主体工程施工过程之创新技术管理与措施	公路交通科技应用技术版	北大核心	2018 年第 5 期
81	改扩建公路路面拼接施工技术及质保措施的探讨	公路交通科技应用技术版	北大核心	2018 年第 5 期
82	高速公路梁桥加宽桩基差异沉降分析	公路交通科技应用技术版	北大核心	2018 年第 5 期
83	高速公路防眩设施选取及设置分析	公路交通科技应用技术版	北大核心	2018 年第 5 期
84	高路堑边坡生态防护初期土壤养分与植物种的变化分析	公路交通科技应用技术版	北大核心	2018 年第 5 期

续上表

序号	论文名称	刊物名称	级别	卷号期号
85	济青高速公路改扩建工程混凝土护栏多重应用研究	公路交通科技应用技术版	北大核心	2018年第5期
86	桥梁工程混凝土外观缺陷原因研究分析及控制	公路交通科技应用技术版	北大核心	2018年第5期
87	济青高速公路改扩建保通桥梁设计方案的研究	公路交通科技应用技术版	北大核心	2018年第5期
88	自行走式桥梁梁板凿毛机的研制与应用	公路交通科技应用技术版	北大核心	2018年第5期
89	宽幅、重载、大流量及快速交通保通钢栈桥技术研究	公路交通科技应用技术版	北大核心	2018年第5期
90	卡槽在钢筋绑扎施工中的优化	公路交通科技应用技术版	北大核心	2018年第5期
91	高速公路改扩建工程中拼宽路基施工监理要点	公路交通科技应用技术版	北大核心	2018年第5期
92	高速公路科技示范工程建设内涵与发展模式探究	公路交通科技应用技术版	北大核心	2019年第6期
93	济青高速公路改扩建路面拼宽技术创新与实践	公路交通科技应用技术版	北大核心	2019年第6期
94	不中断交通施工的高速公路改扩建应急救援系统设计	公路交通科技应用技术版	北大核心	2019年第6期
95	水泥稳定碎石击实试验方法研究	公路交通科技应用技术版	北大核心	2019年第6期
96	基于加速加载试验的天然岩沥青改善沥青混合料高温稳定性评价	公路交通科技应用技术版	北大核心	2019年第6期
97	半刚性基层材料弯拉强度试验影响因素研究	公路交通科技应用技术版	北大核心	2019年第6期
98	橡胶沥青在道路工程中的应用综述	公路交通科技应用技术版	北大核心	2019年第6期
99	济青高速公路改扩建施工中期路面平整度管理与控制措施探讨	公路交通科技应用技术版	北大核心	2019年第6期
100	济青高速公路改扩建老路沥青路面损坏处治方案现场判定分析	公路交通科技应用技术版	北大核心	2019年第6期
101	高速公路改扩建工程中央分隔带光缆保通方案探讨	公路交通科技应用技术版	北大核心	2019年第6期
102	高速公路桥墩安全防护设计研究	公路交通科技应用技术版	北大核心	2019年第6期
103	高速公路改扩建涉及的既有路权属边界还原方法研究	公路交通科技应用技术版	北大核心	2019年第6期
104	济青高速公路多路由通信管道及微管技术应用经验	公路交通科技应用技术版	北大核心	2019年第6期
105	高速公路改扩建工程保通施工交通组织研究	公路交通科技应用技术版	北大核心	2019年第6期
106	标准化ETC专用车道的建设	公路交通科技应用技术版	北大核心	2019年第6期
107	基于再利用的高速公路改扩建护栏设置方案研究	公路交通科技应用技术版	北大核心	2019年第6期
108	基于连续-粒子耦合的济青高速公路拓宽路基沉降及处治措施研究	公路交通科技应用技术版	北大核心	2019年第6期
109	济青高速公路拓宽路基差异沉降控制模型试验对比研究	公路交通科技应用技术版	北大核心	2019年第6期

续上表

序号	论文名称	刊物名称	级　别	卷号期号
110	高速公路改扩建工程乳化沥青厂拌冷再生施工技术研究	公路交通科技应用技术版	北大核心	2019 年第 6 期
111	高速公路改扩建施工既有路面病害处治施工技术	公路交通科技应用技术版	北大核心	2019 年第 6 期
112	旧桥粘贴钢板加固中的应用	公路交通科技应用技术版	北大核心	2019 年第 6 期
113	基于路面性能评价指标的改扩建沥青路面维修处治方案	公路交通科技应用技术版	北大核心	2019 年第 6 期
114	运营状态下上跨高速变截面预应力桥梁拆除技术研究	公路交通科技应用技术版	北大核心	2019 年第 6 期
115	浅谈高速公路改扩建项目钢筋优化管理	公路交通科技应用技术版	北大核心	2019 年第 6 期
116	浅谈混凝土静弹性模量的测定方法及影响因素	公路交通科技应用技术版	北大核心	2019 年第 6 期
117	考虑循环利用的济青高速公路改扩建工程临时隔离设施设置方案	公路交通科技应用技术版	北大核心	2019 年第 6 期
118	改扩建工程不同开口的特点及防护要求	公路交通科技应用技术版	北大核心	2019 年第 6 期
119	基于红外光谱的改性沥青 SBS 含量检测的可靠性分析	公路交通科技应用技术版	北大核心	2019 年第 6 期
120	新型 B 级移动钢护栏碰撞试验研究	公路交通科技应用技术版	北大核心	2019 年第 6 期
121	高速公路改扩建工程路面平整度施工技术研究	公路交通科技应用技术版	北大核心	2019 年第 6 期
122	永久性沥青路面结构全寿命周期内的能耗与碳排放分析	公路交通科技应用技术版	北大核心	2019 年第 6 期
123	国内外路面中下面层沥青混合料类型比较研究	公路交通科技应用技术版	北大核心	2019 年第 6 期
124	SGC 设计体系下压实功对乳化沥青冷再生设计指标的影响研究	公路交通科技应用技术版	北大核心	2019 年第 6 期
125	再生集料水泥稳定碎石基层的级配变异研究	公路交通科技应用技术版	北大核心	2019 年第 6 期
126	济青高速改扩建工程沥青路面结构优化分析	公路交通科技应用技术版	北大核心	2018 年第 12 期
127	浅谈高速公路改扩建工程法律风险防控	公路交通科技应用技术版	北大核心	2019 年第 2 期
128	用于桥梁施工监控管理的 BIM 模型轻量化流程分析	公路交通科技应用技术版	北大核心	2018 年第 12 期
129	Dynamo 在桥梁缓和曲线段建模应用研究	公路交通科技应用技术版	北大核心	2019 年第 4 期
130	基于案例推理的改扩建高速公路应急救援资源配置模型	公路交通科技应用技术版	北大核心	2020 年第 8 期
131	基于弯沉的稳定型橡胶改性沥青混合料力学响应分析	公路交通科技应用技术版	北大核心	2020 年第 11 期
132	基于信息化技术的高速公路路面动态质量控制	公路交通科技应用技术版	北大核心	2020 年第 8 期
133	化学改良对拜耳法赤泥击实特性的影响研究	岩土工程技术	普刊	2020 年第 3 期
134	考虑铺装层作用的改扩建拼宽板梁桥极限承载能力分析	山东交通科技	普刊	2020 年第 4 期
135	山东省赤泥堆存与综合利用现状	山东交通科技	普刊	2017 年第 2 期

续上表

序号	论文名称	刊物名称	级别	卷号期号
136	改良铁尾矿渣路基填筑施工与质量评价研究	山东交通科技	普刊	2020 年第 2 期
137	水泥稳定固化铁尾矿粉剪切强度试验分析	山东交通科技	普刊	2019 年第 5 期
138	考虑铺装层作用的改扩建拼宽板梁桥极限承载能力分析	山东交通科技	普刊	2020 年第 9 期
139	北方半干旱地区高速公路岩石路堑边坡植被恢复与养护技术分析	水土保持应用技术	普刊	2020 年第 1 期
140	济青高速公路既有6～16m跨径空心板抗弯承载力试验研究	建筑技术开发	普刊	2020 年第 10 期
141	沥青发泡型环保温拌技术在济青北改扩建工程中的应用	中国标准化	普刊	2019 年第 16 期
142	废旧混凝土材料的建材资源化利用研究进展	交通节能与环保	普刊	2020 年第 4 期
143	公路拓宽路基差异沉降规律现场试验研究	山西建筑	普刊	2018 年第 35 期
144	新旧路基差异沉降路面力学响应研究	北方交通	普刊	2019 年第 6 期
145	水泥改良铁尾矿路基填料的浸水强度试验研究	土工基础	普刊	2019 年第 5 期
146	大跨径预应力混凝土连续箱梁湿度场模拟分析	公路交通科技应用技术版	普刊	2020 年第 4 期
147	大跨径预应力混凝土连续梁桥温度场试验研究	公路交通科技应用技术版	普刊	2020 年第 4 期
148	化学改良对拜耳法赤泥击实特性的影响研究	岩土工程技术	普刊	2020 年第 3 期
149	抗凝冰沥青路面冰点测试研究	内蒙古科技	普刊	2020 年第 12 期
150	高弹蓄盐抗凝冰沥青路面技术在济青改扩建工程的应用	内蒙古科技	普刊	2020 年第 12 期
151	低碳建筑设计理念在高速公路服务区中的综合应用	内蒙古科技	普刊	2020 年第 6 期
152	高速公路服务区污水处理技术选择及应用	内蒙古科技	普刊	2020 年第 6 期
153	废旧混凝土再生集料在高速公路水泥稳定碎石底基层中的应用	内蒙古科技	普刊	2020 年第 3 期
154	高速公路改扩建施工期应急救援体系构建	第二届全国公路品质工程论坛暨惠清高速公路绿色科技示范工程现场交流会论文集	会议	2019 年第 7 月
155	基于三维探地雷达对全幅无缝沥青路面的厚度评价	管理科学与工程	核心	2021 年第 1 期
156	济青高速改扩建工程新旧路基承载力评价	管理科学与工程	核心	2021 年第 1 期
157	干线公路建设节能减排评价指标体系构建研究	可持续能源	普刊	2021 年第 1 期
158	Multi-Objective Location-scale Optimization Model and Solution Methods for Large-scale Emergency Rescue Resources	Environmental Science and Pollution Research.	SCI	录用
159	Emergency Traffic Distribution and Related Traffic Organization Method Under Natural Disasters	Environmental Science and Pollution Research	SCI	录用
160	A Prediction Method of Missing Position Based on Least Square Support Vector Machine	Sustainable Operations and Computers	SCI	录用
161	Pavement Structure and Method for Separating Heavy and Light Traffic Load of Expressway	ICCE2020	EI	录用

续上表

序号	论文名称	刊物名称	级 别	卷号期号
162	Effects on Concrete Mechanical Performances by Different Replacement Solutions of Recycle Coarse Aggregates	CRC press-Taylor&Francis Group	EI	录用
163	Evaluate Model and Index for Durability of Concrete during Construction	CRC press-Taylor&Francis Group	EI	录用
164	Experimental Studies on Water Absorption of Modified Recycle Coarse Aggregate and the Effects to the Performance of Concrete	Coatings	SCI	录用
165	Stress Predicton of Early-age Concrete Considering Hydrtion Degree-based Creep under Real Temperature History	Transportation Research Congress	EI	录用
166	Critical Aspects of Elastic Modulus Assessment of Cement Paste across Scales by Multiscale Measurement and Prediction	Transportation Research Congress	EI	录用
167	旧梁板再生集料氯离子含量检测方法对比试验研究	湖南交通科技	普刊	录用
168	热拌和温拌泡沫沥青混合料现场摊铺释放挥发性有机物（VOCs）GC-MS 比较分析	兰州理工大学学报	北大核心	录用
169	试件类型和加载模式对沥青混合料动态模量的影响研究	公路	北大核心	录用
170	排水抗裂沥青碎石混合料设计及动态模量参数研究	公路	北大核心	录用
171	山岭重丘区公路岩改沥青混合料碾压工艺研究	公路	北大核心	录用
172	水泥浆对水稳基层层间黏结强度影响规律研究	材料科学	北大核心	录用

项目获奖一览表 表 11-7

序号	奖项类型	获奖时间（年）	奖 项	授奖组织
1	工程类	2022	2018—2020 年度公路水运工程建设“平安工程”冠名	交通运输部、应急管理部、中华全国总工会
2		2021	公路交通优质工程奖（李春奖）	中国公路建设行业协会
3		2021	中国交通投融资年度项目创新奖二等奖	中国公路学会
4		2020	Global Road Achievement Award	International Road Federation
			杰出工程奖（质量管理类）	国际道路联合会
5		2020	公路交通优秀设计一等奖	中国公路勘察设计协会
6		2020	全国质量奖卓越项目奖	中国质量协会
7		2020	长寿命路面奖	中国公路学会
8		2019	全国交通运输文化建设优秀单位	中国交通企业管理协会
9		2017	全国交通基础设施重点工程劳动竞赛优胜单位	中国海员建设工会全国委员会
10		2018	交通运输节能减排示范项目	中国交通企业管理协会

续上表

序号	奖项类型	获奖时间（年）	奖　项	授奖组织
11~15	科技类	2021	中国公路学会科学技术奖特等奖1项、二等奖4项	中国公路学会
16		2021	山东省交通运输行业职工优秀技术创新成果一等奖	山东省交通工会委员会
17		2021	第二届全国公路微创新大赛铜奖	中国公路学会
18		2019	交通 BIM 工程创新奖二等奖	中国公路学会

项目人才队伍建设成效显著。通过项目实施，培养了一批先进集体和技术人才，其中 30 个集体被山东省总工会授予“工人先锋号”，7 家参建单位获“山东省五一劳动奖状”，1 人被中共山东省委、山东省人民政府授予“攻坚克难奖”，1 人被授予“金桥奖”个人一等奖，15 人被授予“山东省五一劳动奖章”，1 人获全国优秀共产党员，2 人获全国五一劳动奖章，90 余人晋升高级职称，20 余人职位得到晋升，100 余人获得博士或硕士学位。

11.1.1.2　设备工艺优

1）机械设备优

项目联合机械设备制造单位，结合项目实际优化改进大断面抗离析沥青混合料摊铺机，制造出 DT2000、DT2360 型大断面摊铺机并成功应用，实现全线单机整幅一次摊铺宽度 18.75m，达到“横向一字坡，纵向无接缝”效果，成为世界同期项目中横向摊铺宽度最大的抗离析沥青摊铺机。

大断面摊铺机应用对比情况见表 11-8，上面层大断面摊铺机效能对比情况见表 11-9。

大断面摊铺机应用对比情况　　表 11-8

对比指标	济青高速公路项目	港珠澳大桥	传统摊铺
单机最大摊铺厚度	23.60m	19.50m	11.75m
常用单机摊铺厚度	18.75m	15.50m	6m
项目总摊铺里程	309km	55km	—
摊铺混合料稳定性	二次搅拌抗离析摊铺多点料位控制系统	二次搅拌抗离析摊铺	传统摊铺
摊铺方式	单机更大宽度一字横坡摊铺	单机一字横坡摊铺	多机多横坡摊铺
成型路面对比	路面平整度更佳	较传统摊铺模式平整度更佳，接缝较传统摊铺方式少	接缝多，易产生接缝病害；易形成多横坡

上面层大断面摊铺机效能对比情况 表 11-9

对比指标	18.75m 大断面摊铺机	原计划采用的摊铺设备
设备配置	1 台（中大机械 TD2000）	2 台（沃尔沃 ABG-8820B、福格勒 SUPER2100）
人员配置	12 人	20 人
摊铺工期	3 月	3 月
租赁费用	28 万（月・台）	28 万（月・2 台）
功率情况	306kW/ 台	182kW/ 台

2）工艺方法优

（1）项目编制了山东省地方标准《公路工程赤泥（拜耳法）路基应用技术规程》、中国工程建筑标准协会标准《公路赤泥路基设计与施工技术规程》，填补了赤泥综合应用技术标准空白，更加有效地指导山东省赤泥在公路工程中的应用实践；申请了赤泥用于公路改扩建拼宽结构、海堤填筑结构、轻载交通路面优化结构等多项专利技术。拜耳法赤泥镇填筑高速公路路基基本情况见表 11-10，赤泥试验段现场摊铺如图 11-1 所示。

拜耳法赤泥镇填筑高速公路路基基本情况　　表 11-10

混合料制备	铺筑基本情况	赤泥用料情况	节省取土情况
无毒化处理后厂拌法制备	长度：5km	22100t	14850m^3
	宽度：11m		
	厚度：0.2m		

图 11-1　赤泥试验段现场摊铺

（2）项目在新老路面结合部原硬路肩反开挖处理过程中，采用僚机侧向喂料，实现双机组梯队同步大厚度连铺连压，由 3 层摊铺的水稳基层变为 2 层摊铺施工，实现初凝期内一次整体成型，可以省去 1 道施工工序、2 道层间结合处理工序、2 道水稳养生工序，避免施工周期长、养生时间长的弊病，大大加快工程建设进度；降低劳动强度，降低施工成本，提高施工效率 3 倍以上。双机组同步大厚度快速连铺连压工法效能情况见表 11-11，路面反开挖工艺及僚机侧向喂料创新（大厚度连铺连压）如图 11-2 所示。

双机组同步大厚度快速连铺连压工法效能情况　　表 11-11

指　　标	连铺连压工法	传统水稳摊铺
平方成本（元 /m^2）	3.16	4.03
养生工期（天）	7	21

注：以 3 层摊铺为例。

图 11-2　路面反开挖工艺及僚机侧向喂料创新（大厚度连铺连压）

11.1.1.3 质量效率高

项目建设期间及通车后，项目办员工职业健康问题为 0，重大工伤事故为 0，重大安全生产责任事故为 0。

项目交工验收评分 99.24 分（75 分合格）；全线路面平整度平均值达到 0.586mm，较规范规定值 1.2mm 有显著提升。路面平整度指标情况见表 11-12，路面平整度直观体验如图 11-3 所示。

路面平整度指标情况（单位：mm） 表 11-12

指标	广东广佛肇高速佛山段	四川成乐扩容项目	山东济青高速改扩建项目	规范标准值
路面平整度平均值	0.74	0.61	0.58	1.2

图 11-3 路面平整度直观体验

除规范要求的工程内在指标全部达标外，项目对外观质量展开专项提升，部分质量指标见表 11-13。

部分外观指标数据 表 11-13

检测指标	检测标段	检测日期 检测数据	检测日期 检测数据	备注
波形护栏横梁中心高	三（下）	2018 年 1 月	2019 年 7 月	偏差 ±20mm
		12.9mm	9.5mm	
波形护栏立柱竖直度	四	2018 年 1 月	2019 年 7 月	偏差 ±20mm
		8.6mm	6.3mm	
路缘石直顺度	四	2018 年 1 月	2019 年 7 月	偏差 10mm
		9.1mm	5.3mm	
路缘石相邻高差	四	2018 年 1 月	2019 年 7 月	偏差 3mm
		2.3mm	1.9mm	

续上表

检测指标	检测标段	检测日期 检测数据	检测日期 检测数据	备注
沥青路面平整度	三（上）	2018 年 8 月	2018 年 9 月	标准差
		0.7	0.64	
上部结构保护层厚度	三	2017 年 7 月	2018 年 7 月	合格率
		95.0%	96.3%	
	四	2017 年 7 月	2018 年 7 月	
		95.0%	95.1%	

济青高速公路改扩建项目计划总工期 42 个月（图 11-4），经过全体参建单位的共同努力，克服环保持续高压、地材紧缺、价格骤涨等多重因素影响，实现提前 5 个月建成通车，创造了“济青速度”。

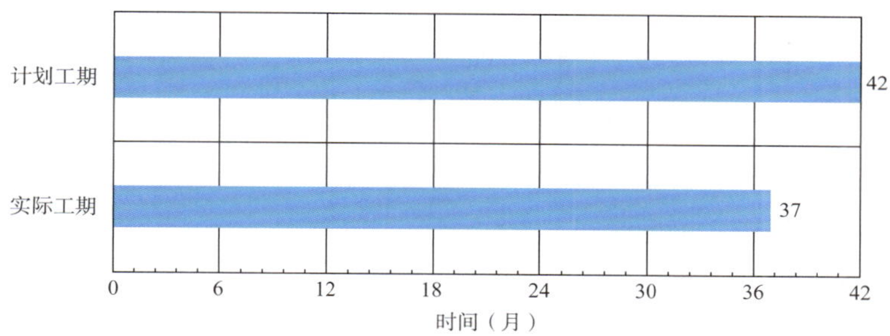

图 11-4　济南至青岛高速公路改扩建工程项目工期控制图

项目年度主要工程量目标完成情况如图 11-5 所示，项目投资完成情况进度图如图 11-6 所示。

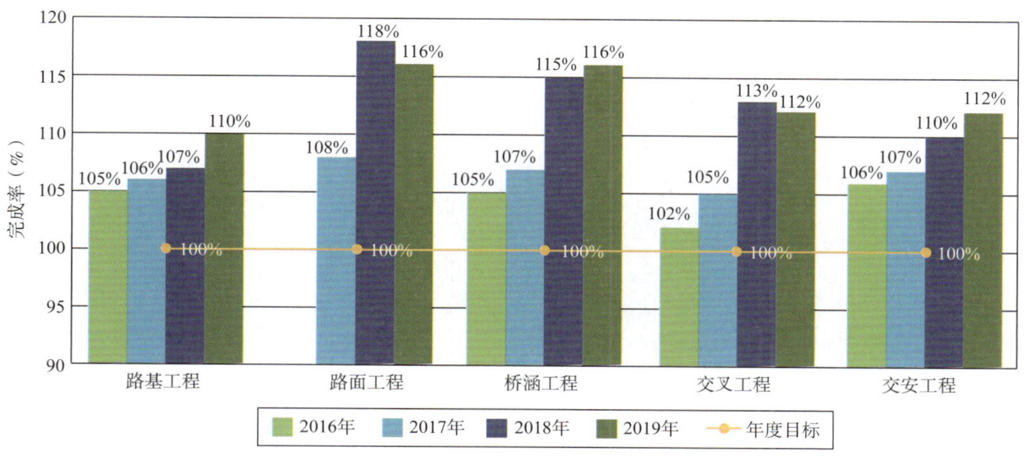

图 11-5　项目年度主要工程量目标完成情况

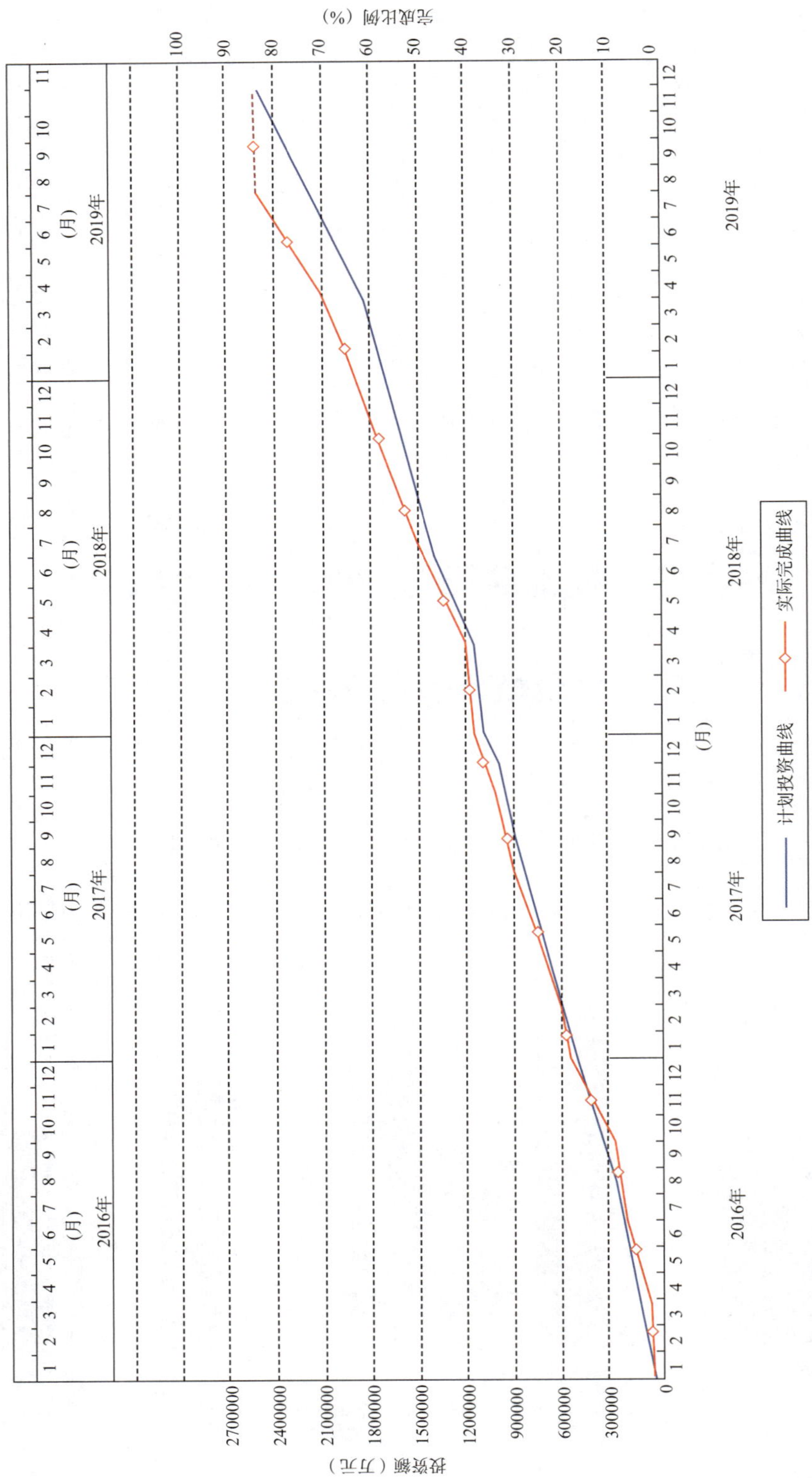

图 11-6　项目投资完成情况进度图

11.1.1.4 服务体验好

依托公司每年的顾客满意度调查，项目改扩建中顾客满意度并没有出现明显的下滑，且高于省内同行业竞争对手；改扩建前后顾客满意度基本持平，且大于97%（表11-14）。

顾客满意度调查结果（单位：%） 表11-14

单位	年份（年）				
	2015	2016	2017	2018	2019
山东高速公司	98.74	98.07	97.94	97.92	98.56
齐鲁交通发展集团有限公司	95.78	96.64	92.8	93.16	93.89

从开工直至项目通车，公司道路运营服务水平逐年提高，车辆缓行次数、缓行处置平均时长、收费站封闭时间、清障救援到达时间和事故处理时长均呈向好趋势（表11-15）。

项目年度交通畅通、安全、运行情况 表11-15

指标分类	年份（年）			
	2016	2017	2018	2019
车辆缓行次数（次）	1298	710	513	404
缓行处置平均时长（min）	52	59	49	33
收费站封闭时长（min）	2330	2980	4025	1966
到长时间（min）	21	21	16	14
交通事故总量（次）	4132	1710	1782	1663
事故处置平均时长（min）	39	35	29	26

注：2018年因收费站升级改造进行封闭，封闭总时长出现显著增长。

改扩建中通行时长延长12%，项目建成运行一年后，区间平均通行时长2.9h，较改扩建前缩短1.3h（31%），出行效率和体验显著提升（表11-16）。

车辆区间通行时长（单位：h） 表11-16

指标	改扩建前	改扩建中	运营一年后
区间通行时长	4.2	4.7	2.9

注：表中数据为小型客车经验值，计算区间为济南收费站—青岛收费站。

11.1.1.5 项目关键节点

在进度纠偏机制的管控和其他管理手段的共同作用下，项目关键节点任务实际完成情况全部达到计划要求。项目关键节点任务完成结果见表11-17。

项目关键节点任务完成情况　　表 11-17

序号	关键节点	计划完成时间	实际完成时间
1	核准立项	2015 年 12 月	2015 年 12 月
2	设计完成	初步设计：2016 年 1 月 施工图设计：2016 年 8 月	初步设计：2016 年 1 月 施工图设计：2016 年 8 月
3	招标完成	2016 年 4 月	2016 年 4 月
4	项目开工	2016 年 6 月	2016 年 6 月
5	准备阶段	2016 年 6 月—2016 年 11 月	2016 年 6 月—2016 年 9 月
6	施工第一阶段：左右两幅道路正常通行，填筑两侧路基，开挖两侧路堑，完成左幅路基填筑	2016 年 12 月—2017 年 8 月	2016 年 10 月—2017 年 3 月
7	施工第二阶段：左右两幅道路正常通行，左辅铺设外侧拼宽部分的路面基层和路面至下面层	2017 年 9 月—2018 年 4 月	2017 年 4 月—2017 年 10 月
8	施工第三阶段：第一次转序施工，右幅路段分段封闭施工，相应路段左幅双向通行，右幅施工至上面层	2018 年 5 月—2018 年 12 月	2017 年 11 月—2018 年 8 月
9	施工第四阶段：第二次转序施工，左幅路段分段封闭施工，相应路段右幅双向通行，左幅施工至上面层	2019 年 1 月—2019 年 8 月	2018 年 9 月—2019 年 5 月
10	施工第五阶段：第三次转序施工，完成临时开口的封闭，完善路面标线和通行标志施工，基本实现双向 4~8 车道通车运营	2019 年 9 月—2019 年 11 月	2019 年 6 月—2019 年 7 月

11.1.2　质量问题及处理结果

项目建设管理过程中，主动及时发现并处理质量问题、隐患，累计完成质量专项检查 56 次、综合检查 42 次、日常不定期巡查 760 次，发现并通报问题 1300 余项，整改率 100%。对山东高速集团及山东省交通运输厅执法总队等上级督查发现的质量问题，举一反三、及时反馈，形成闭环管理；累计督查发现问题 41 项，整改率 100%。问题整改情况详见图 11-7、图 11-8 及表 11-18、表 11-19。

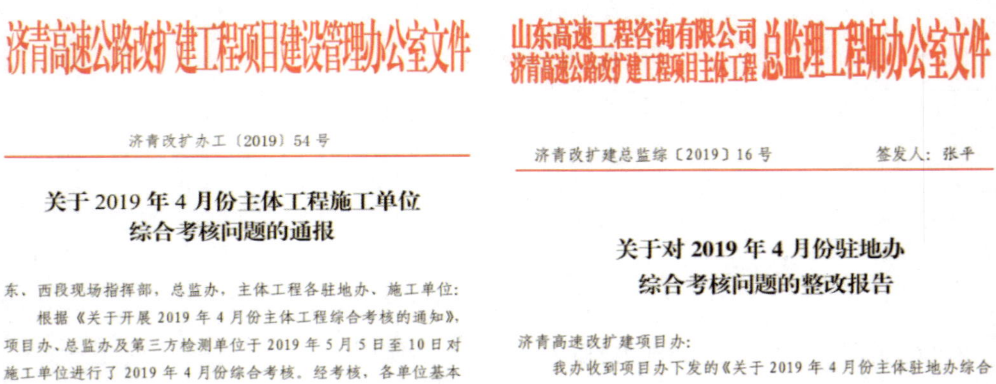
济青高速公路改扩建工程项目建设管理办公室文件

济青改扩办工〔2019〕54 号

关于 2019 年 4 月份主体工程施工单位
综合考核问题的通报

东、西段现场指挥部，总监办，主体工程各驻地办、施工单位：

根据《关于开展 2019 年 4 月份主体工程综合考核的通知》，项目办、总监办及第三方检测单位于 2019 年 5 月 5 日至 10 日对施工单位进行了 2019 年 4 月份综合考核。经考核，各单位基本

山东高速工程咨询有限公司
济青高速公路改扩建工程项目主体工程总监理工程师办公室文件

济青改扩建总监综〔2019〕16 号　　签发人：张平

关于对 2019 年 4 月份驻地办
综合考核问题的整改报告

济青高速改扩建项目办：

我办收到项目办下发的《关于 2019 年 4 月份主体驻地办综合

图 11-7　项目主动发现问题及整改反馈

济青高速公路改扩建工程项目建设管理办公室文件

济青改扩办工〔2019〕56号

关于集团2019年度在建高速公路重点项目综合督查和质量管理专项检查的整改报告

高速集团：

根据集团2019年度在建高速公路重点项目综合督查和质量管理专项检查情况，济青高速改扩建项目办立即要求相关单位进

济青高速公路改扩建工程项目建设管理办公室文件

济青改扩办工〔2018〕106号

关于山东省交通运输执法监察总队2018年度济青高速公路改扩建工程质量安全综合督查意见整改落实情况的报告

山东省交通运输执法监察总队：

2018年11月29日至11月30日，山东省交通运输执法监

图11-8　上级发现问题及整改反馈

项目主动发现问题及整改情况　表11-18

类　型	发现质量问题（项）	整改完成情况（项）	整改率（%）
日常巡查	1082	1082	100
专项检查	176	176	100
综合检查	133	133	100

上级单位发现问题及整改情况　表11-19

类　型	发现质量问题（项）	整改完成情况（项）	整改率（%）
集团督查	26	26	100
执法总队督查	15	15	100

11.1.3　经济与社会效益

1）社会效益

项目的建成进一步完善了山东省高速公路网，提高了公路通行能力和服务水平，是山东立体交通格局的重要组成部分，对强化山东半岛蓝色经济区、省会城市群经济圈的

产业和经济联系，增强整体竞争力，具有积极的意义（表 11-20）。

济青高速公路沿线五市历年 GDP（单位：亿元）　　表 11-20

城　市	指　标							
	2015 年	较上年增幅	2016 年	较上年增幅	2017 年	较上年增幅	2018 年	较上年增幅
济南	6100	—	6536	7.15%	7151	9.41%	7856	9.86%
淄博	4130	—	4412	6.83%	4771	8.14%	5068	6.23%
滨州	2355	—	2470	4.88%	2601	5.30%	2640	1.50%
潍坊	5170	—	5522	6.81%	5854	6.01%	6156	5.16%
青岛	9300	—	10011	7.65%	11024	10.12%	12001	8.86%

注：数据由山东省统计局官方发布。

项目拓展省会发展空间，改善城市交通环境，可极大便利公众出行、缓解城市拥堵、释放发展空间；也可打通 G35 济广高速公路、G20 青银高速公路、G2 京沪高速公路三条国家高速路网交通梗阻区域，畅通省会北部、东北部外联通道，满足沿线城市群在交通基础设施、对外空间布局、公共服务提升等领域的发展需求。

济青高速公路逐年车型及流量情况见表 11-21，沿线地市车流量情况见表 11-22。

济青高速公路逐年车型及流量情况（单位：万辆）　　表 11-21

年份（年）	车流总量	货车流量	客车流量	其他车流量
2016	3441	1195	2139	107
2017	3654	983	2541	130
2018	2534	466	2029	39
2019	3063	727	2304	32

沿线地市车流量情况（单位：万辆）　　表 11-22

地市路段	2016 年	2017 年	2018 年	2019 年
济南段	859	1043	553	605
淄博段	846	829	554	753
潍坊段	981	962	726	874
青岛段	754	819	700	830

2）经济效益

全线再利用旧路材料 100 余万立方米，减少弃渣占地超 0.13km^2，旧护栏利用 642km，节省钢材近万吨。项目全线改扩建完成通车后，区间平均通行时长 2.6h，相比改扩建前缩短了 0.5h，每辆轿车省油平均约为 4.8L。以 2019 年项目建成通车后车流量为例，

2019 年全年车流总量为 7657.5 万辆（换算后），据此可以推算 2019 年全年可节省汽油约为 36756 万 L，减少 CO 排放量约为 8453.88t / 年，减少 CO_2 排放量约为 84.55 万 t / 年，在提升了出行效率和体验的同时，也降低了能源消耗和污染物排放。综合再生材料循环利用、四新技术应用、成本管控等措施，与投资概算相比，项目总体节约投资近 40 亿元；同时，项目提前建成通车，增加通行费收益 7.5 亿元（表 11-23）。

节能减排对比 表 11-23

指　　标	胶州湾大桥	济青高速公路
节省时间（min）	20	30
单车节油（L）	3	4.8
2019 年车流量（万辆）	1438	7657.5
年节油量（万 L）	4314	36756
每日节油（万 L）	11.82	100.7
减少 CO 排放量（t / 年）	992.22	8453.88
减少 CO_2 排放量（万 t / 年）	9.92	84.55

11.2 相关方评价

11.2.1 相关方评价

2019 年 5 月，时任山东省副省长凌文调研项目，并在视察后对项目建设予以高度赞赏（图 11-9）。

图 11-9 领导调研对项目高度赞赏

建设期间，山东省政府、省检察院、省国资委、省交通运输厅、济南市委市政府、济南市交通局、沿线五市市委市政府、南非工程院等国际国内的各级各单位多次到项目调研，对项目进度、质量、安全、环保方面取得的成绩予以充分肯定（图 11-10）。江苏交通控股有限公司等 13 家国内知名交通建设、运营单位到项目考察交流，学习边施工边通车建设经验，高度评价项目建设管理（图 11-11）。

图 11-10　山东省国资委调研项目

图 11-11　国内外单位到项目交流学习

2018 年 8 月 23 日“全国公路改扩建技术交流暨济青高速公路绿色科技示范工程现场观摩会”在山东省济南市成功召开。交通运输部、中国公路学会及近 30 个省（区、市）交通运输厅、交通科研院所、高速公路建设、运营单位领导、专家、代表共计约 500 人出席本次会议。2019 年 12 月 19—20 日，由中国公路学会、山东高速集团主办的济青高速公路改扩建绿色科技示范工程技术交流会（图 11-12）在济南召开，会议以“绿色·耐久·安全·智慧”为主题，来自全国各地约 400 位代表出席本次会议，旨在总结、推广济青高速公路改扩建工程建设经验与成果，助力交通强国建设，获得社会各界高度认可。

图 11-12　2018 年、2019 年绿色科技示范工程技术交流会

项目办通过访谈、员工座谈等形式了解员工满意情况，员工对个人成长与薪酬增长充分满意。2016—2019 年，累计晋升 15 人，晋升比例 19%；员工薪酬待遇分别增长 28.1%、18.7%、17.8%。

11.2.2　新闻报道

项目建设期间被各大媒体广泛报道，营造了良好的外部形象，扩大了项目影响力。仅 2019 年 6—12 月，省级及以上平台报道就有 17 次（图 11-13、图 11-14、表 11-24）。

绿色交通·美丽中国
济青高速公路改扩建绿色科技示范工程7月通车
青青气象新 老路再逢春
全线都把绿色交通理念放在心尖上
全过程工程技术创新实践回应需求
瞄准技术输出 跟紧行业决策部署
山东新旧动能转换交通保障重点工程

图 11-13　中国交通报专版报道

图 11-14　央视等新闻媒体对项目进行报道

2019 年部分重要、典型的新闻报道及评选活动　　表 11-24

时间	媒　体	报道内容
2019 年 12 月	大众日报	济青高速改扩建“科技火种”助力交通强国
2019 年 12 月	山东卫视《新闻联播》	济青高速公路改扩建绿色科技示范工程技术交流会在济南召开
2019 年 9 月	山东广播电视台	山东广播电视台国庆献礼纪录片《奋进新山东》济青项目再塑山东交通运输新优势
2019 年 9 月	山东省国资委	入围全省“改革发展重大典型评选”
2019 年 8 月	学习强国	济青高速公路改扩建项目是怎么做成绿色科技示范工程的
2019 年 7 月	大众网	八车道新济青再塑“山东的路”
2019 年 7 月	china.org.cn	East China’s Shandong welcomes its first 8-lane expressway
2019 年 7 月	新华社	山东迎来首条八车道高速公路
2019 年 7 月	央视朝闻天下	山东济青高速公路北线八车道拓宽工程通车
2019 年 7 月	中国交通报	山东第一路，再现新荣光

续上表

时间	媒　体	报道内容
2019 年 7 月	交通运输部官网	青青气象新，老路再逢春
2019 年 7 月	中国交通新闻网	济青高速公路改扩建绿色科技示范工程 7 月通车
2019 年 7 月	齐鲁网	济青高速公路北线 26 日正式通车项目创造多个世界第一
2019 年 7 月	齐鲁网	刷新世界纪录全国体量最大济青高速公路四改八车道今日正式通车
2019 年 7 月	大众网	山东最强高速公路来了！济青高速今日恢复通车！
2019 年 7 月	搜狐	山东“最牛高速公路”今晚通车！神秘装置省内首次使用！
2019 年 6 月	大众日报	项目被誉为“重塑‘山东的路’品牌”

11.2.3　顾客满意及抱怨处理

项目高度重视沿线地市、居民等相关方的抱怨，力求妥善处理，具体指标结果见表 11-25。

济青高速公路改扩建工程抱怨处理情况　　表 11-25

年份（年）	2018			2019			2020		
项目	抱怨数	处理量	满意率	抱怨数	处理量	满意率	抱怨数	处理量	满意率
省政务热线	37	37	100%	245	245	100%	52	52	100%
96659 高速热线	60	60	100%	148	148	100%	2	2	100%
合计	97	97	100%	394	394	100%	52	52	100%

11.2.4　荣誉获得情况

项目获奖情况见表 11-26。

省部级荣誉统计　　表 11-26

年份（年）	颁奖组织	奖项名称	奖励等级
2020	International Road Federation 国际路联	Global Road Achievement Award 杰出工程奖（质量管理类）	国家级
2017	中国海员建设工会全国委员会	全国交通基础设施重点工程劳动竞赛优胜单位	国家级
2019	山东省总工会	五一劳动奖章	省部级
2018	山东省总工会	工人先锋号（3 个）	省部级
2019	山东省总工会	工人先锋号（3 个）	省部级
2019	中国公路学会	交通 BIM 工程创新奖	省部级
2019	中国交通企业管理协会	全国交通运输创新文化建设优秀单位	省部级

11.3 节能环保

1.3.1 声环保

项目全线 217 处敏感点均能够满足使用功能或达到相应功能区标准，噪声污染防治效果良好，满足标准要求（表 11-27）。

声环保结果　　表 11-27

声环保措施	投入情况	《声环境质量标准》（GB 3096—2008）规范值		实测最大值	实测最小值
（1）声屏障设置； （2）红线外 10m 拆迁； （3）施工期间点位监测	（1）声屏障投资 12000 万元，隔声窗投资 1645 万元； （2）共计拆迁 21 处、338 户，投入 4056 万元； （3）沿线 15 个点位噪声实时监测	昼间噪声	< 70Lep dB（A）	66	60.3
		夜间噪声	< 55Lep dB（A）	54.5	49.5

11.3.2 地表水环境

项目工程针对施工期间跨河特大桥、大桥及敏感河段桥梁施工以及施工营地、大临工程、施工场地对水环境的影响均采取了行之有效的防治措施。项目施工期间委托第三方检测公司对项目沿线弥河、白浪河、大沽河进行了实时检测，以白浪河为例，监测结果显示氨氮、悬浮物、石油类等主要污染物含量均能满足国家及地方要求的相关标准限值（表 11-28）。

白浪河现状监测结果（单位：mg/L）　　表 11-28

监测点位	执行标准	监测指标	规范标准值	监测结果
白浪河	《地表水环境质量标准》（GB 3838—2002）V 类标准	氨氮	2	0.42
		悬浮物	—	30
		石油类	1	0.217

11.3.3 空气环境

项目委托第三方检测公司对项目沿线六个标段以及各场站主要污染物 TSP、PM10、PM2.5 进行实时监测。结果表明项目建设期间，均能满足国家及地方要求的控制标准，且都维持在较低的范围之内（表 11-29）。

环境空气环保结果（单位：mg/m³） 表 11-29

执行标准	监测指标	规范标准值	监测最高值	监测最低值
《大气污染物综合排放标准》（GB 16297—1996）	TSP	＜1.0	0.622	0.538
	PM10	＜1.0	0.136	0.067
	PM2.5	＜1.0	0.053	0.039

11.3.4 环保公众调查

项目在实施过程中对环保开展了社会调查，公众对项目建设表示支持和认可，环保投诉解决妥当。项目荣获“2018 年度交通运输节能减排示范项目”，节能减排成果受到认可（表 11-30~ 表 11-32）。

环保社会公众调查结果 表 11-30

调查形式	回收有效问卷	满意率	项目建设赞成率
问卷	4030	95.70%	97.20%

环保投诉解决结果 表 11-31

投诉类型	投诉次数	解决率	满意率
重大投诉	0	100%	100%
小型投诉	121	100%	100%

建设期间安全隐患排查情况 表 11-32

年份（年）	排查隐患数量	整改比例	年份（年）	排查隐患数量	整改比例
2016	535	100%	2018	675	100%
2017	980	100%	2019	366	100%

11.3.5 资源消耗与综合利用

项目绿色环保科技创新成果资源综合利用情况见表 11-33。图 11-15 所示为项目荣获“2018 年度交通运输节能减排示范项目”证书。

项目绿色环保科技创新成果资源综合利用情况表 表 11-33

利用项目	利用率	旧材利用量	节约资源情况
高品质冷再生	100%	旧路沥青铣刨料、混凝土材料近 100 万 m^3	节约石材约 200 万 t，沥青 5 万余吨，平均每百公里减少弃渣占地约 0.05km^2
废弃混凝土再生集料			
波形护栏再利用	60%	旧波形护栏 642km	节省钢材近万吨
工业废料赤泥填筑路基	—	万吨改性拜耳法赤泥	节约取土 14850m^3

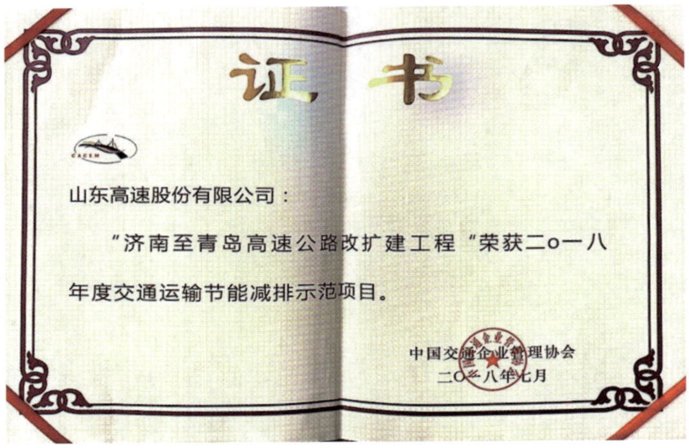

图 11-15　项目荣获“2018 年度交通运输节能减排示范项目”证书

11.4　创新成果

济青高速公路改扩建工程基于卓越绩效管理模式对项目进行全方位创新管理，形成了一批代表性强且含金量高的管理创新成果、科技创新成果以及具有推广应用价值的最佳实践。

11.4.1　管理创新成果

济青高速公路改扩建工程在国内外首次应用卓越绩效管理模式进行公路工程改扩建项目的管理，成功斩获 2020 年“全国质量奖卓越项目奖”（图 11-16），2020 年“长寿

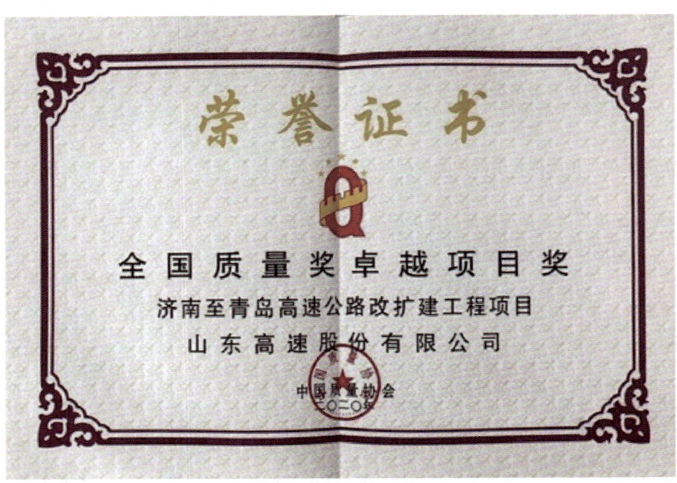

图 11-16　“全国质量奖卓越项目奖”证书

命路面奖”（图 11-17），2021 年“公路交通优质工程奖”（图 11-18），2020-2021 年度中国质量协会质量技术奖优秀奖（图 11-19）；并获得中国公路学会 2021 年度中国交通投融资年度项目创新奖二等奖，“山东省交通运输行业职工优秀技术创新成果一等奖”（图 11-20）等奖项。

图 11-17　“长寿命路面奖”证书

图 11-18　“公路交通优质工程奖”证书

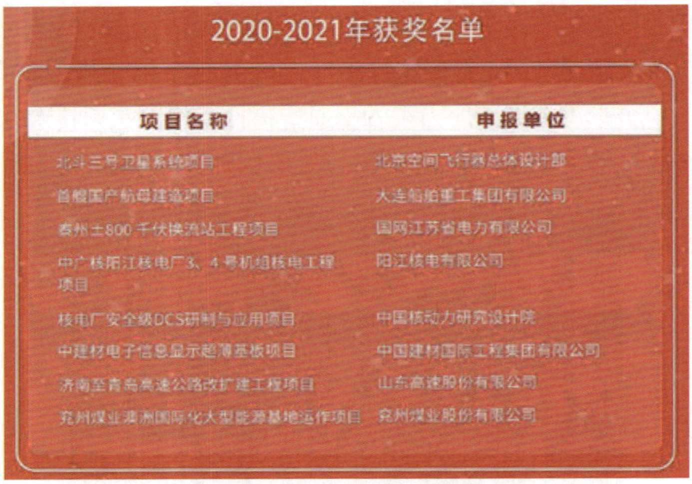

2020-2021年获奖名单

项目名称	申报单位
北斗三号卫星系统项目	北京空间飞行器总体设计部
首艘国产航母建造项目	大连船舶重工集团有限公司
泰州±800千伏换流站工程项目	国网江苏省电力有限公司
中广核阳江核电厂3、4号机组核电工程项目	阳江核电有限公司
核电厂安全级DCS研制与应用项目	中国核动力研究设计院
中建材电子信息显示超薄基板项目	中国建材国际工程集团有限公司
济南至青岛高速公路改扩建工程项目	山东高速股份有限公司
兖州煤业澳洲国际化大型能源基地运作项目	兖州煤业股份有限公司

图 11-19　2020-2021 年度中国质量协会质量技术奖优秀奖公示

荣誉证书

山东省交通运输行业职工优秀技术创新成果一等奖

成果名称：济青高速改扩建护栏安全提升关键技术研究与示范应用

完 成 人：刘甲荣 苏建明 王凯 张凯 于建泉 任超 闫娜 王伟

所在单位：山东高速股份有限公司

山东省交通工会委员会

图 11-20　“山东省交通运输行业职工优秀技术创新成果一等奖”证书

11.4.2　科技创新成果

为进一步加强成果转换应用，项目办组织申报，并成功立项 14 项山东省技术创新项目，18 项科技攻关项目成功申报山东省交通科技创新项目，尤其《基于绿色理念的济青高速公路改扩建关键技术集成与示范》项目被列为山东省新旧动能转换重点支撑项目和 2018 年度交通运输行业重点科技项目清单，为实施新旧动能转换打下技术基础。其中，代表性科技创新成果有“超长服役高速公路改扩建路基路面评估、协调及整体提升关键技术”荣获“中国公路学会科学技术进步特等奖”（图 11-21），另有 4 个科研项目获得“中国公路学会科学技术进步奖二等奖”。济青高速公路改扩建绿色科技示范工程的实施，通过自主开发和推广应用一大批先进科技成果（图 11-22），集中展示了科技对交通行业技术进步和产业升级的引领推动作用，为我国高速公路改扩建工程建设提供技术储备和经验支撑。

中国公路学会科学技术奖

证书

为表彰中国公路学会科学技术奖获得者，特颁发此证书。

项目名称：超长服役高速公路改扩建路基路面评估、协调及整体提升关键技术

奖励等级：特等

获 奖 者：山东高速股份有限公司

证书号：A21-T-003-001

2022年1月24日

图 11-21 “中国公路学会科学技术奖特等奖”证书

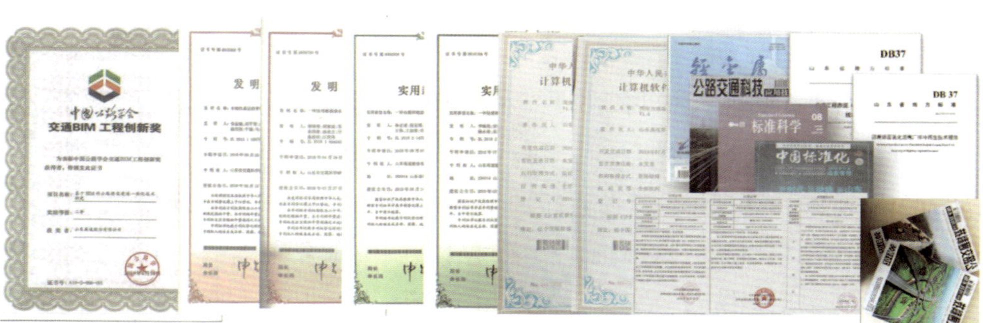

图 11-22 其他科技创新成果展示

11.4.3 具有推广应用价值的最佳实践

项目形成了一批可推广、可复制的交通科技创新成果与工程建设技术，部分成果和技术实践已经在我省京沪、京台高速公路改扩建工程中得到规模化推广应用。

（1）项目作为国内首条真正意义上四车道边保通边施工的四改八高速公路改扩建项目，在如何通过方案设计论证、具体的体系化交通组织手段、安全保畅措施等方面形成了系统化的经验成果，对国内同类型项目极具借鉴意义。

（2）通过制定合理的、能有效反映路段实际运行状态的限速标准和策略，建立健全紧急事件应急救援体系，对交通安全进行分析与评价，全面提升高速公路交通安全保障水平。优选应用了发光交通标志、旋转式防撞护栏、可导向防撞垫等交通安全新设施，有效提升济青高速公路安全运营水平，经验证可推广（图 11-23）。

图 11-23 优选新型交安设施应用

（3）通过全寿命周期设计施工一体化技术，促进工程结构安全理念向结构耐久性理念的转变，提高高速公路改扩建工程的建设质量和使用性能，延长使用寿命，降低养护维修费用。“既有桥梁综合利用关键技术”首次对我国通用服役典型桥型进行了残余寿命实体疲劳评价，按照与济青高速公路交通水平相适的荷载模型进行旧桥评估，不仅客观地评价既有旧桥的使用性能及服役寿命，同时能够在改扩建中避免过度加固和拆除重建，节约工程投资，具有良好的经济效益和推广意义；成果将进一步修正我国高速公路桥梁计算理论。“沥青路面全幅无缝成型关键技术与应用”采用四车道18.75m 宽全断面单机整幅一次摊铺，本项目应用后路面平整度平均方差达到 0.586mm 的高水准，成功实现“横向一字坡、纵向无接缝”，解决了“并机摊铺”造成的路面多横坡、多拱度，雨后积水、车辆变道摇晃等顽疾，显著提升了工程建设质量和效率（图 11-24）。

图 11-24　既有桥梁综合利用试验研究

（4）在改扩建和运营过程中体现“变废为宝”的理念，全线 309km 推广旧路结构与材料再利用、大宗工业废弃材料循环再生利用，实现世界上首次将赤泥无害化、规模化应用于高速公路建设，总结形成赤泥等大宗工业废弃材料资源化应用成套技术与应用示范。“基于绿色循环利用功能的公路护栏安全提升系统研究”自主研发多种护栏形式，通过实车碰撞试验验证；全线再利用旧波形梁护栏 642km，节省钢材近万吨，大幅降低护栏工程造价（图 11-25）。

图 11-25　旧路铣刨料回收利用

（5）“水稳结构大厚度连铺连压整体成型技术与装备研究”，采用“横向喂料”“大厚度摊铺（36cm）”“超重吨位智能碾压”，实现一次摊铺一次成型，显著提高硬路肩反开挖段施工质量和效率。

（6）“全金属环保耐候泡沫铝声屏障研究开发”通过研发具备吸音隔声的闭孔泡沫

铝材料，使泡沫铝材料声屏障降噪效果提升至传统渣棉百叶型吸声板声屏障的数倍；且泡沫铝具有阻燃性能、耐久性高和吸声强的特点，环保和经济效益显著（图 11-26）。

图 11-26 泡沫铝声屏障应用

（7）在工程建设及后期运营方面集合应用“互联网 +”、BIM、云计算、大数据等新兴信息技术，切实提高工程建设质量和效率及交通出行的便捷性。在桥梁的施工阶段引入 BIM 技术，借助其可视化与信息集成特性，可实现设计图纸校核、碰撞检查、施工进度及施工工艺模拟、施工监控应用等可视化表达，有效提高工程建设水平与质量。充分利用云计算、大数据等信息技术，以“互联网 +”为载体，重点研究基于“互联网 +”的高速公路智慧出行服务技术，通过一体化感知交通信息进行无缝处理与挖掘，提供精细化、个性化出行信息服务（图 11-27）。

图 11-27 BIM 技术应用

（8）济青高速公路改扩建工程保通施工期间，为保障行车及施工安全，项目办在国内首批应用了智慧锥桶，通过在改扩建施工区和事故现场放置加装物联网模块的智慧锥桶，能够及时准确地掌握交通动态信息，实现了车路协同环境下的道路安全作业，进一步提升了改扩建期间公众出行安全度。该交通安全设施适用于道路作业、交通事故处理现场、车辆故障、临时管制等。通过第一时间放置到交通事故或施工现场，数据可同步发送给高德物联网平台推送给导航用户，同时智慧高速公路管理平台可以第一时间获取相应数据，实现交通动态信息的快速采集与处置发布闭环，极大降低道路事故发生率，缩短事故处置时间，极大提升改扩建期间交通安全水平（图 11-28）。

图 11-28　智慧锥筒应用

（9）项目是山东省首个通过招标方式引入环保、水保监理及水保监测的高速公路建设项目，在国家高度强调环境保护和水土保持的大背景下，项目建设品质工程及通过第三方环保、水保监理监督、监测、检测的具体做法，具有较强的推广意义。

12 总结与展望

通过对卓越管理模式在高速公路改扩建建设项目管理中运用的分析，证实了将质量-进度卓越管理的方法应用于高速公路改扩建工程是有效的。

12.1　总结

高速公路改扩建项目质量卓越绩效是卓越绩效针对高速公路改扩建工程的特性而言的提法，是质量卓越绩效理论在高速公路改扩建领域的应用，并非独立于卓越绩效理论的为了评价而评价的应用。“卓越绩效”是一种组织绩效的综合管理方法，使组织和个人得到进步和发展是它的核心思想，从而为顾客和其他相关方创造价值，并使组织获得持续成功。高速公路建设项目质量卓越绩效是根据卓越绩效在企业中的应用来延伸定义的，它是建立在大质量的概念下，质量的内涵已由以前的符合标准转化为让用户和各参与方综合满意；质量的领域包括建设产品的质量、过程质量和整个体系的质量，甚至还扩展到整个运营的质量。

采用卓越绩效管理模式对济青高速公路改扩建项目进行全过程管理，并及时总结形成一套创新性的管理模式，基于该管理模式，形成了高速公路改扩建工程基于战略的绩效指标体系及评价方法。卓越绩效管理模式应用于高速公路改扩建工程建设尚属国内首次，未来其他改扩建工程的项目管理方可以借鉴这种管理方法，具有良好的传承与示范作用。

基于这种创新性的管理模式，还形成了一系列解决高速公路改扩建关键问题的技术措施，并形成了系列研究报告，可供未来改扩建工程参考和推广应用。结合高速公路准公益性的这一特性，它最主要的特点总结为以下 6 个方面。

12.1.1　大质量概念

高速公路改扩建项目建设的工程质量一向是首当其冲的具有明确评价指标的项目，济青高速公路项目办领导对国内外改扩建高速公路建设现状、建设水平、未来建设趋势进行了分析，认为未来我国高速公路改扩建规模会进一步增大，并且建设水平的提高非常依赖创新技术的驱动。根据卓越绩效管理模式的内涵，济青高速公路项目办领导对项目建设涉及的各方关系、高速公路的使用者需求分析的前提下，按照卓越绩效管理模式的6个相关方（股东、社会、顾客、员工、供方、合作伙伴），提出我国高速公路改扩建工程的6大相关方：建设企业股东、政府和沿线居民（社会）、驾乘人员和管养单位（顾客）、企业员工、机械设备材料供应商（供方）、参建方（合作伙伴）6个方面，让相关方满意是高速公路改扩建项目追求大质量的最根本要求。济青高速公路改扩建项目办领导组织详细调研各方需求，并站在全局角度均衡考虑各方需求，提出了本工程的总目标以及各关键过程的目标，对目标及实施计划进行密切关注和动态调整，并营造良好的建设环境，包括在组织内部营造有利于员工参与、沟通、合作、学习、创新等的氛围，在外部与各相关方建立良好的沟通协作机制，最终实现了大质量目标，圆满高效建成了济青高速公路改扩建工程，相关方评价高。

12.1.2 关注过程注重结果

济青高速公路改扩建工程项目办结合卓越绩效管理模式中过程管理的主要理念和方法，重点考虑项目目标、相关方需求、工程建设特点、过程质量要求等因素，建立了科学合理的组织管理体系对项目进行过程管理。考虑项目前期设计和施工两个主要阶段，并通过对标研究、头脑风暴、综合评分等方法，将整个建设过程按照对项目目标实现的贡献程度进行评分确认，最终确定项目的关键过程分别是勘察设计过程、进度管理过程、质量管理过程、交通组织及安全管理过程。

济青高速公路改扩建工程项目办紧密围绕顾客、股东、员工、供方和合作伙伴、社会五大相关方需求，结合项目目标，针对不同过程的特点，运用访谈、调查问卷等方法，识别出相关方的要求，运用层次分析法对相关方需求进行确认，识别出过程的关键要求。然后，结合技术知识和经验，根据SMART原则，设置了过程要求的具体测量工具和测量方法，使得关键指标可控、有效。

济青高速公路改扩建工程运用卓越管理模式中构建指标体系的方法，将目标、工作、过程和结果结合起来，建立了关键过程的测量分析改进方法和指标体系，进一步促进了卓越绩效管理模式在济青高速公路改扩建工程中的应用，通过在过程中对阶段性结果的改进，进一步实现了济青高速公路建成高质量改扩建工程的结果，充分体现了“卓越的过程”造就“卓越的结果”思想的重要性，卓越绩效管理模式帮助济青高速公路追求了卓越质量和获得了良好运营前景。

12.1.3 管理的非规则性

管理的非规则性体现在不同的项目具有不同的难题和挑战，采取的评价体系和指标设置均不同，济青高速公路基于卓越绩效管理模式的创新管理实践，能够为未来改扩建工程提供一种新的管理模式，教会一种管理方法，而不是照搬评价方法和指标体系。以创新管理为例，济青高速公路改扩建面临的自身管理和技术上的问题，需要纳入创新管理方法和创新技术来高效高质地解决，按照交通强国建设要求，需要对标国际先进水平进行项目建设，因此，技术研发在项目建设中所占比重也会逐渐增多，而创新正是追求卓越的途径，领先也不是一蹴而就的。济青高速公路改扩建工程项目办运用卓越绩效管理模式，最终促使本工程所攻关的技术创新达到国际先进和国际领先水平。实践表明，在创新管理方面，卓越绩效管理模式能够提供一种动态正向的管理方法，使得科技创新攻关达到高质量的目标。

12.1.4 目标协调的系统思路

济青高速公路改扩建工程项目办把握了卓越管理模式的基本框架，从多个角度、多个层面构建了基于质量卓越管理模式的济青项目评价指标体系，形成了适用于高速公路改扩建工程的基于卓越绩效管理模式的评价指标体系，用以全面评价卓越绩效管理模式的应用效果。

基于卓越绩效的管理是一个复杂的系统工程，管理活动具有阶段性、多样性及层次性特点。卓越绩效管理模式提高了济青高速公路改扩建项目内部的整体绩效水平和能力，为相关各方创造了价值。

12.1.5 学习循环和持续改进

卓越绩效管理模式要求通过测量和分析不断衡量项目的过程是否满足目标要求，通过改进方法的实施使得项目向着总目标的方向迈进。济青高速公路改扩建项目在传统的PDCA管理模式的基础上，运用卓越绩效管理模式的测量、分析和改进环节，提出了关键过程测量、分析和改进的评价方法、原因分析和改进方法。在项目的各个阶段，济青高速公路改扩建工程项目办采用这些质量工具和方法，实现了质量、进度、安全、组织等目标。

12.1.6 支持基于目标的诊断

济青高速公路改扩建工程基于多方调研建立了总目标以及各个关键过程的指导目标，然后运用质量卓越管理模式的基本框架，从多个角度、多个层面构建了卓越管理模式的评价指标体系，这套评价指标体系最终指向仍然是项目总目标，层层递进地达到全面评价总目标的作用，这是基于目标诊断的卓越绩效管理模式的应用效果。

12.2 展望

卓越绩效管理的理论，在现行的高速公路改扩建项目管理中，济青高速公路当属首次。对该理论的引入，在今后一段时间的发展中，将有着良好的发展空间。站在整个项目管理的角度，高速公路建设项目卓越绩效关注的是相关方利益的平衡，通过各个项目相关方的相互作用和动力传导可以实现项目的质量目标和绩效改进。

其次，质量标准，是高速公路项目管理的前提条件，如何灵活运用一些创造性方法来实现质量标准，是高速公路项目管理的一个重点。高速公路建设项目卓越绩效的提出，为高速公路建设项目总目标的实现提供了有效平台，对于项目目标的实现，高速公路的建设获得不断的甚至是突破性的改进，包括激发高速公路建设项目根本性的变革，都将发挥重要作用。

再次，跟随市场集约化的脚步，将质量效益化是现行项目管理的一个发展方向。高速公路建设项目卓越绩效体系的提出，正是对这种方向的一种体现。

附录 A　指标体系构建流程

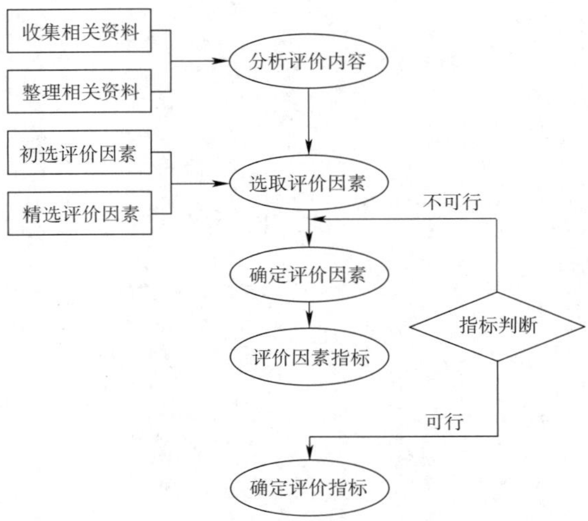

图 A-1　指标体系构建流程

指标体系构建举例——质量安全评价指标体系　　表 A-1

	一级指标	二级指标
高速公路建设项目质量——安全卓越管理	主体因素 U_1	领导的决策能力 U_{11}
		领导的协调能力 U_{12}
		领导关于质量——安全的专业素质 U_{13}
		员工工作责任心 U_{14}
		员工的执行能力 U_{15}
		员工关于质量——安全的专业素质 U_{16}
		通行者的满意度 U_{17}
		潜在通行者的敏感度 U_{18}
	物质因素 U_2	机械设备安装及使用控制 U_{21}
		机械设备进场可靠性检测 U_{22}
		施工材料的质量合格率 U_{23}
		施工材料的检测频率 U_{24}
	环境因素 U_3	施工现场自然条件 U_{31}
		施工现场作业条件 U_{32}
		施工现场安全设施布置条件 U_{33}
	管理过程 U_4	企业组织文化的先进性 U_{41}
		监督各方行为强度 U_{42}
		协调各方工作力度 U_{43}
		质量——安全组织岗位清晰度 U_{44}
		质量——安全教育与培训力度 U_{45}
		质量——安全保证体系的健全性 U_{46}
	社会因素 U_5	质量——安全检测反馈可靠度 U_{51}
		质量——安全检测周期频率 U_{52}

附录 B　评价方法一览表

评 价 方 法　　表 B-1

<table>
<tr><th>指标类型</th><th>举　　例</th><th>评价方法</th></tr>
<tr><td rowspan="6">可实测</td><td rowspan="6">《公路工程质量检验评定标准　第一册　土建工程》（JTG F80-1—2017）
（本规范内的指标基本都可实测）</td><td>差值法</td></tr>
<tr><td>百分比法</td></tr>
<tr><td>增量百分比法</td></tr>
<tr><td>可靠度法</td></tr>
<tr><td>对标法</td></tr>
<tr><td>统计回归法</td></tr>
<tr><td rowspan="12">不可实测</td><td rowspan="12">安全评价打分表；
员工培训效果打分表；
初设图审查对提高设计水平的程度；
进度措施对整体进度目标的贡献程度；
……</td><td>标度法</td></tr>
<tr><td>主观赋值法</td></tr>
<tr><td>专家打分法</td></tr>
<tr><td>AHP 法</td></tr>
<tr><td>Delphi 法</td></tr>
<tr><td>头脑风暴法</td></tr>
<tr><td>KT 法</td></tr>
<tr><td>归一法</td></tr>
<tr><td>灰度评价法</td></tr>
<tr><td>熵权法</td></tr>
<tr><td>模糊分析法</td></tr>
<tr><td>聚类分析法</td></tr>
</table>

附录 C　原因分析法一览表

原因分析法　　表 C-1

序号	方　法	特　点	用　途
1	穷举法	全面	适用于原因直接导致结果，且原因数量不多、原因清晰时
2	层别法	将数据或现象分门别类	通常依据人机料法环层别，有利于看出数据特征及问题来源
3	柏拉图	可视化，呈现重点	可视化呈现出重点问题，有利于聚焦重点问题进行分析
4	鱼骨图	可视化，分析问题原因	分析问题原因的方法，脑力风暴，抓问题较全面
5	5WHY	问题原因深挖	连续问 5 个为什么，深挖问题原因，与鱼骨图配合使用
6	因果图	适用于 4 层结构	—
7	树状图	不限制层级	—
8	关联图	因素之间相互影响	—

附录 D　改进方法一览表

改　进　方　法　　　　表 D-1

序号	方　法	特　点	用　途
1	七大浪费	使得运转更快	消除浪费降低成本，加快运转
2	SMED	快速换模 / 转型	切换过程中降低停产时间
3	防呆法	降低人为错误	减少或不依赖人的注意力或技能，进行防止错误的方法
4	标准化法	SOP	将优化的作业方法标准化，巩固改善效果
5	可视化法	—	信息目视化，高效安全

附录 E 关键过程绩效指标的测量、评价、原因分析方法一览表

勘察设计过程 表 E-1

因素	关键绩效指标	测量方法	评价方法	原因分析方法
质量	人员履约率 100%	检查考核	对比法	因果图、树图、关联图
	软硬件先进达到国内领先	专家评审	专家打分法	穷举法
	严格执行现行行业有关标准规范，执行率 100%	审查	对标法	鱼骨图
	保证工程设计质量	专家评审	专家打分法	树状图
	设计文件审查专家修改意见执行率 100%	检查	对比法	因果图
	勘察设计信用评分≥ 95 分	评审	对标法	树状图
	取得行业主管部门批复	考核	对比法	树状图
	保证一次通过行业审查	考核	对比法	树状图
	图纸会审有记录	检查	对比法	因果图
	设计变更有依据	检查	对标法	因果图
安全	勘察设计过程安全责任事故为 0	检查考核	对比法	树状图
	为改扩建施工提供安全技术保障	专家评审	专家打分法	树状图
环保	满足绿色、节能、可持续发展要求	专家评审	专家打分法	树状图
	对旧路资源循环利用进行详细设计	专家评审	专家打分法	因果图
	充分利用旧桥涵结构物	统计	对比法	因果图
	旧沥青路面材料回收率需达到 100%	统计	对比法	因果图
	废旧护栏利用率 100%	统计	对比法	因果图
成本	设计费用控制在国内中等水平	专家评审	专家打分法	树状图
	工程造价经济合理	专家评审	对比法	树状图
效率	合同工期内完成设计工作	考核	对比法	树状图

进度管理过程 表 E-2

因素	关键绩效指标	测量方法	评价方法	原因分析方法
质量	月度工程计划完成率	检查考核	横道图、网络图、检查表	关联图
	年度工程计划完成率	检查考核	横道图、网络图、检查表	关联图
	按计划完成三次施工转序	检查考核	对比法	因果图
	按计划完成通车节点任务	检查考核	对比法	因果图

质量管理过程　　表 E-3

因素	关键绩效指标	测量方法	评价方法	原因分析方法
工程质量	路床交验各项指标合格率 100%	《公路工程质量检验评定标准》规定频次	对比法	穷举法
	交工验收合格，评分 95 分以上	《公路工程质量检验评定标准》交工	对标法	树状图
	竣工验收优良，且评分 90 分以上	《公路工程质量检验评定标准》竣工	对标法	树状图
人员	人员履约率	考核	QC 小组、打分法	因果图
机械设备	设备完好率高	现场测试	6S/ 水平对比	穷举法
	设备利用率高	抽查 / 随时	6S/ 水平对比	树状图
材料	材料合格率	试验要求	对标法	穷举法
	废旧材料利用率	统计	水平对比	因果图
方法	一次审核（评审）通过率	监理审核（专家评审）	专家打分法	树状图

交通组织及安全管理过程　　表 E-4

因素	关键绩效指标	测量方法	评价方法	原因分析方法
交通组织	保畅通	服务水平	百分比法	因果图
	通行能力	饱和度	百分比法	因果图
	交通事故率	统计	对标法	穷举法
	简易程序事故数	统计	对标法	鱼骨图
	一般程序事故数	统计	对标法	鱼骨图
施工安全	现场管理检查频率及整改率	统计	对比法	树状图
	隐患排查数量及整改率	统计	对比法	树状图
	施工安全事故率	统计	对比法	因果图
	安全检查合格率	统计	对比法	因果图
职业健康	员工安全培训次数	统计	对比法	穷举法
	应急演练次数	统计	对比法	穷举法
	职业病发生人数	统计	对比法	因果图
	作业场噪声	实测	对标法	因果图
	扬尘土等排放指标	实测	对标法	因果图
	竣工环保验收合格	实测	对标法	穷举法
应急预防	有效处置突发安全生产事件	专家评价	专家打分法	因果法
	事故调查处理彻底	专家评价	专家打分法	树状图

参考文献

[1] 中国质量协会．卓越绩效准则：T/CAQ 10115—2021 [S]．北京：中国标准出版社，2022.

[2] 中国国家标准化管理委员会．《卓越绩效评价实施指南》：GB/Z 19579—2012 [S]．北京：中国标准出版社，2012.

[3] 戚维明．卓越绩效评价准则实务 [M]．北京：中国标准出版社，2012.

[4] 林梦笑．卓越绩效模式在法定机构建设中的应用研究 [M]．北京：西南财经大学出版社，2000.

[5] 吕思忠，苏建明，戚俊丽，等．济南至青岛高速公路改扩建工程全国质量奖卓越项目奖自评报告 [R]．济南：山东高速股份有限公司，2022.

[6] 岳刚，赵建坤．卓越绩效模式理解与实施指南 [M]．北京：中国标准出版社，2007.

济青高速公路
改扩建工程
科技创新实践

编著●吕思忠　　主审●王其峰

PRACTICE OF
SCIENTIFIC AND TECHNOLOGICAL INNOVATION IN THE RECONSTRUCTION AND EXPANSION PROJECT OF
JIQING EXPRESSWAY

人民交通出版社股份有限公司
北京

内 容 提 要

本书主要阐述了济青高速公路改扩建绿色科技示范工程的示范效应，对进一步规范和指导高速公路公路改扩建工程建议与管理具有重要作用。本书主要分为8章，包括绪论、济青高速公路改扩建绿色科技示范工程概要、改扩建工程新旧道路材料、结构匹配协调科技示范、不间断交通的施工交通组织与安全保障提升技术示范、旧路材料与大宗工业废弃物循环利用技术示范、生态防护与节能减排技术示范、信息化建管养效率提升技术示范、济青高速公路改扩建工程科技示范效应。

本书适合高速公路改扩建工程管理人员与技术人员阅读参考，亦可作为公路工程管理专业教师、研究生、本科生学习用书。

图书在版编目（CIP）数据

济青高速公路改扩建工程．济青高速公路改扩建工程科技创新实践 / 吕思忠编著．— 北京：人民交通出版社股份有限公司，2022.12

ISBN 978-7-114-18365-2

Ⅰ．①济…　Ⅱ．①吕…　Ⅲ．①高速公路—改建—道路工程—研究—中国②高速公路—扩建—道路工程—研究—中国　Ⅳ．①U418.8

中国版本图书馆 CIP 数据核字（2022）第 224591 号

Jiqing Gaosu Gonglu Gaikuojian Gongcheng Keji Chuangxin Shijian

书　　名：济青高速公路改扩建工程科技创新实践
著 作 者：吕思忠
责任编辑：郭晓旭
责任校对：席少楠　卢　弦
责任印制：张　凯
出版发行：人民交通出版社股份有限公司
地　　址：（100011）北京市朝阳区安定门外外馆斜街3号
网　　址：http：//www.ccpcl.com.cn
销售电话：（010）59757973
总 经 销：人民交通出版社股份有限公司发行部
经　　销：各地新华书店
印　　刷：北京交通印务有限公司
开　　本：787 × 1092　1/16
本册印张：14.75
本册字数：322千
版　　次：2022年12月　第1版
印　　次：2023年 5 月　第2次印刷
书　　号：ISBN 978-7-114-18365-2
定　　价：128.00元（全套）

《济青高速公路改扩建工程科技创新实践》

编　审　组

主　　审　王其峰　　山东高速集团有限公司

主　　编　吕思忠　　山东高速股份有限公司

参编人员（按贡献大小排序）

赛志毅　　山东高速股份有限公司
王　昊　　山东高速股份有限公司
刘甲荣　　山东高速股份有限公司
郭建民　　山东高速股份有限公司
赵之杰　　北京新桥技术发展有限公司
王　林　　山东省交通科学研究院
苏建明　　山东高速股份有限公司
马士杰　　山东省交通科学研究院
刘兆磊　　北京新桥技术发展有限公司
张　新　　山东高速股份有限公司
李兴锋　　山东高速股份有限公司
孙承吉　　山东高速股份有限公司
李征泉　　山东高速股份有限公司
章清涛　　山东高速股份有限公司
韦金城　　山东省交通科学研究院
冉　晋　　山东省交通科学研究院
王　凯　　山东高速股份有限公司
米轶轩　　北京新桥技术发展有限公司
崔世萍　　山东省交通科学研究院
刘　航　　山东高速股份有限公司

宋晓辉　　山东高速股份有限公司
孙卫东　　山东高速股份有限公司
徐飞萍　　山东高速股份有限公司
闫庆亮　　山东高速股份有限公司
王　超　　山东高速股份有限公司
魏　琨　　山东高速股份有限公司
李玉鑫　　山东高速股份有限公司
任　超　　山东高速股份有限公司
李　兵　　山东高速股份有限公司
于建泉　　山东高速股份有限公司
田仕臻　　山东高速股份有限公司
姚　望　　山东高速股份有限公司
王加奎　　山东高速股份有限公司
杜　瀚　　山东高速股份有限公司
李根东　　山东高速股份有限公司
王晓然　　山东高速股份有限公司
闫　娜　　山东高速股份有限公司
王　志　　北京新桥技术发展有限公司
李　征　　北京新桥技术发展有限公司
于　蕾　　北京新桥技术发展有限公司
张国庆　　北京新桥技术发展有限公司
王学光　　北京新桥技术发展有限公司
王佳玮　　北京新桥技术发展有限公司
杨效禹　　北京新桥技术发展有限公司
王　伟　　山东高速股份有限公司
王　冲　　山东高速股份有限公司
孟　君　　山东高速股份有限公司
宫志成　　山东高速股份有限公司
张春茹　　山东高速股份有限公司
郭泽兴　　山东高速股份有限公司

前言 PREFACE

2017年，济南至青岛高速公路改扩建工程（以下简称“济青高速公路改扩建工程”）被列为交通运输部高速公路改扩建绿色科技示范工程。项目紧扣“科技创新”“绿色发展”理念，以提高高速公路改扩建工程建设质量和服务水平为核心，以“安全耐久、资源利用、节能环保、智慧共享”为主题，以全寿命周期设计施工一体化、不间断交通的施工交通组织与安全保障提升、旧路材料与大宗工业废弃物循环利用、生态防护与节能减排、信息化建管养效率提升技术为重点，切实解决高速公路改扩建工程设计、建设、运营、管理过程中的各种难题，为确保工程质量、安全、环保、进度控制等发挥了技术支撑和引领作用。本书对改扩建绿色科技示范工程模式进行了总结，介绍了济青高速公路改扩建绿色科技示范工程的示范效应，对进一步规范和指导高速公路改扩建工程建设与管理工作，促进我国高速公路改扩建工程顺利实施和有序发展有重要作用。

本书分4部分进行归纳介绍。第1章为绪论，简要介绍了济青高速公路改扩建工程的建设背景与意义，包括强化科技创新在交通强国建设中的驱动和引领作用、推动绿色交通基础设施建设及目前我国高速公路建设绿色科技示范工程的建设模式以及济青高速公路改扩建绿色科技示范工程技术特点与需求。第2章介绍了济青高速公路改扩建绿色科技示范工程的技术需求总目标、实施理念、实施内容以及组织与管理等。第3章至第7章描述了济青高速公路改扩建工程的改扩建工程新旧道路材料结构匹配协调、不间断交通的施工交通组织与安全保障提升、旧路材料与大宗工业废弃物循环利用、生态防护与节能减排、信息化建管养效率提升等技术，集中开展一批科技项目，坚持科研与工程的紧密结合、科研课题服务工程建设的原则，最大限度地发挥科技成果解决现场工程难题的实践作用，将济青高速公路改扩建工程打造成全国高速公路改扩建绿色科技示范工程。第8章建立了济青高速公路改扩建工程科技示范效应评价指标体系，从示范工程的技术、工程、经济、社会和环境等各个方面对济青高速公路改扩建绿色科技示范工程进行科学的管理以及客观、公正的分析评价，以保证科研项目的先进性、实用性、经济性以及对工程建设的指导作用。

在本书的编写过程中，周伟、李彦武、成平、张劲泉、刘文杰、沙爱民、黄晓明等专家对本书的框架结构与内容提出了十分宝贵的建议，使本书更加完善，编者在此深表感谢。

由于编者水平有限，加之编写时间有限，书中难免会有疏漏之处，恳请读者斧正。

编　者

2022年5月

济青高速公路改扩建工程
科技创新实践

目录 CONTENTS

01 绪论

1.1 推进交通强国建设，践行“双碳”转型发展

1.1.1 交通强国建设的背景

2017年10月18日，党的十九大报告强调要建设交通强国。2019年9月，中共中央、国务院印发了《交通强国建设纲要》。建设交通强国是党中央赋予交通人的历史使命，是新时代做好交通工作的总抓手。我们要牢牢把握交通“先行官”定位，推动交通运输发展由追求速度规模向更加注重质量效益转变，由依靠传统要素驱动向更加注重创新驱动转变，打造一流设施、一流技术、一流管理、一流服务，构建安全、便捷、高效、绿色、经济的现代化综合交通体系，为全面建成社会主义现代化强国、实现中华民族伟大复兴中国梦提供坚强支撑。

《交通强国建设纲要》明确了交通强国建设的重点任务和保障措施。重点任务包括实现以下几个方面：

基础设施布局完善、立体互联。基础设施网络是交通强国建设的重要基础。要统筹铁路、公路、水运、民航、管道、邮政等基础设施规划建设，着力建设现代化高质量综合立体交通网络，构建便捷顺畅的城市（群）交通网，形成广覆盖的农村交通基础设施网，构筑多层级、一体化的综合交通枢纽体系，实现基础设施布局完善、立体互联。

交通装备先进适用、完备可控。交通运输装备体系是交通强国建设的关键环节。要加强科技研发、大力推广新能源、新材料、新技术，大力发展高效、安全、智能、绿色的新型交通装备、着力加强新型载运工具研发和特种装备研发、推进装备技术升级，全面提升交通装备现代化水平。

运输服务便捷舒适、经济高效。运输服务是交通运输供给的最终产品。要聚焦社会主要矛盾变化，大力提高服务品质，提升运输效率，增强运输经济性，着力推进出行服务快速化和便捷化、打造绿色高效的现代物流系统、加快新业态新模式发展。

科技创新富有活力、智慧引领。科技创新是建设交通强国的第一动力。要以科技研发为导向，以创新能力为基础，以制度环境为保障，以智慧交通为主攻方向，以信息化、标准化为重要支点，着力强化前沿关键科技研发，大力发展智慧交通，完善科技创

新机制，全面支撑交通强国建设。

安全保障完善可靠、反应快速。安全是交通强国建设的基本前提。要贯彻落实总体国家安全观，牢固树立安全发展理念，坚持生命至上、安全第一，全力建设平安交通，着力提升本质安全水平、完善交通安全生产体系强化交通应急救援能力，全面提升安全发展水平和保障国家安全能力。

绿色发展节约集约、低碳环保。绿色是交通强国建设的基本底色。要着力促进资源节约集约利用、强化节能减排和污染防治、强化交通生态环境保护修复、开展绿色出行行动，形成交通发展与资源环境承载力相匹配与生态文明建设相互促进的良好局面。

开放合作面向全球、互利共赢。开放合作为交通强国建设开辟战略新空间。要在更大范围、更广领域、更高层次上深化交通开放合作，着力构建互联互通、面向全球的交通网络，形成基础设施互联互通、市场合作互利共赢、成果经验互鉴共享的交通开放新格局。

人才队伍精良专业、创新奉献。人才队伍是建设交通强国的重要资源。实现交通运输现代化，关键是要实现人的现代化。要着力培育高水平交通科技人才、打造素质优良的交通劳动者大军、建设高素质专业化交通干部队伍，为建设交通强国提供有力的人才保障。

治理体系完善、治理能力提升。现代治理体系是交通强国建设的制度保障。要加快建成政府、市场、社会等多方协作的现代治理体系，全面提升行业治理能力，着力深化行业改革、优化营商环境、扩大社会参与、培育交通文明，实现交通治理体系和治理能力现代化。

1.1.2 科技创新有力支撑交通强国建设

在交通强国重点任务中，科技创新是其中的重要一环。强化科技创新在交通强国建设中的驱动、引领作用，既是对国家创新驱动发展战略部署的深化落实，也是推动交通运输高质量发展，推进交通强国建设的重大战略举措，具有重大而深远的意义。

1）充分发挥科技创新驱动引领作用

习近平总书记高度重视、关心科技事业发展，他指出："中国要强盛、要复兴，就一定要大力发展科学技术，努力成为世界主要科学中心和创新高地。"[1]基于这一重大判断，习近平总书记就科技创新战略定位、道路选择、重点方向、创新人才、制度、保障

[1] 努力成为世界主要科学中心和创新高地［N］.《人民日报》（2021 年 03 月 16 日　01 版）。

等提出了一系列部署要求。

（1）在科技创新战略定位上，强调将其摆在全局核心位置

习近平总书记指出，科技是国家强盛之基，创新是民族进步之魂[1]。科技是国之利器，国家赖之以强，企业赖之以赢，人民生活赖之以好。要把创新摆在国家发展全局的核心位置，高度重视科技创新，加快推进以科技创新核心的全面创新。

（2）在科技创新道路选择上，强调自强自主自信

习近平总书记强调，关键核心技术是要不来、买不来、讨不来的[2]。自力更生是中华民族自立于世界民族之林的奋斗基点，自主创新是我们攀登世界科技高峰的必由之路。要有强烈的创新信心和决心，既不妄自菲薄，也不妄自尊大，勇于攻坚克难、追求卓越、赢得胜利，积极抢占科技竞争和未来发展制高点。

（3）在科技创新重点方向上，强调三个面向加强攻关

以关键共性技术、前沿引领技术、现代工程技术、颠覆性技术创新为突破口，在关键领域、卡脖子的地方下大功夫，努力实现关键核心技术自主可控，把创新主动权、发展主动权牢牢掌握在自己手中。

（4）在科技创新人才建设上，强调摆在更突出位置

人才是创新的根基，是创新的核心要素。谁拥有了一流创新人才、拥有了一流科学家，谁就能在科技创新中占据优势。要营造良好创新环境，加快形成有利于人才成长的培养机制、有利于人尽其才的使用机制、有利于竞相成长各展其能的激励机制、有利于各类人才脱颖而出的竞争机制。

（5）在科技创新制度保障上，强调更加坚强有力

科技创新要取得突破，不仅需要基础设施等“硬件”支撑，更需要制度等“软件”保障。要深化国际交流合作，深化科技体制改革，完善创新机制，为科技创新提供强有力的制度保障。

2）建设交通强国需要科技创新驱动的强大动力和引领

科技创新既是交通强国建设的支撑引领，又是交通强国建设的重要内容，必须研判新形势，适应新变化、新要求，以科技创新加快推进交通运输高质量发展。

（1）顺应全球科技创新潮流对交通运输科技创新提出新要求

全球科技创新进入空前密集活跃时期，新一轮科技革命和产业变革正在重构全球创

---

❶ 习近平：在中国科学院第十七次院士大会、中国工程院第十二次院士大会上的讲话［N］.《人民日报》（2014年06月10日02版）。

❷ 努力成为世界主要科学中心和创新高地［N］.《人民日报》（2021 年 03 月 16 日　01 版）。

新版图、重塑全球经济结构，以人工智能、移动通信、物联网区块链为代表的新一代信息技术加速突破应用，以清洁高效可持续为目标的能源技术发展将引发全球能源变革。世界科技的大跨步发展，给交通运输发展带来了机遇与挑战，要求交通科技创新瞄准世界科技前沿，部署重点方向和关键技术研发，为建设好现代化交通运输体系发挥好支撑引领作用，为促进新技术与交通行业深度融合发展提供强大动力支持。

（2）建设科技强国和交通强国对科技创新提出新使命

党的十九大提出要加快建设创新型国家，并进一步明确要建设交通强国。交通强国意味着我国交通运输发展的整体水平进入世界先进行列，从“并跑时代”迈入“领跑时代”，这不仅是量的领先，更加强调的是质的超越，包括可靠的质量、先进的科技、优质的服务、高效的运行等。在这个跨越的过程中，交通运输面临着诸多制约。我国社会主要矛盾在交通领域主要表现为交通发展不平衡不充分，供给能力、供给质量、供给效率不能满足人民日益增长的美好交通需要。加快推进交通强国建设，破解交通运输发展的主要矛盾，实现交通运输创新、协调、可持续发展，必须牢牢把握创新是第一生产力，把握好科技创新要在交通强国建设中发挥好支撑和引领作用这一战略定位，抢抓新一轮科技革命和产业变革的历史机遇，全面提升交通运输科技实力，为交通强国建设提供有力支撑。

（3）推动交通运输高质量发展对科技创新提出了新任务

科技创新是交通运输高质量发展的保障和驱动力，是交通运输领域适应新一轮科技革命和产业变革趋势，应对颠覆性技术带来的冲击、应对新业态迅猛发展的重要手段。这就要求我们站在服务国家“三大战略”的高度，聚焦构建现代化综合运输体系，在提高基础设施耐久性和可靠度、提升管理效能和公共服务水平、推进交通运输绿色智能平安发展、有效降低运输与物流成本、增强安全保障与应急处置能力等各领域，突破一批共性关键技术瓶颈，全面提升科技进步水平，促进行业发展转型升级；要求我们必须抓住新一轮科技革命和产业变革带来的新机遇，推动新一代信息技术广泛应用，深入实施交通运输领域“大智移云”行动，促进交通运输新模式、新业态、新动能不断涌现，以智能交通为引领，实现交通运输从传统产业向现代服务业转型升级，推动交通运输高质量发展。

3）科技创新富有活力、智慧引领，有力支撑交通强国建设

新时代、新任务、新要求，要以交通运输重大技术研发突破为核心，着力增强行业科技创新能力建设，不断完善交通运输科技创新实施体系，进一步优化科技创新环境，

全面提升科技服务质量和水平，更好地发挥科技创新对交通强国建设的支撑引领作用。

（1）强化技术研发，引领创新发展

一是强化应用基础研究，围绕交通运输领域未来发展重大需求，瞄准新一代信息技术、物联网、人工智能、先进材料、新能源等国际科技前沿，促进交通运输领域前沿学科交叉研究。二是加强前沿科技研发。加强对可能引发交通运输产业变革的前瞻性、颠覆性技术研究。强化汽车装备动力传动系统研发，突破高效率、大推力/大功率发动机装备设备关键技术。三是实施交通重大科技创新工程，聚焦超长寿命、智能、绿色、协同交通基础设施，聚焦智能、绿色、超高速、全天候载运工具，聚焦空、天、地高效协同无人驾驶与运行优化技术，加强技术研发创新，构建核心技术自主可控、总体程度世界前列的现代交通技术体系。四是大力发展智慧交通。推动数据资源赋能交通发展，加速交通基础设施网、运输服务网、能源网与信息网络融合发展，构建泛在先进的交通信息基础设施。构建综合交通大数据中心体系，深化交通公共服务和电子政务发展。推进北斗卫星导航系统应用。五是强化先进技术推广应用，形成多网合一、人机交互、天地一体的交通控制系统。

（2）增强创新能力，夯实创新根基

一是拓展科技创新载体，鼓励各类创新主体建立创新联盟，发挥国家科研机构、高校的基础骨干作用，形成面向全球、服务行业的合作、开放、共赢的创新合作平台体系。二是完善交通运输领域重点科研平台布局，加快人工智能、自动驾驶、无人船、出行服务、绿色能源、先进材料等领域科研平台布局，建立一批具有国际影响力的实验室、试验基地、技术创新中心等创新平台，加大资源开放共享力度。三是统筹科技创新资源，加强交通运输相关重点学科方向规划，优化行业基础研究资源布局，加快重大科研基础设施、大型仪器设备和基础科技资源开放共享，充分释放创新服务潜能。四是大力推进科技创新人才和创新团队建设，依托交通运输领域主力科研机构、重点科研平台的建设，优化运行环境，激发创新主体活力，培养造就一大批具有国际水平的战略科技人才、科技领军人才、青年科技人才和高水平创新团队。

（3）完善实施体系，提升创新效率

一是优化交通运输领域协同创新、国际科技合作、重大技术攻关、科技成果推广机制。二是健全交通运输技术创新市场导向机制，发挥市场对技术研发方向、路线选择和各类创新资源配置的导向作用，强化普惠性政策支持。三是培育科技创新服务机构，鼓励交通运输企业、科研机构、协会等社团组织成立科技创新服务机构，全方位推进信息化服务平台建设，培育打造新型交通智库。四是完善并推进现有项目和成果管理机制，完善交通运输行业的重点科技项目清单管理机制和科技创新成果库建设，建立科技创新从技术研究到成果推广应用的全链条渠道，推动科技创新成果如新产品、新方法、新技术的落地应用。

（4）完善创新机制，优化创新环境

一是建立以企业为主体、产学研用深度融合的技术创新机制，鼓励交通运输领域各类创新主体建立创新联盟，建立关键核心技术攻关机制。二是完善科技评价与激励机制，优化项目负责人人财物支配权、技术路线决策权制度，激发各类创新主体活力，提升交通运输科技创新的整体效能，推进交通强国建设最活跃的动力源。三是构建畅通的科技成果转化机制，加强国家重大科技专项与行业重点项目和重大工程的衔接，打通技术转移链条，推动行业技术成果应用共享。四是构建适应交通运输高质量发展的标准体系，加强重点领域标准有效供给。健全标准体系促进成果转化，深化标准规范管理模式改革，促进成果及时向标准规范和知识产权转化。五是优化科研资金投入机制，完善创新资源配置、引导机制，形成财政资金、金融资本、社会资本多元投入的新格局，推动交通运输创新市场不断壮大，形成共建、共享、共赢的创新格局。

1.1.3 “双碳”目标驱动交通绿色转型

绿色发展节约集约、低碳环保是交通强国建设的另一项重要任务。全球碳排放的持续增长而引发的全球气候变暖、极端恶劣天气频发、两极冰雪融化导致海平面升高等问题，造成了巨大的经济损失，应对气候变化是全人类共同的挑战。

2020年9月22日，习近平总书记在第七十五届联合国大会一般性辩论上发表重要讲话，强调中国将提高国家自主贡献力度，采取更加有力的政策和措施，二氧化碳排放力争于2030年前达到峰值，努力争取2060年前实现碳中和[1]。实现碳达峰碳中和，是党中央统筹国内国际两个大局作出的重大战略决策，是贯彻新发展理念、构建新发展格局、推动高质量发展的内在要求，碳达峰与碳中和目标的宣誓开启了我国构建现代能源体系的新征程，已上升到国家战略层面。

全球交通运输部门产生的温室气体排放量约占全球总排放量的25%，推进全球交通低碳与可持续发展刻不容缓。我国是全球最大的二氧化碳排放国，交通运输业的碳排放量占全社会碳排放总量的10.4%，而且还在以每年5%的速度增长。根据发达国家的经验，交通运输行业的碳排放量最终将占到碳排放总量的约1/3，这意味着，随着我国国民经济和交通运输行业的持续快速发展，碳排放量还将大幅度增长。

[1] 习近平在第七十五届联合国大会一般性辩论上的讲话［N］.《人民日报》（2020年09月23日 03版）

我国只为碳达峰到碳中和的过程预留了30年时间，远低于发达国家50年到70年的过渡期。对于一个还处于工业化、城镇化深化发展阶段的发展中国家而言，面临的困难和挑战可谓前所未有。具体到交通运输行业，交通运输的低碳绿色转型，意味着实现交通发展与碳排放增加的“脱钩”。作为资源消耗和碳排放大户的交通运输行业，一步做到“全面脱钩”力所难及，需要经过不懈的努力，加快实现碳排放量由强度到总量的“双降”。

全球范围内，我国在交通基础设施联通、设备制造和新能源汽车的创新引领等领域已实现交通先行，而从交通大国向交通强国迈进需要在碳中和的道路上坚持交通先行。交通领域应以“双碳”目标为契机，协同能源结构转型，充分利用好法律法规、行业标准、规划策略、试点项目等政策工具，通过基础设施建设、技术革新和项目创新等减排路径，推动交通系统的综合提升，实现绿色、可持续发展。

推动绿色交通基础设施建设是促进交通运输全面绿色低碳转型的重要抓手，在双碳目标下的公路建设路径主要包括以下几个方面。

1）节能减排技术

（1）清新能源应用技术，如利用服务区空地或建筑屋顶进行光伏发电（图1-1）、采用地源热泵制冷采暖、沥青拌和站油改气（图1-2）、风光互补照明等。

图 1-1　应用光伏发电技术的服务区

（2）能源高效利用技术，如智慧供电、LED替代高压钠灯、隧道通风照明智能控制、建筑采用保温结构、采用高能效机械装备等。

（3）低碳施工管理技术，如施工便道的合理布局、土石方的合理调运等，能够减少工程运输数量和距离，降低能耗；路线纵坡的降低，可以大大减少车辆爬坡燃油消耗，降低汽车运行能耗。

图 1-2　沥青拌和站油改气

（4）低碳运行管理技术，如不停车收费系统可使通过收费站前后300m范围内的单车油耗减少50%；采用智能交通管理系统，利用传感器采集车型、车速、轴载、气象等信号，通过信号处理，实时提示经济时速和交通状况，可缓解交通拥堵，提高运行效率，降低车辆能耗，减少碳排放。

2）资源节约技术

（1）节地技术，如路线顺坡就势尽量降低路基高度、尽量利用旧路资源、桥隧替代路基等。

（2）耐久性桥梁和耐久性路面建设技术，如路面厚度从18cm提高到25cm，公路使用寿命可从15年提高到20年，减少大中修，避免资源浪费。

（3）材料循环利用与资源再生技术，如废轮胎加工成橡胶粉，添加到沥青混合料中铺设路面，实现废轮胎资源化，既可节约沥青，节约工程成本，还能降低交通噪声；又如，在低等级混凝土中添加粉煤灰，可替代部分水泥，降低水泥用量，降低造价，并增强混凝土强度；再如，沥青路面采用热再生或冷再生技术，可大幅降低路面大中修所需的沥青和砂石用量，避免沥青混凝土的废弃和环境污染。

3）环境保护技术

（1）生态保护技术，即避免公路建设和运营对路域生态环境造成破坏，或对路域生态环境进行修复的技术，包括自然植被保护与恢复技术、野生动物保护技术（如动物通道建设技术）和水土保持技术等。

（2）污染防治技术，即避免公路建设和运营对周边环境造成污染的技术，一是水环境保护技术，如路面径流收集处置技术、危险化学品泄漏应急处置技术；二是大气环境保护技术，如粉尘防治技术，烟气控制技术；三是噪声防治技术，如声屏障建造技术等。

“双碳”战略不是一个简单的降碳路径和方案，具体到交通行业，需要推动形成一套全产业链的共同规划，不但要有政策引领、科技创新做支撑，还需要实现整个交通链条所涉及领域的全面迭代升级。未来，交通制造、能源供给、超级计算、数字交通等都将被纳入新业态、新模式、新技术的范畴，以“双碳”为牵引，整个交通系统或将迎来一次颠覆性的变化。

1.2 科技示范工程建设背景与意义

1.2.1 科技示范工程实践与发展现状

国内已有大量的科技示范工程建设实践。自2007年以来，我国交通运输部共计批准实施了20个科技示范工程，涵盖公路、港口的“绿色交通科技示范工程”“智慧交通科技示范工程”“品质交通科技示范工程”“旅游公路科技示范工程”等项目。“科技示范工程”是促进行业升级转型的重要示范，如“浙江交通物流科技示范工程”“连云港绿色、智能港口建设与运营科技示范工程”“京港澳高速公路（河北段）改扩建科技示范工程”“绿色公路标杆，节能运营典范的昆龙高速公路科技示范工程”“挑战世界难题，创造山区高速公路的雅泸科技示范工程”和“科技铺筑绿色泸，安全和谐连忻阜”等示范项目都取得了很好的示范推广效果，凸显了绿色、科技型工程的建设特点。

济青高速公路改扩建工程通过实施绿色科技示范工程，积极探索交通科技开发、成果转化应用及产、学、研相结合的有效途径和衔接模式，与科技进步、经济发展具有相互反馈、共同促进的作用，利用科学手段有效缓解了因资源、环境等客观因素制约而造成的经济、社会发展压力。就公路交通行业发展来看，科技示范工程的实施推广了大批实用型科技创新成果，提升了科技建设水平，对工程建设起到了较好的支撑作用，大大促进了公路交通的积极发展。未来将进一步强化科技示范工程顶层设计，分别在重点领域组织实施科技示范工程，同时加强重点专项技术推广和科技成果转化应用，为科技示范工程建设创造了良好的条件。

科技示范工程自实施以来，科技成效显著，但仍存在一些问题。主要体现在科技对行业发展的引领作用不够突出，科技成果不能及时有效地转化为生产力；行业信息化建设不均衡等方面。

1.2.2 高速公路建设科技示范工程的内涵及特点

在国内开展的科技示范工程建设基础上，结合济青高速公路改扩建绿色科技示范工程建设及其与区域社会协同发展关系，综合分析认为：高速公路建设科技示范工程是在公路交通领域具有一定规模、对提升公路交通建设水平与服务品质、支撑交通运输提质增效和产业升级并具有典型示范效应的工程。从其定位和性质看，高速公路建设科技示范工程是分布在各省或跨省的大型高速公路建设科技示范工程；从空间维度看，高速公路建设科技示范工程是一定区域内大规模的建设工程；从时间维度看，高速公路建设科技示范工程示范效应具有一定的持续性，将对行业、区域发展有一定的持续影响。

根据高速公路建设科技示范工程的内涵，分析认为，高速公路建设科技示范工程具有以下显著特点：

（1）政策导向性：科技示范工程是基于社会经济发展需求及制定的相应发展规划政策而规划设计的。高速公路建设科技示范工程正是基于《交通运输科技“十三五”发展规划》（交科技发〔2016〕51号）、《关于实施绿色公路建设的指导意见》（交办公路〔2016〕93号）等文件精神及内容要求，以科技手段促进公路交通行业更好地发展。

（2）行业示范性：科技示范工程的发展思路是统筹科技创新、促进成果转化，更好地发挥科技创新对行业发展的支撑引领作用。高速公路建设科技示范工程即是公路交通建设中起到示范引领作用的重要体现。

（3）辐射带动性：高速公路建设科技示范工程是在一定地域范围内实施的重要建设工程，其建设成效不仅能够带动本区域内的行业进步，同时还可辐射到其他地域，对其他地域公路工程建设发挥示范效应，特别是对地域特征相似的区域辐射带动作用更为明显。

（4）科技集成性：高速公路建设科技示范工程自身集合应用了全国交通行业多年先进的交通科技成果，具有明显的系统性和集成性。目前，交通运输部先后启动实施了多项科技示范工程，集中示范了复杂条件下工程建设技术、生态环保技术、节能安全以及资源节约等关键技术。

（5）工程应用性：高速公路建设科技示范工程不是简单的产品性或功能性的科技项目，而是以应用为导向的科技创新工程，以实体工程为依托的软、硬件结合的建设工程，具有工程应用性。

1.2.3 高速公路绿色科技示范工程的建设模式

2007年以来，依托国家高速公路等重大工程建设，交通运输部相继在山区高速公路建设、生态环境保护和交通安全等领域组织实施了多项科技示范工程，有力支撑了行业发展中心工作，在广泛调动行业科技创新热情，推动科技成果跨区域转化应用等方面发挥了积极作用。通过总结我国科技示范工程建设经验、特点，考察建设成效，根据建设中科技规划、建设规划、工程项目实施等要素，分析认为，目前我国高速公路建设绿色科技示范工程的建设模式主要有两种建设模式：

（1）科技手段过程辅助提升型示范建设

科技手段过程辅助提升型示范建设是指在依托工程建设开始后，再开始实施科技规划与实施，在工程实施过程中采用一些科技成果，科技主要起到点缀和提升工程形象，提升某些工程点位的建设效率与水平，提升后期运营服务质量等作用。这种模式的典型特征是依托工程建设，在工程建设过程中实施科技示范规划与建设，使得科技在工程建设中得以体现，同时依靠科技力量作用于工程实体，在一定程度上提升公路交通运输服务水平和质量。

（2）科技成果“三同步”支撑型示范建设

科技成果先导支撑型示范建设是更高层次、更为科学和有效的建设模式，也是目前采用的主流模式。这种建设模式是指在依托工程建设之前或之初，就将科技示范工程建设纳入整体工程建设规划中，在工程建设过程中统筹科技开发和集成先进交通科技成果转化应用，使科技成果起到支撑作用。科技成果支撑型示范建设模式的典型特征是在科技示范建设规划先于依托工程建设，在工程建设过程中依靠科技成果的先导和支撑作用引领和推动实体工程建设更具成效地实施。

1.2.4 济青高速公路改扩建绿色科技示范工程建设示范

济青高速公路改扩建绿色科技示范工程的建设实施是科技成果先导支撑型示范建设，紧扣“科技创新”“绿色发展”理念，从我国高速公路改扩建工程建设现状和发展需求的角度出发，在工程建设之初就通过调研分析了工程设计、施工、管理等方面的主要特点及技术需求，并基于调研分析结果进行了科技示范工程建设规划，提出了系统的工程实施技术和建议，确定了以科技成果引领和推动交通行业技术进步和产业升级为核心，以全寿命周期设计施工一体化、不间断交通的施工交通组织与安全保障提升、旧路材料与大宗工业废弃物循环利用、生态防护与节能减排、信息化建管养效率提升技术为重点，围绕“安全耐久、资源利用、节能环保、智慧共享”的建设理念，集中开展一批科技项目，坚持科研与工程的紧密结合、科研课题服务工程建设的原则，更加保证了成果的应用先导性。实施工程中，加强科研工作实施全过程的动态管理与监督，结合工程现场实际情况，根据项目需求和工程进度、施工工序，突出研究重点，以解决工程重难点技术问题为目标，利用科研成果优化过程设计、指导施工，确保科研工作的针对性、成果的有效性和充分推广应用，最大限度地发挥科技成果对解决现场工程难题，确保工程质量、安全、环保、造价、进度控制的支撑和引领作用。在科技成果的先导作用下，将济青高速公路改扩建工程打造成全国高速公路改扩建绿色科技示范工程，对进一步规范和指导高速公路改扩建工程建设与管理工作，促进我国高速公路改扩建工程顺利实施和有序发展有重要作用。

党的十九大将建设“美丽中国”作为建设社会主义现代化强国的一个重要任务，指出“建设生态文明是中华民族永续发展的千年大计”。2018年，全国生态环境保护大会正式确立了习近平生态文明思想，为新时代全面加强生态环境保护、打好污染防治攻坚战提供了思想指引和行动指南。2019年，《交通强国建设纲要》要求“构建安全、便捷、高效、绿色、经济的现代化综合交通体系”，并从促进资源节约集约利用、强化节能减排和污染防治、强化交通生态环境保护修复等方面提出了交通运输绿色发展的重点方向。

绿色交通追求以最少的资源投入、最小的环境代价、最大限度地满足社会经济发展产生的合理交通需求，具有资源集约、生态友好、排放清洁、气候低碳和运行高效等基本特征。通过技术革新、组织优化、结构调整、制度完善等手段，努力推动交通运输实现绿色发展，是行业加强生态文明建设和推动可持续发展的战略举措，是建设交通强国的关键内容，是建设美丽中国的重要领域。

济青高速公路改扩建期间，为集中解决工程建设中的一批关键技术难题，推广应用一批“绿色”先进科技成果，集成开发并应用以“绿色”为理念的新技术、新材料、新工艺和新设备。在交通运输部的大力支持下，在山东省委、省政府的坚强领导下，山东省交通运输厅、山东高速集团有限公司与山东高速股份有限公司坚持走科技创新发展道路，以科技生产力强力推动济青高速公路改扩建工程建设。2016年底，山东高速股份有限公司策划并申报了济青高速公路改扩建绿色科技示范工程，2017年6月，项目获得交通运输部立项实施，2017年11月，实施方案通过交通运输部组织的专家评审（图1-3）。

图 1-3　科技示范工程实施方案评审会

在济青高速公路改扩建绿色科技示范工程实施过程中，项目始终坚持以习近平生态文明思想为指导，全面贯彻落实绿色发展新理念，把握机遇、积极作为，经过4年实施建设，通过对先进适用技术的集成优化应用和关键共性技术的创新攻关，济青高速公路改扩建绿色科技示范工程不仅切实解决了自身改扩建工程设计、建设、运营、管理过程中的各种难题，还有效促进了工程建设理念、质量和技术水平的大幅提升，产生了良好的经济、社会和生态效益，有力推动了以“绿色”为核心的新技术、新材料、新工艺、新设备的推广和应用，形成了包括发明专利、标准规范、计算机软件著作权、著作、学术论文等在内丰硕的科技创新成果，为高速公路改扩建工程建设形成相应的行业标准和规范提供了坚实的技术支持，也为转变传统高速公路建设模式和理念创新，加快推进现代交通运输业又好又快发展提供了必要的技术支撑。

因此，组织实施济青高速公路改扩建绿色科技示范工程是落实国家创新驱动发展和科技强交战略，不断提高交通运输现代化水平的一项重要措施。通过绿色科技示范工程的实施，直观准确地展现了交通行业先进的“绿色”科技水平和施工技术，提升了工程质量，提高了改扩建高速公路的通行能力和服务水平；通过“绿色”科技成果的推广应用，有效提升了科技工作对交通发展的支撑水平和贡献率，有力助推了交通行业由传统产业迈向现代服务业的历史进程。

同时，组织实施济青高速公路改扩建绿色科技示范工程，也是山东省积极落实国家“生态文明建设”和加快推进交通运输行业“绿色、循环、低碳”发展要求的重要举措。不仅建立了交通科技成果转移转化和“管、产、学、研、用”相结合的交通科技创新体系，还进一步打造了济青高速公路改扩建工程“绿色建造”，推动了“绿色公路”的发展与实施，对山东省乃至全国高速公路改扩建工程建设都产生了重要的示范意义和深远影响。

1.3 济青高速公路改扩建工程关键技术

1.3.1 高速公路改扩建工程关键技术

近年来，我国广佛、沈大、沪杭甬、沪宁、南京绕城、海南环岛东线、杭宁二期、安新、郑洛、合宁、郑漯、佛开、京石和石安等高速公路相继实施了高速公路扩容改造，取得了一些经验和成果。高速公路改扩建工程一般存在以下关键技术。

1）新旧路基的不均匀沉降

旧路改扩建后在新旧路基衔接位置容易产生纵向裂缝，由于旧路路基已经沉降多年，基本稳定，而新建路基沉降时间短，新旧路基衔接处必将产生不均匀沉降，如果这种不均匀沉降引起的路面结构层内附加应力超过了材料的抗拉强度或界面强度，则会产

生纵向裂缝，导致路面的破坏。如水泥混凝土面板在荷载作用下产生断板，沥青混凝土路面产生反射裂缝，使地表水极易透过裂缝侵入路基的内部，对路基和路床产生浸泡和破坏作用，从而造成道路病害增多，缩短公路的使用年限，对行车舒适性和安全性带来很大影响。进行改扩建时，必须采取合理技术方案控制路基的不均匀沉降。

2）桥梁加宽技术

（1）收缩徐变。新旧桥梁连接后，由于两者之间混凝土收缩徐变的差异，必然引起新旧桥梁在顺桥向的弯曲变形。从而使得应力重新分布。新桥的混凝土收缩变形要比旧桥的大，由于旧桥对新桥的约束作用，使得新旧桥梁连接之间会产生很大的剪应力，若剪应力超过材料的抗剪强度，便会剪坏，产生纵向裂缝，并且此时新桥会对旧桥产生压应力。混凝土收缩徐变差异是影响新旧桥主梁及其连接处受力性能的重要因素之一。

（2）基础沉降。对原有桥梁进行拼接拓宽后.由于旧桥已经建成并正常运营数年，故其基础沉降发生过程已经有多年，而新建桥梁下部结构沉降才开始发生，致使新旧桥梁之间形成沉降差。该沉降差异作用会对采用上部结构相连方案拓宽后的桥梁整体产生影响，如导致新旧桥梁上部结构的拼接部位附加应力增大及混凝土表面开裂，造成桥梁部分支座悬空，甚至造成支座破坏，从而影响桥梁的正常使用。

（3）拼接方式选择。目前常用的桥梁拼宽方式主要有上下部均不连接，上下部均连接，上部结构连接、下部结构不连接三种拼宽方式。上下部均不连接是指新旧桥梁之间完全分离，只在新旧桥梁桥面间设置简单的纵向缝；上下部均连接是指新旧桥梁的上下部结构通过浇筑的横隔梁刚性连在一起；上部结构连接、下部结构不连接是指上部结构通过横隔梁或其他方式连接在一起而下部结构不连接。在工程应用中，应根据针对原桥梁结构体系特征、截面形式、地质状况等进行新桥结构设计，合理确定上下部结构形式、拼宽连接方式等。

3）交通组织

高速公路改扩建施工期间必须保证运营车辆的行驶安全，确保施工车辆及人员的安全以及一定的通行能力。同时，要充分利用现有资源，以节约工程造价；通过对临时工程技术与交通组织环节上的协调，尽可能降低临时交通设施的投入，以控制工程投资。因此，研究科学合理的交通组织方式和交通分流方式是保障改扩建项目顺利实施的必要前提和技术保障。改扩建对交通影响主要表现在：

（1）高速公路改扩建施工期间占用部分道路，作业区范围内的车辆行驶速度明显降低，通行能力显著下降，道路服务水平大大降低，道路通行费收入也相应减少。

（2）施工阶段的交通组织给驾驶员，特别是不熟悉路况的驾驶员带来一定程度的不便。由于高速公路改扩建导致道路通行能力降低，部分通行交通量甚至全部通行交通量将转移到周边道路上，影响周边道路的通行能力和服务水平。

（3）高速公路改扩建施工期一般较长，交通分流措施导致车辆行驶速度降低、延误增加、出行距离增大，同时还增加车辆运营成本和居民出行成本。

因此，如何在“阵痛”下为车辆和行人提供方便快捷的出行条件，考验着交通管理者的智慧和应变能力。

1.3.2 济青高速公路改扩建工程关键技术

济青高速公路是山东省第一条高速公路，是我国早期修建的高速公路之一，同时也是山东省第一条改扩建高速公路。济青高速公路所执行的原技术标准已经过时或废除，如何实现新旧技术标准的更替与合理贯彻，充分利用原有工程资源，合理运用技术指标，减少工程投资，缩短建设工期，都对济青高速公路改扩建工程提出了更高要求。

不同于其他高速公路改扩建项目，济青高速公路改扩建工程是目前国内一次性改扩建里程最长、一次性投资最大的“边通车、边施工”的高速公路改扩建项目，具有其自身显著的技术特点与需求，主要表现在：

（1）旧路服役时间长，新旧道路结构与材料匹配困难

济青高速公路旧路通行年限长，从早期建成通车到本次改扩建完成，旧路已通车运营26年，是目前国内已改扩建工程中旧路通行时间最长的改扩建项目。由于济青高速公路是山东省第一条改扩建高速公路，建设管理单位之前没有改扩建工程的相关管理经验。

同时，本次改扩建设计周期短，又适逢《公路工程技术标准》（JTJ B01—2014）、《高速公路改扩建设计细则》（JTG/T L11—2014）、《沥青路面设计规范》（JTG D50—2017）等新标准、新规范施行，与原有技术标准差异大，对济青高速公路改扩建项目提出了更高要求。诸多因素决定了本项目实施管理的难度、复杂性极大，与新建及其他改扩建项目相比具有很大不同，在不同施工阶段不断出现新的难题。尤其是经过多年通行，济青高速公路的旧路路基已经基本稳固，改扩建后新旧路基的沉降差异会对路面结构产生巨大影响，新旧道路结构与材料适应性难题亟须解决。

（2）沿线取土困难，地材紧缺，绿色节能与循环利用任务重

济青高速公路沿线多为优质耕地，土地资源紧张，优质筑路材料紧缺，节能减排与环保压力巨大。在改扩建过程中会产生大量旧路面材料，如旧沥青路面铣刨料、旧水

稳基层铣刨料、废弃结构物破碎料以及废旧护栏等，如果不进行处理或者再利用，则需要大量场地长时间堆放，不仅占用大量土地，也会对周围环境产生不利影响，造成建设资金和建筑材料的巨大浪费。此外，济青高速公路沿线许多工矿企业产生大量固体工业废弃物，如赤泥、铁矿微粉等，同样长时间堆放不仅占用大量土地，也对环境产生很大影响。

因此，合理利用旧路面材料和固体工业废弃物，是实现高速公路改扩建绿色、循环、低碳发展亟须解决的主要问题。

（3）四车道保通施工，安全风险高，交通组织复杂

济青高速公路既有道路车流量大，可分流路线少，改扩建期间要满足双向四车道基本保通，交通组织和施工安全矛盾突出。

济青高速公路改扩建主体工程施工除准备阶段外按五个施工阶段控制，重点是施工组织第三阶段的第一次施工转序（原则上全线左幅双向通行，右幅施工）及施工组织第四阶段的第二次施工转序（原则上全线右幅双向通行，左幅施工）。既要边通车，保证高速公路正常运营；又要边改扩建，保证工程正常施工及安全，在如此复杂的情况下，如何优化交通组织设计与创新管理也是本项目的难点与亮点之一。

（4）路线交叉多，管线密集，迁改协调和施工组织难度大

济青高速公路穿越山东省最重要的经济走廊带，由于通车运营时间久，道路沿线两侧分布有多条并行或交叉输油、输气管线以及横跨高压电力线，且横穿道路（少量并行）的地方供热、供水、污水排放、供气、灌溉、电力及通信线路更多。经统计，道路沿线征地红线内各类管线共涉及13家重要管线产权单位，27条重要管线（10kV以上电力线、输油及输气管道）；155家次要管线产权单位，1099条次要管线（其中济南市301条、青岛市144条、淄博市223条、潍坊市287条、滨州市144条）。如何在较短的时间内同管线产权单位确定迁改方案、签订协议、完成迁改，或采取工程措施，为施工单位提供工作面，建设管理单位的迁改协调和施工组织难度极大。

（5）保通压力大，运营服务和智慧出行要求高

济青高速公路改扩建期间，保通压力巨大，如何在保证行车安全的情况下，确保改扩建施工顺利进行，且在保证施工质量的情况下，最大限度满足人民群众“安全、快速、便捷、舒适”的出行需求。结合工程建设实际，科学、系统、规范地指导智慧高速建设，也是本工程更深层次实现改扩建高速公路“绿色”环保理念的积极探索。

02

济青高速公路改扩建绿色科技示范工程概要

2.1 科技示范工程技术需求

不同于国内其他高速公路改扩建项目是在局部时段、局部路段进行全封闭情况下实施的，济青高速公路改扩建工程是目前国内一次性改扩建里程最长、一次性投资最大的“边通车、边施工”的高速公路改扩建项目。同时，由于本项目设计周期短，又适逢《公路工程技术标准》（JTJ B01—2014）、《高速公路改扩建设计细则》（JTG/T L11—2014）、《沥青路面设计规范》（JTG D50—2017）等新规范施行，加之项目本身又处于山东省最重要的经济走廊带内，沿线征地红线内共分布 27 条重要管线（10kV以上电力线、输油及输气管道）、1099 条次要管线，迁改协调和施工组织难度极大，上述诸多因素决定了本项目实施的高难度和复杂性。而且，在不同的施工阶段又不断出现新的难题，与新建及其他改扩建项目相比，济青高速公路改扩建项目具有很大不同。因此，如何实现新旧技术标准的更替与合理贯彻，充分利用原有工程资源，合理运用技术指标，减少工程投资，缩短建设时长，减少对既有交通流的影响等，都对济青高速公路改扩建工程建设提出了更高要求。

济青高速公路是山东省第一条高速公路，也是我国早期修建的高速公路之一，同时也是山东省第一条改扩建高速公路。经过 20 多年运营，济青高速公路各结构层材料均已达到了使用期末，如何分析旧路结构残值并进行再利用，废弃材料如何再生利用，进而实现新旧道路性能指标的协调达到耐久扩建，都是本项目亟须解决的技术难题。济青高速公路穿越山东省经济发达地区，沿线分布着大量工矿企业，产生了大量固体工业废弃材料，如何对这些工业废弃物进行再生利用，既是国家有关产业可持续发展的迫切需求，也是进一步实现本项目“绿色”环保理念的重要技术措施。与此同时，经过20多年的运营与保护，济青高速公路沿线生态环境良好，已经达到了生态平衡，如何在改扩建过程中对沿线生态环境进行保护与恢复、对污染源进行控制，也是本项目在实施过程中需重点关注的问题。此外，为进一步改善高速公路改扩建期间的交通运输环境，使车辆和驾乘人员在改扩建高速公路上也能安全、快速、畅通、舒适地运行，应用互联网+、BIM、云计算、大数据等新兴信息技术，也是本项目更深层次实现改扩建高速公路“绿色”环保理念的积极探索。

综合济青高速公路改扩建工程背景，实施本项目具有迫切的工程技术需求，主要表现在：

（1）改扩建工程施工期间，双向车辆正常通行，交通量大，安全问题突出

济青高速公路改扩建工程施工期间，双向交通仍然保持正常通行。施工期间，通行车辆与施工作业区交互影响。工程施工影响通行车辆的行驶安全，护栏等防护措施拆除后，如何对通行车辆进行交通诱导和组织等也会对通行车辆的行驶安全产生巨大影响。此外，通行车辆对施工作业区内施工人员和施工机械的安全生产也会形成安全隐患。针对高速公路改扩建施工过程中出现的上述安全问题，分析不中断交通情况下行车速度、交通流量、气候条件等因素对通行车辆行驶安全的影响，对突发事件如何进行应急救援，以及在不同工序施工时，如何保证施工作业区的施工安全与通行车辆的行驶安全，以及两者之间的交互影响等都急需进行研究攻关，以实现济青高速公路改扩建工程施工期间通行车辆和施工作业的安全组织。

综上所述，济青高速公路改扩建工程施工期间交通量大、安全问题突出。目前，在我国交通行业标准体系中，缺少改扩建工程施工期间不中断交通条件下通行车辆和施工作业安全保障的标准或准则，对高速公路改扩建期间通行车辆和施工作业的安全保障缺少指导和要求。通过本项目，集成已有科研成果和以往工程的经验做法，攻关解决高速公路改扩建施工期间的交通安全问题，既能保障通行车辆、人员和施工作业区施工人员和机械等的安全，完善相应应急救援体系建设，也能为同类型高速公路改扩建项目的交通安全设计等提供技术储备和指导，进而形成全国高速公路改扩建工程施工期间通行车辆和施工作业安全保障方面的标准或准则，保障人民群众的生命和财产安全，具有十分巨大的社会和经济效益。如图2-1所示为不中断交通组织。

（2）旧路通行20多年，地基基本稳固，新旧路基沉降差异问题突出

济青高速公路是山东省第一条高速公路，已经运营20多年，经过多年的通行后，路基已经达到稳固程度，旧路基沉降理论上已经完成。新填筑路基在施工完成后会出现沉降，尤其在通车初期沉降会急剧增加，新旧路基间的沉降差异会对路面结构下承层和内部受力产生巨大影响。

针对上述问题，为减少新路基在施工完成和通车后的沉降，应针对不同填筑材料采取相应的处理措施，减少工程完成和通车后的沉降，保证路基沉降在容许范围内。同时，在建设期和运营初期，应建立不同地质和里程下新路基的沉降情况观测，对不同路基处理方式间的沉降差异进行记录分析。

综上所述，济青高速公路改扩建工程面临的新旧路基沉降差异问题突出。由于旧路

基使用年限很长，已经达到了稳固状态，而新路基又存在一定程度的沉降，因此，通过本项目攻关解决高速公路改扩建工程中不同地质条件和不同地材情况下新路基的处理方式，以保证新路基沉降在容许范围内，并保证新路基的安全性，减少对路面结构层的影响，同时也为其他改扩建工程或新建工程中路基填筑材料的处理方式提供借鉴，对公路工程建设具有积极意义。

图 2-1　不中断交通组织

（3）项目属极重交通条件，对路面结构的寿命和性能有很高要求，对永久性路面、新型设计方法等先进科技技术的需求突出

济青高速公路是山东省东西运输大动脉，承担了山东省东西方向客运和货运的主要任务，交通量巨大，对路面结构的寿命、使用性能和服务水平都有很高要求。改扩建对交通运输产生较大影响，路面结构组合和路面结构层（沥青面层和水泥稳定碎石基层）的设计方法都会对路面结构使用寿命产生巨大影响。在如此巨大的交通量情况下，路面结构使用寿命和使用性能衰减过快问题突出，养护维修需要的成本过高，会造成巨大的经济损失和不良的社会影响。

针对上述问题，为保证改扩建后济青高速公路的使用寿命和耐久性，本项目基于全寿命周期成本考虑，结合路面结构设计和交通量预测，在路面结构设计和施工中借鉴永久性沥青路面结构设计理论、方法以及关键技术，以期实现路面结构在寿命周期内提供低成本且良好的使用性能；根据重载交通条件下沥青路面性能衰变规律的研究成果，对沥青路面结构设计提供指导；为保证沥青路面使用性能和寿命，引进法国、美国等国家的沥青混合料设计方法，并在本项目中实践运用，实现国外先进沥青混合料设计理论在我国的成功运用，以保证沥青路面的使用寿命和性能。

综上所述，济青高速公路改扩建工程的路面结构耐久性问题突出。通过本项目集成应用已有研究成果，攻关解决重载交通条件下沥青路面结构的耐久性问题，为重载交通条件下沥青路面结构设计、沥青混合料设计等提供参考，同时也为重载交通沥青路面结构设计方法和新型沥青混合料设计的本土化应用提供依据。

（4）旧路面结构残值评价与利用，以及新旧路面结构适应性问题突出

济青高速公路已经运营20多年，道路各结构层材料已经达到了使用期末，如何对不同道路结构层材料的残值进行评价，目前缺少有效的方法或标准；旧路面结构边坡在设计中挖除量巨大，如何对已稳固旧边坡的稳定性进行评价，并进行再利用，都缺少相关的评价方法和评价标准，同时也缺少旧边坡利用的方法或措施；新旧道路各结构层材料存在巨大差异，存在不同路面结构材料的适应性，以及对路面结构耐久性影响等问题。

针对上述问题，为实现济青高速公路旧路基的再利用，应对道路各结构层材料的残值进行评价，确定最佳的评价试验方法与相应的评价标准，建立相应结构层材料的评价标准体系，以期对道路各结构层的残值进行准确评价，并为旧路面结构的再利用和路面结构设计提供关键参数；对已稳固旧边坡的稳定性进行评价，建立较为完善的评价方法与评价标准，通过试验评价不同旧边坡处理方式对新旧边坡结合稳定性的影响，以实现对旧边坡的最大程度利用，减少旧边坡开挖量，节约建设资金，实现道路材料的再利用；对新旧道路结构材料的不同特性进行对比评价，通过不同试验方法观测和评价新旧路面结构层的适应性，以及对路面结构耐久性的影响。

综上所述，济青高速公路改扩建工程中旧路结构层材料的残值评价和再利用问题突出，新旧路面结构材料的适应性以及对路面结构耐久性的影响问题也同样突出。通过本项目集成已有科技成果，攻关解决旧路面结构层材料的残值评价方法和标准问题，为高速公路改扩建工程路面结构设计提供关键参数，为旧路面结构层的评价和再利用提供依据和方法；攻关解决新旧路面结构层的适应性观测和评价方法与标准，为高速公路改扩建工程中路面结构设计以及保证路面结构耐久性等提供依据。如图2-2所示为旧桥拆除，如图2-3所示为旧路面铣刨。

（5）旧路材料与工业废弃物再生利用问题突出

济青高速公路改扩建工程中会产生大量的旧路面材料、旧桥面板材料、旧护栏等材料，如果不进行处理或者再利用，则需要大量场地进行长时间堆放，不仅占用大量土地，也会对周围环境产生不利影响，造成建设资金和建筑材料的巨大浪费。因此，改扩建工程施工过程中产生的大量旧路面材料再利用问题十分突出。此外，济青高速公路沿

线区域经济发达，沿线许多工矿企业产生了大量固体工业废弃物。这些工业废弃物长时间堆放，不仅占用大量土地，同时也对环境产生很大影响。因此，实现工业废弃物“绿色利用”，减轻相关企业处置工业废弃物负担的问题也十分突出。

图 2-2 旧桥拆除

图 2-3 旧路面铣刨

济青高速公路改扩建工程全线建设里程长，对砂石料、沥青、水泥等建筑材料的需求量巨大，但项目周边料场确定受限，而且运距远、费用高。因此，如何集成应用现有科技成果，因地制宜、就地取材，合理利用旧路材料和固体工业废弃物，实现高速公路改扩建的绿色、循环、低碳发展，是目前高速公路改扩建亟须解决的主要问题。研究及工程实践表明，大量再利用改扩建施工过程中产生的旧桥面材料、旧路面材料和旧护栏材料等，加强对既有中小跨径旧桥部分荷载适应性研究，对旧桥面板的残值进行评价，为桥梁结构设计提供重要参数和依据，并为后续济青高速公路旧桥面板的再利用提供理论基础；从旧路面材料再生利用出发，通过旧路面材料的热再生或冷再生等方式，实现旧路面材料的再利用，达到废旧材料循环利用、绿色环保的目的；加强对大宗固体工业废弃物的再生利用研究，实现大宗工业废弃物的“绿色利用”，在有效替代传统建筑材料的同时，解决相关企业工业废弃物的处理问题。

综上所述，济青高速公路改扩建工程中旧路材料和工业废弃物的循环再利用问题突出。通过本项目集成已有科技成果，攻关解决不同废旧材料的循环再利用问题，以期实现旧桥面材料、旧路面材料和旧护栏材料等的再利用；同时，实现大宗固体工业废弃物的“绿色应用”，为大宗固体工业废弃物在道路工程建设中的应用提供坚实的技术储备，并为其他工业废弃物的再生利用提供良好示范。如图2-4所示为赤泥堆场。

图 2-4　赤泥堆场

（6）节能减排急需解决，生态环保问题极为突出

高速公路施工，特别是沥青面层的施工需要消耗大量能源，同时也会产生大量污染物。济南至青岛高速公路改扩建工程里程长、工程量大，其能源消耗问题以及施工过程中产生污染物的处理问题十分突出。此外，济青高速公路运营了20多年，沿线生态环境等均已平衡，此次改扩建施工必然会对沿线的生态环境重新产生影响。因此，生态环保

问题同样十分突出。

针对上述问题，为解决高速公路改扩建施工期间产生的污染物问题，必须对污染源的分布情况进行调查，对分布特征等进行分析，为消除或减少高速公路改扩建施工期间的污染提供依据；为达到节能减排的目的，需要对不同施工阶段、不同原材料的生产、运输和使用的能源消耗等情况进行调查，提出减少能源消耗的技术和配套工艺，实现节能减排的目的；在改扩建施工过程中，对沿线生态环境、环境保护产生影响的构造物、施工工序、施工方法等进行调查，针对性地提出相应改善措施或方法，使得改扩建工程施工对济青高速公路沿线生态环境的影响达到最小。

（7）高速公路信息化智能化技术需求突出

近年来，我国在高速公路信息化智能化建设方面取得了一些成绩，但也产生了很多新问题，如数据孤岛、融合困难；投资巨大，效果有限；技术丰富，业务不畅等。在新一轮信息化建设浪潮中，现行交通运输行业标准相对滞后于新兴信息技术的发展，尚不能科学化、系统化、规范化指导智慧型高速公路建设。如何结合高速公路改扩建工程建设实际，进一步改善高速公路改扩建施工期和运营期的交通运输环境，使车辆和驾乘人员在高速公路上更加安全、快速、畅通、舒适地运行，是本项目积极探索、亟须解决的问题之一。

针对上述问题，在济青高速公路改扩建工程施工期间，积极推广应用基于信息化技术的沥青路面全过程质控管理系统与评价方法，提高路面施工管理的效率和质量；积极推广应用高速公路交通信息智能监测、收费站无感支付以及交通气象综合感知等技术，构建“互联网+”智慧出行服务平台；攻关研究基于BIM技术的桥梁建管养一体化关键技术，为解决桥梁在建设、管理、养护维修等过程中的一系列技术难题提供有益的技术支撑。

2.2 科技示范工程总目标

济青高速公路改扩建绿色科技示范工程积极落实国家“生态文明建设”和交通运输行业“绿色、循环、低碳”发展的要求，紧扣“绿色”理念，以提高高速公路改扩建工程建设质量和服务水平为核心，以“安全耐久、资源利用、节能环保、智慧共享”为主题，打造现代化的济青高速公路改扩建“绿色之路”。

依托济青高速公路改扩建工程，集中展示近年来我国在交通运输行业科技创新研究和技术攻关中所取得的各项新技术、新材料、新工艺和新装备，切实解决高速公路改扩建工程设计、建设、运营、管理过程中的各种难题，促进交通运输行业技术进步和高速公路建设理念的创新，主要实现以下四个目标：

（1）实现安全耐久、建设品质工程

通过制定合理的、能有效反映改扩建施工路段实际运行状态的限速标准和策略，建立健全突发事件应急救援体系；采用区域高精度无人机和跟踪雷达进行全时空、全天候、大场景、高精度车辆行为追踪观测，形成集“识别+救援+防控”于一体的高速公路改扩建交通风险防控与应急保障提升成套关键技术，全面提升高速公路改扩建交通安全保障体系。通过耐久性一体化设计，在改扩建工程加宽段推广应用耐久性路面结构，特大桥应用耐久性桥面铺装结构，促进工程结构安全理念向结构耐久性理念的转变，提升高速公路改扩建工程的建设质量和使用性能，工程质量合格率达到100%，优良率在95%以上，延长高速公路使用寿命，降低养护维修费用。

环保型沥青路面抗凝冰技术示范应用不少于5km；雨、雾等低能见度条件下公路行车安全智能诱导系统示范应用不少于2km；双组分雨夜高亮反光标线等新型交通标线示范应用不少于30km；高吸能型可导向防撞垫等新型防撞设施示范应用不少于20处；无预应力框架式防撞活动护栏等新型防撞护栏示范应用不少于10处。

（2）实现资源利用、推进环境友好

在高速公路改扩建施工和运营过程中体现“变废为宝”的理念，通过旧路结构与材料再利用、大宗固体工业废弃材料循环再生利用，大力推进“资源节约型、环境友好型社会”的建设。有效利用公路沿线建筑开槽弃土，集约化土地利用，节约土地资源800万m^3以上。旧路材料实现资源节约集约利用，全线沥青路面铣刨料和水泥稳定碎石铣刨料再生利用率60%以上；废弃结构物混凝土再生利用率20%以上；旧波形梁护栏改造再利用30%以上。规模化再生利用公路沿线大宗固体工业废弃物，赤泥填筑路床示范5km以上；铁矿微粉填筑路床2km以上；稳定型橡胶沥青混合料示范应用30万m^2以上。

（3）实现节能环保，打造绿色建造

以减少能源消耗、污染物排放为核心，注重沿线生态环境保护，依靠科技创新，充分发挥原有设施的功能，采取统一规划、突出重点、逐步实施的策略，综合运用经济、技术和管理手段，推进济青高速公路节能环保建设目标的实现。至少建设1处低碳海绵型服务区；岩石路堑边坡生态防护技术示范应用不少于3万m^2。

（4）实现智慧共享，提升服务质量

集合应用互联网+、BIM、云计算、大数据等新兴信息技术，进一步改善高速公路交通运输环境，为车辆和驾乘人员提供更加安全、快速、畅通、舒适的通行服务体验。

利用科技示范工程平台，通过开展已有成熟技术的推广、关键技术的集成创新和攻关，不仅使一系列科技创新成果得到示范应用，提高交通行业科技成果的推广应用水平，促进科技成果向现实生产力的有效转化，还进一步提升了工程建设的科技含量和技术水平，为新技术的推广应用积累宝贵经验，为转变传统的高速公路建设模式和理念创新，加快推进现代交通运输业又好又快发展提供必要的技术支撑，为好客山东、美丽中国和生态文明建设提供支撑保障。通过本项目的实施，将形成系列的研究成果和技术标准体系，为高速公路改扩建工程形成相应的行业标准提供技术支持，进而有效带动提升全国高速公路改扩建的建设质量和服务水平。

2.3 科技示范工程实施理念

建设生态文明是中华民族永续发展的千年大计，在济青高速公路改扩建绿色科技示范工程实施过程中，深刻学习领会习近平生态文明思想，积极落实国家“生态文明建设”和交通运输行业“绿色、循环、低碳”发展的要求，始终坚持将环境资源保护作为工程建设的内在要素和绿色发展的目标，把工程建设生产过程和结果的“绿色化”“生态化”作为济青高速公路改扩建绿色建设的主要内容和途径，积极践行“绿色”理念的创新之路。

项目紧扣“绿色”理念，大力开展科技创新，确定了以“绿色”科技成果引领、推动交通行业“绿色”技术进步和“绿色”交通产业升级为核心，以“安全耐久、资源利用、节能环保、智慧共享”为主题，围绕“全寿命周期设计施工一体化、不间断交通的施工交通组织与安全保障提升、旧路材料与大宗工业废弃物循环利用、生态防护与节能减排、信息化建管养效率提升”5大专项开展济青高速公路改扩建绿色科技示范工程，打造绿色现代化的新济青高速公路。

依托济青高速公路改扩建工程，集中展示近年来我国在交通运输行业科技创新研究和技术攻关中所取得的各项“绿色”新技术、新材料、新工艺、新装备，切实解决高速公路改扩建工程设计、建设、运营、管理过程中的各种问题，促进交通运输行业技术进步和高速公路建设理念的创新，主要表现为四个方面：

一是实现节能环保，打造绿色建造。以减少能源消耗、污染物排放为核心，注重沿线生态环境保护，依靠科技创新，充分发挥原有设施的功能，采取统一规划、突出重点、逐步实施的策略，综合运用经济、技术和管理手段，推进济青高速公路节能环保建设目标的实现。

二是实现资源利用、推进环境友好。在高速公路改扩建和运营过程中体现“变废为宝”的理念，通过旧路结构与材料再利用、大宗工业废弃材料循环再生利用，大力推进“资源节约型、环境友好型社会”的建设。

三是实现安全耐久、建设品质工程。通过制定合理的、能有效反映高速公路改扩建路段实际运行状态的限速标准和策略，建立健全突发事件应急救援体系，解决大流量复杂条件下高速公路改扩建交通风险识别与管控难题，全面提升高速公路交通安全保障体系。通过耐久性一体化设计，促进工程结构安全理念向结构耐久性理念的转变，提高高速公路改扩建工程的建设质量和使用性能，延长使用寿命，降低养护维修费用。

四是实现智慧共享，提升服务质量。集合应用互联网+、BIM、云计算、大数据等新兴信息技术，进一步改善高速公路交通运输环境，为车辆和驾乘人员提供更加安全、快速、畅通、舒适的通行服务体验。

利用绿色科技示范工程平台，通过开展已有成熟技术的推广、关键技术的集成创新和攻关，不仅使一系列“绿色”科技创新成果得到示范应用，提高了交通行业“绿色”科技成果的应用水平，促进“绿色”科技成果向现实生产力有效转化，还进一步提升了工程建设的科技含量和技术水平，为“绿色”新技术的推广应用积累了宝贵经验，为转变传统的高速公路建设模式和理念创新，加快推进现代交通运输业又好又快发展提供了必要的技术支撑，为好客山东、美丽中国和生态文明建设提供了支撑保障。

2.4 科技示范工程主要实施内容

济青高速公路横贯山东省东西，连接省会济南、沿海重要开放城市青岛及淄博、潍坊、滨州5地市23个县（市）区，为双向四车道高速公路（潍河大桥以西整体式路基宽度23m，以东21m），始建于1989年12月，于1993年12月全线竣工通车，是经国家批准利用世界银行贷款修建的山东省第一条高速公路，并按世界银行国际通用条款菲迪克（FIDIC）管理修建。本次改扩建工程全长309.172km，全线按照双向八车道高速公路建设标准，设计速度120km/h，采用两侧拼宽为主（个别路段单侧拼宽、不对称加宽）、局部路段采用高架桥方案的方式改扩建，整体式路基宽度42m，工程概算为297.96亿元，计划工期42个月。济青高速公路改扩建绿色科技示范工程科研项目一览表见表2-1。

济南至青岛高速公路改扩建绿色科技示范工程科研项目一览表 表 2-1

序号	技术类型		序号	项目名称
一	全寿命周期设计施工一体化技术	推广	1	永久性沥青路面结构设计理论与关键技术推广应用
			2	高等级公路半刚性基层结构损伤理论与控制方法推广应用
			3	重载交通高劲度改性沥青及沥青混凝土技术推广应用
		攻关	4	新旧路面材料与结构性能协调及匹配关键技术
			5	基于扩建工程的路基路面结构优化设计
			6	高速公路改扩建工程新旧路基差异沉降控制及沉降计算修正方法研究
			7	济青拼接加宽桥梁中既有中小跨径旧桥部分荷载适应性研究
			8	高速公路梁桥加宽桩基础沉降差异控制技术研究
			9	在役钢筋混凝土梁疲劳损伤试验及剩余寿命预测
			10	基于模型试验及实桥验证的桥梁整体化层参与结构受力分析
			11	大跨径预应力混凝土连续梁桥时变效应与长期变形发展研究
			12	管状劲性体在高速公路软基及特殊路基处理中的应用研究
			13	沥青路面全幅无缝成型关键技术与应用研究（2019 年立项）
			14	水稳结构大厚度连铺连压整体成型技术与装备研究（2019 年立项）
二	不间断交通的施工交通组织与安全保障提升技术	推广	15	恶劣天气下特殊路段沥青路面抗凝冰与交通安全设施新技术推广应用
			16	基于绿色循环利用功能的公路护栏安全提升系统研究
		攻关	17	高速公路改扩建保通施工与应急救援交通组织研究
			18	高速公路改扩建工程施工区交通安全评价方法研究
三	旧路材料与大宗工业废弃物循环利用技术	推广	19	沥青路面冷再生性能评价指标体系与高性能乳化沥青冷再生混合料推广应用
			20	稳定型橡胶改性沥青混合料技术推广应用
			21	DHT 土凝岩稳定材料技术推广应用
		攻关	22	固体工业废弃料规模化再生路用关键技术研究
			23	废弃结构物混凝土再生集料高值化利用技术研究
四	生态防护与节能减排技术	推广	24	低碳海绵型服务区建设技术推广应用
			25	岩石路堑边坡生态防护技术推广应用
		攻关	26	沥青路面施工期能耗及排放监测、评估与减量化关键技术研究
			27	全金属环保耐候泡沫铝声屏障研究开发
五	信息化建管养效率提升技术	推广	28	基于“互联网 +”的高速公路智慧出行服务技术推广应用
			29	基于信息化技术的沥青路面全过程质控管理系统与评价方法推广应用
		攻关	30	基于 BIM 的桥梁建造一体化技术研究

此外，在工程建设过程中，还积极应用“混凝土水力切割与凿毛工艺”等多项“四新”技术，达到了提高质量、缩短工期、减轻劳动强度、增强安全可靠度、提高效益的目的，助力可持续发展的实现。

2.5 科技示范工程组织与管理

在交通运输部的大力支持下，在山东省委、省政府的坚强领导下，山东省交通运输厅、山东高速集团有限公司与山东高速股份有限公司坚持走科技创新发展道路，以山东高速股份有限公司作为第一承担单位，依托济青高速公路改扩建工程，实施济青高速公路改扩建绿色科技示范工程创建工作。

2.5.1 组织模式

为有效地组织和协调各方资源和力量，支持和保障济青高速公路改扩建绿色科技示范工程的顺利实施，山东高速股份有限公司建立了强有力的组织领导和保障机构，成立了以山东省交通运输厅领导为组长的科技示范工程领导小组，以山东高速股份有限公司领导、项目办主任为组长的科技示范工程执行小组，聘请国内知名行业专家组成科技示范工程专家小组，联合技术咨询单位成立科技示范工程宣传小组。科技示范工程组织机构如图2-5所示。

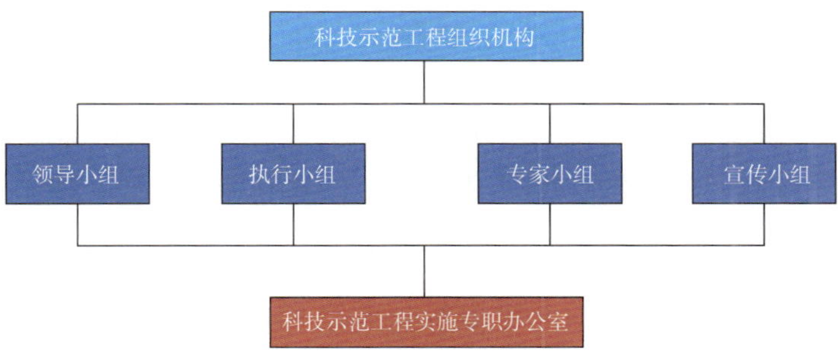

图 2-5 科技示范工程组织机构

（1）科技示范工程领导小组

“领导小组”由山东省交通运输厅、山东省交通运输厅科技处、山东高速集团有限公司和山东高速股份有限公司主要领导牵头，主要成员还包括济青高速公路改扩建项目建设管理办公室相关负责人和科技示范工程技术咨询单位负责人等，主要负责科技示范工程的领导、监督以及有关工作的协调等。

（2）科技示范工程执行小组

“执行小组”由山东高速股份有限公司、济青高速公路改扩建项目建设管理办公室主要领导及部门负责人、技术咨询单位主要技术负责人等组成，负责推进科技示范工程的具体展开，以及科技示范工程中实体工程的现场实施等。

联合山东省交通科学研究院、交通运输部公路科学研究所共同成立了济青高速公路改扩建绿色科技示范工程实施专职办公室。专职办公室在“领导小组”“执行小组”“专家小组”和“宣传小组”的共同领导下开展工作，以加强科技示范工程实施管理，开展全过程技术咨询、日常科研管理及示范工程实施，并建立了完善的科研立项、审批、审查、阶段成果评估、成果验收评价、技术推广应用等咨询管理体制。

（3）科技示范工程专家小组

“专家小组”由邀请的省内外行业知名专家组成，负责科技示范工程实施过程中重大项目关键技术的咨询，一般项目的技术遴选和安排，阶段性成果的总结、提炼、把关以及项目执行过程中的技术咨询等工作。

（4）科技示范工程宣传小组

“宣传小组”由济青高速公路改扩建项目建设管理办公室相关领导及部门负责人、技术咨询单位等主要成员组成，负责科技示范工程的成果总结、凝练及宣传等工作，按照工程进度，组织召开技术交流、技术培训、现场会等，并及时对科技示范工程进展情况进行跟踪报道。

2.5.2 管理制度

为了确保济青高速公路改扩建绿色科技示范工程有效实施，山东省交通运输厅、山东高速集团有限公司、山东高速股份有限公司、济青高速公路改扩建工程项目建设管理办公室高度重视绿色科技示范工程的管理制度建设工作。

为统一规范科技示范工程和科研项目日常管理等工作，对项目进展进行实时跟踪、动态控制，切实保障绿色科技示范工程顺利实施。制定了《科技示范工程实施管理办法》《科研项目月度执行情况报告制度》《科技示范工程季度简报制度》《科研项目工作协调会议制度》《科研成果审查与登记备案制度》等一系列规章制度和管理办法，形成了规范的科研项目定期调度流程，在科技示范工程实施过程中发挥了重要作用（图2-6）。

按照绿色科技示范工程规章制度和管理办法，济青高速公路改扩建绿色科技示范工程实施专职办公室以济青高速公路改扩建项目建设管理办公室的名义下发科研项目实施调度会、科技创新工作研讨会、年度工作汇报会、科研项目中期审查会、科研项目评价验收会、申报奖励调度会等各类会议通知30余次，形成会议纪要9份，有效促进了绿色科技示范工程的顺利开展。转发交通运输部、山东省政府办公厅、山东省交通运输厅、山东高速集团有限公司等关于工程建设调研和科技示范工程进度管理的通知文件8次，有力配合了相关部门的调度工作，积极宣传了济青高速公路改扩建工程建设和绿色科技示范工程成果，不断扩大影响力。

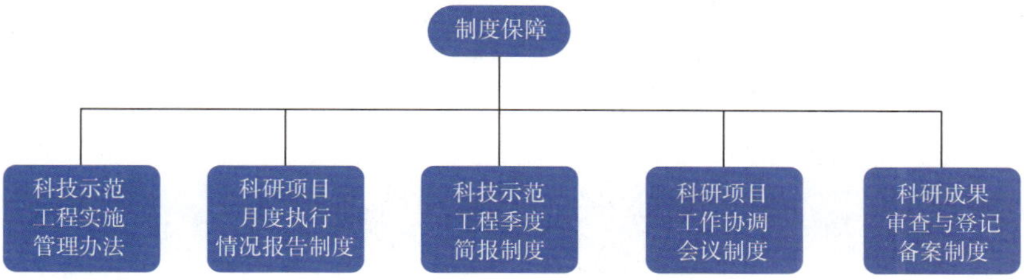

图 2-6　科技示范工程管理制度保障

此外，为提高项目办、总监办、驻地办、设计单位和施工单位等对绿色科技示范工程的认识和重视程度，积极促进科研项目与前期规划、设计及施工现场的紧密结合，下发了加快科技示范工程实施、明确参研人员职责、改扩建工程建设论文征集等通知文件10次，使参研、参建人员明白绿色科技示范工程的实施意义，确保了“绿色”理念、“绿色”技术在工程建设中的顺利实施。

2.5.3　保障措施

（1）领导高度重视，指导科技示范工程高效实施

贯彻落实交通运输部有关指示和要求，按照济青高速公路改扩建绿色科技示范工程实施方案，针对示范项目多、涉及单位广、研究时间紧、技术难度大等特点，成立了以山东省交通运输厅领导为组长的科技示范工程领导小组，以山东高速股份有限公司领导、项目办主任为组长的科技示范工程执行小组。强有力的组织领导和保障机构，为绿色科技示范工程的高效和高标准开展，以及丰硕的科技成果产出提供了坚实基础。如图2-7所示为集团高层领导总结部署项目建设工作。

（2）构建科学管理体系，建立健全科技示范工程管理制度

构建系统科学的管理体系，建立了济青高速公路改扩建绿色科技示范工程五级工作组织机构。一是以山东省交通运输厅领导为组长的科技示范工程领导小组，为项目顺利实施提供协调与指导，确保科技示范工程实施的高标准和高规格；二是以山东高速股份有限公司领导、项目办主任为组长的科技示范工程执行小组，负责科技示范工程的具体展开，以及科技示范工程中实体工程的现场实施；三是以国内知名行业专家组成的科技示范工程专家小组，负责重大项目关键技术咨询、阶段性成果总结提炼，以及项目执行

过程中的技术咨询等工作；四是以项目办相关领导及部门负责人、技术咨询单位等主要成员组成的科技示范工程宣传小组，及时对科技示范工程进展情况进行总结提炼；五是以具体科研项目成立相应的科技攻关小组、科技推广小组和现场技术咨询小组，负责科技示范工程具体实施内容的切实落地。

图 2-7　集团高层领导总结部署项目建设工作

在科技示范工程执行小组的直接领导下，联合山东省交通科学研究院、交通运输部公路科学研究所共同成立了济青高速公路改扩建绿色科技示范工程实施专职办公室，在“领导小组”“执行小组”“专家小组”和“宣传小组”的共同领导下开展工作，以加强科技示范工程实施管理，开展全过程技术咨询、日常科研管理及示范工程实施，并建立了完善的科研立项、审批、审查、阶段成果评估、成果验收评价、技术推广应用等咨询管理体制。

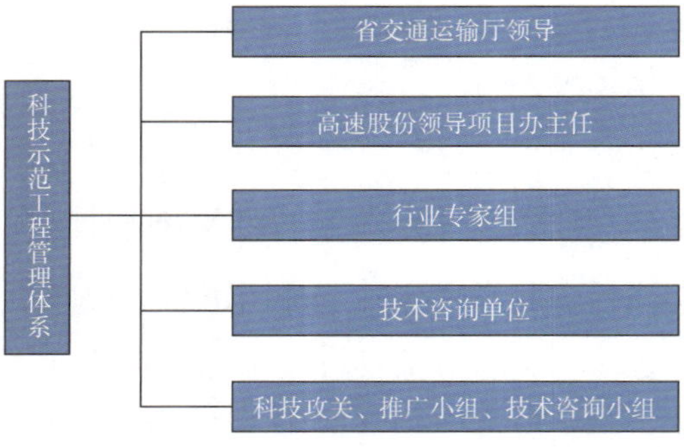

图 2-8　科技示范工程管理体系

科技示范工程管理体系如图2-8所示。

五级工作组织机构通过设置合理的职能分类，制定详细的工作职责，进一步明确了人员分工，把管理工作落实到人，各科研项目既有项目负责人，负责科研项目具体研究内容的实施，又有项目协调联系人，负责科研项目的具体应用，项目参与人员基本涵盖了建设、科研、设计、监理及施工等单位人员，建立了科研项目室内研究和现场研究的沟通桥梁，实现了科技示范工程科研项目的全方面、全过程、系统化管理。

制定了《科技示范工程实施管理办法》《科研项目月度执行情况报告制度》《科技示范工程季度简报制度》《科研项目工作协调会议制度》《科研成果审查与登记备案制度》等一系列规章制度和管理办法（图2-9），统一规范了科技示范工程和科研项目日常管理等工作，形成了规范的科研项目定期调度流程。完善的科技示范工程管理制度实现了对济青高速公路改扩建绿色科技示范工程实施过程中科研项目进展的实时跟踪和动态控制。

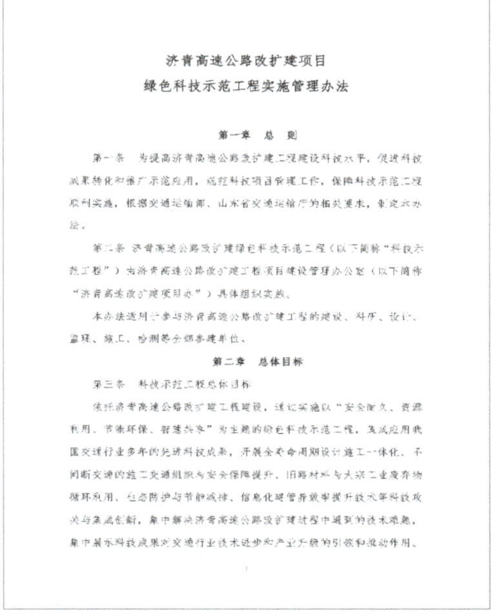
济青高速公路改扩建项目
绿色科技示范工程实施管理办法

第一章　总　则

第一条　为提高济青高速公路改扩建工程建设科技水平，促进科技成果转化和推广示范应用，规范科技项目管理工作，保障科技示范工程顺利实施，根据交通运输部、山东省交通运输厅的相关要求，制定本办法。

第二条　济青高速公路改扩建绿色科技示范工程（以下简称“科技示范工程”）由济青高速公路改扩建工程项目建设管理办公室（以下简称“济青高速改扩建项目办”）具体组织实施。

本办法适用于参与济青高速公路改扩建工程的建设、科研、设计、监理、施工、检测等全部参建单位。

第二章　总体目标

第三条　科技示范工程总体目标

依托济青高速公路改扩建工程建设，通过实施以“安全耐久、资源利用、节能环保、智慧共享”为主题的绿色科技示范工程，集成应用我国交通行业多年的先进科技成果，开展全寿命周期设计施工一体化、不间断交通的施工交通组织与安全保障提升、旧路材料与大宗工业废弃物循环利用、生态防护与节能减排、信息化建管养效率提升技术等科技攻关与集成创新，集中解决济青高速公路改扩建过程中遇到的技术难题，集中展示科技成果对交通行业技术进步和产业升级的引领和带动作用。

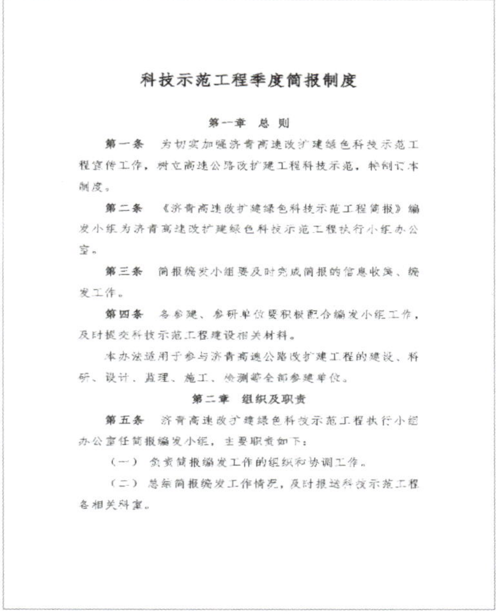
科技示范工程季度简报制度

第一章　总则

第一条　为切实加强济青高速改扩建绿色科技示范工程宣传工作，树立高速公路改扩建工程科技示范，特制订本制度。

第二条　《济青高速改扩建绿色科技示范工程简报》编发小组为济青高速改扩建绿色科技示范工程执行小组办公室。

第三条　简报编发小组要及时完成简报的信息收集、编发工作。

第四条　各参建、参研单位要积极配合编发小组工作，及时提交科技示范工程建设相关材料。

本办法适用于参与济青高速公路改扩建工程的建设、科研、设计、监理、施工、检测等全部参建单位。

第二章　组织及职责

第五条　济青高速改扩建绿色科技示范工程执行小组办公室任简报编发小组，主要职责如下：

（一）负责简报编发工作的组织和协调工作。

（二）总结简报编发工作情况，及时报送科技示范工程各相关科室。

图 2-9　规章制度和管理办法

（3）引入专家智库，实施科技示范工程全过程技术咨询

济青高速公路改扩建绿色科技示范工程是一项系统工程，涉及专业多、范围广、针对性强、时间周期紧、任务重、组织实施复杂，这就要求组织实施单位必须“站得高、看得准、落得快”。

为了提升济青高速公路改扩建绿色科技示范工程实施的科技含量，首先以国内知名行业专家组成科技示范工程专家小组，为项目实施过程中的重大关键技术提供技术咨询；其次，参与济青高速公路改扩建绿色科技示范工程29个科研项目的技术单位包括了山东省交通科学研究院、交通运输部公路科学研究所、清华大学、中交公路规划设计院有限公司、山东省交通规划设计院集团有限公司、山东高速科技发展集团有限公司、中

交公路长大桥建设国家工程研究中心有限公司、同济大学、山东大学、长安大学、北京交通大学、武汉理工大学、北京师范大学、山东建筑大学、北京新桥技术发展有限公司、北京华路安交通科技有限公司等32家高校科研院所及公司。同时，科研人员与建设、设计、监理、施工等单位密切配合，从而建立了坚实的技术支撑和人才保障队伍；再次，引入山东省交通科学研究院、交通运输部公路科学研究所作为济青高速公路改扩建绿色科技示范工程实施的全过程技术咨询单位，建立了完善的科研项目申报、审批、审查、阶段成果评估、成果评价验收、技术推广应用等全过程管理流程和制度，将专家咨询模式涵盖科技示范工程建设全过程，进一步增强了对济青高速公路改扩建绿色科技示范工程的有效组织和管理。

（4）统筹做好科研规划，稳步推进实施科技示范工程

针对济青高速公路改扩建工程技术特点与需求，山东高速股份有限公司提前谋划，早在设计阶段就开展了科研项目的筹划工作，并积极策划科技示范工程的申报立项。立项成功后，依据济青高速公路改扩建绿色科技示范工程总体目标，结合工程改扩建实际需要，筛选了大量科研项目作为储备。

根据工程进展，随着科技示范工程的启动，有针对性选取储备课题逐年申报山东省

交通运输厅、山东省经济和信息化委员会等科技创新计划。实施过程中，始终坚持以主体为导向、以需求为导向、以问题为导向、以创新为导向，系统做好科研规划，分步、分层次申请立项，稳步推进实施济青高速公路改扩建绿色科技示范工程。

在济青高速公路改扩建绿色科技示范工程实施过程中，先后有16个科技攻关项目成功立项2016年度、2018年度和2019年度山东省交通运输科技计划。此外，还有14个科技攻关或科技推广项目成功申报了山东省经济和信息化委员会的“山东省技术创新项目”。科研项目的成功立项，极大提升了济青高速公路改扩建绿色科技示范工程科研项目的科技含量。

（5）完善动态优化设计机制，配套经费支持充足

为高质量完成济青高速公路改扩建绿色科技示范工程实施总目标，结合工程建设实际，建立了完善的动态优化设计机制，以及工程变更管理办法。遵循“分级负责、专家论证、集体决策”的原则，项目制定了严格的变更条件，严把设计变更关，保证了因科技示范工程建设而发生的工程变更经费，为项目科技攻关和推广应用提供了充足的配套研究经费。经统计，济青高速公路改扩建绿色科技示范工程项目总经费为4901.5003万元，其中，部拨经费24.5万元。

2.5.4 管理创新

为切实保障济青高速公路改扩建绿色科技示范工程顺利实施，在科研项目组织和管理机制上进行了多项创新实践，力图充分发挥绿色科技示范工程对解决项目自身重大工程难题的关键作用，在确保工程质量、安全与进度的前提下，积极探索出一套实施科技示范工程的创新型管理模式。

（1）积极探索科技示范工程全过程技术咨询管理模式

在济青高速公路改扩建绿色科技示范工程实施过程中，针对科研项目数量多、参研单位和人员多、研发周期紧、涉及专业领域广、依托工程复杂、科技含量高、智力密集、评价标准各异、对实践经验要求高等特点，如何对科技示范工程实施内容进行有效管理是必须解决的首要管理难题。

"全过程技术咨询"起源于对建筑工程领域中"全过程工程咨询"这一理念的理解和延伸。传统的建设模式是将建筑项目中设计、施工、监理等各阶段分隔开来，各单位分别负责不同环节和不同专业的工作，这不仅增加了成本，也分割了建设工程的内在联系，在这个过程中由于缺少全产业链的整体把控，信息流被切断，很容易导致建筑项目管理过程中各种问题的出现以及带来安全和质量隐患，使得项目业主难以得到完整的建筑产品和服务。而"全过程工程咨询"涉及建设工程全生命周期内的策划咨询、前期可研、工程设计、招标代理、造价咨询、工程监理、施工前期准备、施工过程管理、竣工验收及运营保修等各个阶段的管理服务。实行全过程工程咨询，其高度整合的服务内容在节约投资成本的同时也有助于缩短项目工期，提高服务质量和项目品质，有效地规避了风险。

科技示范工程虽然不像实体工程那样看得见摸得着，但也涉及项目立项、组织实施和验收等各个阶段，而且每个阶段又要与依托工程中的建设、设计、监理、施工等单位协调配合，同时还要考虑工程进度等因素的影响，此外，还要与不同的科研院所、高等院校、科技公司等共同推进科研项目工作。因此，同样需要提供"全过程技术咨询"服务，将科技示范工程实施周期内的各阶段任务高度整合，以此形成攻坚克难合力，提高示范质量，并反哺工程建设品质。

科研工作的实施过程是科技示范工程实施最重要的环节，鉴于科研活动的不确定性、科学产品的非物质性和不可重复性，科研工作应更多地接受全过程技术管理与监督，以及整体战略规划的指导，从而实现科研工作实施过程管理的动态监督与控制，随时了解和掌握科研工作的状态。

为避免只注重项目前期的可行性论证、后期的验收与成果评价，而对项目实施过程缺乏有效管理的问题，山东高速股份有限公司引入了山东省交通科学研究院和交通运输部公路科学研究所作为科研项目的咨询管理单位，为济青高速公路改扩建绿色科技示范工程提供“全过程技术咨询”服务。通过这一管理模式的创新，建立了完善的科研项目申报、审批、审查、阶段成果评估、成果验收评价、技术推广应用等全过程管理体制，从而对科研项目进行了有效管理，使之真正服务于济青高速公路改扩建工程建设，创新于济青高速公路改扩建工程建设，并最终应用于济青高速公路改扩建工程建设。

（2）构建“科研先行、咨询保障、示范推广”相结合的动态科技管理体系

以济青高速公路改扩建工程建设为载体，在交通运输部的大力指导下，在山东省交通运输厅的直接领导下，山东高速股份有限公司紧密联系高等院校、科研院所、科技公司、设计单位、监理单位、施工单位等为主体的科研工作团队，形成了“管、产、学、研、用”的一体化协同创新平台，构建了以“科研先行、咨询保障、示范推广”相结合的动态科技管理体系。协同创新平台的搭建和动态科技管理体系的构建不仅有效解决了济青高速公路改扩建工程建设对重点难点技术的迫切需求，同时还依托科研院所、高等院校和科技公司研究成果的支撑供给，有效缩短了科研成果应用于工程建设的时间，极大提高了济青高速公路改扩建工程的建设质量和科技含量，进而有效缩短了建设工期，节省了工程造价。如图2-10所示为项目办领导、科研攻关小组现场指导。

图 2-10　项目办领导、科研攻关小组现场指导

（3）全方位组织科技创新成果技术交流活动

依托济青高速公路改扩建绿色科技示范工程，通过组织召开预制场、梁板架设、路床交验、路面场站建设及管理、路基防护、冬季施工技术管理、沥青冷再生利用设备改造及施工、老路病害维护、旧桥加固等现场观摩会，抓住技术关键点，集中推广成熟技术和研究成果。通过加强培训与指导，组织各方人员掌握改扩建工程关键技术，例如路基路面、桥梁拆除拼接、路面材料再生利用、路面维修、桥梁加固处理等专题技术培

训，极大地提高了工程技术人员的业务素质。

同时，以绿色科技示范工程的实施为契机，鼓励相关单位进行新技术、新工艺、新方法、新设备等“四新”技术创新活动，对能够显著提升工程质量、安全、环保管理水平和管理效益的创新成果，采取加分、表彰等多种方式进行推广（图2-11）。

图 2-11　创新成果技术交流活动

（4）以主体为导向，构建“工程建设进度与科研项目同步推进”的建设管理新模式

在济青高速公路改扩建绿色科技示范工程实施过程中，充分发挥建设管理单位的主体导向作用，建立健全以“科研先行、咨询保障、示范推广”相结合的动态科技管理体系，积极开展工程建设专家咨询，形成了重大技术难题攻关智库。

同时，充分利用外脑，联合行业知名单位共同开展科技攻关，满足自身发展的多元化需求。一方面，联合了32家交通行业知名高等院校、科研院所及科技公司，共同开展科学研究工作；另一方面，充分调动设计、施工、监理等参建单位的积极性，切实保障科研单位的研究先导作用、设计单位的技术服务作用、施工单位的贯彻落实作用，以及监理单位的监督协调作用，建立了“工程建设进度与科研项目同步推进”的建设管理模式，相关单位也相应制定或完善了奖励文件。

这一新的建设管理模式有效实现了科技创新成果与工程建设质量双提升，共同促进了工程建设质量的不断提高，也为全国高速公路改扩建工程建设质量和服务水平的有效提升树立了典范。

（5）积极推进改扩建工程项目信息化管理体系建设

进入21世纪，网络信息化、计算机智能化在工业技术领域得到了长足发展，涉及世界的每个角落，其中就包括工程建设领域。为了顺应时代发展的方向，提高项目管理和施工技术的科技含量，从“十三五”开始，国家相关部委，尤其是交通运输部制定下发了一系列有关交通信息化发展的政策文件，提出了许多关于提升交通基础设施数字化、信息化、智能化水平的相关任务和试点内容。例如，推广应用信息化技术，提高施工自动化水平，推行“智慧工地”建设，促进工程建设项目全程信息化，尤其BIM技术是信息化在工程建设和管理中的具体应用。

在济青高速公路改扩建主体工程施工期和机电、房建设计前期，都尽可能多地实现智能化、信息化在工程施工中的应用，以获得项目施工和管理的高效、低耗，并尽可能在短时间内完成项目施工任务，在项目通车后达到“智慧高速”的引领目标。

在济青高速公路改扩建绿色科技示范工程中，推广应用了基于“互联网+”的高速公路智慧出行服务和基于信息化技术的沥青路面全过程质控管理系统与评价方法两项技术，同时，开展了基于BIM的桥梁建造一体化技术攻关，起到了很好的示范引领作用（图2-12、图2-13）。

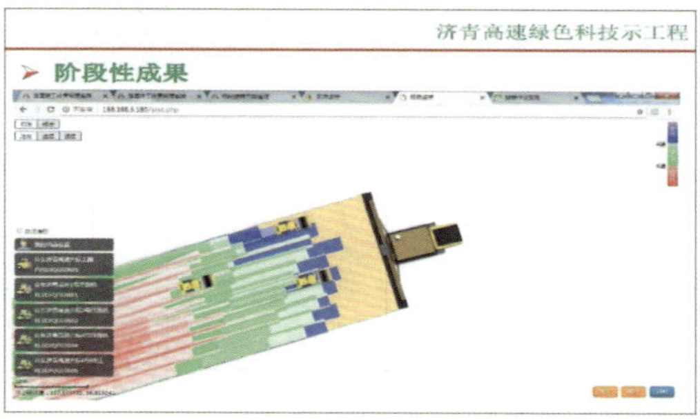

图 2-12　沥青路面碾压在线实时跟踪

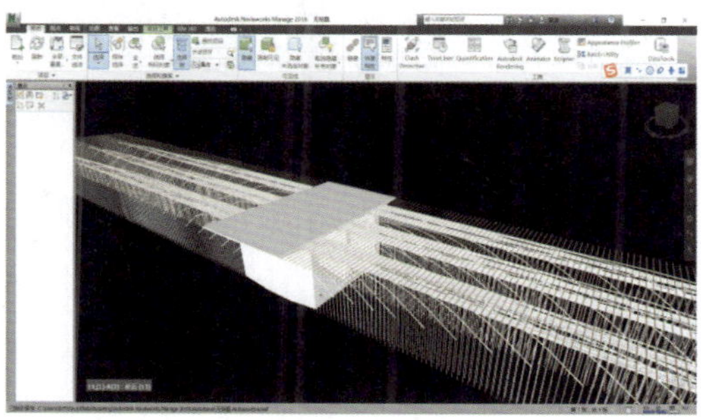

图 2-13　BIM 技术开展三向预应力筋碰撞检查

（6）以创新为导向，大力培育并提升核心科技竞争力

始终把创新作为公司发展的动力源泉，山东高速股份有限公司明确提出了“缘小求新、顺变求成”的创新理念。以“提高品质工程建设，树立改扩建样板”为目标，通过调研前期高速公路改扩建工程建设情况，并结合济青高速公路改扩建工程实际，梳理总结出制约高速公路改扩建的工程难题，并据此开展“四阶段”技术创新工作。一是梳理问题，分析高速公路改扩建工程技术难题及需求；二是针对工程技术难题开展科研规划及立项，通过招投标确定科研合作单位；三是建立健全组织机构和科技管理制度，广泛开展技术交流，加强科研调度的过程管控；四是完成科技报告的编制及工作总结，并组

织项目验收评价及奖项申报。通过积极的探索与实践，总结梳理出一套适合企业自身发展并具有可复制、可借鉴、可推广的科技创新流程，如图2-14~图2-16所示。

图 2-14　2018 年 7 月第六合同段召开科研项目调度会

图 2-15　2019 年 9 月 18 日专家评审会

图 2-16　弥河桥拆除重建改拼宽利用研讨会

济青高速公路改扩建绿色科技示范工程实施以来，先后召开了15次科研项目实施调度会，5次专家评审会、2次新旧动能转换重大工程与科技创新工作交流会，还成功召开了“全国公路改扩建技术交流暨济青高速公路改扩建绿色科技示范工程现场观摩会”和“交通运输部科技示范工程暨济青高速公路改扩建绿色科技示范工程技术交流会”，吸引全国近千名专家学者参会，从科研、设计、施工等逐个环节持续推动科技攻关及推广示范工作，把科技创新成果积极应用到济青高速公路改扩建工程建设中。

通过济青高速公路改扩建绿色科技示范工程的实施，形成了一系列研究成果和技术标准，为高速公路改扩建工程形成相应的行业标准提供了技术支持，进而有效带动提升全国高速公路改扩建的建设质量和服务水平。

03 改扩建工程新旧道路材料、结构匹配协调科技示范

3.1 推广应用类示范

3.1.1 永久性沥青路面结构设计理论与关键技术

济南至青岛高速公路是山东省东西运输大动脉，承担了山东省东西方向客运和货运的主要任务，交通量巨大，对路面的寿命、使用性能和服务水平都有很高的要求。同时，随着我国对环保工作的重视，高能耗、高污染及破坏环境的砂石料开采加工被大量限制，导致公路建设用砂石料资源严重缺乏，不仅严重影响公路建设进度，同时也极大抬高了路面工程造价。永久性沥青路面结构与传统沥青路面结构相比，路面总体厚度可比传统路面结构减薄30cm以上，实现高能耗路面向新一代绿色路面转变，周期性重建向结构耐久保持转变，节约资源的潜力巨大。

为保证济南至青岛高速公路的使用寿命和耐久性，基于全寿命周期成本的考虑，结合路面结构设计和交通量，在路面结构设计和施工中，应用永久性沥青路面结构设计理论与方法，实现路面结构的在寿命周期内提供低成本且良好的使用性能。

本示范主要技术来源为山东省交通科技项目“永久性路面研究”和“山东省路用砂石集料技术标准与生产工艺控制研究”。

（1）示范技术特点

适合我国重载交通和复杂自然环境条件的永久性沥青路面设计理论与方法：在交通运输部联合攻关计划等支持下，针对我国重载交通与复杂自然环境条件，通过产学研联合攻关和自主创新，在永久性沥青路面结构设计理论、力学响应测试分析、工程监测等关键技术方面取得了重大突破，创立了适合我国重载交通和复杂自然环境条件的永久性沥青路面设计理论与方法，实现了研究成果的工程推广应用。

综合应用力学和材料损伤原理，从重载作用下路面结构疲劳损坏机理入手，通过沥青路面结构与材料的室内和实体工程的测试分析，揭示了路面结构工作状态和材料损伤过程，提出了相应的设计指标、参数，编写了设计程序，创立了重载条件下基于累积损伤的永久性沥青路面设计体系；针对实时交通和自然环境多因素耦合作用下路面力学响应检测与分析技术难题，开发了沥青路面结构损伤状态下力学响应测试成套技术，构建了路面结构动态力学响应模型，完整地揭示了沥青路面在复杂条件耦合作用下的动态力学响应规律；根据路面结构受力与功能要求，设计了不同类型的路面材料，开发了耐疲劳和抗永久变形的新型沥青混合料，提高了路面沥青层底抗疲劳水平，减薄了永久性沥青路面厚度；建立了典型重载交通道路的轴载谱、气象管理系统数据、路面温度场和路面力学响应实测数据库，为路面结构理论分析提供系统的宝贵资料；突破了工程应用中沥青层底拉应变无法检测的技术瓶颈，发现了弯沉盆参数与沥青层底拉应变的关系，实现了关键设计指标与质量监测无损检测的技术统一；制定了适用于永久性沥青路面的公路工程砂石集料技术标准和基于机械设备与材料相互作用特性的混合料离析控制方法。项目研究实现了永久性沥青路面结构分析、结构设计、材料组成设计与施工控制的统一，如图3-1、图3-2所示。

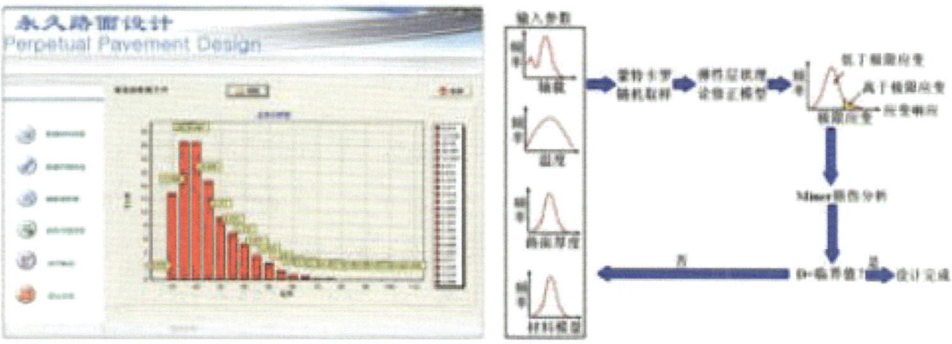

图 3-1　重载交通和复杂自然环境条件的永久性沥青路面设计理论与方法

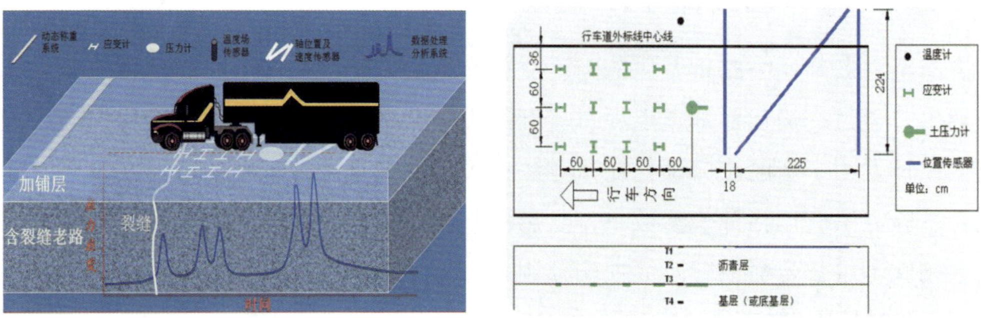

图 3-2　力学响应测试成套技术

（2）在本工程中的应用及效果

本项目推广应用了山东省交通科技国际合作项目“永久性沥青路面结构设计理论与方法、关键技术及工程应用”科研成果——适合我国重载交通和复杂自然环境条件的永久性沥青路面设计理论与方法、永久性沥青路面典型路面结构和沥青路面结构损伤状态下力学响应测试成套技术。在济青高速公路改扩建工程全线进行推广应用，其中在桩号K12+118处安装了动态承载系统（图3-3）。

图 3-3　动态承载系统

该技术成果有效解决了济青高速公路目前面临的复杂交通荷载和严酷条件下的路面结构耐久性难题，延长道路使用寿命、避免周期性重建、降低维修次数，大大缓解因路面维修和重建对道路交通造成的影响。同时，避免路面的结构性损坏，充分提高了道路材料的使用效率，符合公路建设环保、经济和可持续发展要求，使路面总体厚度变薄，节约资源，节省能源，保护生态环境。

3.1.2　高等级公路半刚性基层结构损伤理论与控制方法

济南至青岛高速公路重车比例高，交通荷载大，路面使用寿命和使用性能衰减过快问题突出。通过交通运输部重点项目《高等级公路半刚性基层材料与结构损伤数值模拟研究》项目发明了新的疲劳损伤测试方法，极大提高了疲劳试验的可靠度，而当前国内外疲劳试验方法测试指标、参数单一，离散性和变异性大，疲劳方程可靠性低。同时提出了半刚性基层长寿命沥青路面损伤控制理论与方法，通过推广此项目的研究成果，可以延长道路的使用寿命，提高路面的结构整体性。

本示范主要技术来源为山东省交通科技项目“高等级公路半刚性基层材料与结构损伤数值模拟研究”和“石灰—粉煤灰稳定粒料疲劳寿命预估模型研究”。

（1）示范技术特点

半刚性材料四点弯曲疲劳试验方法：针对传统疲劳试验测试指标单一、变异性大以及损伤状态下弯拉模量测试技术难题，通过室内试验对比，结合弯曲疲劳力学原理，提出了以同层位梁试件弯拉强度确定疲劳荷载及弯曲疲劳试验过程中同步测量弯拉模量的试验方法，提高了疲劳试验结果的可靠度，并实现半刚性材料不同疲劳损伤程度弯拉模量的测试。

半刚性材料疲劳损伤模型：通过室内重复加载弯曲疲劳试验，结合连续损伤力学原理，建立了与疲劳方程应力比指标相关联的弯拉模量衰减模型，形成了以弯拉模量衰减指标和疲劳方程联合表征的半刚性材料疲劳损伤模型，为半刚性基层材料疲劳损伤全过程数值模拟提供了依据。

半刚性基层结构疲劳损伤全过程数值模拟：运用重载ALF加速加载试验与路面力学响应传感测试系统对半刚性基层疲劳损伤模型进行了验证，并结合实体工程试验路现场观测，明确了半刚性基层结构损伤演变过程及不同阶段的状态，提出了疲劳开裂产生阶段与裂缝扩展阶段时长的关系，为半刚性基层结构疲劳损伤全过程数值模拟提供了依据。

半刚性基层服役期末有效模量：运用理论分析、实体工程现场检测及ALF加速加载验证，分析了半刚性基层在服役期末疲劳损伤状态下有效模量与初始模量的关系，提出了沥青路面半刚性基层服役期末疲劳损伤状态下结构有效模量的确定方法，为结构损伤全过程分析服役期末参数输入提供依据。UTM动态模量试验系统如图3-4所示，试件LVDT安装如图3-5所示。

图 3-4　UTM 动态模量试验系统

图 3-5　试件 LVDT 安装

（2）在本工程中的应用及效果

本项目推广应用交通运输部重点基础研究项目“高等级公路半刚性基层损伤理论、控制方法及工程应用”科研成果——半刚性基层材料模量衰减模型和沥青层累积疲劳损伤相结合的半刚性基层沥青路面结构疲劳控制设计方法，如图3-6所示。本项目在济青高速公路改扩建工程全线进行推广应用，研究成果对路面半刚性基层材料与结构进行优化设计，确保设计年限内不出现结构性的疲劳破坏，目前项目路况良好，路面结构表现出良好的使用性能，可获得巨大的经济效益和社会效益。

图 3-6　半刚性基层取芯

3.1.3　重载交通高劲度改性沥青及沥青混凝土技术

济青高速公路改扩建工程潍莱高速互通以东，长度约2km，纵坡高达2.997%，桃源河大桥、小清河特大桥、小许家以及华山高架桥桥面铺装需要路面在重载作用下具有良好的抗剪强度、抗高温变形能力和抗疲劳性能，延长路面的使用寿命。

采用交通运输部联合攻关科技项目“欧美沥青混合料设计方法比较与我国工程实践”的科研成果适合长大纵坡段的高模量沥青混合料的设计理论和方法，以及典型的高劲度耐久性沥青路面结构与材料。在桃源河大桥、小清河特大桥、小徐家以及华山高架桥桥面铺装中推广应用该科技攻关项目的科研成果密水型硬质沥青胶砂以及相应的桥面铺装结构。

本示范主要技术来源为山东省交通科技项目“永久性沥青路面结构设计理论与方法”和“新型高模量、抗疲劳沥青混凝土的研制及工程应用”。

（1）示范技术特点

重载交通环境下的高劲度耐久性沥青混合料及结构组合：通过国外与我国沥青混合料规范设计理念、体系、指标及标准的对比研究、分析及提升，得出其内在联系和差异性；揭示了高劲度沥青胶结料、级配结构及其相互作用全面均衡提升混合料性能的规律，建立了适应严酷荷载环境下的高劲度耐久性沥青混合料设计理论与方法，提出了基于高劲度胶结料性能的混合料设计参数选择方法和性能评价标准，开发了适用于公路、机场和港口铺面、城市公交专用道等复杂服役环境和交通荷载特性的一系列高劲度耐久性沥青混合料及结构组合。该技术成果提出的高劲度沥青生产技术，高品质耐久性沥青混合料设计体系与方法、施工控制技术，不仅使混合料综合性能得到高水平提升，而且合理的混合料及结构设计减薄了沥青路面厚度，节约了资源，延长了道路使用寿命、避免了周期性重建、降低了维修次数，极大缓解了因路面维修和重建造成的道路交通拥堵等损失，保障交通安全和舒适性，如图3-7所示。

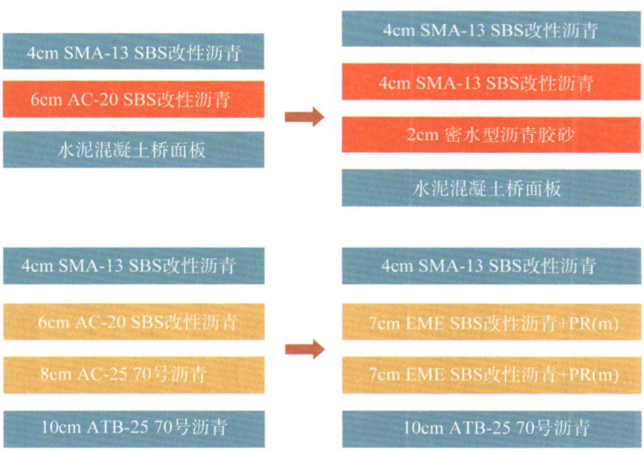

图 3-7　在桥面铺装和长大纵坡段结构与材料推广应用技术内容

（2）在本工程中的应用及效果

本项目推广了重载交通和复杂气候条件下的高品质沥青与沥青混合料技术，新一代高品质长寿命沥青路面成套技术。该技术有助于节约资源，降低成本，保护生态环境，道路使用寿命延长至 35 年以上，未来 5 年新建高速公路将减少石料用量 2000 万 m^3。项目在长大纵坡段——潍莱高速互通以东（二标段）和桃源河大桥、小清河特大桥（六标段）、小许家高架桥及华山高架桥推广应用，如图 3-8、图 3-9 所示。

图 3-8 长大纵坡段潍莱高速互通以东高模量沥青混合料现场摊铺、碾压及取芯

图 3-9 桃源河、小清河、小许家、华山高架桥桥面铺装层密水型沥青胶砂施工现场

3.2 科技攻关类示范

3.2.1 新旧路面材料与结构性能协调及匹配关键技术

济青高速公路自通车至今已超过20年，在累积荷载作用下，道路结构性能与使用性能了很大的衰减，也超过了当初的设计使用年限。尽管如此，一方面，现有半刚性基层沥青路面的可使用价值（残值）巨大；另一方面，从国家现有的经济状况、可持续发展的战略以及工程建设正常周期的角度出发，不能完全摒弃旧路面后建新路面。因此，必须对高速公路使用期末的结构与材料性能进行后评估，分析其残值，并将残值最大化利用，也必须对现有半刚性基层沥青路面进行结构性能的恢复。然而，在目前，针对使用期末半刚性基层沥青路面结构评价与分析、残值计算及结构性病害的整治，以恢复其结构性能的技术问题还没有针对性的研究和解决。改扩建后材料性能的不一致又造成结构性能的不同步，如何与新路面材料在性能上进行协调与匹配，进而使路面结构性能进行协调与匹配，都是当前的技术难题。

针对高速公路改扩建工程，项目开展了旧路路面结构残余寿命评价、新旧路基差异沉降控制、新旧路面材料与结构性能协调及匹配、路基路面结构一体化设计等亟待解决的问题做了相关研究，提出改扩建项目路面合理利用方案，为改扩建工程提供相关经验，并针对拓宽道路的特殊性进行科学合理的设计。

1）主要研究内容

（1）高速公路改扩建工程中旧路基的检测及再利用

高速公路改扩建施工前，必须对全线范围内的路基进行调查与评价，确定既有路基的状态，以及既有路基特别是应急车道和路肩的既有路基是否满足再利用的条件，按照下列流程和指标进行试验，以确定既有路基的状态、能否被再利用。

①根据路基填土高度、周围水体距离、填筑材料的不同，在最不利季节，对旧路基在不同深度内含水率进行检测统计，根据《公路路基设计规范》（JTG D30—2015）的要求确定既有路基的干湿类型。

②在应急车道开挖探坑，采用FWD、DCP、CBR、承载板多种测试手段测试旧路基路床顶的承载能力，探坑开挖要减少对路床顶面的扰动，确有扰动的应人工清除扰动层后进行测试。

③应急车道探坑开挖后，应立即取样进行路床顶含水率、压实度和路基土动态回弹模量的取样，测试路床顶的含水率、压实度和动态回弹模量。

④根据测试数据，分析弯沉、CBR和回弹模量等检测结果，全面评价应急车道既有路基承载能力；修正路基回弹模量湿度调整系数，并对新建路基设计进行指导。

⑤既有路基承载能力满足新建路基设计要求时，应急车道既有路基的应全部再利用；既有路基再利用时，不得全部开挖暴露再利用，杜绝开挖活动对既有路基的扰动，应保持既有路基的应力状态和含水率的稳定性，保证路基结构的承载能力的稳定性。

⑥既有路基的再利用时，与新建路基的搭接，除搭接台阶和台阶宽度外，应在新旧路基搭接处浇洒水泥浆、乳化沥青等稳定类材料，加强新旧路基的搭接。

既有路基能否再利用的评价流程如图3-10所示。

（2）高速公路改扩建工程中既有路面结构的检测及再利用

既有高速公路路面结构层再利用之前需进行全面的检测和评价：

①采用3D雷达对改扩建路段所有车道（包括应急车道）进行全里程扫描（图3-11），确认所有深层病害位置、面积或数量，深层病害包括裂缝、坑槽修补、层间脱离等，初步确定所有车道可再利用层位和段落。

②选取无深层结构病害段落，全车道分层铣刨，对沥青面层、基层和底基层以及

土基的承载力进行检测评价，检测手段为承载板和FWD，评价各层位不同车道间的差异，评价应急车道的各结构层承载能力与行车道和超车道的车载能力是否有差异并进行各结构层的模量反算，得到各结构层的实际模量用于结构验算。基层和底基层铣刨后表面的沟槽对FWD的检测有较大影响，应清扫松动层或整平后检测或者采用精铣刨的方式。

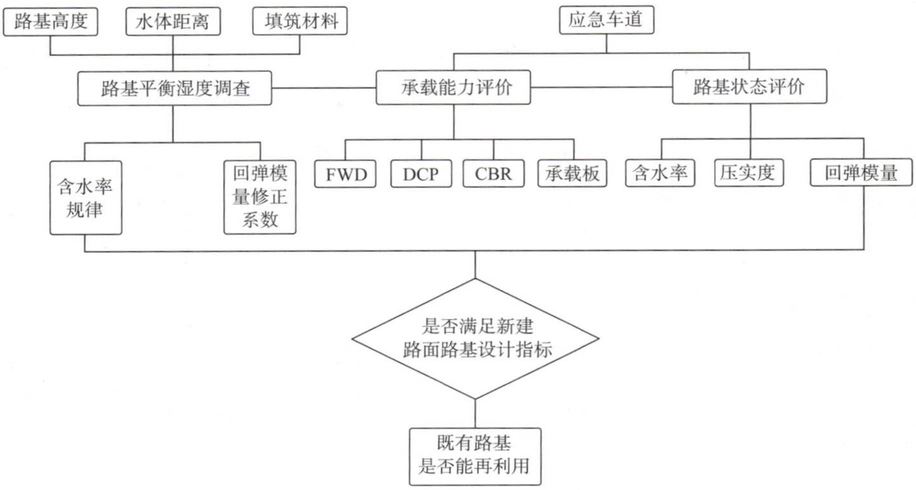

图 3-10　既有路基能否再利用的评价流程

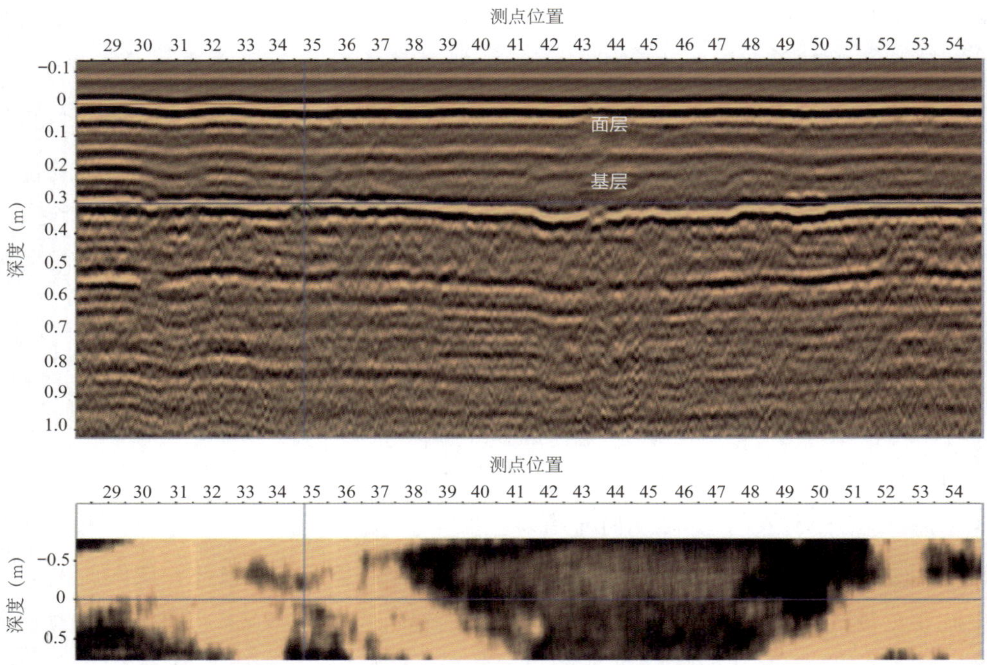

图 3-11　既有路面结构 3D 雷达检测图

③全路段范围内，根据建设信息、路面结构层、养护历史、交通量差异选取上下行路段有代表性的段落，对行车道轮迹带和应急车道进行全沥青结构层深度范围切割取样，分层进行汉堡车辙试验、动态蠕变试验、室内小梁疲劳试验和动态模量试验，评价各车道不同沥青结构层的高温抗车辙能力、抵抗永久变形的能力、不同模量比下剩余疲劳寿命以及预测方程、动态模量等参数，全面评价各车道沥青结构层的残余性能，为沥青结构层的再利用和层位定位提供依据。

④根据现场实际情况，选用小比例尺或可移动式全比例尺加速加载设备，既有路面结构层在不同荷载和环境温度下，评价既有路面结构抵抗疲劳和永久变形的能力，以及既有结构层模量和永久变形随加载次数的衰减模型，评价既有路面结构的残余性能，与室内试验结果进行对比分析。若无加载加载设备，室内试验结果可有效评价既有结构层残余性能。

⑤拓宽车道设计时，根据分层铣刨检测反算的结构层模量，分别计算应急车道再利用至沥青层、基层和底基层时，是否满足重载车道的设计，以确定最高的利用层位，充分利用应急车道的结构层。

⑥应急车道应进行结构验算后合格后，方可与新建道路结构拼接，底基层无深层病害前提下，应急车道的最低保留层位为底基层。

⑦既有路面沥青结构层铣刨重铺后，需要对重铺后的路面结构层进行结构承载能力进行检测反算其模量，并根据检测结果对其进行结构验算，若结构验算结果不满足设计要求，应改进既有路面沥青结构层的病害处置方式，例如添加抗车辙剂或采用高模量沥青混合料。

（3）高速公路改扩建工程中新旧路面结构拼接

在高速公路路面结构拼接过程中，路面结构拼接施工过程中，应注意不同结构层拼接施工，保证新旧路面结构层的拼接，使新旧路面结构层成为整体，整体受力，保证路面结构体系的完整。

①碾压，根据压实度检测和DCP检测结果确定碾压工艺；新旧路基搭接施工完毕后，在接缝处浇洒水泥浆增加新旧路基的拼接效果。

②路面结构层施工前需要对相应台阶进行检查处理，水稳基层（底基层）摊铺前用人工在对应的台阶的台面和立面上洒布；结构层摊铺后，人工用风搞、铁锹等工具在拼缝部位开“V”形槽，并将水泥净浆灌入“V”形槽，并用钢钎等工具沿缝隙前后扰动，便于水泥净浆下渗，然后拼接部位压实、拼缝整修，最后进行养生。

③柔性基层、沥青下面层的拼接同水稳基层的拼接工艺大致相同，只是将水泥净浆

换为热沥青（或乳化沥青），热沥青撒布可与碎石封层热沥青撒布同步进行，侧面喷头调整向台阶侧立面。或者采用人工涂刷的方式进行。

（4）基于分车道设计原则的高速公路改扩建既有路面结构加铺层设计验算

在《公路沥青路面设计规范》（JTG D50—2017）改建设计中的改扩建工程结构验算方法中，关于既有路面的加铺时，规范规定将既有路面简化为由沥青结合料材料层、无机结合料稳定层或粒料层和路基组成的三层体系，利用弯沉盆反演或芯样实测的方法确定个层结构层模量进行结构计算。因此，现有的设计规范中，对于既有的路面结构以及加铺后的路面结构体系仍然按照弹性层状体系进行计算验证。通过本研究，对于既有路面结构在加铺后的动态力学响应进行现场测试和力学模拟后，结合国内外的永久路面理论、试验路的研究成果，对于既有路面结构加铺结构的体系转换和设计验算有新的阐述。

①既有路面结构厚度调查，以济青高速公路为例，既有路面结构层厚度在22cm左右，通过加铺后，既有路面结构的沥青层厚度在32cm。

②既有基层承载能力检测评价，既有路面结构中行车道、超车道和应急车道的整体性良好，承载能力高，满足永久路面理论和试验路成果中对于永久路面地基承载力的要求。

③根据加铺后既有路面结构动态响应监测，既有路面结构加铺后，路面结构下16cm处的最大弯拉应变小于60με，结合理论计算中加铺后沥青层底最大弯拉应变，根据永久路面理沦和试验路研究成果，加铺后沥青层层底弯拉应变状态满足永久路面的设计要求。

④综合既有路面结构沥青层厚度的调查、既有基层的完整性和承载能力的检测、既有路面结构加铺后沥青层中间的弯拉应变，结合分车道设计原则，既有路面结构为小型车通道，交通量和交通荷载都较小，因此，加铺后的既有路面结构满足永久路面的要求，按照调整后的车道分布系数，基于永久路面的设计要求进行结构验算。

⑤按照永久路面理论进行结构验收时，既有路面结构的基层以下路面结构，由原有弹性层状体系中的承重层，转变为永久路面结构中的下称层，实现了体系转换。在永久路面结构中，对于下称层的设计要求，与弹性层状体系中对于承重层的要求不同，有很大程度的降低。因此，对于既有基层承载能力不足或者出现局部病害的情况下，也可按照永久路面结构体系进行结构验算，进行既有路面结构的加铺，实现既有路面结构的再利用，提高既有路面结构的利用率，减少投资和资源的浪费。

2）形成的创新性成果

高速公路使用期末半刚性基层沥青路面结构的评价与分析、残值计算及结构性病害的整治，以及恢复其结构性能等技术难题，还没有针对性地进行研究和解决。同时，改扩建后材料性能的不一致又造成结构性能的不同步，如何与新路面材料在性能上进行协调与匹配，进而使路面结构性能达到协调，都是当前的技术难题。

本项目通过理论分析、室内试验与现场检测相结合的方法，通过建立三维模型并结合实体工程试验段验证，对济青高速公路旧路结构性能使用期末状态评估与残值评价、半刚性基层沥青路面使用期末结构性能转换与再利用、新旧拼接沥青路面材料与结构性能协调及匹配等关键技术展开研究。取得如下创新性成果（图3-12~图3-15）：

图 3-12　足尺加速加载疲劳试验

（1）提出了用于服役末期沥青路面性能衰变规律的加速加载试验方法，揭示了重载一环境同步耦合作用下沥青路面服役末期非线性衰变机理；

（2）基于加速加载试验，构建了旧路面结构性能残值分析及评价模型，提出了服役末期路面结构与材料损伤演化的时变特性及剩余寿命预估方法；

（3）提出了既有高速公路使用期路基和路面结构层检测评价方法及既有结构层再利用的设计参数；

（4）提出了高速公路扩建工程分车道设计原则和既有路面结构体系加铺转换长寿命路面结构设计方法，保证了新旧路面结构的变形协调。

3）在本工程中的应用

研究成果成功应用于济青高速公路、京台高速公路德齐段以及京沪高速公路等改扩建工程，实现了约80%硬路肩既有路面结构的再利用，有效利用了既有路面结构层，减少了对既有路面结构层的铣刨，节约改扩建投资10亿元以上，节约了施工工期。同时，减少了新建路面结构层的规模，极大地节约了沥青、集料等资源投入，经济社会效益显著。

图 3-13　新旧路面结构保通反开挖工艺

图 3-14　新旧路面结构层拼接设计

图 3-15　一字坡大宽度施工

4）成果应用前景

本项目成果解决了高速公路拓宽改造工程中既有路面结构残余寿命评价、沥青路面结构性能恢复以及既有路面合理利用的问题；解决了新旧路基差异沉降控制、新旧路面材料与结构性能协调及匹配、路基路面结构一体化设计等难题，保证了新旧路面材料和结构在性能上的协调与匹配，保证了高速公路改扩建工程建设质量，为改扩建工程路面合理利用和路面结构设计提供了参考和依据。随着我国经济社会的快速发展和高速公路服役年限的增加，今后越来越多的地区都将面临高速公路改扩建工程建设的强烈需求，研究成果可为今后高速公路改扩建工程提供技术支撑，推广应用前景广阔。

3.2.2　基于扩建工程的路基路面结构优化设计

济青高速于1993年通车，到改扩建前已运行了23年，虽然路面结构整体较薄，但路面结构的性能也很好，对于其组合式路面结构，性能已经被广泛认可，但出于经济考虑，沥青层的厚度是否还可以减薄一直存在争议。整体看山东省路面结构比较其他省份是偏厚的，通过对路基路面结构一体化设计研究及加速加载验证，在路面结构厚度和经济上有巨大的优化空间，其经济效益是非常巨大的。

1）主要研究内容

（1）长期荷载作用下路面结构破坏机理与破坏形式研究

通过足尺路面结构进行加速加载验证，进一步模拟实际路面结构，从而为路面结构设计与使用性能预估得到验证，也为正确评估路面使用周期及各阶段养护对策提供依据。

①通过ALF加速加载试验，分析了半刚性基层沥青路面结构力学响应随加载次数的变化规律。基于弯沉等效和弯拉应变等效实测半刚性基层模量，在荷载反复作用下，半刚性基层模量衰减过程可分为三个阶段，疲劳开裂产生阶段、裂缝扩展阶段、稳定阶段。实测反算模量与疲劳损伤模型预估比较如图3-16所示。

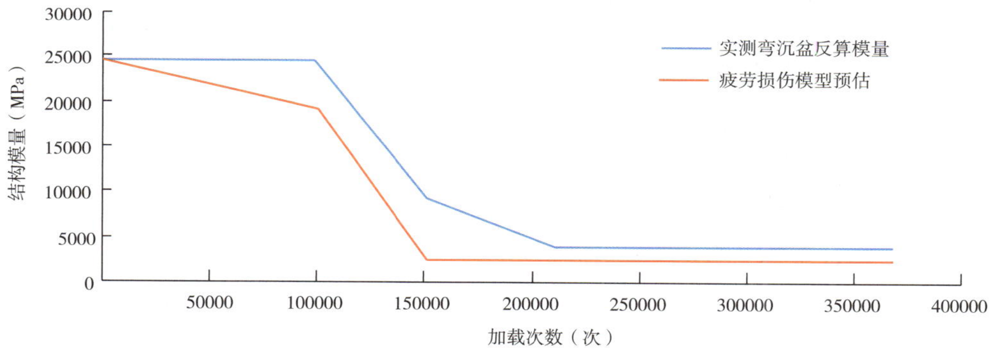

图 3-16 实测反算模量与疲劳损伤模型预估比较

②对足尺环道的典型组合式基层沥青路面结构进行长期性能观测，加载累计轴次21838285次后，两个试验段的组合式基层沥青路面结构均未出现破坏。通过对点FWD检测路面结构应变的方法，得到了试验段组合式基层沥青路面结构长期运营后的典型应变。50kN加载时的典型应变如图3-17所示。

③在同等应力状态下，材料疲劳损伤模型能够较好地预估半刚性基层结构疲劳开裂产生阶段模量的衰变规律。分析了疲劳开裂产生阶段与裂缝扩展阶段时长的关系，提出了结构模量从加载至稳定阶段的时长Ne模型。基于弯沉等效反算，模量下降后长时间稳定阶段的模量平均为初始模量的0.176倍；基于应变等效反算，模量下降后长时间稳定阶段的模量平均值为初始模量的0.35倍。

（2）基于改扩建工程的路面加铺层优化设计

①对半刚性基层材料进行不同模量测试方法的对比研究，推荐采用基于试件侧面中

段应变测量线性加载简单抗压回弹模量法作为室内标准试验方法。同时建立了弯拉模量与弯拉强度的计算关系式；构建了与疲劳方程应力比指标相关联的弯拉模量衰变模型：增量递归模型［式（3-1）］和指数模型［式（3-2）］。

$$\omega=\left(\frac{N}{10^6}\right)^{\alpha}\times\left(\frac{\sigma}{S}\right)^{\beta}\times(1-\omega)^{\gamma} \tag{3-1}$$

$$E_N=E_i e^{F(\sigma/S)\times N} \tag{3-2}$$

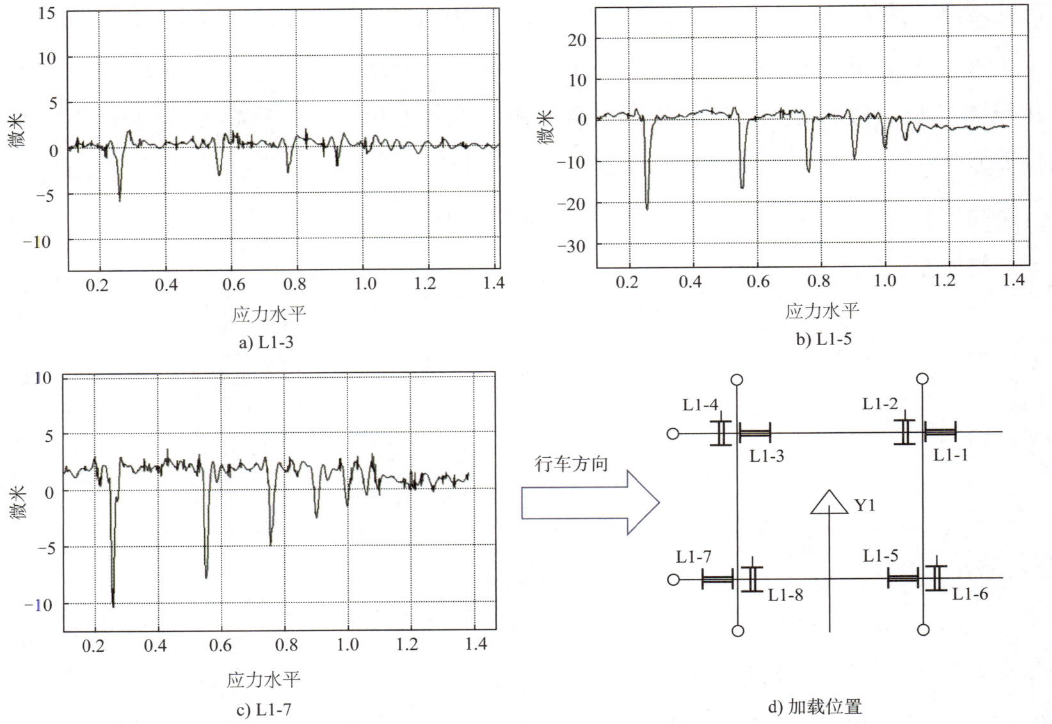

图 3-17 50kN 加载时的典型应变

②提出基于动态拉伸抗裂指标及基于半刚性基层残余模量的老路加铺设计分析方法，解决含损伤路面结构加铺设计技术难题。动态拉伸抗裂抗裂设计考虑温度应力、弯拉应力和剪应力指标；基于模量衰减模型分析，将半刚性基层模量衰减及加铺后的剩余模量及其新的衰减路径纳入沥青层疲劳损伤分析。

③提出了用两阶段（裂纹产生和裂纹扩展）过程来描述路面的疲劳破坏，并对各阶段应用不同的疲劳模型，裂缝产生阶段应用损伤力学模型，裂缝扩展阶段应用断裂力学模型。并应用此模型对各种路面结构的裂缝产生寿命和裂缝扩展寿命进行了预估，分析了裂缝疲劳模型参数及路面结构参数对路面裂缝疲劳寿命影响，为结构维修设计方法提

供理论依据，如图3-18~图3-21所示。

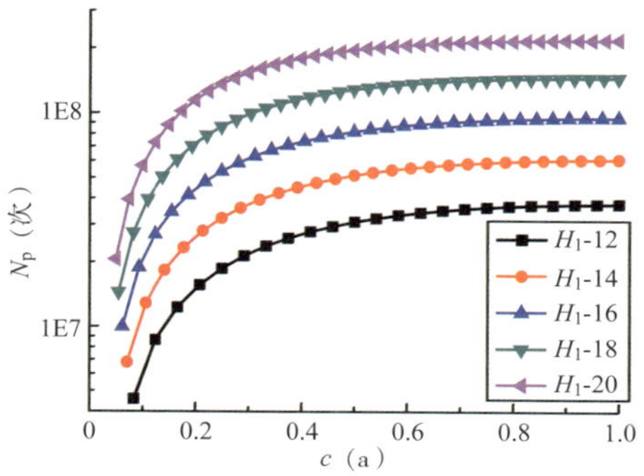

图 3-18　不同面层厚度面层反射裂缝扩展寿命

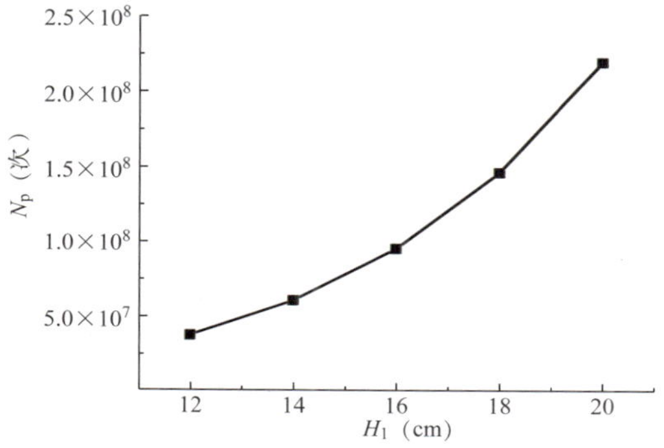

图 3-19　面层反射裂缝扩展寿命与面层厚度

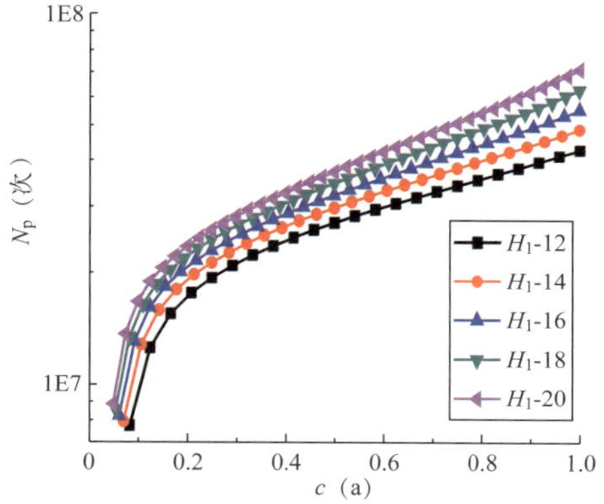

图 3-20　不同面层厚度面层表面裂缝扩展寿命

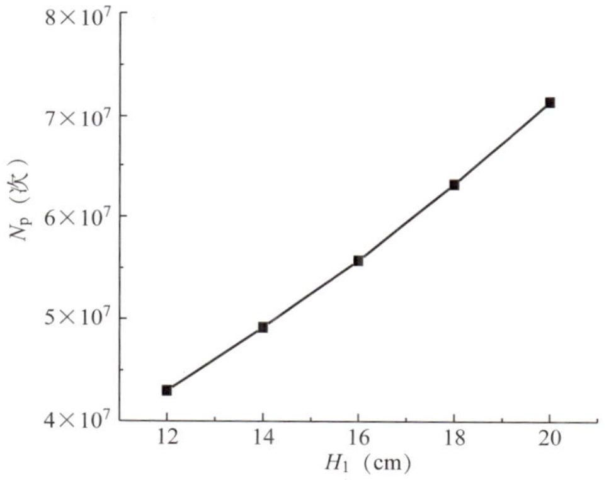

图 3-21　面层表面裂缝扩展寿命与面层厚度

（3）基于路面性能的扩建道路路基路面一体化设计及优化分析

①论述了基于路面性能的材料设计方法，通过大量室内试验，获取了基于路面性能的材料设计参数，包括复数模量、弹性模量、损失模量、相位角等，基于时—温等效原理，构建了不同沥青混合料主曲线，较全面地描述了沥青混合料的动态性能；基于回归理论，获取了材料疲劳方程，获取了基于性能的路面结构设计参数。

②提出了基于路面性能的路基路面一体化设计方法下沥青路面结构组合目标、原则及考虑因素，分析了路基的设计原则，形成了基于路面性能的路基路面一体化设计方法，并给出了设计步骤和实例。基于路面性能的路基路面一体化设计流程如图3-22所示。

③经研发分析可知，路基路面综合设计法下，结构的各响应量均小于常规设计法，根据路基路面一体化设计方法计算结构疲劳寿命均远大于常规设计方法，说明路基路面一体化设计方法可显著提升结构性能。不同设计方法下疲劳寿命对比如图3-23所示。

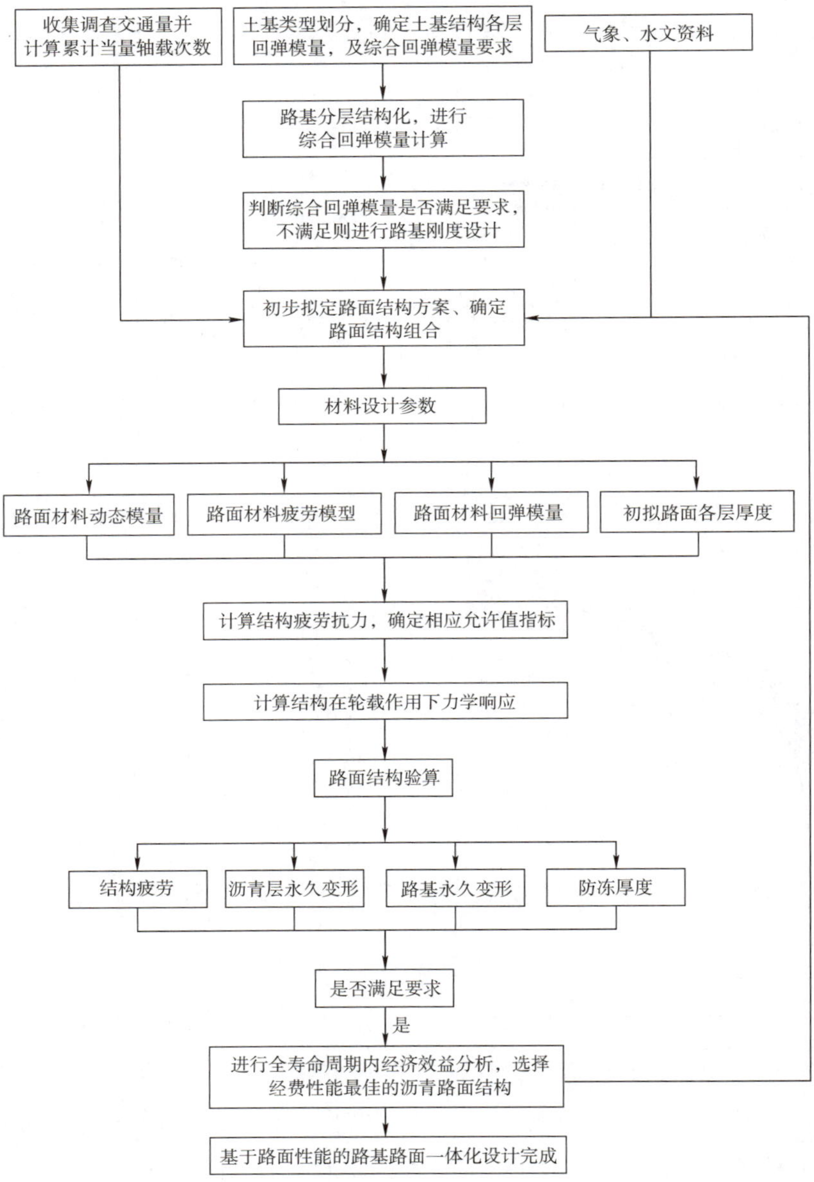

图 3-22　基于路面性能的路基路面一体化设计流程

（4）养护技术方案的可行性分析与养护对策分析

针对高速公路路面养护决策优化问题，首先结合现有的路面养护技术规范与标准，阐述了高速公路路面养护管理要求及其养护策略；其次应用工程经济原理与方法，分析研究了路面养护管理的费用与效益，作为确定决策指标与选择决策方案的主要依据。根据我国目前路面养护管理的实际情况，提出了养护管理的费用主要考虑养护维修费用，而养护效益主要考虑路面使用性能的改善和提高的养护效益方法；然后，构建了高速公路网级路面养护管理决策优化框架，主要包括确定研究范围和规模、道路基础资料及检测数据收集、路面使用性能预测、路面养护措施选择、养护决策优化和方案制定，并对其基本过程进行了系统的研究。最后针对养护决策优化中的关键问题，分别以养护费用最小和效益最大为目标，基于模糊优化思想建立了指定养护标准、指定服务水平和指定资金约束条件下的模糊规划模型。

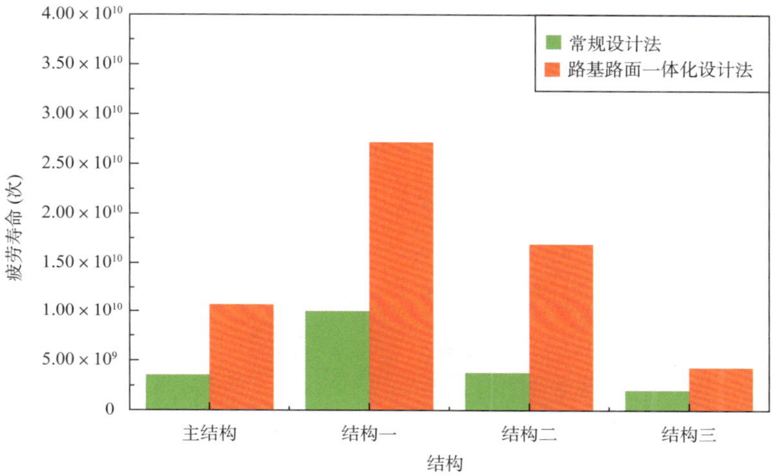

图 3-23　不同设计方法下疲劳寿命对比

（5）使用周期内路面结构全寿命费用分析与评价

全寿命周期费用分析和评价是目前研究的重点，足尺路面加速加载是长期性能发展的最佳途径，全寿命周期费用分析可以更加全面的分析整体路面结构的经济性。虽然改扩建组合式路面结构初期建设投入比传统半刚性沥青路面结构大，但由于后期维修费用少，分析期内总费用少于半刚性基层沥青路面。延长路面使用寿命，降低维修次数，所节约的用户费用将远超过建设、维修和重建所节约的费用。从全寿命周期（40年）分析来看，组合式基层沥青路面结构的节能减排效果都非常显著。

2）形成的创新性成果

本项目针对高速公路扩建工程的路基路面结构进行优化设计，调研分析了济青高速公路旧路路基与路面结构设计、材料以及轴载状况，分析了拓宽路段路基路面结构承载力、材料等状态；研究了济青高速公路改扩建前后实际交通轴载的变化，得到了相应的轴载谱；研究了济青高速公路路面结构温度场，得到了路面结构全时段分层温度变化规律，如图3-24~图3-28所示。

图 3-24　路面各结构层横向芯样

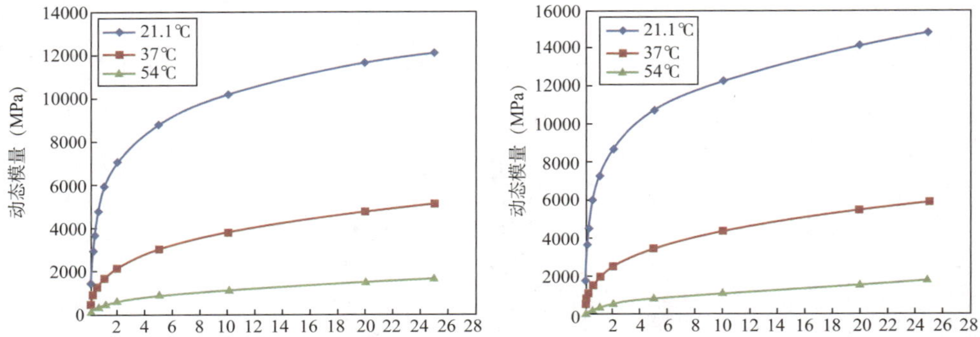

a) 载荷频率（Hz）　　b) 载荷频率（Hz）

图 3-25　动态模量曲线图

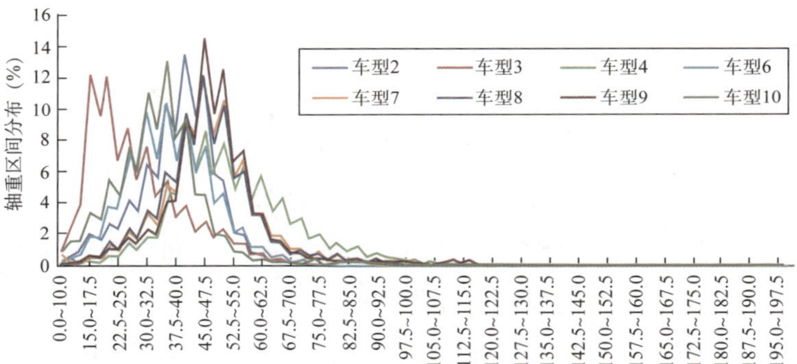

a) 轴重区间（t）

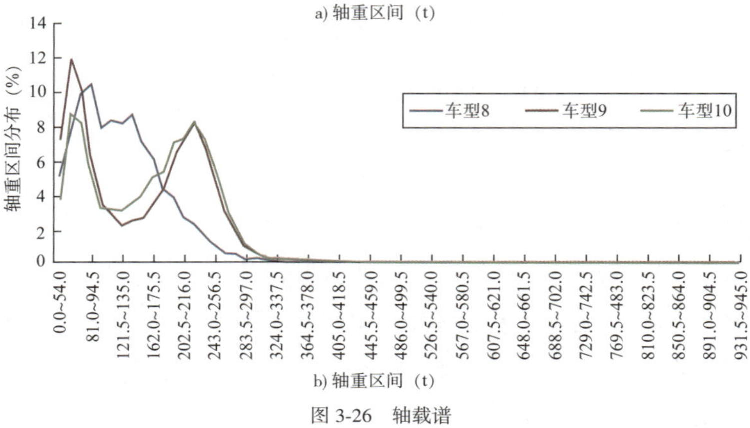

b) 轴重区间（t）

图 3-26　轴载谱

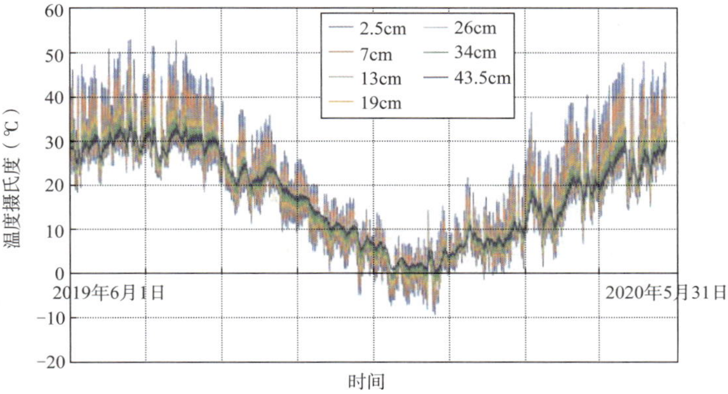

图 3-27　温度场

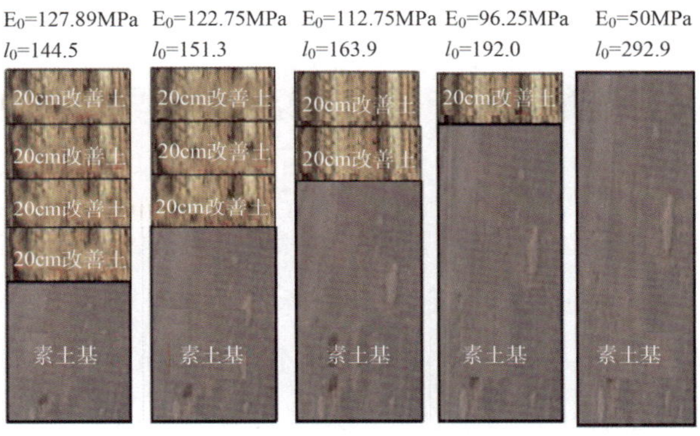

图 3-28　路基刚度补偿设计

基于上述研究，进一步对济青高速公路旧路加铺与拓宽路面结构进行了设计、对比与力学计算分析，提出了适于扩建工程的路基路面结构组合形式与相应参数。最终，通过加速加载试验验证了路面结构与材料的部分指标，分析了全寿命周期费用与能耗，提出了相应的养护策略。取得如下创新性成果：

（1）搭建了交通荷载、温度场及路面结构材料实测大样本数据平台，提出了基于大数据的参数模型；

（2）提出了基于特定材料性能模型的路面结构性能分析方法；

（3）提出了扩建工程重载车道路基设计标准及路基路面一体化设计典型路面结构。

3）在本工程中的应用

技术成果成功应用于济青高速公路改扩建工程第三标段的沥青路面结构。提出的针对高速公路改扩建工程中、重交通与特重交通的组合式沥青路面结构优化方案，为本工程项目以及后续其他改扩建工程提供了典型的路面结构。技术成果实现了路面结构合理化、降低道路建设养护费用、保障道路运营安全。同时，为标准规范的制定提供了基础数据，为交通行业做出了贡献，产生了巨大的经济和社会效益。

4）成果应用前景

本项目通过加速加载试验研究，对现有路面结构的长期性能进行了全面验证。通过准确预估路面性能与使用寿命的发展规律，制定出针对性管理方案与养护措施；优选路面结构及材料，形成了系列实用技术服务于高速公路建设和养护；为路面新材料的验证与推广提供了基础支撑，进而获得直接经济效益。研究成果可实现路面结构合理化、降低道路建设养护费用、保障道路运营安全，还可为相关规范的制定提供基础数据，为交通行业做出贡献，具有巨大的经济社会效益。

3.2.3 高速公路改扩建工程新旧路基差异沉降控制及沉降计算修正方法研究

济青高速公路沿线地形为平原微丘地区，路域内河流网较为发达，两侧多为农田，路经地区经济发达，土地资源十分紧张，全线桥梁、通道等结构物众多。在路基部分拓宽改建中遇到的主要问题之一是新旧路基搭接部分的差异沉降问题。

以济青高速公路为工程依托，项目采用现场调查、室内外试验、理论分析等技术手段，在已有相关研究成果的基础上，从拓宽改建差异沉降发生机理、新旧路基搭接差异沉降控制标准与计算方法、新旧路基搭接综合处治技术及新材料研发等方面进行深入、系统的研究，构建适用于高速公路拓宽改建的路基差异沉降控制理论与技术保障体系，制定新旧路搭接差异沉降控制标准及设计、施工技术指南，为工程设计方案的制定提供科学依据。

1）主要研究内容

（1）改扩建高速公路路基差异沉降发生机理研究

选取济青高速公路典型路基进行现场调查，分析评价路路基技术状况。依据典型路段进行现场取样，获取理论分析和数值计算模型的力学参数；建立计算模型，分析新旧路基差异沉降的变形规律及对路面结构的影响程度，揭示济青高速公路新旧路路基差异沉降的发生机理及沉降模式，为济青高速公路改扩建工程差异沉降的控制提供理论依据，如图3-29、图3-30所示。

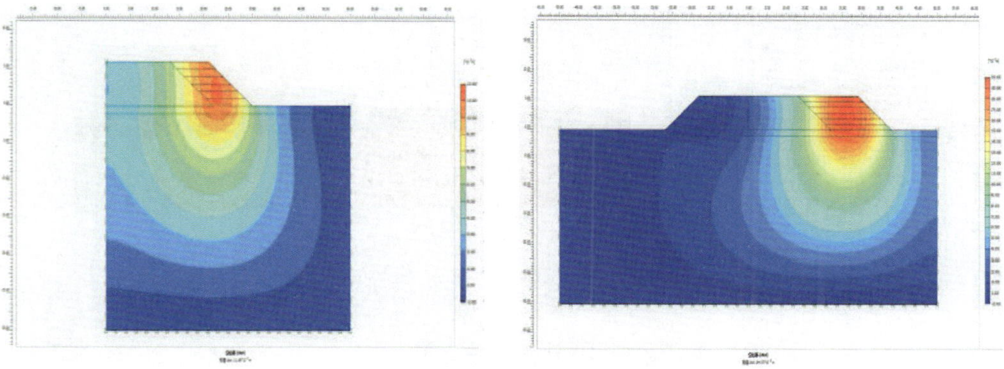

a) 双侧拓宽　　　　b) 单侧拓宽

图 3-29　不同拓宽方式下沉降分布云图

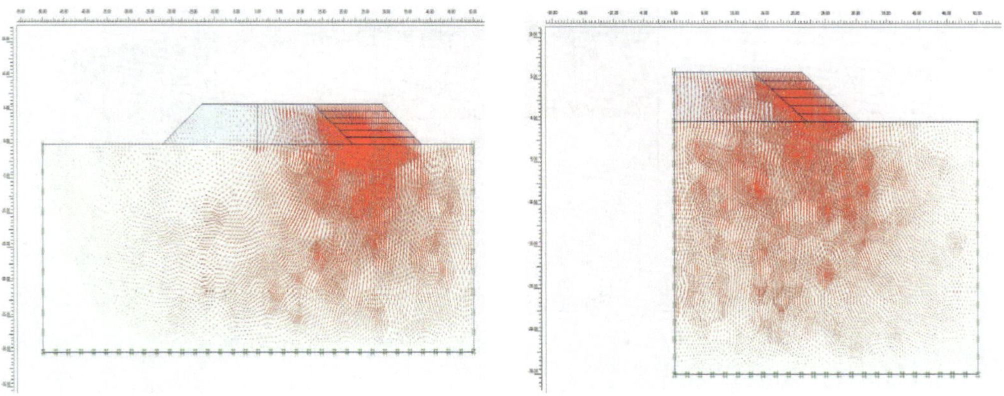

a) 双侧拓宽　　　　b) 单侧拓宽

图 3-30　不同拓宽方式下沉降矢量图

（2）改扩建高速公路路基差异沉降控制标准研究

建立数值计算模型，根据上述研究得到的差异沉降分布模式，计算路基不同沉降量、沉降速率路面结构的受力情况，研究差异沉降量与路面结构受力的关系度，建立新旧路基差异沉降的合理控制标准，如图3-31所示。

（3）新旧路路基差异沉降综合控制技术研究

①新旧路基土工格栅搭接技术

制作土工格栅受力特性试验模拟装置，研究不同层位、不同锚固长度、不同锚固方式等条件下土工格栅受力机理与特性；在此基础上，建立数值计算模型，通过调整格栅的布置层数、布置宽度以及格栅模量等参数，研究不同形式的格栅搭接对控制路基差异沉降效果的影响，确定格栅搭接合理的宽度和布置形式，如图3-32、图3-33所示。

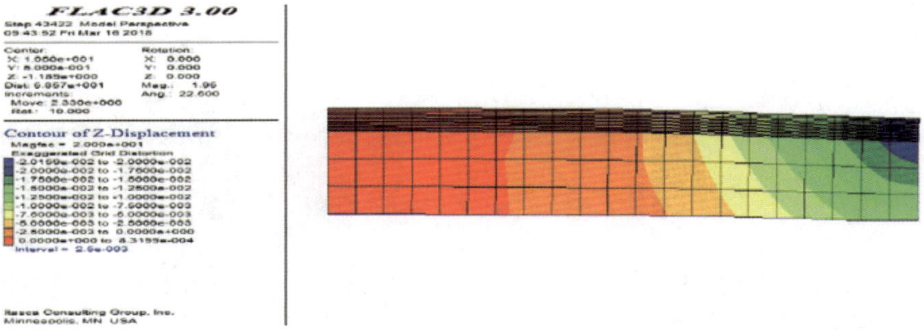

a) 差异沉降 2cm

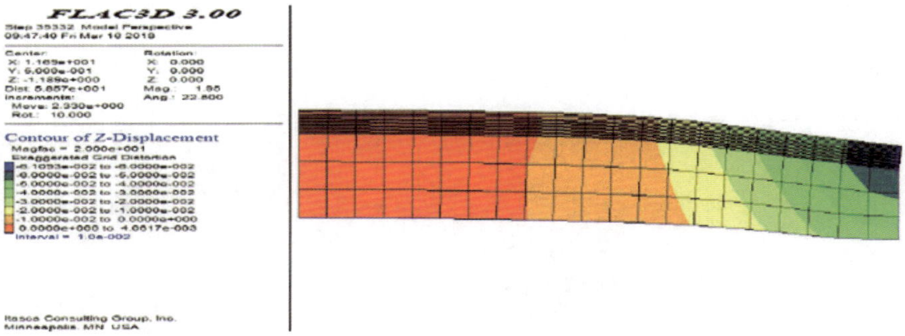

b) 差异沉降 6cm

图 3-31　不同差异沉降下路面结构位移云图

②桩网复合地基处治技术

针对拓宽路基高填方路段，研究桩网复合地基技术对路基差异沉降的影响方式，确定合理的技术参数，如图3-34所示。

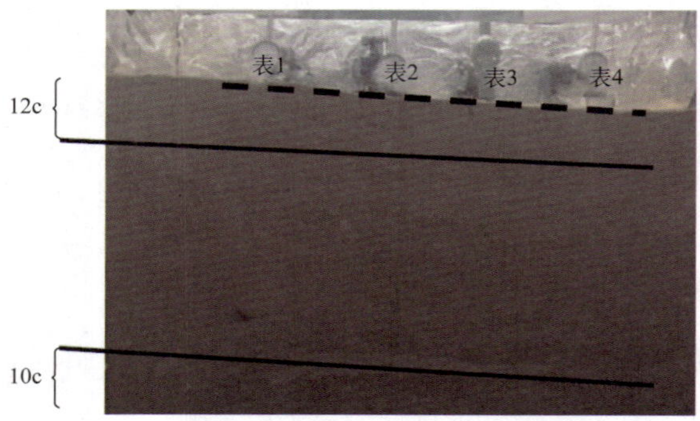

图　3-32

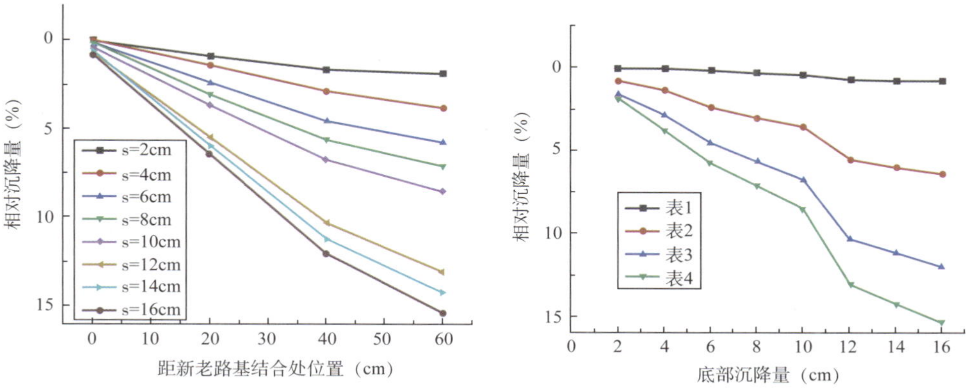

图 3-32　铺两层格栅时路基沉降规律

图 3-33 土工格栅加筋

图 3-34 桩网复合地基承载力试验

③轻质路基技术

针对填方较高的路桥（涵）过渡段，为了减少地基处理费用，在新研发泡沫轻质填料的基础上，研究轻质路基填料布置区域、位置、厚度等参数对控制路基差异沉降的处治效果，分析确定合理可靠的路基填筑措施及关键施工工艺，如图3-35、图3-36所示。

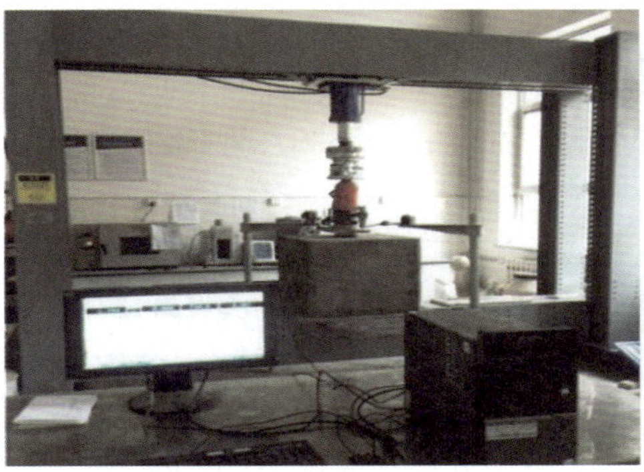

图 3-35　泡沫轻质土承载特性试验

图 3-36　泡沫轻质土现场试验

2）形成的创新性成果

针对新旧路基差异沉降的发生机理与发生模式特点，本项目全面系统地研究了新旧路基差异沉降关键影响因素、差异沉降预测方法、控制标准，针对不同的差异沉降研究了土工格栅加筋、桩网复合地基加固、轻质填料换填等技术，并进行了现场试验验证，显著提升了高速公路差异沉降控制理论与技术水平。取得创新性成果如下：

（1）基于多模型对比分析及现场监测数据反演，提出了新旧路基差异沉降计算修正方法；

（2）明确了高速公路改扩建工程新旧路基差异沉降量化分级及控制标准；

（3）通过对高速公路改扩建工程新旧路基主次加固区辨识及沉降关键影响因素分析，构建了以土工格栅加筋、桩网复合地基加固和粉土基泡沫轻质土填筑为重点的差异沉降控制技术体系。

3）在本工程中的应用

应用了泡沫轻质土研究成果，成功解决了路基拓宽新旧挡墙之间施工困难的技术问题，泡沫轻质土便于现浇施工、自重小、自立性好、强度高，避开了传统粗粒料回填的施工碾压难、对新旧挡墙侧压力大、对基底要求高的要求，保证了工程建设质量，避免了新旧路基的差异沉降，使该路段的建设质量得以提升。

4）成果应用前景

高速公路拓宽改建工程路基差异沉降超标可能引发各种工程和安全事故，本项目研究成果建立了新旧路基差异沉降预测方法及差异沉降控制标准，并根据不同差异沉降程度提出了针对性控制技术，可显著提升工程建设质量，减少新旧路基差异沉降量，节约工程建设及养护成本，保障交通运营安全。

研究成果可为山东省乃至全国类似地质条件的高速公路改扩建工程设计、施工及运营管理提供重要的指导和工程实用价值，具有显著的社会、经济和环保效益，应用前景广阔。

3.2.4　济青高速公路拼接加宽桥梁中既有中小跨径旧桥部分荷载适应性研究

济青高速公路改扩建工程采用在原有旧桥两侧直接拼接加宽的方式，涉及大量的基于已废止规范的既有中小跨径旧桥部分。根据本项目原设计施工图、竣工图文件以及现场的外业调查，本项目桥梁上部构造类型主要有：钢筋混凝土实心板、钢筋混凝土空心板、预应力混凝土空心板、预应力混凝土工型组合梁、预应力混凝土T梁。其中全主线桥梁共983跨，净长为11.995km，占路线总长度的比例为3.88%。5~16m空心板（实心板）桥的跨数占桥梁总跨数的80%。

项目对改扩建既有桥梁荷载标准进行专项研究，通过与济青高速公路交通水平相适应的汽车荷载适应性研究、既有桥梁结构承载力评估、既有结构加固措施研究，从评估标准、评估方法、提升措施三个方面解决改扩建项目中既有桥梁结构的合理评估、合理利用问题，为济青高速公路改扩建工程方案提供设计依据。

1）主要研究内容

（1）基于实测数据的济青高速公路汽车荷载模型研究

从政策调研方面，分析山东省内的交通运输法律法规和交通运输现状及趋势，为汽车荷载模型取值提供参考。在数据调研方面，选取典型路段进行WIM实测，用于数据细化分析。

基于汽车荷载调研数据，分别开展车辆荷载、车辆轴载、汽车荷载效应的统计分析。通过概率统计分析，建立各类车型的概率分布模型，包括车型比例、各车型车重代表值、路段差异、时段差异、上下行差异等；根据各类轴型统计数据，建立车辆轴重的概率分布模型，在此基础上给出各类轴型的代表值；根据WIM数据确定各类车型的轴距、不同车型总重与轴重的分配关系以及正常运营状态下车间距，并开展典型跨径桥梁的效应计算，给出不同控制截面的效应值，建立不同跨径桥梁的汽车荷载效应概率模型，分析实际运营汽车荷载与规范标准值的适应情况，并利用汽车荷载研究的四种方法给出汽车荷载模型。13m跨径简支梁荷载效应拟合如图3-37所示。

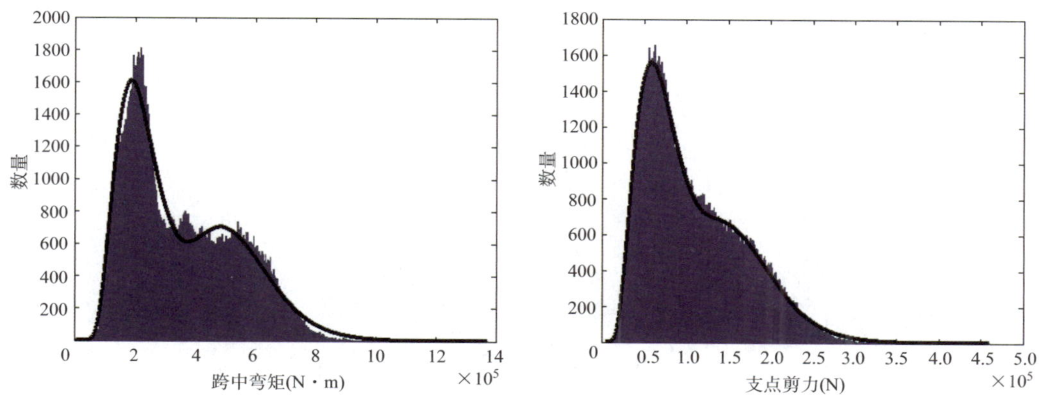

图3-37　13m跨径简支梁荷载效应拟合

（2）既有桥梁结构的承载受力性能评估

选取典型桥梁，采用原静载试验，确定典型结构在新旧荷载作用下“荷载—应变”“荷载—挠度”曲线，分析桥梁的本构关系、结构的线弹性工作范围和结构的极限承载力。基于结构实测的材料数据，考虑既有结构的初始缺陷，采用非线性有限元分析方法，分析既有结构的承载受力性能。综合试验和计算数据，确定既有桥梁结构的极限承载能力，如图3-38~图3-40所示。

图 3-38　既有桥梁承载受力性能评估试验

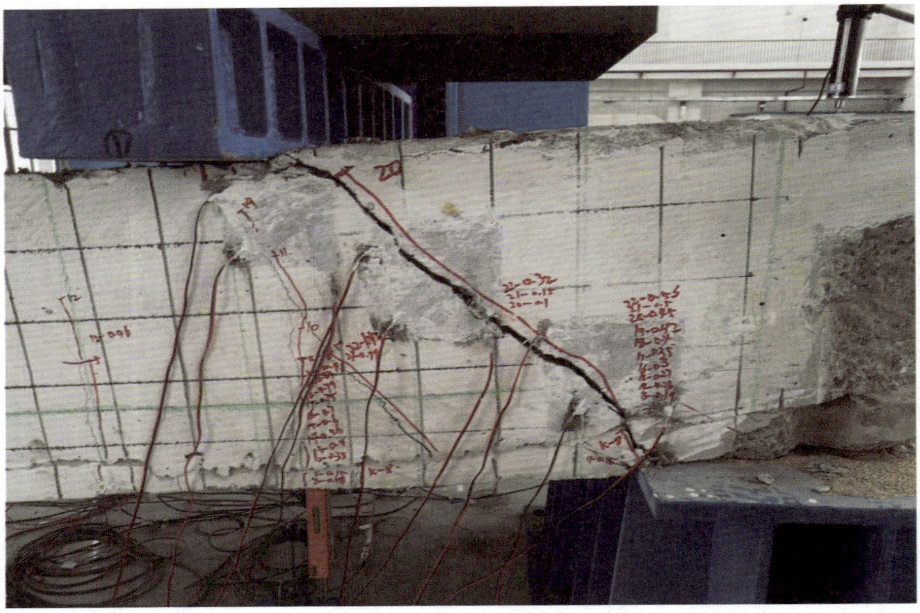

图 3-39　实测 8m 空心板典型裂缝

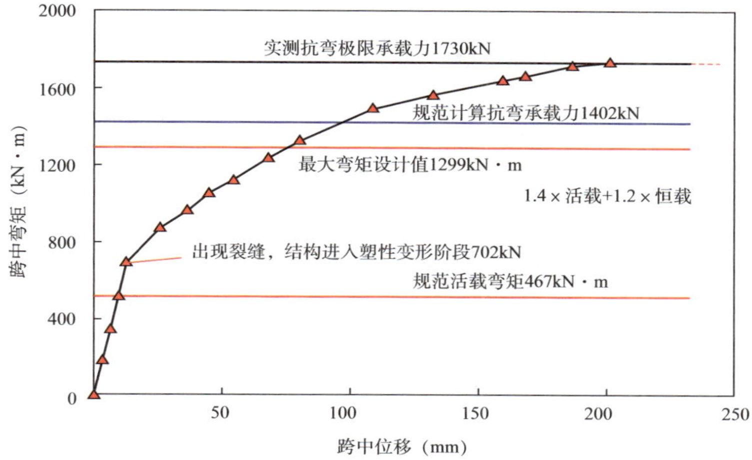

a) 跨中弯矩—位移曲线

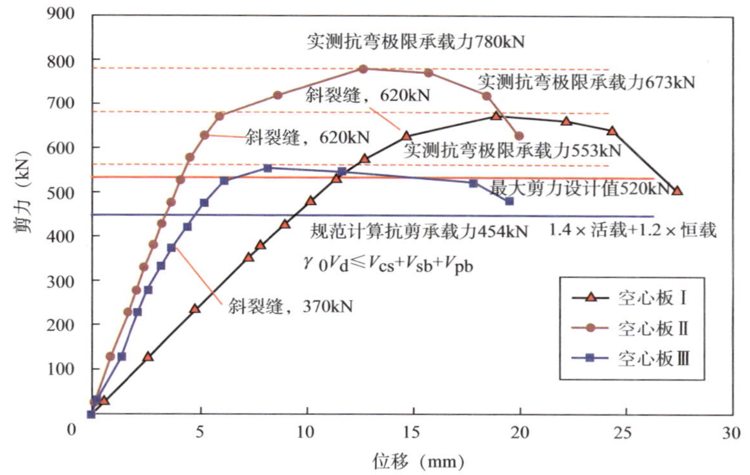

b) 跨中剪力—位移曲线

图 3-40　16m 跨径预应力混凝土空心板实测承载力曲线

（3）装配式板梁桥的承载力加固措施研究

调研典型桥梁改扩建工程中，既有桥梁结构的承载力加固措施；选取典型桥梁，开展增厚整体现浇层、粘贴钢板、粘贴碳纤维、增设附加组合结构、增设横向预应力、减梁增肋等承载力提高措施的对比分析，提出适用于不同桥梁的加固措施建议，为设计优化提供支撑。

2）形成的创新性成果

本项目通过现场调查检测、实梁承载力试验、数值模拟分析等方法，对济青高速公路拼接加宽桥梁中既有中小跨径旧桥部分荷载适应性进行了系统研究。取得创新性成果如下：

（1）开展了现场车辆荷载调查，建立了济青高速公路汽车荷载分布概率模型，揭示了实际荷载与规范规定荷载的适应性；

（2）基于既有实桥板梁抗弯、抗剪试验，提出了改扩建空心板结构承载力评定方法，给出了改扩建桥梁适应性评价指标；

（3）提出了基于高模量低收缩早强混凝土、改性聚合物混凝土（MPC）的高速公路改扩建空心板梁桥性能提升应用技术。

3）在本工程中的应用

以2015年1月1日至2016年1月1日的汽车荷载调查数据为对象，提出了基于概率模型的济青高速公路汽车荷载模型，并对6~16m跨径空心板桥进行了荷载适应性分析，结果表明现行规范对汽车荷载适应性较好。

通过6m、8m、10m、13m、16m跨径空心板实验室抗弯抗剪承载力试验、无损检测及材料试验、承载力数值分析及验证等手段，揭示了济青高速公路既有空心板旧桥的承载能力，并提出了高速公路改扩建既有旧桥综合性评估方法、承载力计算及评定方法、利用原则及措施。

依托上述研究成果，对济青高速公路改扩建工程K42+285和K87+772两座空心板桥实施了保留利用。

4）成果应用前景

随着我国公路桥梁事业和经济建设的蓬勃发展，公路桥梁改扩建工程将会愈来愈多，如何在综合考虑经济、适用、安全、美观等因素下，开展好公路桥梁的改扩建工作，将成为今后桥梁建设的一个重要研究方向。本项目研究成果不仅指导了济青高速公路的改扩建设计，还将对我国其他高速公路改扩建工程设计具有重要指导意义，经济社会效益显著，推广应用前景广阔。

3.2.5 高速公路梁桥加宽桩基础沉降差异控制技术研究

济青高速公路改扩建工程采用了两侧拼宽的四改八加宽方式，推荐方案采用了上部构造连接、下部构造不连接的拼宽方式。这种上部结构相互连接、下部结构不连接的拼接方式将加宽桥梁的上部构造通过植筋技术和拼宽新桥相应部位钢筋连接，下部结构独立设计。下部构造不连接，加宽桥与原桥的下构内力相互不产生影响，上部构造连接对下部构造产生的内力影响很小，满足拓宽后桥梁结构的性能要求，桥面铺装整体化，保证高速公路安全畅通的使用要求；新拓宽桥梁的基础、上下部结构均可独立施工，利于现场施工组织安排，保证施工进度。但新旧桥上部的拼接部位的受力，仍受到新旧基础间不均匀沉降差的影响，必须采用相应的技术对策加以解决。

项目开展拼接桥梁桩基础差异沉降控制技术的研究，从桩型选择、桩长优化、施工工序优化等多个角度开展研究，并依托相应的模型试验优化参数，提出一整套简单实用、指导设计优化和施工控制的沉降控制技术与措施，通过长期监测给予验证，形成一套加宽桩基础沉降控制技术的指南。

1）主要研究内容

（1）原有桥梁桩基承载性能及近接施工影响评估

① 对原有桥梁桩基地质条件、受力状况及其变化、试桩资料、施工记录、沉降观测结果等资料进行详细分析，重点探讨原有桩基在运营期受力和沉降变化发展规律。

② 在参数分析的基础上，在此基础上，对原有桩基础的承载性能进行评估，分析对梁桥加宽改造时近接施工过程对原有桩基础受力性能的影响，并针对加宽段建设、荷载水平变化对原有桥梁桩基础沉降发展的影响及未来发展趋势进行预测，如图3-41、图3-42所示。

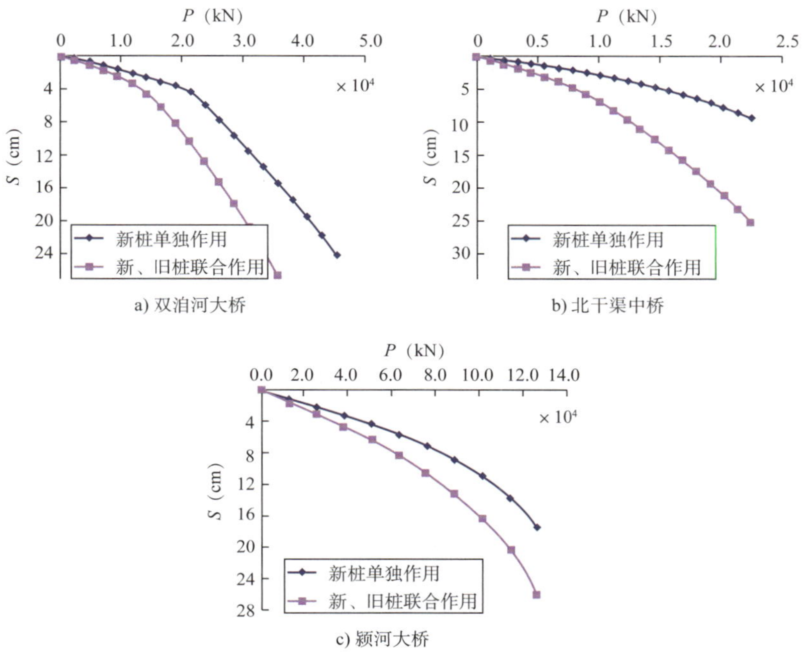

图 3-41　新、旧桩基础共同作用时 P-S 曲线对比

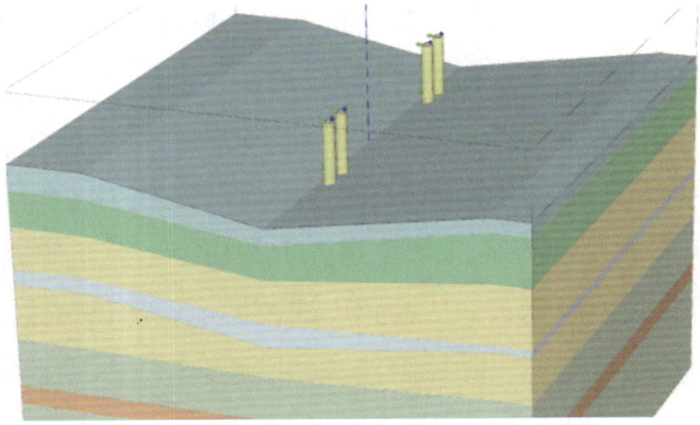

图 3-42　桩基承载性能分析三维模型

（2）加宽段桥梁桩基础适宜结构与施工方案研究

①选取北阳河桥作为典型桥梁区段，开展加宽段桥梁桩基础不同桩长、注浆方式等承载力提高措施的对比分析，提出适用于不同加宽区段的桩基础适宜桩长或注浆技术参数，为设计优化提供支撑。

②针对桩端多位于粉质黏土层、沉降时间效应明显、沉降大小与施工效应密切关联的特点，建立考虑时间效应与施工效应的桩基础沉降三维数值分析模型，提出包括沉渣厚度控制、泥皮厚度控制、注浆参数与方式、堆载预压措施等施工方案建议。

（3）上部结构—新旧桩基础—地基土共同作用分析

考虑上部结构及场地工程地质条件对基础受力性能的影响，建立上部结构—新旧桩基础—地基土共同作用三维数值模型，分析不同的桥梁拼接方式、不同施工工序、不同的桩基形式以及地质条件对运营期新旧结构接缝受力性能的影响，确定其敏感因素，并优化新旧结构的连接时间，节省工期的同时保证施工质量，如图3-43所示。

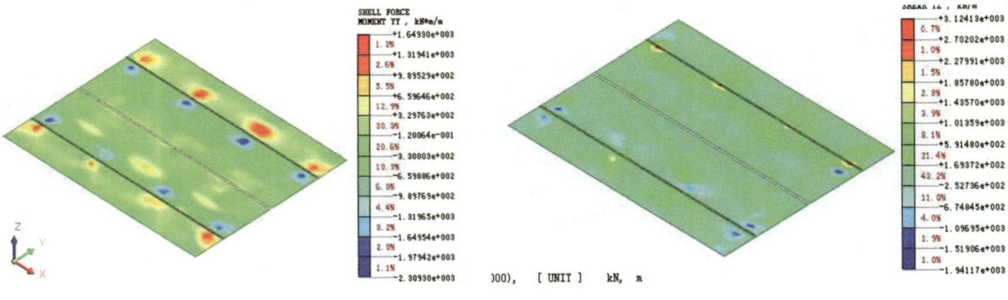

a) 弯矩　　b) 剪力

图 3-43　差异沉降为 5mm 时桥面受力

（4）梁桥加宽对桩基础承载性能影响的模型试验研究

开展包括上部结构—基础—地基土三者的模型试验，根据实际工程受力特点，研究不同方案措施下加宽桥梁桩基础沉降时间效应，分析不同加载工序下加宽桥梁与既有桥梁间的差异沉降发展规律，并为现场监测与施工控制提供试验支撑，如图3-44所示。

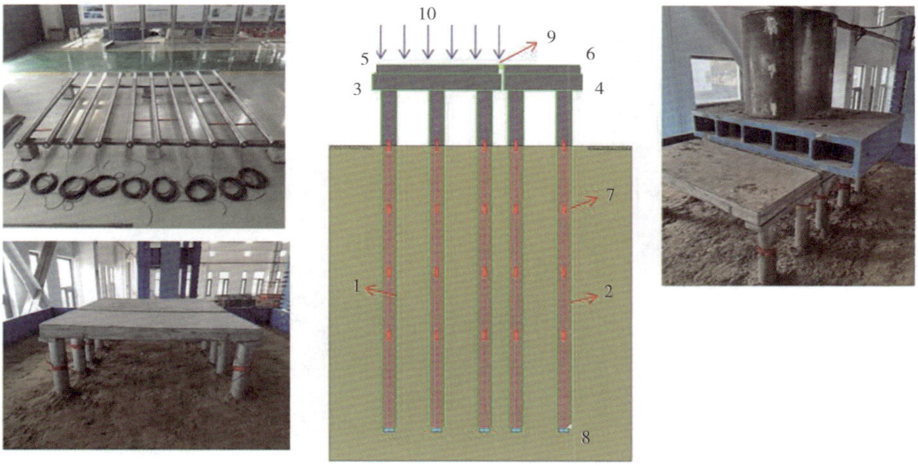

图 3-44 桩基差异沉降大比尺室内模型试验

1- 旧桥桩基；2- 新桥桩基；3- 新桥盖梁；4- 旧桥盖梁；5- 旧桥预制板；6- 新桥预制板；7- 应变计；8- 土压力盒；9- 湿接缝；10- 加载系统

（5）典型加宽梁桥桩基础差异沉降实测研究

选取典型的桥梁区段，布置结构沉降观测、内力观测、拼宽处变形及内力的观测元器件，开展施工期到运营期的加宽梁桥差异沉降发展与结构受力的实测分析，并根据实测结果进行反演分析，得出典型加宽桥梁的实际工作性能，如图3-45、图3-46所示。

图 3-45 数据采集和电源系统布设

（6）梁桥加宽新旧桩基础差异沉降控制技术研究

在上文（1）~（5）的研究成果基础上，根据差异沉降对拼接后新、旧桥梁受力的影响，提出新、旧桥涵差异沉降控制指标，提出经济合理的桩基础控沉措施、施工控制要求，使新旧桥梁桩基础沉降匹配，减少上部结构附加内力。形成整套的梁桥加宽新旧桩基础差异沉降控制技术。

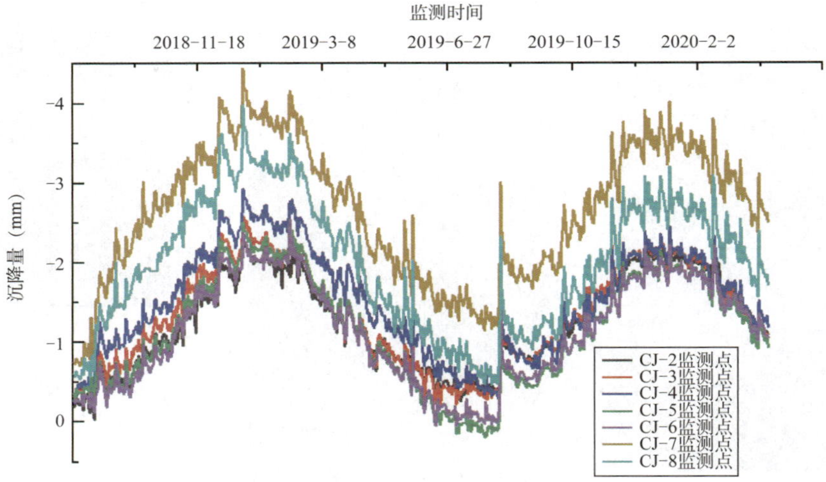

图 3-46　桥墩差异沉降监测结果

2）形成的创新性成果

本项目通过数值模拟、室内模型试验、现场实测等手段，对高速公路梁桥加宽桩基础沉降差异控制技术进行了系统研究（图3-47），采用考虑时效性的方法分析了上部结构—桩和土的共同作用，计算新旧拼宽梁桥差异沉降，并评估差异沉降对梁桥新旧桥面板及接缝的影响，提出了基于上部结构内力容许的新旧桥差异沉降控制标准，形成了包含基础提刚、结构减重、桥面减厚和后浇带增韧等措施的桩基差异沉降解决方案，有效控制了桩基差异沉降，降低了差异沉降对上部结构的影响。取得创新性成果如下：

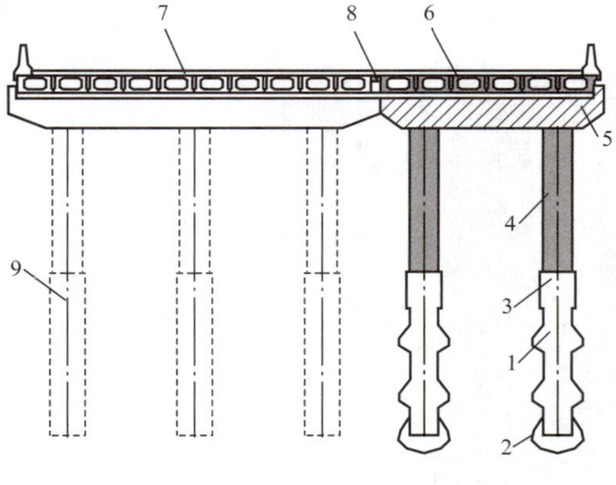

图 3-47　桩基差异沉降控制成套技术示意图

1- 齐扩支盘；2- 桩端后注浆；3- 新桥桩基；4- 新桥墩柱；5- 新桥盖梁；6- 新桥空心板梁；7- 整体化层；8- 后浇带

（1）建立了桥梁结构—桩基—土体三维空间模型，提出了差异沉降的时效分析方法和新旧桥桩基差异沉降控制标准；

（2）首次开展了考虑新旧桥梁结构—桩基—土体共同作用的大比例模型试验，提出了相关参数相似模拟方法；

（3）揭示了差异沉降对桥梁上部结构附加内力的相互作用关系，提出了梁桥加宽新旧桩基础差异沉降成套控制技术。

3）在本工程中的应用

选取北阳河桥（中心桩号K210+128.527）作为研究对象，建立考虑上部结构、新旧桩基础和地基土的三维有限元模型，按照现场施工工序进行模拟，对桩基的沉降、内力进行分析，同时分析差异沉降对上部结构的影响。

针对北洋河桥新旧桥差异沉降开展了现场监测，形成了桩基沉降观测、内力观测、上部结构变形及内力观测的在线监测系统。沉降监测结果表明，施工结束至通车后，现有新旧桥差异沉降在2.5mm以内，说明采用本项目研究成果，较好控制了新旧桥差异沉降。

4）成果应用前景

当前，我国已逐步进入公路的大规模养护和改扩建时期，中东部地区新建公路比重在今后会逐步相对降低，拆除旧有桥梁显然是巨大的经济浪费。因此，大量的拼接桥梁将要出现，新旧桥梁桩基沉降差异的控制是个关键问题。本项目研究成果可以应用于山东省内乃至全国其他高速公路改扩建工程的梁桥桩基差异沉降控制，经济效益明显，社会效益突出，具有良好的推广应用价值。

3.2.6 在役钢筋混凝土梁疲劳损伤试验及剩余寿命预测

济青高速公路是《公路工程技术标准》（JTG B01—2014）和《高速公路改扩建设计细则》（JTG/T L11—2014）颁布后的首批高速公路改扩建项目，其荷载等级的提高对既有桥梁承载力评估、拼宽方案和加固方案的制定提出了更高的要求。在规范使用过程中遇到了诸多棘手问题，桥梁结构的合理处置问题最为突出，仅按照规范采用的虚拟车道荷载来简单地评价既有旧桥的承载力水平势必会造成既有桥梁的普遍加固或拆除重建。如何准确采用与济青高速相适应的实际荷载模型是进行既有桥梁评估的重要依据，亟须结合济青高速公路实际车型及车流量的调查提出计算荷载模型。

1）主要研究内容

（1）山东省高速公路典型路段车辆荷载分析及多车道随机车流模拟

首先，以山东省三个典型高速公路收费站口的车辆荷载数据为基础，针对车辆荷载的宏观特征及时变特性，实现对山东省高速公路典型路段车辆荷载特性的分析，明确省域典型路段车辆荷载现状，并提取典型疲劳车辆荷载模型。其次，通过车辆荷载宏观特征的拟合，联合轴重相关性及车辆到达相关性，基于马尔可夫性及蒙特卡洛方法建立马尔科夫蒙特卡洛（MCMC）多车道随机车流模拟方法。最后，引入车—桥耦合动力分析方法，形成车—桥耦合动力加载分析流程，如图3-48所示。

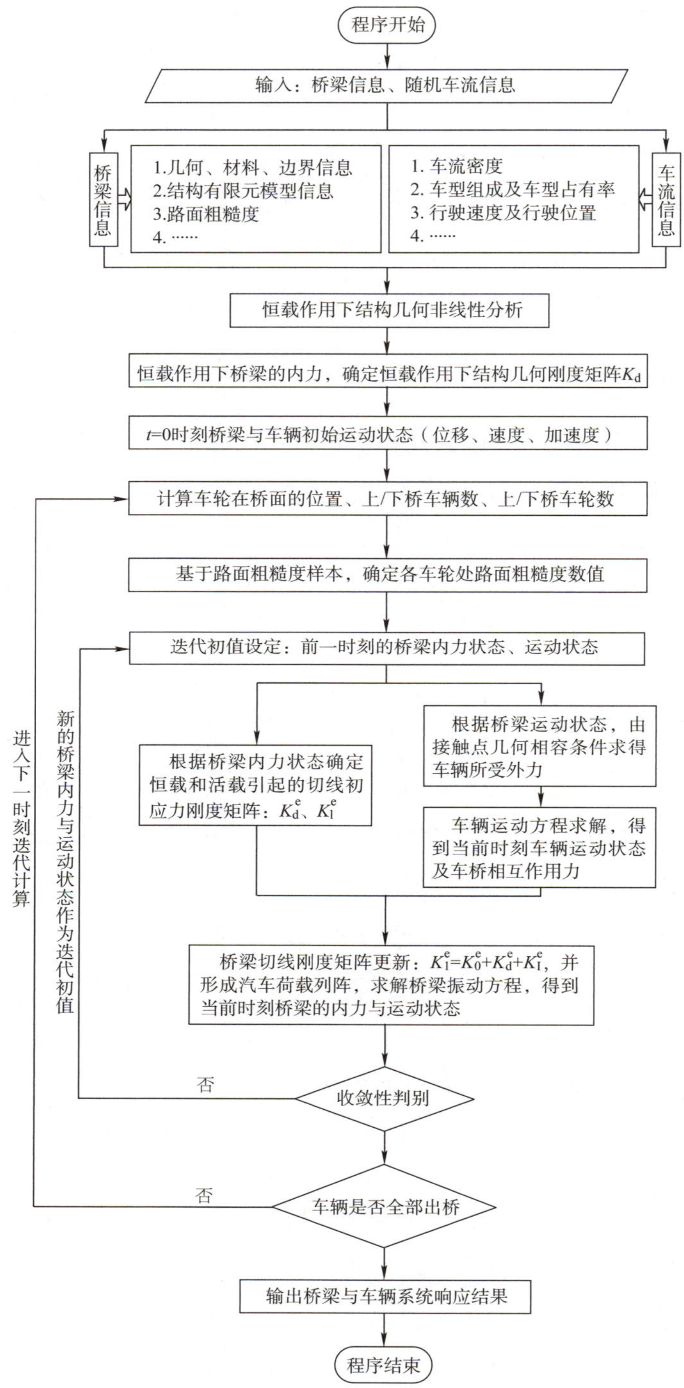

图 3-48　全过程非线性车—桥梁耦合振动分析流程图

（2）在役钢筋混凝土空心板梁极限抗弯静力试验

开展多片钢筋混凝土原位拆除旧桥构件静载破坏试验，对试验过程中的现象进行详细记录并分析全过程挠度、应变及动力特性变化规律，总结该类构件的病害易发部位及性能劣化过程，明确特定服役年限下该类构件抗弯承载力水平，如图3-49、图3-50所示。

图 3-49　梁板吊运

图 3-50　疲劳加载试验

（3）在役钢筋混凝土空心板的可靠性分析与评估方法

联合山东省典型路段交通荷载调查分析结果、静载破坏试验分析结果及可靠性分析方法，从承载能力极限状态安全性与正常使用极限状态适用性两个角度出发，建立在役钢筋混凝土构件的可靠性分析与评估方法。

（4）在役钢筋混凝土空心板梁疲劳试验

采用不同疲劳应力幅水平，开展多片原位拆除旧桥钢混构件疲劳试验，通过对试验过程现象的详细记录分析，总结该类构件在循环荷载历程下的病害发展过程、破坏特征与破坏机理，通过分析确定该类构件的疲劳*S-N*曲线，如图3-51所示。

图 3-51　梁体疲劳破坏试验

（5）在役钢筋混凝土空心板梁的疲劳强度及刚度退化分析与评估方法

以钢混构件疲劳试验现象及试验分析结果为基础，进一步联系静载试验结果，建立适用于原位拆除旧桥构件的疲劳强度及刚度退化分析与评估方法，并形成相关成果工程应用的实施思路，如图3-52、图3-53所示。

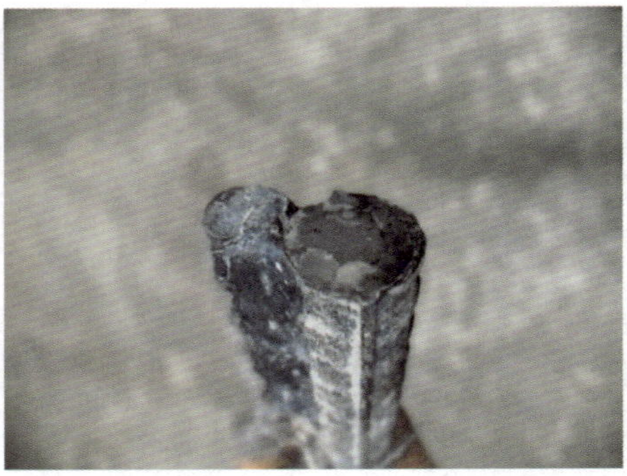

图 3-52　梁板破坏时钢筋疲劳断裂

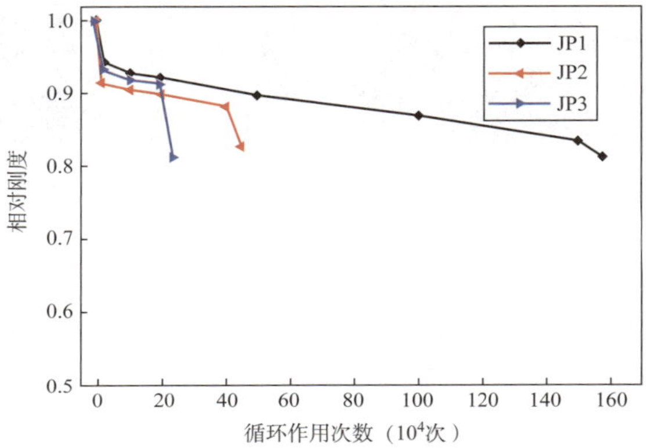

图 3-53　基于实测挠度的刚度退化曲线

（6）基于改进损伤算法的在役钢筋混凝土空心板桥疲劳寿命预测

以线性损伤累计准则（*P-M*准则）为基础，联合损伤材料的疲劳*S-N*曲线，提出改进疲劳损伤计算方法，并通过多组带筋混凝土梁的疲劳试验数据对改进损伤算法对预测混凝土桥梁疲劳寿命的适用性及正确性进行了验证，并基于此方法对既有钢筋混凝土空心板桥的疲劳剩余寿命进行分析，着重分析改扩建对于不同梁位梁板疲劳剩余寿命的影响，如图3-54所示。

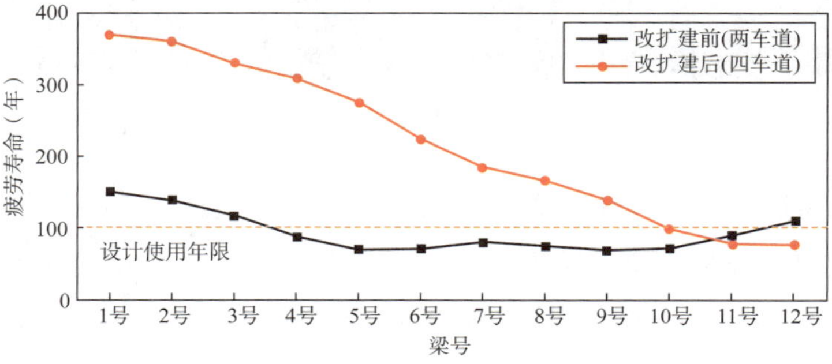

图 3-54　改扩建后不同年交通增长率下各梁板疲劳寿命

2）形成的创新性成果

建设年代较早的旧桥面临车辆荷载增加、车辆超载等问题，既有桥梁在反复荷载作用下疲劳损伤累积，进而产生桥梁安全等问题，都值得关注和研究。本项目通过运营线路交通荷载状况调查、在役空心板梁极限承载力试验和循环加载试验研究，系统深入地研究了在役空心板梁承载能力退化和剩余寿命评估方法。取得如下创新性成果：

（1）揭示了济青、京台、京沪等高速公路运行车辆荷载作用特征，构建了融合工程可靠性和损伤特性的在役钢筋混凝土桥梁剩余寿命分析评估方法；

（2）提出了济青、京台、京沪等高速公路改扩建后的多车道随机车流高精度模拟方法及模型，揭示了高速公路改扩建前后的车辆荷载分布运行规律；

（3）阐明了既有钢筋混凝土空心板梁服役25年的承载性能及其变化规律，建立了其安全与耐久性能的可靠度评估方法；

（4）揭示了该类构件在循环加载过程中的力学行为及其变化规律，构建了其破坏准则，建立了刚度退化预测模型。

3）在本工程中的应用

应用研究成果解决了高速公路改扩建项目中既有桥梁结构的合理评估、合理利用问题，减少了既有桥梁的拆除量，降低了建筑垃圾对环境的破坏，为国内其他公路改扩建项目桥梁结构的综合利用提供了解决方案。

4）成果应用前景

本项目通过高速公路汽车荷载特征研究、既有空心板梁循环加载试验及承载性能分析，构建了融合工程可靠性和损伤特性的在役钢筋混凝土桥梁剩余寿命分析评估方法，解决了改扩建工程中既有桥梁结构的合理评估和利用问题，为同类型改扩建既有桥梁利用提供了技术支撑、解决方法，具有广阔的推广应用前景。

3.2.7　基于模型试验及实桥验证的桥梁整体化层参与结构受力分析

在济青高速公路中，主要的结构形式为装配式钢筋预应力混凝土空心板梁，跨径形式包括：5m、6m、8m、10m、13m 以及 16m，桥涵斜度为 0°~45° ，形式较为多样。石河中桥为济青高速改扩建工程中的一座典型空心板桥梁，该桥为济广高速公路济南段 K8+576 的一座跨河流中小跨径桥梁，原济青高速公路 K13+634。桥梁全长 44.04m，于 1993 年 12 月

18日建成通车。桥梁上部结构为2×16m的装配式预应力混凝土简支空心板，横向布设12片梁，板式橡胶支座；下部结构形式为钢筋混凝土埋置式桥台、重力式墩；钻孔灌注桩基础。沥青混凝土桥面铺装，毛勒伸缩缝。桥梁总体运营状况良好，但桥梁极限承载力不能满足现行改扩建相关规范的要求，若拆除该部分桥梁不仅增加工程造价，还将造成资源浪费以及环境污染。因此，如何提升该部分桥梁的极限承载力、保留利用该部分梁板成为目前亟待解决的问题之一。

项目针对板梁中铰缝和整体化层的受力机理、病害模式以及加固方案的深入研究，对于新建结构的设计计算、已有结构的加固维护、长期服役期内的管理养护以及结构病害整治都具有指导性意义。

1）主要研究内容

（1）针对空心板梁与整体化层服役现状开展调研

针对国内外高速公路改扩建现状，以及空心板梁和整体化层服役现状开展调研，对空心板梁应用过程中的典型病害类型及其产生原因进行统计，对整体化层应用现状以及关键构造设计进行调研，并汇总目前相关的研究的前沿进展。

（2）正常使用极限状态整体化层工作机理研究

针对正常使用极限状态下整体化层参与结构受力的工作机理开展研究，包括整体化层对空心板梁荷载横向分布的影响模型试验和真实试验研究，通过相关有限元数值模拟和试验结果对比，提出针对正常使用极限状态的优化策略，如图3-55、图3-56所示。

图3-55　试验加载过程照片

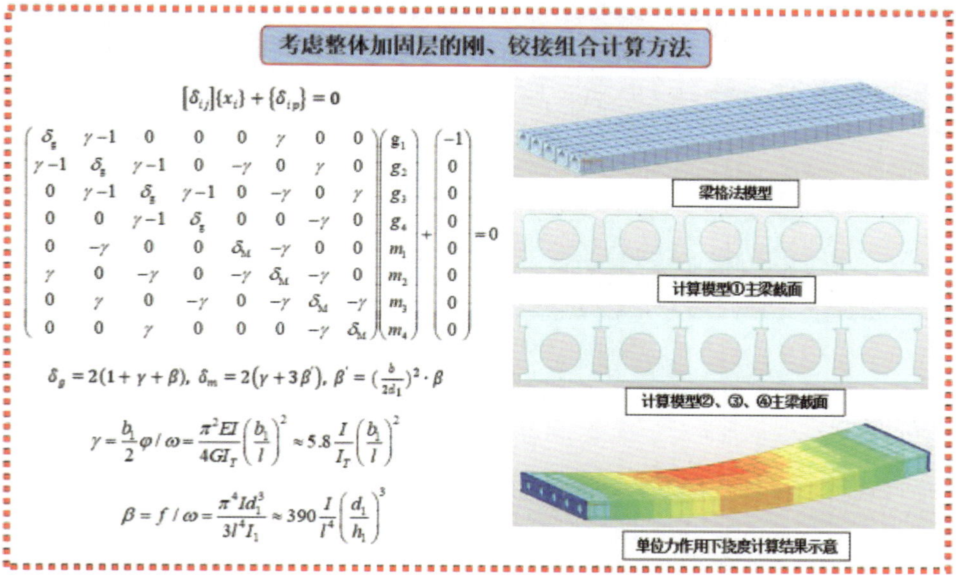

图 3-56　考虑整体化层参与受力的荷载横向分布试验及计算方法

（3）承载能力极限状态整体化层参与结构受力研究

针对承载能力极限状态整体化层参与空心板梁结构受力状态开展系列研究，包括铰缝横向抗弯抗剪试验研究、空心板梁纵向抗弯抗剪承载能力研究以及响应的有限元数值模拟研究，并对整体化层厚度、连接构造等关键指标进行研究，如图3-57所示。

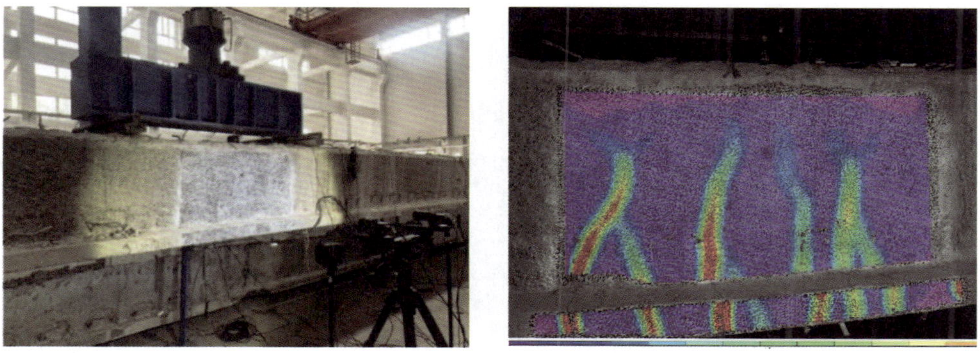

图 3-57　既有空心板梁抗弯承载能力试验及数据处理

（4）承载能力极限状态下整体化层受力特性以及连接构造研究

基于正常使用极限状态和承载能力极限状态下整体化层参与结构受力研究结果，对整体化层自身受力特性以及连接构造设计开展试验研究，提出整体化层黏结能力的计算方法，为具体构造设计的参数优化提供支撑，如图3-58所示。

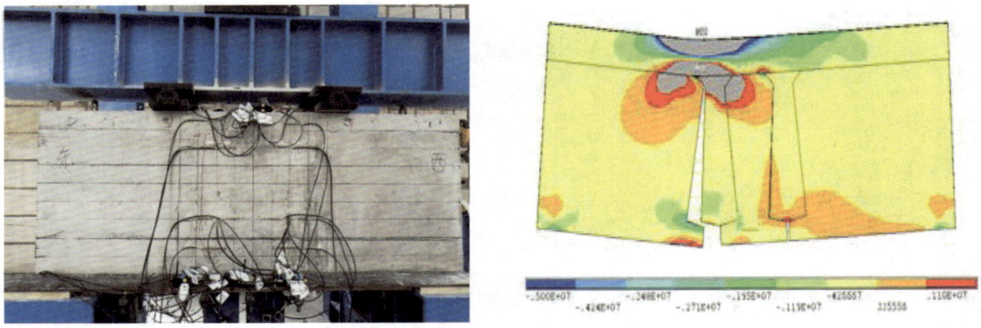

图 3-58　整体化层与铰缝协同受力机理试验研究及数值模拟

2）形成的创新性成果

本项目从桥梁整体化层参与结构受力分析方面入手，通过足尺构件和实桥结构试验研究与数值模拟分析，系统深入地研究了整体化层对板梁桥荷载横向分布和单梁极限承载力的影响，揭示了整体化层参与铰缝受力的机理，提出了实现整体化层受力的构造措施，最大限度地提高了既有桥梁结构利用率，避免改扩建中过度加固和拆除重建。取得如下创新性成果：

（1）揭示了整体化层对空心板梁抗弯和抗剪承载能力的贡献及机理，并提出了整体化层合理厚度的确定方法；

（2）揭示了整体化层参与铰缝受力的破坏模式及特征，提出了整体化层参与铰缝受力的数值计算方法；

（3）提出了整体化层参与受力的桥梁荷载横向分布铰接与刚接组合计算方法，建立了考虑整体化层参与受力的既有空心板梁加固利用设计方法；

（4）提出了整体化层与空心板梁结合面抗剪强度计算方法及构造措施与要求。

3）在本工程中的应用

济青高速公路改扩建中部分保留旧桥，采用了基于模型实验和实桥验证的整体化层参与结构受力分析的评估方法，应用了考虑整体化层影响的高速公路改扩建既有旧桥加固技术，为既有旧板的保留利用提供了有效指导和技术支撑。基于上述成果的应用，节约了工程投资，由于桥梁的保留及其他综合措施的采取，缩短了改扩建工期，避免了拆除重建带来的资源浪费和环境问题，环保效益和社会效益显著。

4）成果应用前景

桥梁整体化层能够有效提升结构的极限承载能力，本项目解决了改扩建工程中现行规范条件下在役空心板梁桥极限承载力与规范要求不匹配的问题。研究成果已成功应用于济青高速公路改扩建、京台高速公路改扩建（山东段）等工程中，经济和社会效益显著。随着养护加固及改扩建工程的不断增多，本项目研究成果将得到广泛应用，具有广阔的应用前景。

3.2.8 大跨径预应力混凝土连续梁桥时变效应与长期变形发展研究

济青高速公路小清河大桥原为3-30m预应力混凝土I型组合梁。为了满足小清河航道通航要求，原桥拆除后原址扩建新桥，桥区段航道为Ⅵ级，桥位处设计最高通航水位20.96m，通航净空高度不低于6m。主桥箱梁采用直腹板的单箱双室结构，箱梁顶板宽度为20.25m，底板宽度为12.25m，两端及中跨跨中梁高3.5m，主墩墩顶根部梁高8.0m，主梁梁高变化采用1.8次抛物线。预应力混凝土连续桥梁具有刚性大、跨越能力大等特点，符合现代桥梁发展趋势。随着设计方法和施工工艺的不断完善，预应力混凝土桥梁结构形式在国内外运用非常广泛。但是近年来，RILEM机构TC-MDC研究小组对美国在内12个国家的大跨预应力桥梁使用状况的调查显示，约87.5%被调研桥梁的实测挠度均不同程度地大于预测挠度。预应力混凝土连续桥梁服役期间的安全性引起国内外工程界和学术界的关注和警惕。如何使预测结果与实际工程环境下桥梁的发展变形值更接近一直是个难题。

目前，预应力混凝土连续桥梁设计主要是依据规范的计算模型分析混凝土的时变效应，常用的预测模型包括ACI模型、CEB-FIP模型、GL2000模型、G-Z模型、B3模型、AASHTO模型等。由于现有规范中的预测模型都是基于早期普通混凝土室内试验结果建立的，所获得的结果对于现代混凝土材料适用性不强。此外，桥梁所处的实际服役温湿度环境往往与设计状态有很大差异，材料性能演变规律与规范的预测结果有很大出入，加之影响混凝土时变性能因素的随机性以及实际服役环境的复杂性，规范中的预测模型很难与现阶段的工程结构物实际情况相符合，这给预应力混凝土桥梁全寿命周期内的安全性和耐久性带来很大的潜在风险。

为了确保小清河特大桥的安全性和耐久性，降低桥梁全寿命周期内的建设成本，在模拟桥梁所处的实际环境下进行混凝土时变性能的试验研究和理论分析，从材料本质层面改进现有的时变理论和预测模型，同时模拟分析和现场监控预应力混凝土桥梁全寿命周期内的状态，对准确评估混凝土桥梁结构的服役状况、保证施工和运营的安全性至关重要。

1）主要研究内容

（1）混凝土时变性能试验与机理研究

在充分调研或实测当地温湿度等环境条件的基础上，设置合理的试件养生方式和室内试验环境条件，根据小清河特大桥所用的混凝土材料配合比成型力学性能和时变性能测试试件，完成相关的室内试验研究，具体如下：

①对养护至特定龄期混凝土的强度、弹性模量、收缩徐变和开裂风险等进行室内宏观试验研究，分析环境温湿度对桥梁结构混凝土材料力学性能和时变性能的影响。

②采用扫描电子显微镜和仪器化压入测试等微观测试技术研究混凝土微观时变性能，分析微观结构和力学性能对混凝土宏观时变性能的作用机理，为改善混凝土时变性能预测模型提供依据，如图3-59所示。

图 3-59　室内混凝土徐变试验

（2）混凝土时变性能预测模型改进研究

充分调研国内外混凝土时变性能预测模型，分析各预测模型的理论基础、改进时变预测模型存在的不足，并基于室内宏观与微观试验结果，通过计算比较分析，选择最适用于小清河特大桥的时变预测模型，主要研究内容如下：

①调研国内外混凝土时变预测模型，对比各模型所需的输入参数，分析模型的理论基础，辨识预测模型存在的不足，对不同模型进行相应的改进。

②对比改进后的混凝土时变模型预测结果和室内试验结果，比较各模型的预测精度，从中选择最适用于小清河特大桥的时变预测模型，如图3-60所示。

（3）小清河特大桥全寿命周期内状态预测研究

将实测的混凝土力学性能和时变性能植入有限元软件二次开发用户子程序中，然后基于顺序耦合分析方法分析预测小清河特大桥全寿命周期内的状态，具体研究如下：

①将混凝土温度场和湿度场本构方程植入有限元软件中，分析当地服役环境下小清河特大桥主要构件的温度场和湿度场发展，为准确计算当地环境下混凝土的力学性能和

时变性能提供温湿度参数。

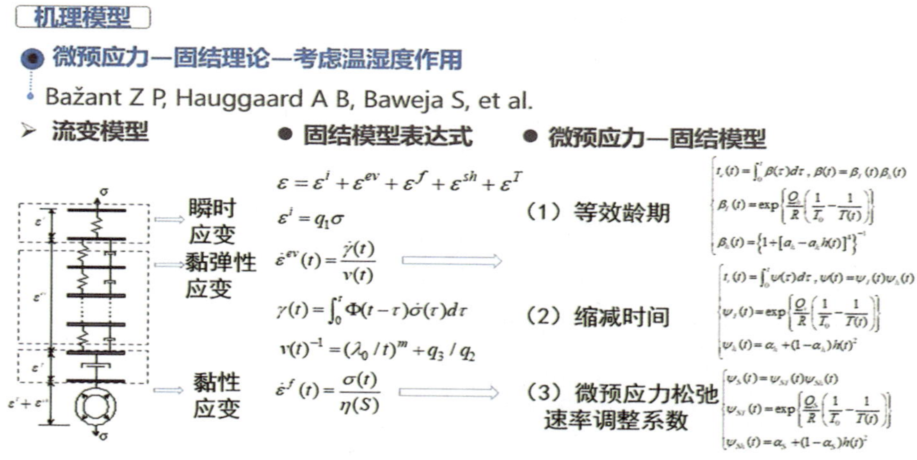

图 3-60　理论模型完善

②编写考虑温湿度、龄期等因素影响的混凝土力学性能和时变性能用户子程序，分析实际服役环境下小清河特大桥全寿命周期内的变形、应力发展和预应力损失，如图3-61所示。

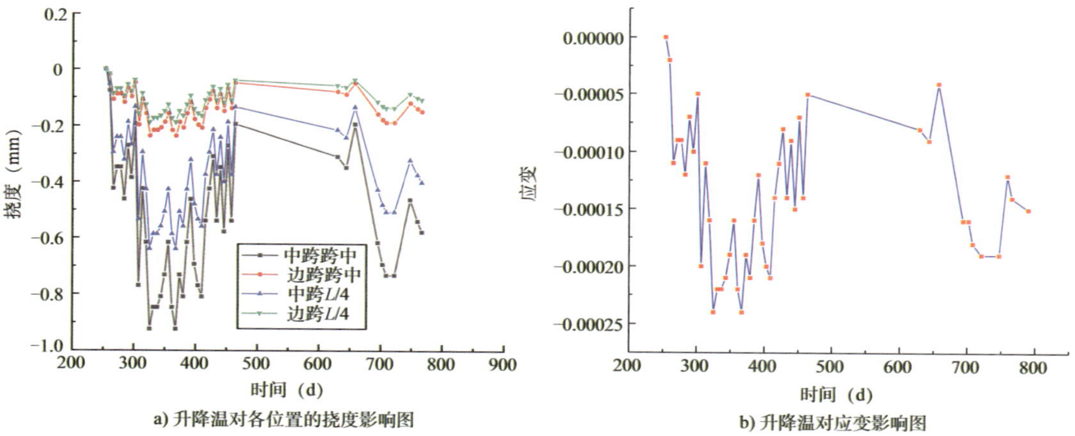

图 3-61　体系温度对结构变形的影响

（4）小清河特大桥长期变形发展研究与实桥测试

根据小清河特大桥的设计施工方案制定合理的长期桥梁监测方案，综合采用温湿度、应变应力、挠度等指标监测元件或设备对现场施工和后期维护的桥梁结构进行监测，并与有限元分析结果进行对比分析，以准确评估混凝土桥梁的状态，为管理部门决策提供依据。

①充分研究小清河特大桥的设计方案和施工方法，分析影响小清河特大桥全寿命周期内的控制因素，设计合理的桥梁状况监测方案。

②根据监测方案，选择合适的监测元件或设备，完成相关的布设工作，对施工阶段和后期维护阶段桥梁结构的实际状态进行监测，并与数值分析结果进行对比分析，为施工和后期维护提供指导。如图3-62~图3-64所示。

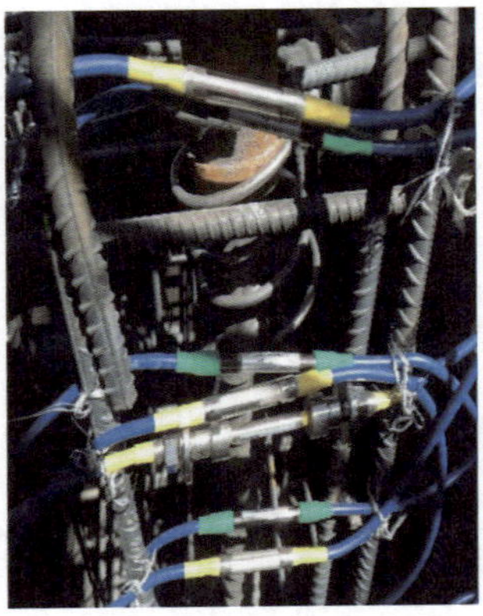

图 3-62　温湿度—应变监测系统建立

图 3-63　预应力监测系统建立

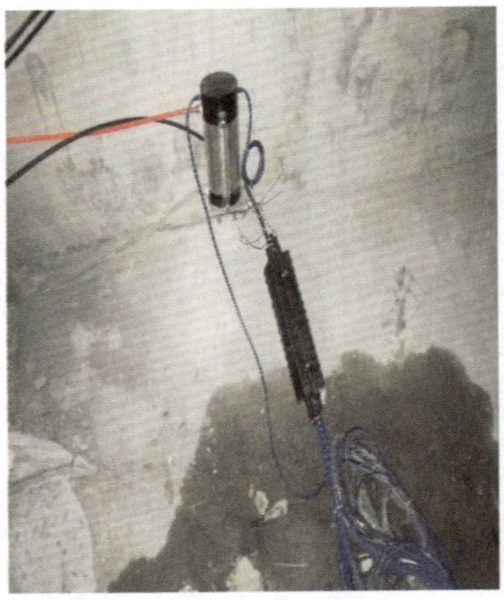

图 3-64　挠度监测系统建立

2）形成的创新性成果

以济青高速公路小清河特大桥工程为依托，采用现场调研、室内试验、现场监测和理论分析等技术手段，在国内外已有相关研究成果的基础上，从混凝土时变性能试验与机理研究、混凝土时变性能预测模型改进研究、小清河特大桥全寿命周期内性能发展预测研究、基于模型修正的小清河特大桥长期变形发展研究与实桥测试四个方面进行更加深入系统的研究，构建适用于实际服役环境下预应力混凝土桥梁变形预测和监测技术体系，改善现有的预应力混凝土桥梁设计、施工和维护技术，从而为工程设计方案的制定提供科学依据。取得如下创新性成果：

（1）量化了服役环境条件对混凝土时变性能的影响程度；

（2）提出了适用于实际服役环境下小清河特大桥混凝土材料的时变性能预测模型；

（3）建立了实际服役环境下小清河特大桥全寿命周期内状态发展的计算方法；

（4）建立了合理、可靠的实桥测试系统，对桥梁实际变形状态进行测试。

3）在本工程中的应用

结合所构建的实际服役环境下预应力混凝土桥梁变形预测和监测技术体系，利用研究成果对小清河特大桥的变形发展作出了较为准确的预测，通过对试验值和理论计算值进行对比分析，总结了大跨径预应力混凝土连续梁桥的时变效应和长期变形发展规律，为小清河特大桥在今后的运营维护提供理论指导，特别是对于桥梁长期变形的预测，能够及时通过加固措施规避相应变形的产生与发展，避免相应经济损失的产生，使此桥能够更好地服役于日常交通。

4）成果应用前景

本项目研究成果可为小清河特大桥的设计、施工和维护管理工作提供直接指导，具有显著的工程运用价值和社会经济效益。特别是对于进入新时代的今天，交通强国的积极建设，桥梁的跨径会进一步发展，伴随的下挠和开裂问题会更加凸显，能够准确预测实际温湿度环境下桥梁的服役状态尤为重要。本项目提出的时变性能预测模型、构建的桥梁全寿命周期内状态发展计算方法及建立的实桥监测系统可在其他桥梁建设中推广应用，对于确保大跨径桥梁全寿命周期内的安全性和耐久性具有重要意义。

3.2.9 管状劲性体在高速公路软基及特殊路基处理中的应用研究

济青高速公路沿线为平原微丘地区，路域内河流网较为发达，分布有较广的软土地基，这些软土地基，加上台背等特殊路段，更是对沉降尤其是工后沉降提出了严格控制要求。

目前软基处理一般多采用换填法、预压法、压实（夯实）法、挤密法、注浆加固法和复合地基法等，其中高速公路软基处理又以复合地基法应用最为广泛。其中一类是柔性桩复合地基，由于造价低得到广泛应用，但这类复合地基桩体承载力较低，桩体压缩量较大，在路堤及长期交通荷载作用下，工后沉降较大；另一类是刚性桩复合地基，由桩身强度较高的刚性桩如CFG桩、素混凝土桩、预应力管桩与地基复合，具有施工质量易控制、施工速度快、工后沉降及不均匀沉降小、处理深度大、复合地基承载力高、地质适应性强等优点，但造价较高，应用受到了限制。

为了既能提高地基承载力，减少路基沉降尤其是不均匀沉降，又能实现经济节约，项目在传统的预应力管桩基础上研发了管状劲性体，既保留了预应力管桩高承载力的优点，其形成的管状劲性体复合地基具有良好的承载性能，又降低了工程造价，在相同处理效果下，该刚性桩复合地基与传统的浆（粉）喷桩地基处理方式造价基本相当。

1）主要研究内容

（1）路堤荷载作用下刚性桩复合地基承载变形机理

通过理论分析和数值计算，系统研究路堤几何参数、材料参数等因素对土拱效应的形成条件和荷载传递特性的影响规律；桩帽的几何参数和刚度参数对荷载作用的影响。从而对路堤荷载作用下管状劲性体复合地基的承载变形特性和荷载传递机理进行系统研究，并建立刚性桩复合地基-加筋垫层-路堤相互共同作用的计算方法，如图3-65所示。

图 3-65　复合地基模型试验

（2）基于实测的施工期及工后期管状劲性体复合地基承载变形性能

依托济青高速改扩建项目，选择典型断面，对路基分层沉降（包括土工格栅的沉降），桩顶、桩帽及桩间土的土压力，进行施工期和工后期监测，对不同设置方式下刚性桩加固软土地基的变形及应力进行分析，综合分析管状劲性体复合地基的应力和变形特性、荷载传递特性，并与理论分析和数值计算结果对比验证，进一步完善管桩劲性体复合地基计算理论，完善刚性桩复合地基设计计算理论，如图3-66、图3-67所示。

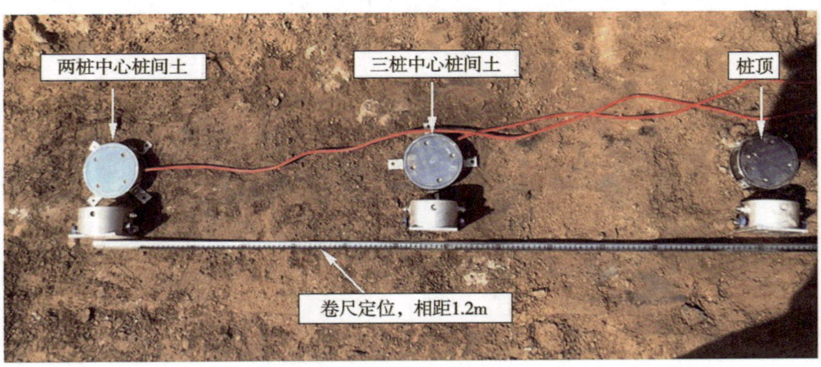

图 3-66　高压旋喷桩现场监测

（3）不同软基处理方式受力及沉降变形性能、经济性对比研究

济青改扩建工程软土地基采用了浆喷桩、钉型桩、CFG桩和高压旋喷桩，对管状劲

性体与其他不同软基处理方式性能进行对比研究，并对其经济性进行对比分析。通过对五种地基处理方式，选择典型断面，埋设应力及沉降变形传感器，对不同软基处理方式的受力及沉降变形性能进行对比研究，并对经济性、施工质量可控性、环保性等进行对比分析，进一步优化目前的软基处理设计方案，为类似项目提供参考和指导。如图3-68、图3-69所示。

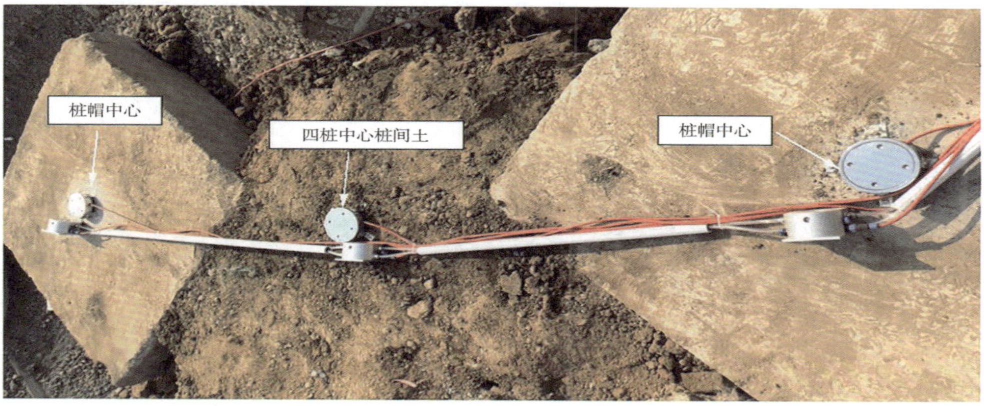

图 3-67　管状劲性体现场监测

图 3-68　CFG 桩完工验收图

图 3-69　管状劲性体完工验收图

2）形成的创新性成果

本项目针对柔性桩及刚性桩复合地基受力特点，通过理论分析、数值计算和现场实测相结合的技术手段，对路堤荷载作用下的管状劲性体复合地基承载变形机理进行系统研究，建立管状劲性体复合地基计算理论，进一步完善目前的刚性桩复合地基设计计算理论，为相关规范的制定和修编提供参考。取得如下创新性成果：

（1）提出了管状劲性体区别于普通高压旋喷桩的承载特性，发现帽的存在能够极大提高管状劲性体承担上部荷载的能力，调动桩周土体的荷载分担作用；

（2）建立了管状劲性体复合路基分析模型，提出能够降低桩顶平面土沉降的桩土面积置换率比值；

（3）建立了考虑桩顶平面差异沉降的劲性体-地基土竖向应力—沉降简化计算方法，获得了可用于指导设计施工的参数取值范围。

3）在本工程中的应用

基于项目研究成果，分别将部分高压旋喷桩、钉型桩+浆喷桩和CFG桩替换为管状劲性体，具体见表3-1。

管状劲性体施工桩号　　表 3-1

序号	桩　　号	原设计方案	选 用 方 案	长度（m）
1	K8+910~K8+940	高压旋喷桩	管状劲性体	30
2	K8+940.5~K8+985	钉型桩 + 浆喷桩	管状劲性体	44
3	K11+735~K11+779.1	钉型桩 + 浆喷桩	管状劲性体	44
4	K11+779~K11+808.9	CFG 桩	管状劲性体	30
5	K11+821~K11+851.9	高压旋喷桩	管状劲性体	30
6	K11+851~K11+982.5	CFG 桩	管状劲性体	130
7	K11+982~K12+012.5	高压旋喷桩	管状劲性体	30

管状劲性体能够满足复合路基的沉降要求，且施工简单，对现场环境污染较小，桩帽的存在能够显著增加荷载传递效率，帮助桩体承担荷载，提高桩—土—垫层体系中桩上荷载的占比；桩体内部加筋的存在提高了劲性体的刚度，在桩体打入过程中，对周围土体的挤密作用明显，桩侧摩阻力有了较明显的发挥。项目的开展，加快了依托工程的建设速度，保证了路基填筑质量，防止日后路基出现不均匀沉降、路面开裂等病害。管状劲性体施工如图3-70所示。

图 3-70　管状劲性体施工

4）成果应用前景

本项目提出的管状劲性体复合地基处理技术成果应用于软基处理，其形成的管状劲性体复合地基既具有良好的承载能力，又降低了工程造价，在相同处理效果下，该刚性桩复合地基与传统的浆（粉）喷桩地基处理方式造价基本相当，施工质量可控，提高了工程质量，装配式施工方便、能耗低，既减少了现场施工时间，缩短了工期，提高了效率，又避免了传统软基处理现场施工的喷浆、喷粉、拌和浇筑，消除了由施工带来的粉尘、废浆、废料污染，具有良好的环保性能，具有显著的社会效益和经济效益。

3.2.10 沥青路面全幅无缝成型关键技术与应用研究

高速公路改扩建路面工程施工具有实施时间短、工期紧等特点。同时，八车道高速公路建设质量标准要求高，路面宽度大，如果按照传统路面摊铺工艺施工，普遍存在接缝多、施工质量差、施工难度大等难题。因此，如何对沥青路面施工进行技术创新，促进施工工艺与工法的提升，从而在根本上解决沥青路面摊铺的质量通病和固有的“顽疾”，是目前亟待解决的关键问题。

1）主要研究内容

（1）宽幅摊铺熨平板水平和竖向变形控制技术研究

宽幅摊铺时，熨平板在水平和竖向的变形将反映到摊铺层上。熨平板水平方向的变形主要由大臂的牵引力、混合料的摩擦力、钢丝绳拉力、推移阻力引起；竖直方向变形主要由熨平板重力及热应力引起，通过有限元分析软件对熨平板在水平与垂直方向的变形量进行了仿真，研究不同结构条件下熨平板变形特性及变形控制技术，如图3-71、图3-72所示。

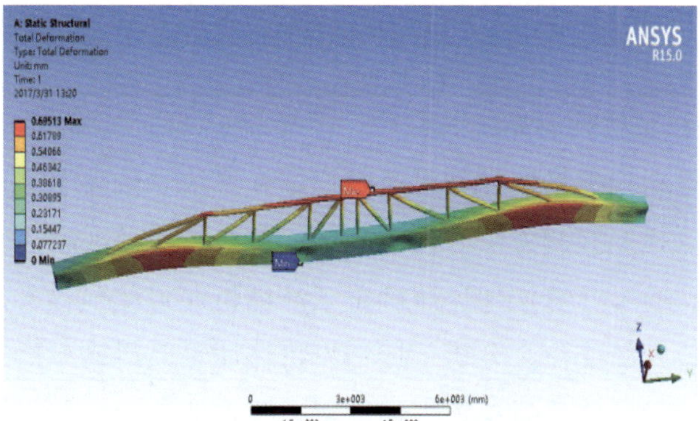

图 3-71 熨平板长度与相对变形量曲线

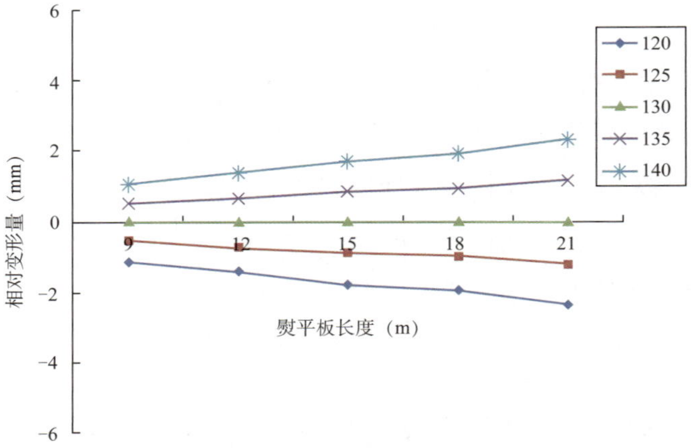

图 3-72　加装桁架结构的熨平板应变量

（2）宽幅熨平板振捣机构动力学研究

基于平面解析模型建立两个自由度的熨平板系统动力学模型以及振捣机构动力学模型，并进行熨平板振动响应规律分析，采用多体动力学分析碰撞现象以及振捣压实机理，开展动力学研究，如图3-73所示。

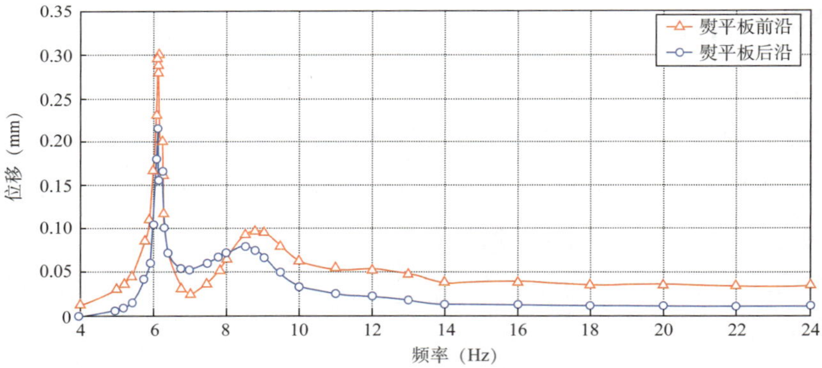

图 3-73　振捣频率对熨平板最大振幅响应频域特性曲线

（3）宽幅摊铺机整机控制系统研究

包括多点联控自动找平系统和整机速度稳定性系统。论述了多点联控自动找平系统的组成架构、实现形式及控制方法等核心问题，有效解决了改扩建高速公路新旧路面用料量差别大的问题。通过计算接地比压确定了摊铺机履带接地核心区段，研究了摊铺机作业及转场时重心位置的变化；分析了摊铺机机体质量及滑转率对牵引力的影响，确定了最大牵引力时摊铺机机体质量；根据摊铺机实际作业速度的特点，选用低速大扭矩马达以提高摊铺机作业稳定性，如图3-74所示。

（4）摊铺机螺旋直径和螺距对摊铺质量影响研究

摊铺机螺旋直径、螺距和螺旋输料器中的料位系数，对输料过程中混合料的质量有显著影响。通过对螺旋输料流量分析，建立输料流量公式，对阶梯螺径螺旋宽幅摊铺叶片配置进行研究；通过建立计算模型，导出在不同摊铺宽度条件下，满足流量系数要求的不同直径螺旋叶片的布置方案，为工程应用提供依据，如图3-75所示。

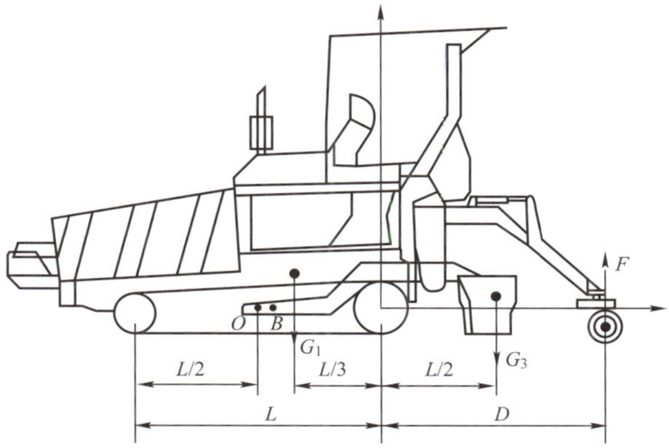

图 3-74　使用调整重心用行走装置示意图

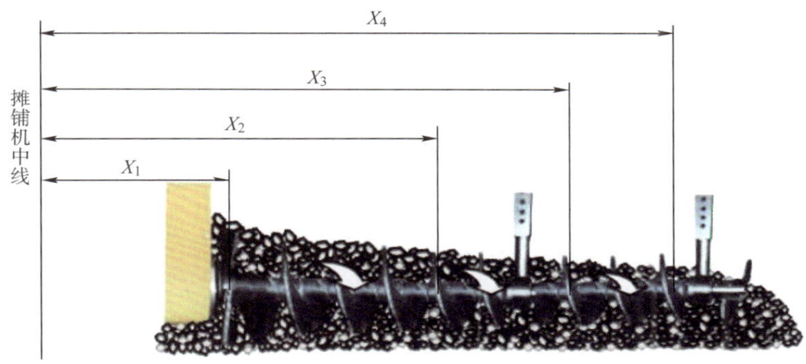

图 3-75　根据横断面用料调整螺旋直径和螺距

（5）基于螺旋二次搅拌的抗离析整幅摊铺技术研究

为防止螺旋工作参数或结构设计不合理而造成的混合料离析，从输料过程中螺旋和材料两者之间的相互作用关系出发，进行动力学和运动学分析，建立理论模型；通过分析螺旋输料产生离析的机理和控制离析的方法，确定保证输料稳定性和铺层混合料分布均匀性的结构参数和使用参数，并进行足尺试验研究，为摊铺机抗离析螺旋设计提供理论依据，为摊铺作业中螺旋的合理使用提供有效方法，如图3-76所示。

2）形成的创新性成果

本项目针对高速公路改扩建工程路面摊铺中存在的问题，通过理论分析、数值模拟、室内外试验等手段，研究物料颗粒的迁移机理，确保路面压实后的平整度要求；研究全断面摊铺多点联控工艺，保证路面摊铺的均匀性和平整性；研究分析摊铺机螺旋直径和螺距疏密对摊铺性能的影响规律；研究无缝成型技术对路面结构性能的影响。取得如下创新性成果：

（1）揭示了熨平板受力变形机理，提出了超宽幅摊铺机熨平板变形的控制方法与标准；

（2）建立了输料流量计算模型，设计了料位器多联互动智能控制系统，形成了超宽幅摊铺离析综合控制技术体系；

（3）提出了下卧层不平整的沥青路面超宽幅摊铺平整度、横向坡度、密实度的协同控制技术体系；

（4）研制了抗离析与动态变换铺装宽度（3~23m）的超大型新型摊铺装备。

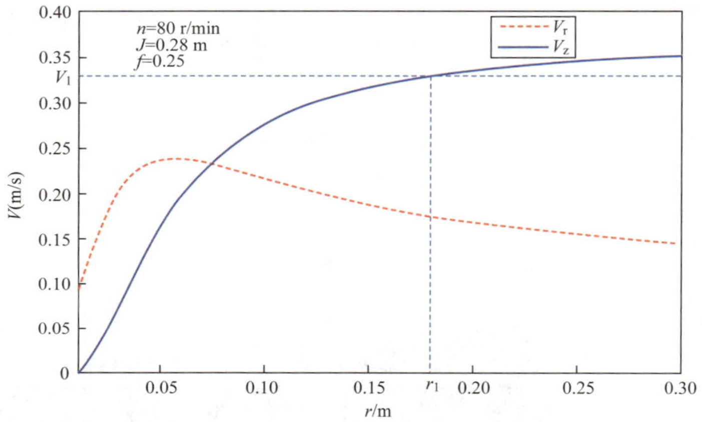

图 3-76　螺旋径向速度（V_r）、轴向速度（V_z）随螺旋半径 r 的变化规律

3）在本工程中的应用

济青高速公路改扩建全线309km均应用18.75m大宽度全断面沥青路面无缝成型技术（图3-77），攻克了“四改八”工程建设中常见的新旧路面实际高程不一、横向平整度差的难题，解决了“并机摊铺”造成的路面多横坡、多拱度，下雨积水、超车变道摇晃的顽疾，成功实现项目主线新老路面一次性无缝拼接，打造了国内第一条真正意义上的“横向一字坡、纵向无接缝”的改扩建高速公路，也刷新了港珠澳大桥刚刚创造的最宽幅摊铺世界纪录。

4）成果应用前景

高速公路改扩建工程“一字坡、无纵缝”全断面抗离析无缝摊铺技术是国内首创。它解决了传统沥青路面施工工法中无法避免的铺筑难题（图3-78），有效遏制了质量通病，实现了 沥青路面“一字坡、无纵缝”的设计要求。本项目成果不但在改扩建高速公路有着独特的优势，在新建高速公路上也有着无法比拟的优势，代表着未来高速公路建设发展的方向和趋势，对于降低全寿命周期成本、预防路面早期破坏、延长养护周期、实现高速公路建设智能绿色发展，具有十分重要的意义。

图 3-77　全断面无纵缝 18.75m 宽一次摊铺

图 3-78　多点位料位控制系统

3.2.11　水稳结构大厚度连铺连压整体成型技术与装备研究

济青高速公路改扩建工程作为山东省首条不中断交通的“四改八”高速公路建设工程，项目首先在济青高速公路一幅路肩外侧硬拼接的方式修建一条新车道，保证通行，封闭另一幅集中施工完成后，对首先硬搭接的位置采取反开挖回填加固措施。反开挖槽深度超过60cm，作业面狭窄，按传统施工工艺，施工机械调转配合非常困难，不仅造成施工效率低下，而且质量难以保证。再者，如果施工时间过长，一旦下雨，基槽内就会积水，影响路面结构的安全与稳定。

总结我国20多年来各级公路的工程实践发现，路面结构性损坏往往出现在水泥稳定碎石基层，层间连接不良及结构开裂问题导致路面结构需要“开膛破肚”式的挖除重建，周期性重建造成巨大的交通、环境与资金压力。项目进行的水稳结构大厚度双层连铺整体成型装备与施工技术研究，基于机械学和材料学两个学科的交叉研究，理论分析和试验验证相结合，改善水稳结构压实度变异性等问题，有效地提高施工质量，加快反开挖施工进度，对于确保济青高速公路改扩建工程搭接位置稳定性有重大意义。

1）主要研究内容

（1）对级配理论进行分析，采用与现场全厚式施工相统一的设计方法，确定水泥剂量和最佳配合比，并提出相对应的级配范围，如图3-79所示。

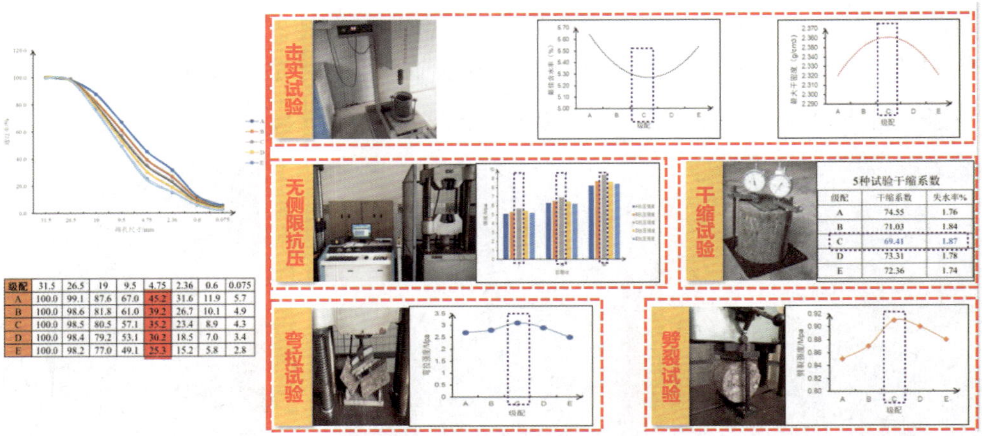

级配	31.5	26.5	19	9.5	4.75	2.36	0.6	0.075
A	100.0	99.1	87.6	67.0	45.2	31.6	11.9	5.7
B	100.0	98.6	81.8	61.0	39.2	26.7	10.1	4.9
C	100.0	98.5	80.5	57.1	35.2	23.4	8.9	4.3
D	100.0	98.4	79.2	53.1	30.2	18.5	7.0	3.4
E	100.0	98.2	77.0	49.1	25.3	15.2	5.8	2.8

5种试验干缩系数

级配	干缩系数	失水率%
A	74.55	1.76
B	71.03	1.84
C	69.41	1.87
D	73.31	1.78
E	72.36	1.74

图 3-79　抗离析骨架密实型水泥稳定碎石材料

（2）层间状态对水稳基层路用性能的影响研究

首先进行层间结合情况与应力状态的有限元分析，建立有限元模型，对不同层间状态下的应力模式和疲劳特性进行分析，并对计算结果进行研究。然后针对层间状态对水稳基层路用性能的影响进行试验研究，分别研究层间状态对水稳基层力学性能、抗裂性能、耐久性能的影响，如图3-80所示。

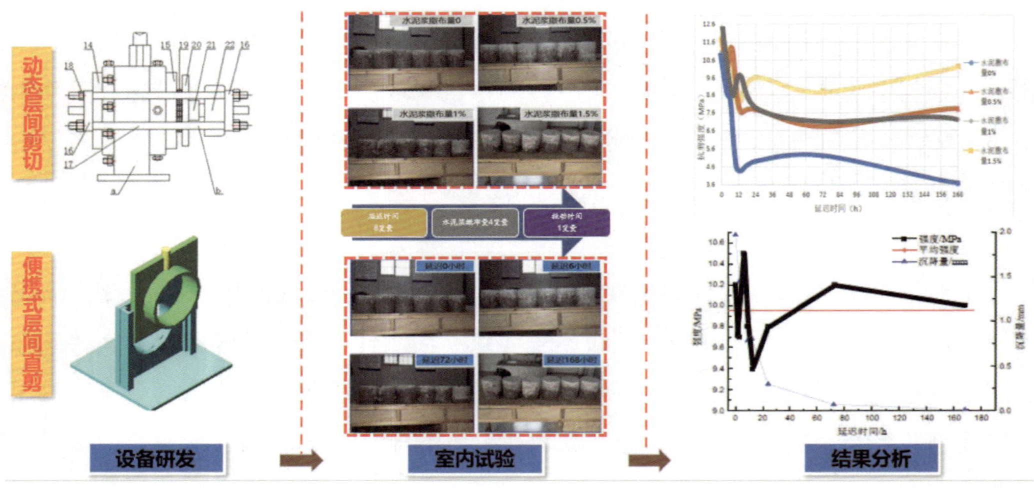

图 3-80　半刚性基层层间联结质量检测评价技术

（3）水稳基层大厚度双层连铺整体成型装备研究

研发适宜于水稳基层大厚度双层连铺整体成型的装备，进行运动学和动力学分析、摊铺设备功率、液压行驶系统、摊铺设备工作装置与调平系统、摊铺设备刮板与分料系统、振动和振捣系统等方面的研究。

（4）大厚度水稳基层压实度控制技术研究

为解决大厚度水稳基层压实技术难题，通过理论分析，确定不同吨位压路机、不同碾压遍数时的接地宽度，利用ANSYS有限元软件分别对不同吨位压路机的压实效果进行数值模拟，确定不同吨位压路机与压实厚度的匹配关系，为大吨位压路机的工程应用、压实参数的选择和压实质量控制提供理论依据，如图3-81所示。

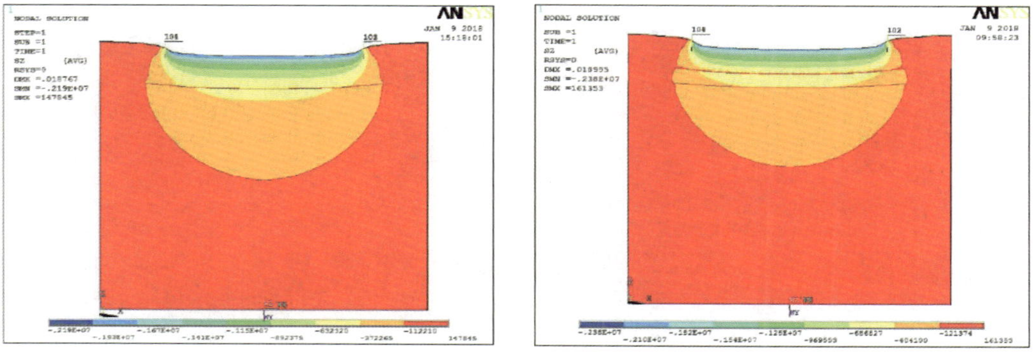

a) 2 层　　b) 3 层

图 3-81　36t 振动压路机作用下的压应力

（5）大厚度水稳基层施工工艺研究

结合依托工程，研究机械设备的选型与匹配，提出适合反开挖大厚度水稳基层施工的拌和、摊铺、碾压等施工工艺和质量控制要点。为相关标准化施工细则的编写奠定基础，并为该技术的推广应用提供保障，如图3-82所示。

图 3-82　高速公路改扩建工程反开挖水稳结构整体成型工艺

2）形成的创新性成果

本项目针对高速公路改扩建工程特点及难点，从水泥稳定碎石材料压实作用机理、

水泥稳定碎石大厚度施工关键技术与装备、施工抗离析、施工质量控制与评价、路面结构力学响应及长期性能、新旧路面结构搭接等重点和难点出发，通过理论与数值分析、室内试验、现场试验和测试等手段，对高速公路改扩建工程水稳结构整体成型成套技术进行了系统研究。取得如下创新性成果：

（1）揭示了基层层间位置、结合状态对路面结构力学响应及使用寿命的影响规律，提出了水泥稳定碎石基层大厚度连铺典型结构组合；

（2）获得了压应力随水泥稳定碎石材料压实厚度增加的衰减规律，构建了压路机参数与压实厚度的匹配关系模型，提出了水泥稳定碎石材料单层施工最大厚度阈值（30cm），形成了大厚度连铺连压整体成型施工技术体系；

（3）提出了双侧施工受限条件下集大厚度整体成型、傍机侧向输料、双机组梯队摊

铺、水泥浆智能喷洒等于一体的基层大厚度成套施工工艺。

3）在本工程中的应用

研究成果在全线反开挖处应用，使基层成为单层整体受力，避免了以往分层施工、层间结合不良、基层分薄层受力的弊端，减少了施工工序并提高了整体强度，加快了施工进度；解决了以往两层底基层摊铺出现的层间结合、接缝处理、养生等问题，压实度、厚度等均能满足设计及规范要求，极好地提高了施工质量；摊铺碾压一次成型，节省人工、材料，同时减少了环境污染，如图3-83所示。

4）成果应用前景

采用全寿命分析法对分层铺筑与整体一次性铺筑，从经济学方面进行了科学严谨的分析，表明大厚体积水泥碎石路面结构与原路面结构相比产生巨大的经济和社会效益，推广应用前景广阔。该技术可取得明显的经济效益，若采用宽幅大厚度水泥稳定碎石双层连续摊铺施工宽12.75m、厚54cm的水泥稳定碎石基层，相较传统三层分铺施工在道路全寿命周期内每公里可节约资金至少41.14万元。

图 3-83　反开挖水稳施工现场

技术可明显提高路面结构的使用性能和寿命。水泥稳定碎石基层宽幅大厚度双层连铺整体成型使基层成为单层整体受力，避免了以往分层施工、层间结合不良、基层分薄层受力的弊端，解决了以往两层底基层摊铺出现的层间结合、接缝处理、养生等难题，压实度、厚度等均能满足设计及规范要求，极好地提高了施工质量，确保了基层结构层间连接，增强了路面结构的整体性，提高了路面结构整体承载力，延长道路使用寿命。

技术节能环保，延长道路使用寿命，避免周期性重建，降低维修次数，极大减少了铣刨废料的产生，节省了巨大的重建费用。同时，克服了常见层铺法出现的养生不及时、施工缓慢、层间黏结不好、缩裂以及夹层等质量问题，保证了水泥稳定粒料的施工质量，适宜广泛推广。

04 不间断交通的施工交通组织与安全保障提升技术示范

4.1 推广应用类示范

4.1.1 恶劣天气下特殊路段沥青路面抗凝冰与交通安全设施新技术

济青高速公路改扩建项目所处的地理位置形成夏热冬冷、四季分明的大陆性季风气候。冬季风大温低，持续时间较长，平均最低温度-3.5℃左右，极端最低温度达到-14℃左右，主要气象灾害有大风、霜冻、冰雹等。此气温遇雨雪天气易导致路面低温产生冰层，即公路凝冰。凝冰导致的灾害与通常的路面积雪灾害不同，积雪经过汽车行驶压实后，其摩擦力也远高于表面湿润状态的凝冰，即使在上坡路段，车辆轮胎加装防滑链后仍可在雪面上安全行驶，而公路凝冰表面处于湿润状态，凝冰上的水膜使得公路表面的摩擦力显著降低，严重威胁机动车辆的可操控性与行驶安全，尤其是公路桥梁由于其结构与普通路基不同，更容易在公路表面形成凝冰，诱发安全事故。

为提高道路在冬季雨雪气候下的行车安全，最常用的消除冰雪对路面交通影响的方法是在积雪结冰路面撒布氯化钠，但氯化钠被水溶化后不仅对路面周边的水质、土壤和植被会产生破坏作用，而且会使沥青与集料的黏附性降低，并对桥梁水泥混凝土中的钢筋产生腐蚀破坏，导致沥青路面和桥梁的耐久性大大降低。为了减少撒布氯化钠对沥青路面、桥梁和环境的影响，主动抑制路面凝冰技术得到了越来越多的应用。主动抑冰的方式较多，项目重点推广应用了高弹蓄盐抗凝冰沥青混凝土技术，并研究了高性能沥青路面抗凝冰涂层技术。此外，还推广应用双组份雨夜高亮反光标线、高吸能型可导向防撞垫、旋转式防撞护栏等新型交通安全设施，进一步提升项目交通安全保障水平。

1）示范技术特点

目前，高速公路除雪融冰主要是通过在路面上撒播氯化物融雪剂使冰雪融化。但是氯化物融雪剂不仅作用效果有限，而且给环境带来了很多负面效应，主要表现为路面侵蚀破坏、锈蚀钢筋、破坏土壤生态环境、污染饮用水等问题。高性能主动型沥青路面抗凝冰技术是通过路面抗凝冰涂层和高弹蓄盐抗凝冰沥青路面的特殊功能来融冰除雪，实现主动除冰雪，可以有效提高路面的除冰雪能力，从而提高道路安全性能和运输效率。

该技术与撒布类融雪剂相比更安全、环保及美观，具有较高的社会、经济和环境价值，可推广应用在我国北方大部分地区、南方山区等地的公路路面凝冰高危路段改造和路面凝冰频发区域新建公路路面工程的建设，具有重大的经济效益和社会意义，如图4-1、图4-2所示。

图 4-1　撒布抗凝冰剂后效果图

a) 使用

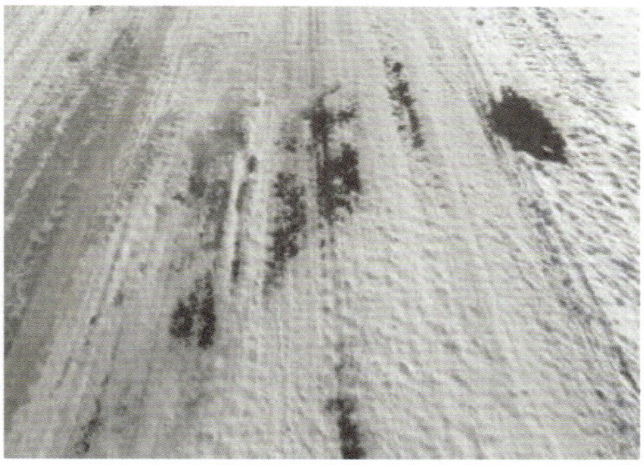

b) 未使用

图 4-2　抗凝冰沥青路面使用后效果图

2）在本工程中的应用及效果

抗凝冰沥青路面：高弹蓄盐抗凝冰沥青路面主要解决冬季路面表面结冰问题，而高速公路最易于结冰的路段为桥梁。因此，选择在济青高速公路改扩建工程中的小清河大桥（K12+387~K17+420）右幅桥面应用本技术。小清河大桥沥青面层结构为下面层2cmAC-5沥青砂+中面层4cmSMA-13细粒式改性沥青混凝土+上面层4cm高弹蓄盐SMA-13细粒式改性沥青混凝土。针对依托工程的原材料情况及所处环境温度情况，开展了抗凝冰沥青混合料配合比设计，确定了橡胶粉和抗凝冰剂的掺量，使沥青混合料表面冰点可降低至–5.4℃。

2020年1月，济南迎来2020年的第一场降雪，也是高弹蓄盐抗凝冰沥青路面经历的第一场雪，天气预报显示当天气温-8~0℃，暴雪转阴，东北风3级。经测试，现场气温-1~0℃，路面跟踪观测结果显示高弹蓄盐沥青路面行车道无积雪，而一般沥青路面行车道有雪水混合物，中央分隔带处有明显积雪，说明高弹蓄盐沥青路面可以有效发挥抗凝冰的作用，达到了预期应用效果，如图4-3所示。

图 4-3　抗凝冰沥青路面（左半幅）融雪效果

交通安全设施新技术：交通安全设施是高速公路最基础、最必要的安全防护系统，对保障行车准确、安全快速、舒适及整个交通工程系统的合理运营起着决定性作用。在济青高速公路改扩建工程中，为进一步保障道路安全运营水平，应用了一批新型交通安全设施。

（1）双组份高亮反光标线

双组份高亮反光标线具有高抗污能力、高抗裂性和耐磨性、高逆反射亮度系数以及碳排放低等特点，与普通热熔标线（基本无抗污能力和抗裂性）相比，耐磨性提高3倍以上，逆反射亮度系数提高2倍以上，使用寿命一般在3年左右。双组份高亮反光标线在本项目中示范应用35km，如图4-4所示。

（2）可导向防撞垫

可导向防撞垫（图4-5）由吸能桶、鼻端、支架、导向板、导轨等构件组成，通过内部设置可压缩变形吸收碰撞能量的吸能单元，实现正碰时的缓冲吸能功能，从而降低乘员的伤害程度及恶性交通事故概率。而且，底部设置导向滑轨，使防撞垫在正碰、偏碰和斜碰时可沿一定轨迹移动，防止偏离太远对正常运行车辆造成干扰。可导向防撞垫在本项目中示范应用132个。

图 4-4　双组份高亮反光标线夜间效果及逆反射系数

图 4-5　可导向防撞垫

（3）太阳能主动发光标

太阳能主动发光标志（图4-6）可有效采集太阳光并转化为电能，不但增强了标志的视认性，而且充分体现了节能、环保、绿色的理念。太阳能主动发光标志在本项目中示范应用51个。

（4）超广角液体反光标记

超广角液体反光标记采用环境友好的聚甲基丙烯酸甲酯材料为基料，配合高折射率大粒径玻璃珠及辅料，其成膜后会形成一个完整附着于被涂体表面的高强反光层，该反光层具有优异的全天候彩色反光性能及优秀的耐候性和附着力，与普通“反光漆”相比，可视范围大大提升，环保性更优。超广角液体反光标记在本项目中示范应用 14000m^2，如图 4-7 所示。

图 4-6　太阳能主动发光标志

图 4-7　超广角液体反光标记在中墩安全岛的应用及逆反射系数

（5）彩色警示抗滑路面

彩色警示抗滑路面具有交通分流、防滑、警示和美化作用，其使用低污染的聚甲基丙烯酸甲酯作为树脂材料，掺配高温烧制的陶粒集料，整体具有高耐磨耗性、抗酸碱性强等性能，可以延长路面使用寿命。与一般彩色沥青路面相比，彩色警示防滑路面提高了路面的抗滑性，施工温度要求低，可在 -10℃环境下施工，且操作灵活，色彩丰富、装饰性好。彩色警示抗滑路面在本项目中示范应用 520m^2，如图 4-8 所示。

（6）旋转式防撞护栏

旋转式防撞护栏是一种将弹性转子与刚性钢架相结合，具有防护和导向功能的新型护栏形式。当碰撞发生时，车辆与护栏间为滚动摩擦，护栏对车辆的反作用力小，撞击能量一部分被护栏吸收，一部分转化为转子的旋转动能，转子的旋转引导车辆沿正确方向滑动，避免冲击反弹造成二次事故，对人车形成有效保护。旋转式防撞护栏在本项目中示范应用 513m，如图4-9所示。

图 4-8　彩色警示抗滑路面在收费站 ETC 车道应用

图 4-9　旋转式防撞护栏应用

（7）泡沫铝声屏障

在省内首次将泡沫铝材料加工成声屏障，示范应用了4.3km。其具有阻燃性能、耐久性高和吸声强等特点，吸声降噪效果提升50%，使用寿命可达30年以上，较普通声屏障12年寿命大大延长，同时避免环境污染和毒害问题，如图4-10所示。

图 4-10　泡沫铝声屏障在小许家高架应用

4.1.2　济青高速公路改扩建护栏安全提升关键技术研究与示范应用

济青高速公路改扩建工程公路护栏设计工作开展较早，原设计符合《公路交通安全设施设计规范》（JTG D81—2006）和《公路交通安全设施设计细则》（JTG/T D81—2006）要求，但2018年1月1日《公路交通安全设施设计规范》（JTG D81—2017）（以下简称"设计规范"）和《公路交通安全设施设计细则》（JTG/T D81—2017）（以下简称"设计细则"）正式实施后，对公路护栏设计提出了新要求，原护栏设计须进行相应提升，考虑改扩建工程已完成了大部分护栏进场和安装，若按新规范拆除重建势必会对工程进度、造价等造成严重影响。此外，改扩建工程还存在大量旧波形梁护栏结构，若这些旧护栏构件不能充分再利用也将造成巨大资源浪费，不符合绿色交通发展理念。

为提升济青高速公路改扩建工程护栏安全防护性能以达到新规范要求，减少生命财产损失，避免重复投资，结合新规范规定、工程实施现状、工程进度要求以及现有原材料（包括旧护栏的材料和已经采购的护栏材料）再利用要求，以实地交通调研数据为基础，采用理论计算、单元试验、有限元仿真计算及实车足尺碰撞试验等综合方法开展公路护栏安全提升系统研究，通过重点进行路侧波形梁护栏安全性能提升研究、中分带波形梁护栏安全性能提升研究、中分带开口护栏安全性能提升研究、中分带桥墩防护安全性能提升研究、其他交通防护设施设计及应用研究，为改扩建后高速公路的安全运营提供可靠保障。

本示范主要技术来源为山东省交通科技计划项目"基于旧波形梁护栏改造再利用的A级护栏开发研究"。

1）示范技术特点

随着高速公路交通流特性的不断变化以及护栏结构设计的逐渐规范，不少早期修建的波形梁护栏已经无法适应目前交通流的安全防护需求，防护能力也不满足现行规范要求，需要进行改造研究。采用旧波形梁护栏钢构件修建满足现行规范要求的新波形梁护栏是一种经济环保的改造方式。开发了一种重复利用旧波形梁护栏3mm厚圆弧形双波板，采用六边形防阻块和ϕ140×4.5mm钢管立柱的双层波形梁护栏，经实车碰撞试验检验，防护能力达到A级160kJ；通过对双层波形梁护栏端部锚固的防护能力影响进行仿真研究，提出了A级双层波形梁护栏端部的锚固要求和推荐形式；通过对基础埋置方式、立柱外侧边坡设置及路缘石设置对A级双层波形梁护栏防护能力影响的仿真研究，验证了A级双层波形梁护栏的使用条件，为实际应用提供了技术支撑。

双层波形梁护栏对原有的旧波形梁板进行重复再利用，大大降低了护栏建设成本，减少了护栏养护维修费用，其循环利用还减少了钢材制造产生的污染物，符合“环境友好和资源节约”的建设理念，具有显著的社会、经济及环保效益。实车碰撞护栏运行轨迹图如图4-11所示。

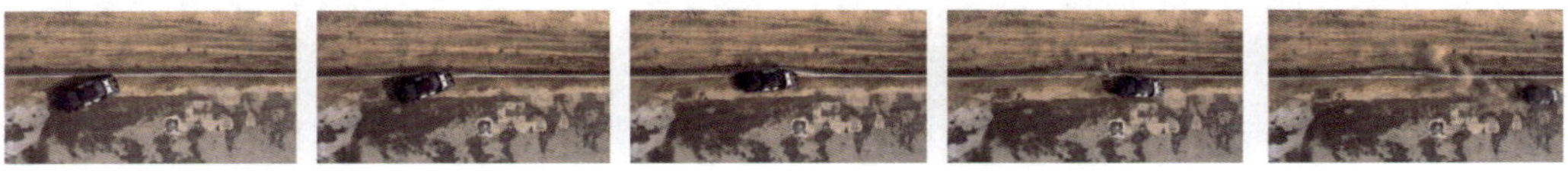

a) 小客车碰撞护栏运行轨迹图

b) 大客车碰撞护栏运行轨迹图

c) 大货车碰撞护栏运行轨迹图

图 4-11　实车碰撞护栏运行轨迹图

2）在本工程中的应用及效果

在济青高速公路全线进行了“基于绿色循环利用功能的波形梁护栏安全提升技术”成果和“特殊危险位置的系列化新型安全防护设施”成果的推广应用，大幅度减少了事故发生率和事故死亡率，节省了工程造价。其中，“波形梁护栏再利用关键技术”成果使原波形梁护栏（包括已进场和安装的波形梁护栏以及旧波形梁护栏）得到了充分再利用，且改造后的护栏严格按照评价标准要求进行了实车碰撞试验检验，满足新规范要求，大大提升了通车运营后济青高速公路的行车安全水平，该成果在济青高速公路改扩建工程全线应用达 618.4 km（按路侧两排计算）。此外，在济南至青岛高速公路改扩建工程 JQSG-1 标段（青银线 K36+388 ~ K100+400 段）、JQSG-2 标段（青银线 K100+400 ~ K150+480 段）、JQSG-3 标段（青银线 K150+480 ~ K214+910 段）、JQSG-4 标段（青银线 K214+910 ~ K268+967.413 段）、JQSG-5 标段（青银线 K269+000 ~ K294+385 段）、JQSG-6 标段（青银线 K294+385 ~ K323+349.189 段，济广线 K0+000 ~ K8+910 段）应用施工区临时防护设施、中央分隔带开口护栏等技术成果，大幅提高了济青高速公路的安全运营水平，经济效益显著，如图 4-12 所示。

a) A 级双层波形梁护栏现场应用照片

b)SB 级双层波形梁护栏现场应用照片

图 4-12　路侧波形梁护栏安全性能提升研究成果的实际工程应用

4.2　科技攻关类示范

4.2.1　高速公路改扩建保通施工与应急救援交通组织研究

济青高速公路是山东省第一条高速公路，也是山东省客货最繁忙的高速通道之一，被誉为山东省的“黄金通道”。截至改扩建前，济青高速公路已处于超饱和运营状态，各类交通事故不断发生，交通拥堵、压车现象时有发生，车辆通行能力逐年下降，黄金大通道作用逐步削弱，甚至成为山东省高速公路的卡壳路段。2016年济青高速公路改扩建工程开工，采用“边通车、边施工”的作业方式，对原有道路交通流产生干扰，影响正常行车，其主要表现为改扩建施工时，路侧施工对原有道路正常交通流的干扰；路侧净空间和视距不足造成的道路通行能力下降；因施工组织需要造成车辆频繁改道、分道、并道行驶等，这些影响都将导致高速公路改扩建期间道路通行能力、服务水平严重下降，进而引起交通安全水平大幅降低。

项目在充分考虑公路交通相关法律法规、改扩建工程设计指标的基础上，对高速公路改扩建期间的保通施工与应急救援交通组织展开深入系统的研究。研究成果将对我国高速公路改扩建期间的交通组织方案提供新的思路和方法，对改扩建期间的安全保障具有重要的参考价值。同时，可有效减少生命、财产损失，对于提高路网运行效率和效益也具有重要意义。

1）主要研究内容

（1）高速公路改扩建保通施工交通组织阶段划分研究

综合分析国内典型的高速公路改扩建保通施工方案，研究不同高速公路改扩建保通施工方案的类型和特点，论证济青高速公路改扩建以“下面层行车”为主的保通施工方案的合理性，并对济青高速公路交通组织方案与阶段划分、交通组织特点和特殊断面形式等进行系统梳理和总结，研究不同保通施工阶段下车道划分、车速管理、道路标志标线和交通安全设施设置的规律。

（2）高速公路改扩建交通流特性分析与仿真建模

选取济青高速公路改扩建全线典型施工段落，采取无人机检测、人工测量、测速雷达检测和录像等手段，分时分段对不同断面交通量、交通组成、车速等交通流参数以及车流运行状态等进行测试与分析，并结合改扩建施工现场调研，明确高速公路改扩建交通组织的影响因素，构建高速公路改扩建基本路段、中央分隔带开口段等交通仿真模型，研究模型的标定与参数取值。

（3）高速公路改扩建保通施工交通组织研究

针对不同施工阶段保通施工的特点，明确不同施工阶段下保通施工交通组织的关键参数；以交通组织第二阶段和第三阶段为研究重点，构建不同保通施工类型下的微观交通仿真道路模型，提出不同保通施工阶段下基本路段和中央分隔带开口段限速策略；针对转序时空不一致造成的中央分隔带开口距离、间距以及开口段几何要求等关键参数进行仿真优化研究；以高速公路改扩建全线收费站的改扩建施工时间为切入点，基于决策者和使用者的双重需求构建双层规划模型，研究优化济青高速公路改扩建收费站保通方案，如图4-13所示。

（4）高速公路改扩建事故特征分析与应急救援体系构建

收集整理济青高速公路改扩建全线某一时期的交通事故统计数据，从交通事故时空分布规律、事故级别分布规律、事故车型分布规律和事故形态分布规律等方面对其交通事故特征进行分析研究；在交通事故特征分析的基础上，分析当前高速公路改扩建期间突发事件应急救援的特征，构建高速公路改扩建应急救援体系。

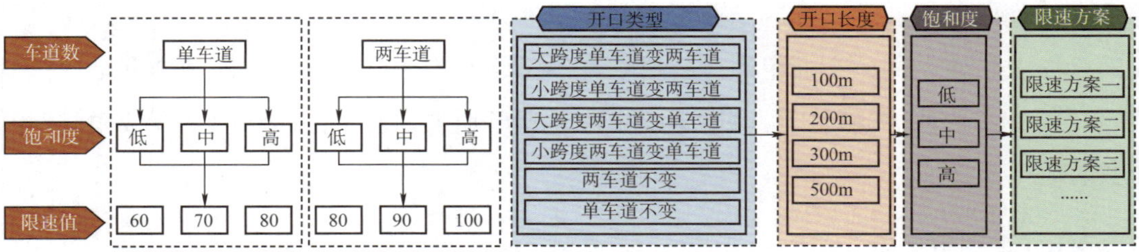

图 4-13　限速策略生成软件菜单

（5）高速公路改扩建应急救援交通组织研究

以救援时效问题研究为核心，基于案例推理技术构建应急救援资源配置模型，并考虑应急资源约束条件对应急救援路径进行优化；通过知识库与推理机设计，利用新一代信息技术，以地图模块为基础，设计应急接警、救援方案生成、信息发布和路径导航等模块功能，研究和构建适用于不中断交通施工的高速公路改扩建应急救援系统。应急救援资源配置优化和路径优化方案决策流程如图4-14所示。

（6）高速公路改扩建交通安全保障研究

在高速公路改扩建事故特征分析的基础上，以事故数法、事故率质量控制法和累计频率法研究济青高速公路改扩建路段的事故黑点鉴别，并利用贝叶斯模型对事故黑点路段进行事故联合概率预测，明确影响高速公路改扩建交通安全的主要因素，并提出相应安全保障措施建议。

2）形成的创新性成果

本项目通过理论与数值分析、仿真试验、现场试验和测试等手段，针对高速公路改扩建保通施工交通组织阶段划分、交通流特性分析与仿真建模、保通施工交通组织、事故特征分析与应急救援体系构建、应急救援交通组织、交通安全保障六方面进行了系统研究。取得如下创新性成果：

（1）系统提出了“两侧拼宽，分幅下面层、上面层保通”的改扩建各阶段交通组织方案，实现了“边施工，边通车”的目标。

（2）基于TOPSIS评价方法，建立了以安全性、稳定性、时效性、经济性为指标的高速公路改扩建限速综合评价体系，并提出了高速公路改扩建基本路段、转序开口段等不同路况的层级限速策略。

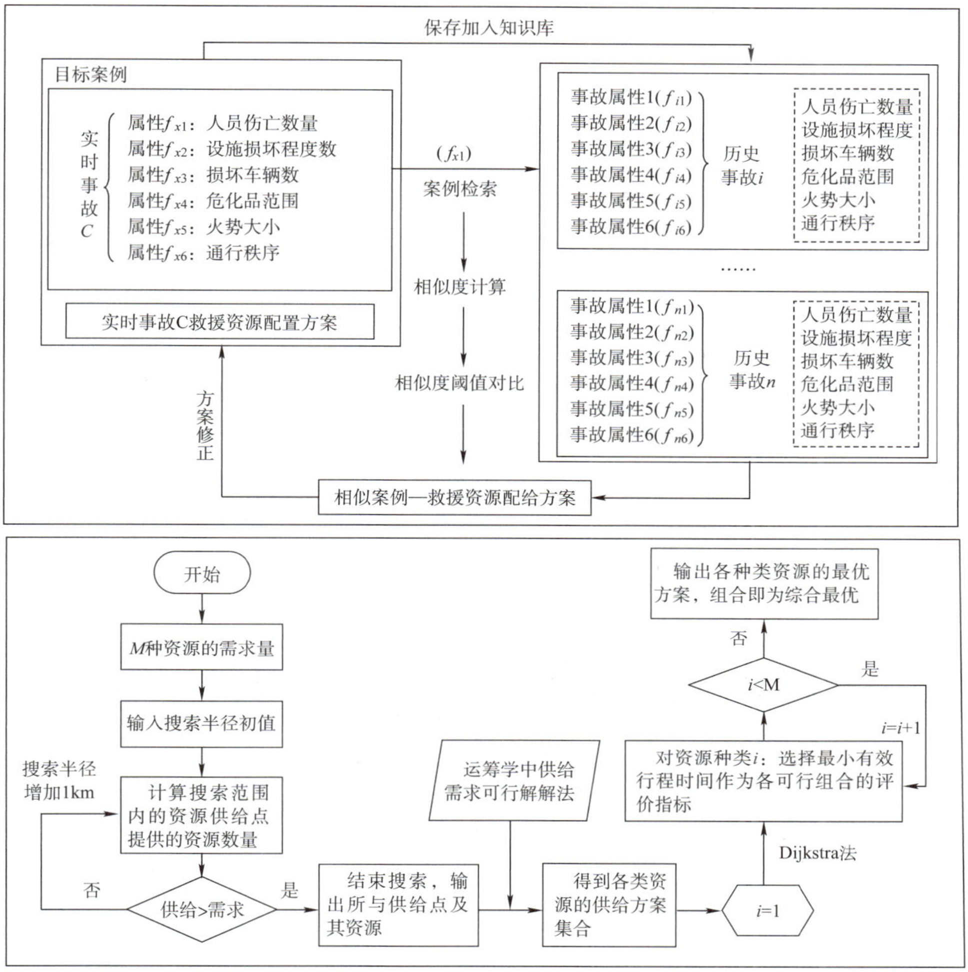

图 4-14　应急救援资源配置优化和路径优化方案决策流程

（3）构建了基于案例推理的应急救援资源配置模型和资源约束条件下的应急救援路径优化模型，为高速公路改扩建应急救援交通组织奠定了理论基础。

3）在本工程中的应用

项目研究成果在济青、京台等高速公路改扩建工程中得到成功应用，为我国高速公路改扩建期间的交通组织设计提供了新的思路和方法，丰富了高速公路改扩建交通组织研究成果，成果适用性强，对改扩建期间的交通安全保障具有很强的现实意义和重要的参考价值，对未来高速公路改扩建也具有一定的借鉴意义。

针对济青高速公路改扩建工程特点，分合流车道、特大桥、大桥、路基抬高段、互通式立交、分离式立交等是“保畅通、保安全”的重点和难点。改扩建期间，主要的交通安全保障措施如下：

（1）在分合流车道、特大桥、大桥、路基抬高段、互通式立交、分离式立交等处根据具体条件设定限制速度，特别注意限速标志的设置位置和重复提示方式，注意逐级降速，避免出现“断崖式”降速问题。

（2）改扩建道路交通标志标线的设置（图4-15）考虑驾驶员的交通行为，确保驾驶员获得足够清晰和准确的提示信息，随着改扩建施工区的变化，应及时调整、遮挡或去除原有不适宜的道路标志标线。

图 4-15　改扩建路段常规道路交通标志设置

（3）在济青高速公路改扩建过程中，全国首次利用移动钢护栏进行改扩建全线保通施工的临时防护（图4-16），提升安全保障水平。

图 4-16　移动钢护栏和防撞桶设置

（4）改扩建施工期间可通行车道减少，在节假日、休息日或某些特殊时段，车流量大，对通行安全造成严重影响，存在安全隐患，应制订相应交通管制措施，有针对性地限制通行时间，让车辆分时段通行以减少车辆对交通的影响。同时，在不同施工组织阶段限行危化品运输车辆、五轴及以上货车。

（5）在事故易发路段，设置振动减速带或标线（图4-17）能够让驾驶员在行驶时感觉到路面平整度的变化而注意减速，同时注意与其他减速措施配合使用。

图 4-17　振动减速标线设置

（6）在高速公路改扩建期间，还应根据具体情况设置不同的安全保障措施，如在某些重要或特殊时段安排专人提醒车辆通行安全，在路侧安装电子测速仪提醒驾驶员及时降速，在路侧设置警示警察或施工假人加强警示（图4-18），在部分路段示范应用旋转式防撞护栏、可导向防撞垫等交通安全新设施等，提升改扩建安全运营水平。

图 4-18　路侧设置电子测速仪和警示警察

济青高速公路改扩建全线2016年6月至2018年3月分3个阶段统计汇总了交通事故数

据，阶段1的月度交通事故数最高，其次为阶段2，由于设置了完善的安全保障措施，其月均交通事故数比阶段1减少了40%左右，阶段3的月度交通事故数最少，比阶段2交通事故数减少了近70%，比阶段1减少了82%，表明随着改扩建施工的进行，施工安全保障措施逐渐被道路使用者适应，交通安全形势不断趋好。

4）成果应用前景

本项目在充分考虑公路交通相关法律法规、改扩建工程设计指标的基础上，针对改扩建不同施工阶段对应的交通组织特点，进行合理的保通施工行车断面划分、车速组织和过渡段长度研究；针对改扩建安全保障特点和事故发生规律，进行应急救援体系与应急救援交通组织研究。研究成果主要应用于道路工程建设等领域，尤其对于高速公路改扩建保通施工和应急救援交通组织与安全保障具有很好的指导意义。本项目研究成果适用性强，对提高高速公路改扩建期间道路通行效率具有重要的理论意义和实用价值，推广应用前景十分广阔。

4.2.2 高速公路改扩建工程施工区交通安全评价方法研究

济青高速公路改扩建工程采用“便施工、便通车”的方式，施工期间必然会对原有的道路交通流产生干扰，影响正常行车。而道路交通系统是由人、车、路等诸要素构成的一个动态系统。在这个系统中，任何因素的不可靠、不平衡、不稳定都可能导致种种的冲突与矛盾，从而引发交通事故，所以高速公路改扩建施工区存在很大的安全隐患。

道路交通安全评价是道路交通安全改善工作的首要任务，其核心是对道路交通安全状况及其变化趋势进行客观评价，确定交通安全的影响因素以及其影响程度，为改善道路交通安全提供依据。故需要对施工区进行交通安全评价，对交通安全状况进行分析和改善。

1）主要研究内容

（1）基于交通仿真的改扩建复杂路段运行组织优化设计研究

①高速公路分车道速度控制研究

基于国内外研究现状，对于改扩建施工期的高速公路限速方案采用基于预测数据的仿真方法分析得到最优限速方案，对于将来运营期的济青高速限速方案，采用计算运行速度的方法根据道路的几何线形计算出高速公路各路段的计算运行速度，并结合仿真软件得到运行速度的方法，在此基础上研究和制定初步的限速标准和限速方法。

②车道转换带中央分隔带开口长度研究

采用交通微观仿真，模拟不同交通量、交通组成下的整体交通转换带区域交通流运行情况，从交通效率、安全和稳定性三方面考虑，得到济青高速公路改扩建施工区分幅分段交替施工路段中央分隔带的较优开口长度。采用模拟的方法进行微观仿真，从施工路段交通流的稳定、运行效率和交通安全三个方面进行综合评价，找出合理的车道转换带设置和中央分隔带开口长度建议，给设计和施工提供指导性意见。

③不同加宽方式过渡段相关问题仿真研究

针对青龙山垭口段和桃源河大桥段开展研究和评价，使用微观交通仿真软件VISSIM建立道路路段仿真模型，从交通运行效率、交通运行安全和交通流稳定性三个方面验证加宽方式在运营期和施工期的优劣性，对仿真过程中发生的交通冲突数、交通冲突车速进行识别和统计，评价交通安全状况。

④单向主线分离区段出入口研究

针对涌泉、于家庄、小许家互通立交方案进行研究。重点分析主路、辅路车流量、参与交织的车流比例大小和交织长度对出入口设置的影响。同时设计若干种方案，采用VISSIM和SSAM仿真软件模拟立交运行状况，从误入率、交织长度和交通流冲突率三因素的仿真结果进行分析评价，得出符合现场环境下的最优方案。

（2）基于交通冲突技术的济青高速公路典型施工区交通安全研究

①无人机摄影和区域追踪雷达数据采集与处理

针对高速公路改扩建施工期间合流、转序等交通流复杂路段，基于航空摄影和微波雷达观测手段，进行了空间范围内连续的车辆轨迹数据采集，利用Matlab扩展工具箱编写视频识别程序，获取车辆的运行状态信息，为交通冲突演变、成因分析研究提供了条件。

②改进的交通冲突指标

针对高速公路施工区合流、转序等交通流复杂路段，基于TTC和PET，提出了一种改进的交通冲突风险度量组合评价方法TDTC（advanced time difference tocollision），并基于事故率与交通冲突关系，确定了严重交通冲突阈值，为复杂路段的交通安全评价做铺垫，如图4-19、图4-20所示。

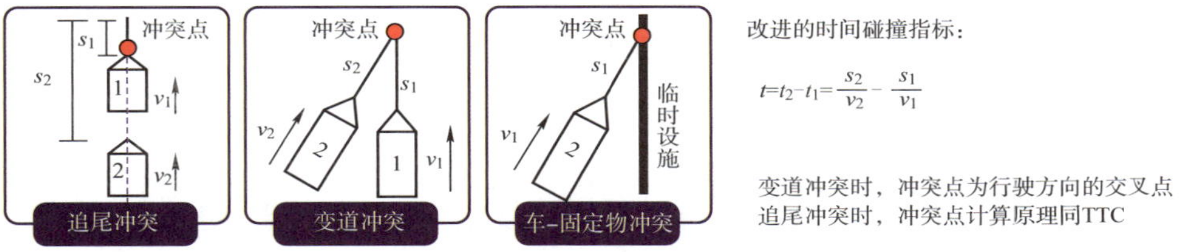

图 4-19　交通风险评价方法 TDTC 法

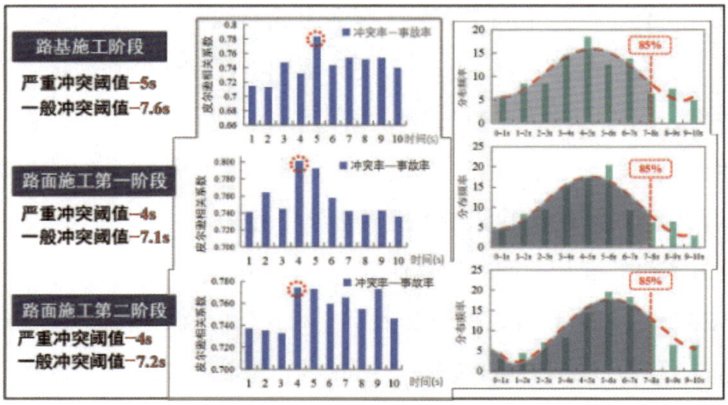

a) 车—车冲突阈值

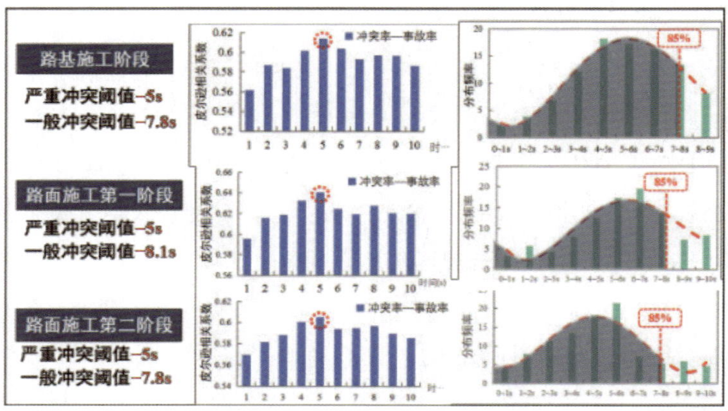

b) 车—固定物冲突阈值

图 4-20　不同施工阶段 TDTC 法的交通风险等级

③典型施工区交通流、交通冲突与各影响因素的关系建立

综合运用交通安全学、工程心理学、交通心理学、信息论等学科理论与方法，从交通冲突的角度，根据改扩建施工作业区道路路段的人、车、路和环境特征数据以及交通流数据，分别建立施工区特征因素如路段单位长度平曲线转角、曲线段长度和交通流因素如交通量、车速与交通冲突之间的关系模型，归纳出影响施工区交通流安全的因素，从而为施工区交通安全评价、管控措施的评价和设计提供支撑，如图4-21所示。

（3）基于自然驾驶的改扩建复杂路段驾驶员心理生理研究

从驾驶员视觉特性、反应特性、操作特性和心理特性入手，采取实车试验的方法，分析施工区道路条件下驾驶员生理水平和心理水平对驾驶的影响，并揭示驾驶员与车辆、道路和环境因素的交互影响，如图4-22、图4-23所示。

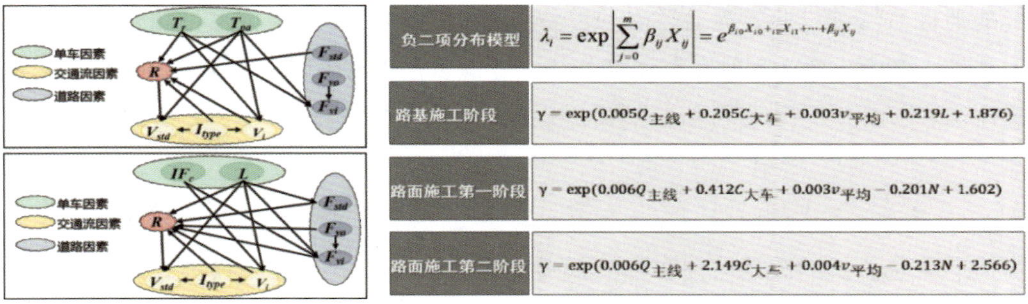

图 4-21　复杂路段和普通路段交通冲突机理和风险分级模型

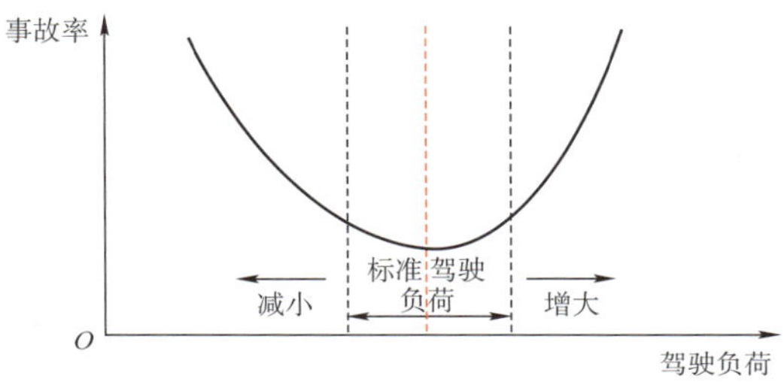

图 4-22　驾驶负荷与事故率理论关系

$$HRI = (H - \bar{H})/\bar{H}$$

$$\frac{HRI-\overline{HRI}}{S_{HRI}} = 0.44\left(-0.71\frac{V-\bar{V}}{S_V}+0.18\right)+0.33\left(-0.65\frac{TH-\overline{TH}}{S_{TH}}+0.04\right)+0.16\left(-0.42\frac{C-\bar{C}}{S_C}-0.01\right)+0.07\left(-0.25\frac{RL-\overline{RL}}{S_{RL}}+0.06\right)$$

$$MinW = M\ in\ \phi_i(HRI, TF) \qquad HRI \in \overline{HRI} \pm mS_{HRI} \quad TH \geq \overline{TH}$$

图 4-23　驾驶负荷与事故率理论关系公式

2）形成的创新性成果

本项目综合运用交通工程学、车辆动力学、运动学、数理统计、心理学等理论与方法，通过交通仿真、实地观测、实车驾驶试验等手段，展开基于交通仿真的交通组织优化方案设计、基于交通冲突的复杂路段交通安全风险评价、基于自然驾驶生理心理的驾驶员负荷研究。提出了高速公路改扩建期间复杂交通流的交通风险评价方法（TDTC法），构建了交通安全风险分级评价模型，揭示了复杂道路、交通条件下交通冲突形成机理；提出了基于心率增长率的驾驶负荷测度方法，构建了驾驶负荷影响因素及风险分级评价模型。解决了大流量复杂条件下高速公路改扩建交通风险辨识与管控难题，为不中断交通施工的交通组织优化提供了理论支撑。取得如下创新性成果：

（1）针对分合流、转序等复杂交通流特性，基于自然驾驶车流连续轨迹数据，从单车、交通流和道路环境等方面，提出了一种新的时间碰撞冲突指标，建立了能同时识别追尾和变道冲突的交通风险评价方法TDTC法，风险辨识结果优于传统TTC法和PET法。基于事故率与交通冲突关系，确定了不同施工阶段的严重交通冲突阈值。

（2）考虑改扩建道路环境、交通流等因素，基于贝叶斯网络模型揭示了分合流、转序等复杂路段和普通路段的交通冲突形成机理和风险分级划分，得出不同因素条件下发生交通冲突的风险规律。

基于自然驾驶试验，融合驾驶员操纵行为、生理心理和车辆运行状态大数据，提出了基于心率增长率的驾驶负荷测度方法，考虑多种外部因素，并结合驾驶负荷与事故率理论关系，建立了驾驶负荷影响模型和基于驾驶负荷影响的交通安全风险分级评价模型。

（3）在本工程中的应用

基于交通仿真的高速公路单向主线分离区段出入口交通组织设计在青龙山垭口段（K284+140~K288+900）（济南至青岛方向）和桃源河大桥段（K284+140~K288+900）对不同的加宽方式进行了试验应用，并实现了对延误和冲突严重率等一定程度的控制。其

中，中央分隔带开口长度为300m时以及分车道行驶标志设置距离在1600~2000m时，单位长度延误、冲突率和冲突能量均最小，试验路段所在区域短期事故率也呈现出一定的降低，事故率约减少了6%，2018—2019年累计减少经济损失700万元。该技术的应用有助于营造安全畅通、快捷和谐的通行环境，获得了良好的经济效益和社会效益，促进社会经济的发展。

基于交通冲突技术的高速公路改扩建施工区复杂路段冲突微观分析研究应用于济青高速合流路段（K132+300~K132+500段K258+260~K258+320段）和施工转序路段（K36+388~K67+460段），采取控制上游施工区与合流区的间距为200~300m，施工区转序路段双向两车道保通方案交通转换带中央分隔带开口长度在100~150m的方案，降低了冲突发生概率和发生严重交通冲突的可能性，2019—2020年累计减少经济损失900万元。该技术提高了施工合流区的通行安全性和通行流畅性，使局部路段的通行更为安全，具有一定的经济效益和社会效益。合流区数据采集现场如图4-24所示。

本项目研究成果重点在济青高速公路改扩建工程上进行了应用，根据相关应用证明，济青高速公路改扩建应用路段在2017—2019年累计减少经济损失1600万元，其中，高速公路改扩建施工区每公里年均减少损失10万元。

（4）成果应用前景

通过对交通冲突技术和驾驶员负荷理论分析、改进和创新，并在仿真和真实环境下进行应用，本项目成果可以准确评价高速公路改扩建施工区交通安全状况，针对各影响因素，降低高速公路改扩建施工区交通事故。整体上，本项目技术具备成本低、易操作、适用面广且长期有效的特征，可在全国高速公路各类型施工区路段推广应用，前景广阔。从技术原理来看，针对不同施工区道路，对其部分关键参数进行针对性调整后，亦可适用于其他改扩建施工区道路，延伸范围广。从功能性来看，可与路基路面、构造物（桥梁、隧道、互通立交等）减损协同，功能可拓展范围广，与其他技术之间的兼容性强，可为路基路面、构造物的耐久性提升及财产损失降低提供新途径。

图 4-24　合流区数据采集现场

05 旧路材料与大宗工业废弃物循环利用技术示范

“绿色”理念是以节约资源和保护环境为宗旨的具有长远发展特性的科学发展理念和发展方式，强调能源节约、资源节约、环境友好等。“绿色”理念是在传统发展基础上的一种模式创新，是建立在生态环境容量和资源承载力的约束条件下，将环境保护作为实现可持续发展重要支柱的一种新型发展模式。

作为交通运输部第一个高速公路改扩建绿色科技示范工程，紧扣“科技创新”“绿色发展”，从我国高速公路改扩建工程建设现状和发展需求的角度出发，确定了以“绿色”科技成果引领、推动交通行业“绿色”技术进步和“绿色”交通产业升级为核心，始终坚持将环境资源保护作为工程建设的内在要素和绿色发展的目标，把工程建设生产过程和结果的“绿色化”作为济青高速公路改扩建绿色建设的主要内容和途径，集中开展旧路材料和大宗工业废弃物循环利用技术攻关和推广，扩展绿色理念的内涵与外延，为交通运输行业全面推进生态文明建设，加快推动绿色发展转型提供了重要的经验借鉴和技术支撑。

5.1 推广应用类示范

5.1.1 沥青路面冷再生性能评价指标体系与高性能乳化沥青冷再生混合料

济青高速公路改扩建工程沥青面层采用旧沥青路面铣刨废弃再加铺新的沥青路面，将产生大量的沥青路面铣刨料，这些废弃的旧沥青混合料不仅占用大量的土地，而且还会造成生态环境的污染。与此同时，还需要生产大量的优质新沥青混合料用以替代废弃旧沥青混合料，耗费大量建设资金。而无论是从集料还是从沥青角度，沥青路面都具有良好的再生利用价值。因此，实现旧沥青混合料的高效再生利用，不仅能大大节约资源，缓解公路建养资金短缺矛盾，同时能保护生态环境，符合目前可持续性发展的要求。

项目通过济青高速公路改扩建工程对乳化沥青冷再生技术的研究和推广，进一步研究适合我国道路条件的乳化沥青冷再生路面技术标准，为旧路面改造提供理论基础和实践经验；同时提高再生混合料的使用性能，能够扩展再生混合料的应用范围，提高废旧路面混合料的利用程度。通过合理有效地利用好废旧沥青混合料，对节约能源和环境保护有着重大的经济效益及良好的社会意义。

本示范主要技术来源为山东省交通科技项目“沥青路面再生材料性能及路面结构组合研究”和“泡沫沥青混合料生产标准化及应用关键技术研究”。

（1）示范技术特点

冷再生沥青混合料是以沥青胶浆为基体的非匀质多相复合材料，其物相组成和界面结构十分复杂，尤其RAP料与沥青胶浆之间的界面特性对冷再生混合料的强度再形成有着重要影响。因此，冷再生混合料的强度再形成机理与热拌沥青混合料明显不同。

高性能乳化沥青冷再生混合料：从微观角度试验分析了乳化沥青与RAP料的表面效应；基于表界面理论，构建了乳化沥青胶浆—RAP料界面动力学模型；基于流变力学和表面能理论，分析了乳化沥青胶浆—RAP料界面强度形成机理。试验分析了乳化沥青冷再生混合料的内部微观形貌和界面结构特征，其随养生龄期、环境条件及养生措施的强度发展变化及界面微观结构变化，掌握了乳化沥青混合料在不同养生龄期的劈裂强度、无侧限抗压强度、动稳定度、疲劳性能等力学性能变化规律。

泡沫沥青冷再生混合料生产标准化：试验研究了沥青发泡特性的评价指标与方法、发泡剂对沥青发泡特性的影响、沥青基本性质与其发泡特性之间的相关性，以及不同等级沥青发泡特性衰退曲线、半衰期和施工特性。从微观角度试验分析了泡沫沥青与RAP料界面特性；分析了泡沫沥青胶浆的流变力学特性，并进行了热转化与沥青膜厚的转移分析；对泡沫沥青冷再生混合料内部微观形貌和界面结构特征进行了分析，掌握了其强度随养生龄期和环境条件等发展变化和微观形貌、界面结构的变化规律。

冷再生结构组合设计优化：通过对原路面的病害情况及路面剩余结构性能分析，结合实测路面结构在车载、环境条件下的动态响应、再生材料性能，通过试验论证及计算，确定路面结构设计材料参数，并以此确定冷再生层的合理层位及厚度。系统研究了冷再生沥青混合料设计方法，建立了冷再生沥青混合料配合比设计方法与设计指标体系，并提出了基于路面结构层位性能要求的冷再生沥青混合料性能评价体系及关键评价指标；提出了冷再生沥青混合料结构设计参数以及其在沥青路面结构设计中层位适应性；提出了冷再生沥青混合料结构层位要求及其对材料设计的要求。

（2）在本工程中的应用及效果

在消化吸收交通运输部应用基础研究项目“沥青路面冷再生强度再形成机理与性能评价指标体系”研究成果的基础上，进一步研究了适合我国道路条件的冷再生路面技术标准，为旧路面改造提供理论基础和实践经验；同时，提高再生混合料的使用性能，扩展再生混合料的应用范围，提高废旧路面混合料的利用程度。通过合理有效地利用好废旧沥青混合料，对节约能源和环境保护有着重大的经济效益及良好的社会效益。

济青高速公路改扩建施工产生的沥青路面铣刨料达到127.4万t，水稳基层铣刨料达到157.3万t，铣刨料废弃将造成巨大的资源浪费，也会对周围环境产生不利影响。随着我国对环境保护的重视，石料开采被极大压缩，本项目路面原材料严重缺乏，成本巨大，严重将影响工程进度。同时，重载交通对路面结构耐久性要求非常高，不宜采用常规冷再生技术。为满足工程对节能减排、资源循环和路面耐久的要求，本项目通过产学研结合，进行系列科技攻关和验证，首次将沥青路面冷再生技术与耐久性路面技术相结合，路面结构设计采用耐久路面设计理念，在保证结构耐久的前提下，路面结构部分功能层采用冷再生沥青混合料，实现了旧路材料的再生利用和路面结构耐久的目标。

在济青高速公路改扩建工程中应用乳化沥青冷再生技术，节约了170多万t碎石用量、5万多t沥青用量、每百公里节约弃渣填埋场用地70亩[1]，少开采岩石60多万m^3，对节能减排、保护水资源、森林资源，提高国土资源利用效率意义重大，创新技术打造了公路绿色发展新动能。冷再生混合料施工如图5-1所示，拌和站标准化改装技术如图5-2所示。

图 5-1　冷再生混合料施工

图 5-2　拌和站标准化改装技术

5.1.2　稳定型橡胶改性沥青混合料技术

济青高速公路作为交通运输部第一条改扩建绿色科技示范工程，其中废弃材料再利用是科技示范的重点内容之一。项目针对废胎胶粉改性沥青开展了深入研究和推广应用，突出了济青高速公路绿色科技示范工程的“绿色”和“科技”两大主题。

橡胶（胶粉）改性沥青已有30多年的历史，但在应用中仍然存在高温易降解、施

[1] 1 亩 ≈ 666.667m^2

工环境差和施工和易性差等问题。项目推广的稳定型橡胶沥青改性剂是一种新型复合材料，作为改性剂制备的改性沥青不易离析且其性能接近于SBS，也能提高施工和易性和储存稳定性。

橡胶沥青在我国的发展主要经历干拌工艺到后来的湿拌工艺两个发展阶段，干拌工艺是在混合料拌和过程中将橡胶粉直接投入拌锅，先与集料接触后再与沥青胶结料接触，拌和均匀后形成橡胶沥青混合料，湿法工艺是在沥青生产过程中先将橡胶粉与普通道路石油沥青经过加工混合后形成橡胶改性沥青，再用于生产橡胶沥青混合料。以上提高的两种生产工艺前者只能用于现场生产，后者虽然可以实现工厂化生产，但是没有解决在运输和存储过程中橡胶改性沥青的稳定性问题。

（1）示范技术特点

废旧轮胎是一种不可降解的物质，如果采用露天处理，不仅浪费大量土地资源，污染土壤，影响植被生长，同时夏季易产生蚊虫病害以及火灾隐患，如果采用燃烧处理，必将产生大量废气污染，降低附近空气质量，影响人民生活水平的同时造成大量资源浪费。将废旧轮胎磨成橡胶粉作为改性剂加入普通沥青中制得橡胶沥青，既可以节约能源，减少黑色污染，处理好废旧轮胎堆放的压力，同时可以改善现有沥青性能的不足。稳定型橡胶沥青改性剂是一种新型复合材料，是采用恰当品级回收高分子和工业高分子为主辅材，采用自主开发的橡胶分子链整理、分子量精准控制和稳定化复合反应技术生产的，其主要作用机理是由于脱硫降低了胶粉的分子量，因而能够和基质沥青融合得更彻底，但是由于脱硫是否完全以及其他助剂的添加不同因而导致分子量不同，从而性能表现也不一致，由其作为改性剂制备的改性沥青不易离析且其性能接近于SBS，把它应用于道路工程，可以改变废旧橡胶与基质沥青难相容、易分离沉降的特性。稳定型橡胶改性沥青在继承橡胶沥青优势特性的基础上，且施工和易性及路用性能大大提高，存储稳定性大大改良。稳定型橡胶改性沥青的研发成功对于推动橡胶改性沥青在工程建设中大规模的应用具有十分重要的意义。胶粉扫描电镜图如图5-3所示。

（2）在本工程中的应用及效果

项目开展了稳定性橡胶改性沥青混合料技术的施工工艺及质量控制研究。一是基于稳定型橡胶改性沥青及混合料的研究成果，通过与SBS改性沥青混合料性能对比，验证了该种材料的性能优点与工程适用性；二是提出了稳定型橡胶改性沥青混合料AC20与SMA13的施工工艺、质量控制措施及工程质量评价方法。实现了稳定型橡胶改性沥青路面的工程示范。

a) 原样胶粉

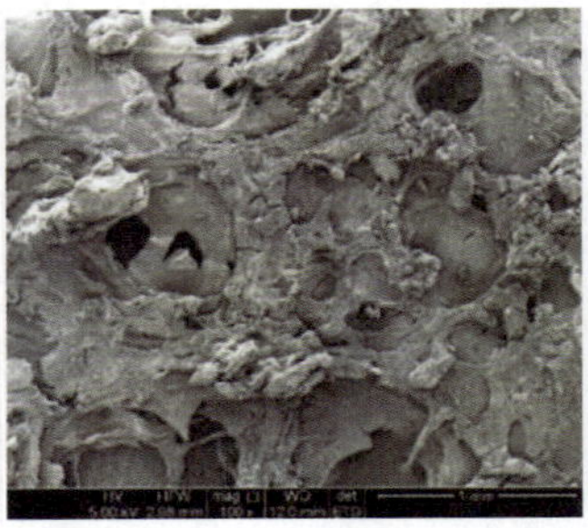

b) 稳定型橡胶沥青中滤出胶粉

c) 胶粉改性沥青中滤出胶粉

图 5-3　胶粉扫描电镜图

结合稳定型橡胶改性沥青混合料技术研究成果，在济青高速公路改扩建主体施工三、四标段进行了推广应用。根据应用效果，稳定型橡胶改性沥青完全可以替代SBS改性沥青用于沥青混合料的生产，混合料的设计及生产工艺没有大的区别，而且由于在改性沥青生产过程中采取了脱硫净味技术措施，使施工环境得到大大改善，相比SBS改性沥青还具有一定的价格优势。根据室内混合料性能对比，稳定型橡胶改性沥青混合料性能甚至要优于SBS改性沥青混合料，如图5-4~图5-7所示。

图 5-4　稳定型橡胶沥青混合料生产配比调试

图 5-5　密级配 AC20 现场施工

稳定型橡胶改性沥青对于路面性能的提升具有一定优势，同时，由于其稳定性得到了改善，解决了长距离运输问题，而且在生产过程中，净味剂等助剂的加入抑制了橡胶气味，改善了施工环境。从本项目推广效果看，稳定型橡胶改性沥青完全具备了大面积应用的条件，而且通过对稳定型橡胶改性沥青的推广，一方面可以实现对废旧轮胎的资源化再生利用，另一方面通过可替代产品的引入解决了目前路面施工过程中SBS改性沥青一家独大的局面，有助于促进SBS改性沥青产品的更新升级以及质量提升。因此，稳定性橡胶改性沥青推广应用具有显著的经济、社会和环境效益。

图 5-6　施工现场温度检测

图 5-7　现场弯沉检测

5.1.3　DHT 土凝岩稳定材料技术

DHT土凝岩是由工业固体废弃物按不同比例经加工而成的新材料，能够改善和提高土壤工程技术性能，根据类型及性能可适用于各类土壤的水硬性复合材料，在公路建设中用于底基层、基层，取代传统的石灰稳定土、水泥稳定土或二灰碎石、水泥稳定碎石等，不仅可以节省大量的石灰、水泥等传统的胶凝材料，还可以减少对沙、石的开采。

（1）示范技术特点

DHT土凝岩因其较高的经济、社会效益，非常有必要对其应用进行推广研究。国内外对DHT土凝岩的研究和应用较少，DHT土凝岩主要成分是赤泥、粉煤灰、煤矸石等固体废弃物，我国是氧化铝生产大国，每年生产氧化铝2400万t，约占世界总产量的30%，产生的赤泥近3000万t。目前我国赤泥综合利用率仅为4%，累积堆存量达到2亿t。

含碱赤泥具有很强的腐蚀性，赤泥的大量堆存，既占用土地，浪费资源，又易造成环境污染和安全隐患。堆放上层的碱液大量渗透到附近农田，造成土壤沼泽化、盐碱化，对地表、地下水造成了不同程度的污染。此外，赤泥堆场建设和维护费用高昂，每吨赤泥的管理、堆存费用为50～100元，仅此一项，我国氧化铝生产企业至少要花费12亿元。因此无论从环境保护和社会效益，还是从减轻企业负担的经济效益而言，对赤泥进行高效资源化研究、利用都具有重大的社会、环境和经济意义。

DHT土凝岩稳定材料的应用推广具有以下几点意义：①节能减排，高效利用工业固体废弃物；②为公路等基础建设工程提供一种高性、环保、价廉的新材料；③减少基础建设工程对水泥、石灰等资源性材料的过度依赖。因此，开展DHT土凝岩稳定材料技术应用推广研究是非常有必要的。

（2）在本工程中的应用及效果

在山东省技术创新项目“DHT土凝岩稳定材料路用性能与应用技术”研究成果的基础上，推广应用至济青高速公路改扩建工程章丘互通立交GK0+000 ~ GK0+330、DK0+000 ~ DK0+400和IK0+000 ~ IK0+150路段基层工程部位。通过室内试验，根据被稳定材料的物理、化学性质，有针对性地选择与其配伍性最佳的土凝岩材料，并设计优化施工配合比，提高土凝岩稳定材料的路用性能和应用效果。结合现场施工情况（图5-8~图5-10），进一步完善了土凝岩稳定材料的施工工艺参数和质量控制标准，细化了施工技术指南。通过对依托工程路段基层的跟踪评价，验证了技术成果能保证依托工程的长期耐久性能。

图 5-8　施工现场撒布、拌和

图 5-9　洒水、覆膜养生

随着我国公路的快速发展，对筑路原材料的需求也越来越大 碎石等材料的开采及水泥的生产对生态造成了严重破坏。土凝岩稳定材料作为一种由固体工业废弃物再利用得到的新型胶凝材料，在路基工程中推广应用，不仅能够减少碎石开采，还能够充分利用赤泥等工业废渣，对保护生态环境具有重大意义，同时降低了对水泥、石灰、碎石等传统材料的依赖，社会效益显著。

图 5-10 现场取芯

5.2 科技攻关类示范

5.2.1 固体工业废弃料规模化再生路用关键技术研究

山东省是工业、资源大省，每年赤泥、铁矿尾渣等典型工业固体废物的产出量巨大，占全国工业企业固体废物产生量的5.5%。综合山东省各种大宗工业固体废物的产生、堆存、综合利用和区域经济发展状况，从减量化、资源化和再利用入手，寻找解决大宗工业固体废物不当处置与堆存所带来的环境污染和安全隐患的治本之策。

济青高速公路扩建工程作为交通运输部改扩建绿色科技示范工程，重点开展了上述典型固体工业废弃料填筑施工控制与质量检测评价的研究，将进一步提高固体工业废弃料填筑工艺控制的合理性，完善填筑施工的质量检测评价体系，其研究成果，不仅可以直接辅助依托工程设计优化，指导路基填筑施工，而且对今后类似工程建设的科学设计、合理施工、以及质量控制和路用性能检测评价等，提供绿色科技工程示范。

1）主要研究内容

（1）固体工业废弃料的工程性质

对烧结法赤泥、拜耳法赤泥和铁尾矿渣等固体工业废弃料的工程性质进行了试验研究，通过对其物质组成特征、基本物理性质和工程力学特征进行分析，证实赤泥等固体废弃物不适合直接用于路基填筑，必须进行改良处理。

（2）固体工业废弃料的路用改性处理与评价

通过大量室内试验，采用不同稳定处理方法，结合济青高速公路扩建工程相关要求，针对赤泥等固体废弃物具有高含水率、高塑性、低强度和低承载力等特征，对烧结法赤泥、拜耳法赤泥、铁尾矿渣开展改性处理与评价研究，提出优化的固体废弃物的稳定处理体系。

（3）固体工业废弃料的环保特性及污染性控制

对赤泥、铁尾矿渣等固体工业废弃料的环境影响指标进行分析（图5-11），并对其污染控制效果进行评价，研究固体工业废弃物对环境的影响。

图 5-11　污染性处理与生态监测

（4）固体工业废弃料的改性固化机理

从宏—细—微观多尺度研究固体废弃料的物化活性和固化机理，从而揭示赤泥等固体废弃料固化系统的稳定机制及其环保控制机制（图5-12），既能通过体系集合体颗粒间的组构产生物理增强效应，又能激发废弃料颗粒的表面活性，达到抑制、金属离子的效果，从而满足路用性能和环保技术指标要求。

（5）固体工业废弃料再生路用关键技术及工程应用

通过技术、经济、施工、环境等多方面综合分析和比选，确定不同改性赤泥、不同填筑厚度、不同环境下的填筑形式。并且根据试验段典型填筑结构的检测、试验和监测，综合评价赤泥、无机结合料改性赤泥的填筑结构形式的工程特性，并建立不同龄期路基结构检测与评价体系，为济青高速公路改扩建工程绿色科技示范全线赤泥的填筑、改性填筑以及其他赤泥路基工程提供依据和保障。

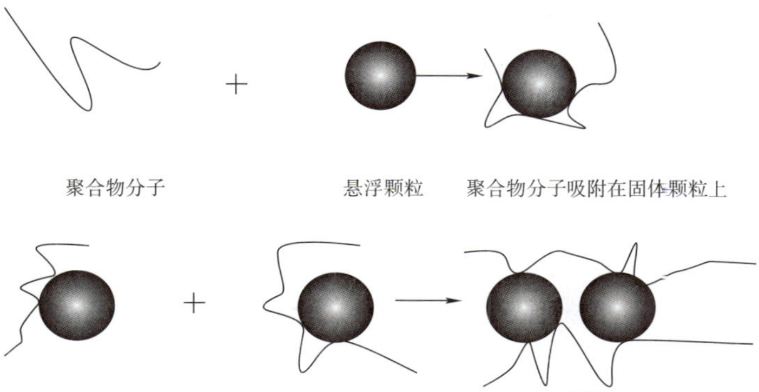

图 5-12　改性固化赤泥路用材料架桥作用模型示意图

（6）固体工业废弃料路用沥青路面结构的力学响应

采用稳定赤泥等固体废弃料作路基填料，结合各固体废弃物材料自身特点，对常规石灰土基沥青路面、赤泥基沥青路面结构和铁尾矿渣路基沥青路面结构响应进行优化分析；采用弹性层状理论，研究常规石灰土基、2种稳定赤泥路基和铁尾矿渣路基沥青路面结构弯沉响应、疲劳寿命和永久变形等性能，以沥青路面设计使用期内容许车辙深度、疲劳开裂累积当量轴次为指标，评价固体废弃料作路基的路面结构性能。

（7）固体工业废弃料的环境影响监测与评价

赤泥等固体废弃料种含有Pb、Cr、As等有重金属，作为道路填筑材料在长期使用过程中，其中危害成分会被释放进入环境，存在污染地下水、地表水和海水的风险。为此，为保护环境，开展对赤泥等固体废弃料作为道路填筑材料的环境风险进行评估，并对其环境影响情况进行监测（图5-13）。

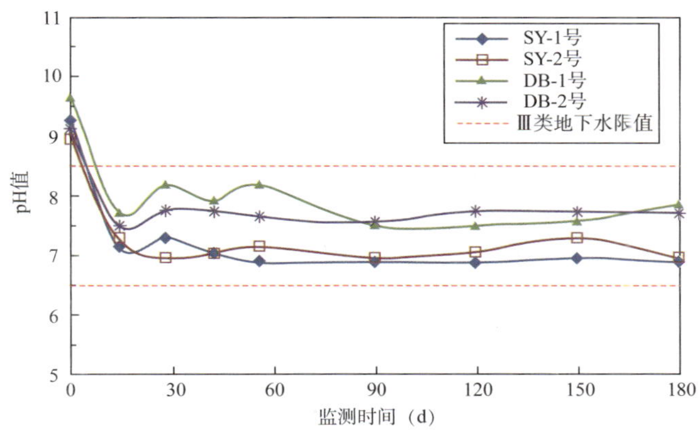

图 5-13　地下水样 pH 值随时间变化曲线

2）形成的创新性成果

本项目采用全新技术手段和创新工艺，通过室内外多尺度试验的综合测试分析，结合工程材料、土力学和环境岩土工程等多学科研究方法，将赤泥、铁尾矿渣转化为无害化的工程建筑材料应用于道路工程建设领域。取得创新性成果如下：

（1）系统全面分析了赤泥等工业废弃材料的工程特性、环境特征及微观物理性质，提出了基于物化活性、固化抑制与环境控制的改性固化机理，揭示了其强度形成机理与污染控制机制；

（2）研发了基于高效复合激发与颗粒表面活化的无机—有机复合型拜耳法赤泥改性固化剂，揭示了其宏—微观的复合改性协同作用机理，提出了稳定混合材料体系的材料配比组合设计和最优掺量确定方法，实现了拜耳法赤泥的工程应用与环境控制；

（3）分析了危害物质稀释—迁移规律，建立了地下水质量长期监测方法，提出了赤泥等工业废弃材料环境安全控制指标，提出了基于环境控制的典型赤泥基路基结构；

（4）提出了改性赤泥原材料技术要求，填筑路基施工工艺与质量控制标准，编制了地方标准。

项目通过对赤泥的物理化学改性处理，使原始赤泥的pH值由11.0~12.0降低至9.0~10.0，六价铬、氟化物、砷等危害物质的浸出浓度降低70%以上。经改性处理之后拜耳法赤泥、铁尾矿用于路基或底基层填筑时，经过拌和、摊铺、压实、养生等工艺，现场回弹模量大于110MPa，动态变形模量大于180MPa，弯沉值小于90（0.01mm）。烧结法赤泥轻质浇筑材料具有自流平、自密实、自硬化特性，适用于桥台、挡土墙台背回填，硬化后密度小于1.05g/cm^3，无侧限强度大于1200kPa。本项目应用技术对赤泥、铁尾矿渣等典型固体工业废弃料的综合利用率高，整体材料再生利用效率可达到90%以上，是实现赤泥、铁尾矿等典型固体工业废弃料规模化、减量化、资源化再生利用的有效途径。

3）在本工程中的应用

2016年12月至2017年1月，在济青高速公路改扩建工程第四合同段（淄博）实施了烧结法赤泥在挡土墙台背回填中的工程应用（图5-14）。实施项目长度为100m，挡土墙背侧与老路基开挖台阶之间呈倒梯形，平均宽度为3m，高度为5m，总填方量约为1500m^3，共消耗利用烧结法赤泥1350t，同时节约回填用土2025m^3。

2017—2018年，在济青高速公路改扩建工程第四合同段（淄博）和第五合同段实施了拜耳法赤泥在路基填筑的工程应用（图5-15），共消耗利用拜耳法赤泥25200t，节省取土16924m^3。

图 5-14 烧结法赤泥工程应用项目

图 5-15　拜耳法赤泥规模化应用

2018年3月至4月，在济青高速公路改扩建工程第四合同段实施了铁尾矿渣在路基填筑的工程应用（图5-16）。试验路采用路拌机将铁尾矿渣与水泥拌和均匀，然后经整平、压实、养护，完成填筑施工。该应用项目长度为750m，宽度为14m，路基填筑厚度为0.4m。共消耗利用铁尾矿渣7900t，节省取土5890m^3。

图 5-16　济青高速公路改扩建工程第四合同段铁尾矿渣工程应用项目

与传统水泥、石灰改良土路床填料相比，研究成果的示范应用不仅可以大幅降低工程造价和为固废生产企业节省管理开支，同时与使用传统土、石填筑材料相比，每综合消耗 1t 固体工业废弃料，每年可直接节约能源 3.49 kgce，间接节约能源 1.66 kgce。本项目在济青高速公路改扩建工程中的示范应用，共实现综合节能约 133tce，实现碳减排量约 89.2t CO_2。应用项目整体实施效果优良，环保预防效果和长期路用性能良好，具有重要的工程应用价值、现实指导意义及理论创新价值，社会、经济和环保效益十分显著。

（4）成果应用前景

本项目基于环保安全性、技术先进性和经济合理性，采用全新的技术手段和创新工艺，将赤泥、铁尾矿渣等固体工业废弃材料转化为无害化建材资源用于道路工程建设领域，包括道路路基、路面底基层填筑材料，桥台、挡土墙台背轻质填料等。同时，也可用于市政道路、园区或厂区道路、厂房基础回填、港口海堤及货场码头填筑等工程项目。经本项目技术处理，利用赤泥、铁尾矿渣可占路用材料的 90% 以上（质量比），其中高速公路工程拜耳法赤泥的资源化示范应用在国内尚属首例。

项目研究技术具有广阔的资源化、规模化、减量化推广应用前景，不仅直接节省废渣堆存产生的高额维护管理费用，还能大量替代传统土石材料，减少土地资源的浪费，达到资源循环利用和节能减排的目标，实现“经济性”“功能性”与“环境友好型”的高度统一。

5.2.2　废弃结构物混凝土再生集料高值化利用技术研究

济青高速公路改扩建工程需拆除各类桥梁400余座，产生10多万m^3废弃混凝土，如何妥善处理拆除的废旧梁板等混凝土结构物是面临的主要问题之一。国内外对建筑垃圾的利用技术研究较多，但对公路工程废弃混凝土材料应用的指导作用有限；改扩建工程中产生废弃结构物混凝土的时间短，产量巨大，而目前没有大规模工业化加工生产再生集料以及高值化应用的系统设备与技术；现有的再生集料改性方法效果不好，吸水率仍然大，压碎值降低效果很有限；再生集料的替代率较低，不超过50%。

项目通过重点研究再生集料生产工艺、材料性能检测与评价、再生集料工程应用技术等内容，结合工程实际情况，按照再生集料性能指标，将其应用到分部、分项工程中，实现了废弃混凝土集料100%再生利用，60%作为路面结构、水泥混凝土集料高值化利用。

1）主要研究内容

（1）废弃结构物混凝土再生集料生产工艺研究

调研混凝土结构物，对结构物进行回弹测强，确定混凝土毛料的技术性质，是否可回收，确定如何按类回收。根据混凝土结构物技术参数，确定合理的破碎方式、研磨方式和筛分方式，并通过分析再生集料性能指标从硬件设施和工艺参数方面提出相应的生产工艺改进措施。移动破碎站工作情况如图 5-17 所示。

图 5-17　移动破碎站工作情况

（2）废弃结构物混凝土再生集料性能与分级标准研究

研究不同类别混凝土结构物制备的再生集料各项基本性能，明确不同来源再生集料的各项技术参数。对比国内外再生集料标准，结合室内试验对再生集料密度、压碎值、吸水性、砂浆附着情况以及氯离子含量的测试结果，对我国公路工程再生集料进行合理分级。

（3）再生集料改性技术研究

通过调研，对再生集料改性技术进行分类，对现有改性技术存在的问题进行研究，开发简单可行的方法来提高再生集料的性能，并对改性效果进行评价，包括对混凝土施工性能与力学性能的评价，推荐能大规模工程化应用的改性方法。

（4）再生集料水泥稳定碎石底基层配合比设计及性能研究

制备不同再生集料水泥稳定材料，研究水泥稳定再生集料的力学性能、长期性能、耐久性能及再生集料在水泥稳定基层中的适应性，提出再生集料水泥稳定碎石底基层配合比设计方法。

（5）高掺量再生集料水泥混凝土配合比设计与性能研究

利用不同掺量、不同粒级的再生集料代替相应原生集料（图5-18、图5-19），开发适用于再生混凝土的新型减水剂（图5-20），结合再生集料改性技术，研究投料顺序对再生混凝土性能的影响，提出高掺量再生混凝土配制技术。

（6）废旧混凝土再生粉体材料应用技术研究

调研再生粉体材料活性激发手段，采用物理与化学方法进行改性研究，提出适用于再生微粉改性活化的方法，通过再生微粉活化后作为掺合料与常用掺合料的性能对比（图5-21），找到再生微粉所在活性区间，研究再生微粉作为掺合料用于混凝土中对其强度的影响，确定再生微粉改性为适用于混凝土的低活性矿物掺合料的方法。

图 5-18　原生碎石（左）与再生碎石（右）对比

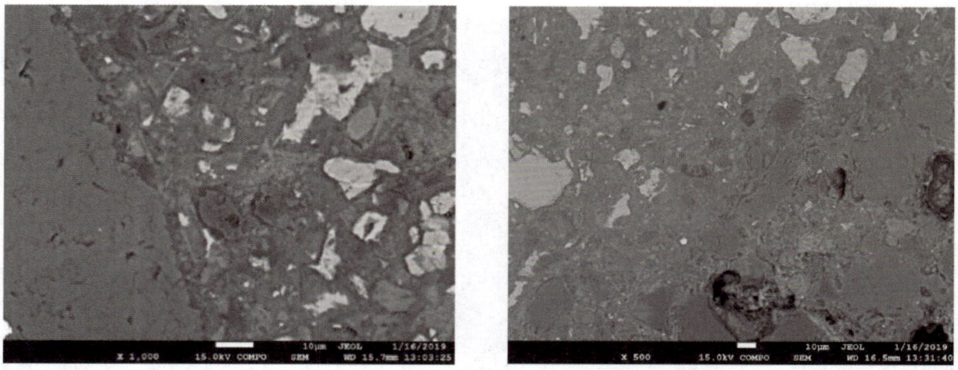

a) 原生集料　　b) 再生集料

图 5-19　原生与再生集料与水泥石之间的界面情况对比

图 5-20　专用再生混凝土减水剂使用效果

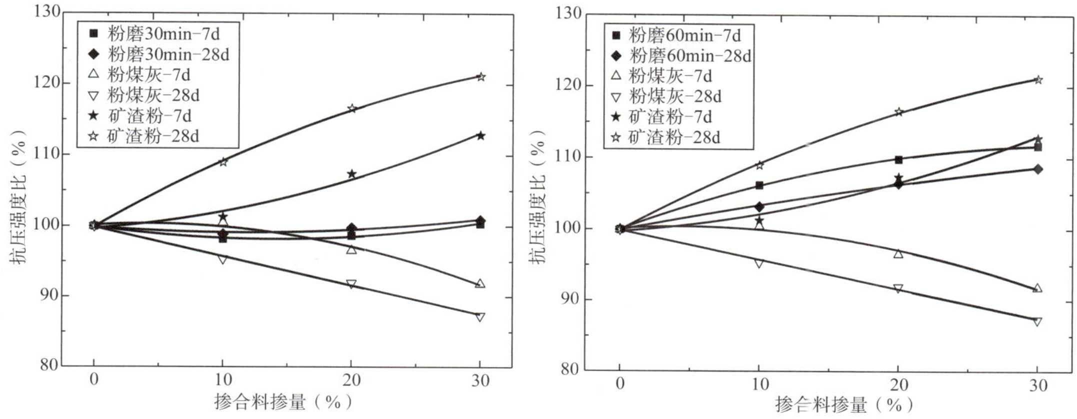

图 5-21　粉磨 30min 和 60min 的再生微粉与掺合料对混凝土抗压强度比的影响

2）形成的创新性成果

通过项目研究，真正实现了国内高速公路改扩建工程中混凝土再生集料高值化利用，最大程度提升了再生集料利用率，降低资源开采率，最大限度减小环境污染和生态破坏，大大降低了工程建设成本，有力推动了混凝土再生集料地方标准、行业标准的制订，取得了如下主要创新成果：

（1）提出了废旧混凝土生产再生粗集料、细集料、微粉全组分的应用技术，实现高速公路改扩建工程废弃混凝土的100%再生利用和60%以上高值化利用，在利用率上，比国内外同类技术提高了2倍以上；

（2）建立了区别于建筑垃圾的，适用于公路工程的废旧混凝土再生集料分级标准；

（3）开发了可自动调节生产参数达到最优水平的可移动再生集料破碎站，保证了接近原生碎石形貌的粗集料出料率达80%以上；

（4）提出了"配制强度等级提升、再生集料分档替代、再生集料裹附、投料方式优化、专用减水剂应用"五位一体的高掺量再生集料混凝土综合配制技术，实现再生集料在C30混凝土中100%替代、在C50混凝土中70%替代而不降低强度等级的效果，与目前国内外最大掺量50%相比，提高了40%以上；

（5）提出了一种基于水稳混合料级配变异性的再生集料矿料合成级配优化调整方法，在保证水稳碎石底基层路用性能前提下，实现63%大掺量替代；

（6）提出采用预吸水细集料配制自密实混凝土的早期收缩控制技术，实现75%掺量下不降低强度等级和基本维持耐久性的效果；

（7）提出用再生微粉制备低活性矿物掺合料的活化方法，使得再生微粉活性提高了近30%，介于二级粉煤灰与矿渣之间；提出再生微粉代替粉煤灰制备泡沫轻质土技术，在保证强度和耐久性的前提下，降低水泥用量60%；

（8）开发了适用于再生集料吸水率全曲线测试的试验装置首次实现再生集料前10min任意时刻吸水率的瞬时测试；提出了基于纳米氮化硅浆体裹覆的再生集料定向堵孔改性技术，可将再生粗集料10min吸水率降低50%以上，24h吸水率从6%降低到2%；开发了专用于再生混凝土的硅烷改性聚羧酸减水剂，相较于常规外加剂，能显著降低再生混凝土坍落度损失幅度和速率，特别对低强度等级再生混凝土，可控制坍落度损失不超过25mm。

3）在本工程中的应用

济青高速公路改扩建工程第二合同段标应用五位一体再生混凝土配制技术实现70%替代率浇筑混凝土挡墙1.5万m^3。第三合同段应用2+1替代方式60%替代率制备水泥混凝土新泽西护栏消耗再生集料0.5万m^3。第五合同段采用基于水稳混合料级配变异性的再生集料矿料合成级配优化方法（图5-22），63%替代率拌制水泥稳定碎石底基层0.3万m^3，掺量20%~30%应用在基层底基层中消耗再生集料2.5万m^3。共节约工程造价700余万元。

此外，在京台高速公路德齐段改扩建工程采用高值化应用技术共消耗退役混凝土3.1万m^3；京台高速公路济泰段改扩建工程拆除退役混凝土1.3万m^3，计划用于浇筑挡土墙和铺筑水稳碎石底基层。

图 5-22　再生集料水稳底基层技术交底与现场施工指导

4）成果应用前景

本项目在已有研究成果基础上，提出废弃结构物混凝土再生集料生产工艺、再生集料性能评价与分级标准，再生集料改性技术（含粗集料改性与粉体材料改性）、再生集料在工程建设中的应用技术（在水稳基层与混凝土结构物中的应用）。通过本项目研究，实现了高速公路改扩建工程中废旧结构物混凝土100%再利用，实现绝大部分废旧混凝土的高值化利用，制订了适用于我国高速公路改扩建工程的废旧结构物混凝土再生利用的综合技术方法，编制了山东省地方标准《公路工程废旧混凝土再生集料混凝土应用技术规程》，对实现工程建设与区域生态环境的协调及行业可持续发展具有重要意义。

06 生态防护与节能减排技术示范

6.1 推广应用类示范

6.1.1 低碳海绵型服务区建设技术

济青高速公路全长309.2km，全线设服务区7处。济青高速公路是山东省东西运输大动脉，承担了山东省东西方向客运和货运的主要任务，交通量巨大，服务区客流量大。2016年7月，山东省人民政府办公厅发布了《关于进一步提升我省高速公路服务区服务水平的意见》，提出“有条件的服务区，应采用绿色建筑的建设标准，实施节能减排技术改造，实现污水处理、中水利用、生活垃圾集中无害化处理。”

本项目以生态文明、绿色发展理念为指导，贯彻落实交通运输部《关于实施绿色公路建设的指导意见》，通过集成应用服务区建筑节能、污水处理、透水铺装、低影响开发雨水系统等新技术，进一步降低服务区能耗，有效解决路面积水等问题，提高水资源利用率，促进节能减排，提升服务体验，建设低碳、海绵型服务区，打造高速公路温馨驿站新品牌。

1）示范技术特点

（1）低碳建筑设计理念。由于服务区属公益性投资项目，且其系统自成一体，因此在设计时遵循“被动式设计”，尽量利用场地的地形、太阳辐射、风象等基本条件达到建筑的节能效果。在技术手段上尽量采用适应、中间技术，且技术的投资回报期尽可能短；在功能空间组织上充分体现服务区快捷、方便、合理的要求；在建筑造型上充分体现本地区的历史、文化、经济等因素，创造符合地域特色的建筑形态。通过合理的总平面规划、单体建筑设计、绿色低碳技术运用以及地域文化理念融合实现济南东服务区低碳建筑设计理念的综合应用。

（2）服务区污水资源化技术。污水经处理后达到《污水综合排放标准》（GB 8978—1996）一级A标准的要求；污水处理设备选用地下一体式膜生物反应器（MBR）平板膜组合装置，其膜组件抗污染能力强、出水稳定、便于请洗，使用寿命长；中水处理站的处理系统和供水系统采取自动控制装置，并同时设置手动控制，中水处理系统对主要水质指标定期检测，对常用控制指标（水量、主要水位、pH酸碱度、浊度、余氯等）实现现场监测。

（3）高性能彩色透水路面铺装技术。考虑到停车区承载力和耐久性要求，服务区前场即小车行驶区域采用透水沥青路面（图6-1），其中小车停车位采用彩色透水沥青停车位。透水沥青铺装结构采用半透水结构，即表面层采用透水结构，中、下面层为普通的密实结构，路表水进入表面层后直接排入邻近的排水设施。透水沥青路面采用SBS改性沥青与直投改性高黏度添加剂复合改性工艺，掺配比例为92%SBS改性沥青+8%高黏度添加剂。

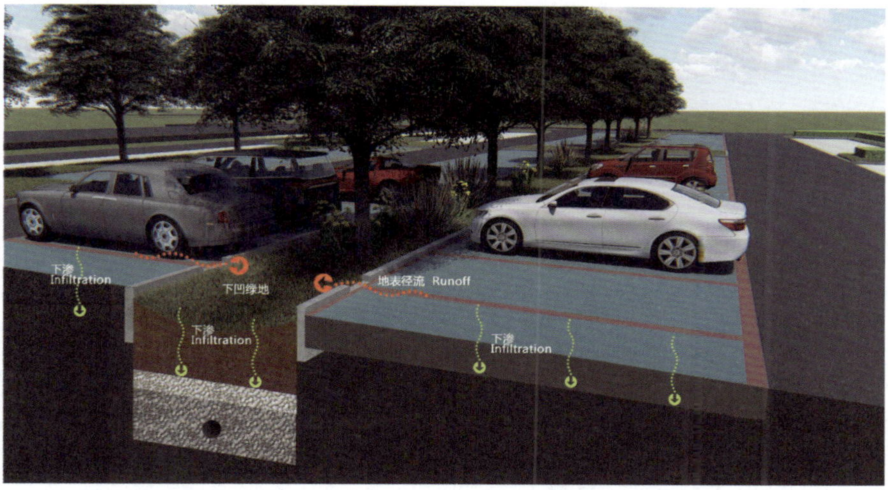

图 6-1　海绵服务区停车场透水沥青路面

（4）低影响开发雨水综合利用技术。综合应用低影响开发"渗、滞、蓄、净、用、排"六字方针，并兼顾服务区特点和需求，采用下沉式绿地、透水铺装、雨水花园、蓄水池等措施来组织排水。下沉式绿地、雨水花园和停车区透水路面铺装可确保暴雨时溢流的排放，使得下沉式绿地集蓄的雨水能够在24h内完全下渗；雨水蓄水池（图6-2）既能规避雨水洪峰，实现雨水的资源化利用，又能避免初期雨水对承受水体的污染，还能对市政排水区域起到调节作用，蓄水池内设置排水泵以保证所储雨水可在12h内排空。

2）在本工程中的应用及效果

将低碳、海绵相关技术成功应用于济青高速公路济南东服务区建设中（图6-3），通过合理的总平面规划、单体建筑设计、绿色低碳技术运用以及地域文化理念融合，实现了服务区低碳建筑设计理念的综合应用。针对服务区污水特征、回用需求，选择地下一体式膜生物反应器（MBR）平板膜组合装置进行污水处理，实现了服务区污水资源化利用。综合考虑服务区路面排水、承载力和耐久性要求，对透水沥青路面结构、配合比设计、施工工艺进行研究，实现了服务区高性能透水路面铺装技术应用。在深入分析低影响开发“渗、滞、蓄、净、用、排”相关技术特点的基础上，考虑服务区排水、用水需求，综合应用下沉式绿地、透水铺装、雨水花园、蓄水池等技术，实现了服务区低影响开发雨水综合利用。

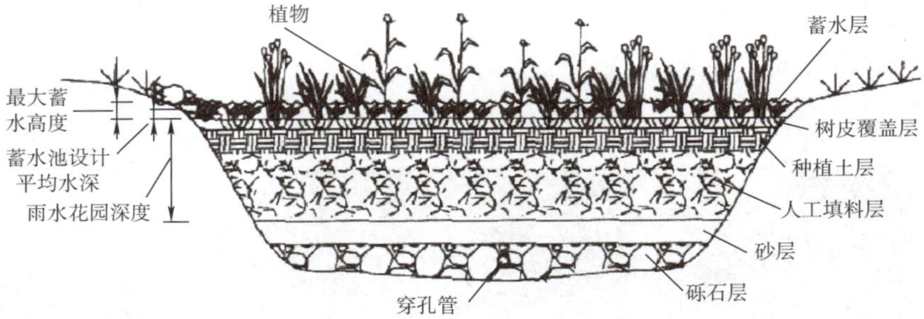

图 6-2　典型雨水花园结构示意图

图 6-3　低碳海绵型服务区

经核算，服务区低影响开发设施方案对年径流总量控制能力为4818.00m^3，大于需控制降雨量4109.6m^3，对应的年总量控制率为84.04%，满足年径流总量控制率达到80%的目标。

6.1.2　岩石路堑边坡生态防护技术

济青高速公路潍坊挖方路堑边坡（K131）、青龙山垭口段路堑边坡（K286）以及桥台锥破的生态植被恢复技术是绿色科技示范的重要生态恢复工程。原设计中的桥台锥坡等坡面采用六棱砖和格构体内填土种草或其他圬工防护的方式，存在土体流失严重、植被覆盖低、局部水毁现象严重，严重影响到生态景观的同时，影响到路基安全。

项目结合济青高速公路岩石路堑边坡和桥台锥坡的具体情况，开展了一系列适应性分析、论证、设计和技术推广工作，岩石路堑边坡生态防护工程推广为济青高速公路可视范围内全面实现绿色生态恢复，桥台锥坡生态防护推广实施后在全省乃至全国高速公路的锥坡绿化中起到标杆作用，本推广项目在济青高速公路生态建设工程中具有突出的绿色科技示范意义。

本示范主要技术来源为山东省交通科技计划项目“半干旱区高速公路路堑边坡生态防护技术研究”。

1）示范技术特点

（1）路堑边坡生态防护技术。水分、土壤、植物是制约半干旱区路堑边坡生态防护成功与否的关键。项目以“半干旱区高速公路路堑边坡生态防护技术研究”项目研究的基于多层次保水涵水技术、长效绿化基质配方技术、多样性植物优化配置技术的“水—土—生”三大生态护坡关键技术为基础，结合济青高速公路所在气候、地质地形、土壤、水分条件，对客土配方、土壤保水涵水、植物品种选择与配比（图6-4）、新型防护形式等关键问题开展技术转化（图6-5），形成针对济青高速公路岩石路堑边坡的“水—土—生”三大关键实用配方。

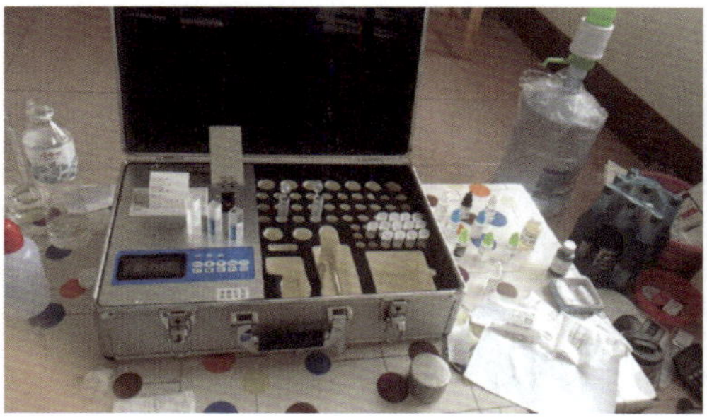

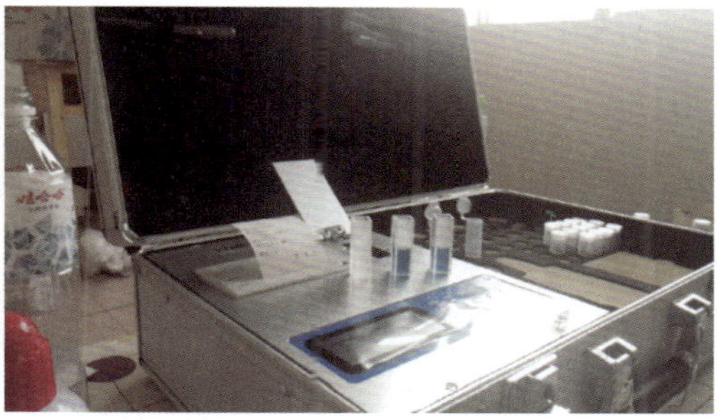

图 6-4　土壤养分样品检测

（2）桥台锥坡生态防护技术（图6-6）。当前海绵建设理念和工程技术实践日新月异，应用已在北京、河北等北方地区实施新型生态砖护坡技术，根据雨水集蓄渗排理念，将作为济青高速公路硬性防护重要区域的桥台锥坡进行创新生态防护设计，在不改变整体坡面结构和路基稳定的前提下，设计特殊的生态砖结构，将坡面转化为分散小平面，逐级拦蓄、逐级消能、逐级入渗，并在单一砖体内配置景观丰富的植物品类，实现多功能的保土、保水、导水和植被恢复的生态护砌效果，符合高速公路水土保持、海绵科技和绿色公路的建设要求。

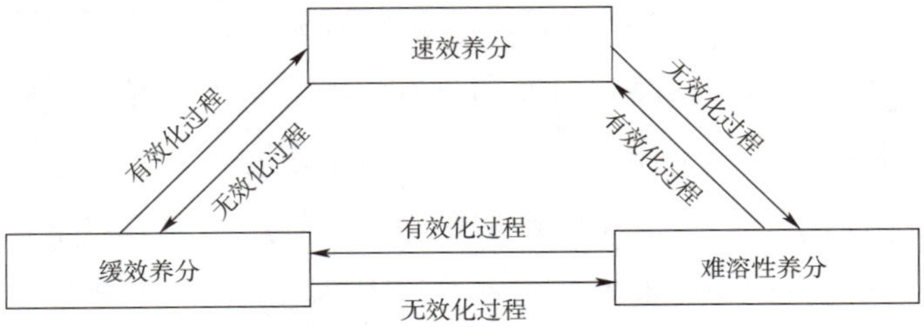

图 6-5　土壤养分转化示意图

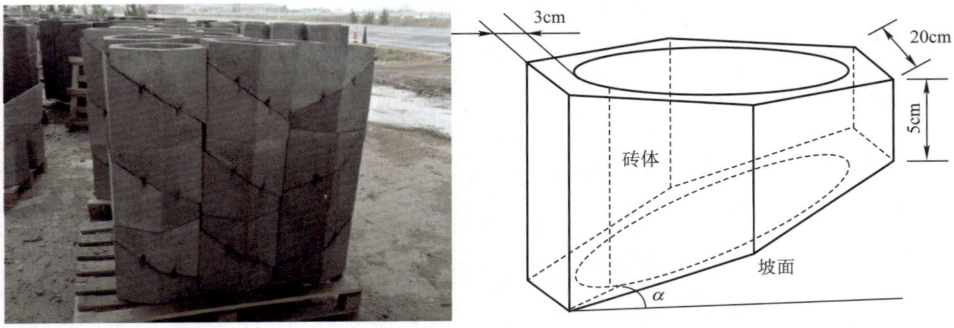

图 6-6　桥台锥坡用生态砖

2）在本工程中的应用及效果

2018年10月—2019年5月，完成K130+860~K131+699左侧（潍坊挖方段）、K130+860~K131+829右侧（潍坊挖方段）、K286+275.0~K286+528.8左侧（青龙山垭口段）岩石路堑边坡生态恢复工程，完成推广面积1.6万m²，并同步开展生态恢复效果监测，生态恢复效果明显，草灌植物合理，植被顺向演替符合设计要求，效果良好。

2018年10月—2019年12月，完成黛溪河大桥、邹平互通AK1+127匝道桥、邹平西互通AK0+815匝道桥、月河三路分离立交、黛溪河三路分离立交、郎君路分离立交、省道S321分离立交、九青路分离立交、K290+881分离立交、K293+550天桥、章丘互通AK0+272匝道桥、章丘互通AK1+656匝道桥、章丘西互通AK0+811匝道桥、王舍人互通AK0+236.7匝道桥、王舍人互通AK1+651匝道桥、临港互通AK0+706匝道桥、K300+928分离立交、K307+318分离立交、K314+013分离立交、K7+700分离立交、K300+353分离立交、K295+852天桥、K297+128天桥、K303+475天桥等的24处桥台锥坡生态防护工程，完成推广面积4.5万m²，并同步开展生态恢复效果监测，效果良好（图6-7~图6-9）。

图 6-7　青龙山垭口段路堑边坡采用“水—土—生”三大关键技术应用后生态恢复效果显著

图 6-8　桥台锥坡海绵生态砖恢复效果

图 6-9　坡面首年形成以灌木为主，灌草花相结合的多样性护坡植被群落

本推广项目使济青高速公路改扩建路堑、桥台锥坡生态得到最大限度地恢复，重塑高速公路穿越城市路段桥台锥坡生态景观，对有效防治高速公路改扩建工程建设中造成的水土流失具有重要现实意义，为高速公路路堑边坡生态恢复和桥台、路堤边坡生态防护提供了技术示范，为济青高速公路改扩建绿色科技示范工程提供重要技术支撑。

6.2 科技攻关类示范

6.2.1 沥青路面施工期能耗及排放监测、评估与减量化关键技术研究

“节能环保”是济青高速公路改扩建绿色科技示范工程的一个重要理念。在高速公路建设中，沥青路面施工需要在高温状态下完成，伴随大量能耗和温室气体排放，降低沥青路面的施工能耗是节能环保理念落地的重要手段。目前关于沥青路面施工能耗和排放监测的研究普遍采用生命周期分析方法或理论，对节能减排量化分析与评价结合不够紧密，节能减排量化分析数据的来源和选择不具备通用性，一些能耗与评估体系缺乏定量化以及减量化的系统性研究。

本项目主要以济青高速公路改扩建工程建设为依托，对沥青路面施工期能耗及碳排放进行综合分析，重点对沥青烟成分进行定性和量化分析，在此基础上对沥青路面施工期能耗及排放评估技术和体系进行研究，同时对沥青机械发泡温拌技术从机理、控制条件以及节能减排等方面进行研究，形成一整套的能耗及排放减量化的标准技术体系及沥青路面能耗与排放减量化技术。

1）主要研究内容

（1）沥青路面施工期能耗及碳排放分析研究

采用文献与现场调查相结合的方法，依据生命周期理念，调查国内外在沥青混合料生产、沥青路面施工过程中的能源消耗与碳排放现状，分析各环节能耗与排放的关键影响因素，掌握沥青路面施工期能耗及碳排放的一般规律，为能耗与评估技术和体系提供研究基础。

（2）沥青路面施工期沥青烟排放组成分析研究

采用实验室与现场采样分析的方法，重点对沥青混合料拌和过程以及路面摊铺过程中的沥青烟成分进行定性和定量化分析研究，研究的沥青混合料原材料涵盖项目使用的所有类别和施工环节。

（3）沥青路面施工期能耗与排放评估技术及体系研究

以节能减排评价为核心，合理选择评价指标，科学确定指标权重，建立沥青路面节

能减排综合量化评价技术方法。参考生命周期理论，结合工程实际，针对沥青路面节能减排分析与评价的特点，设计和开发沥青路面施工期能耗与排放评估体系（图6-10）。

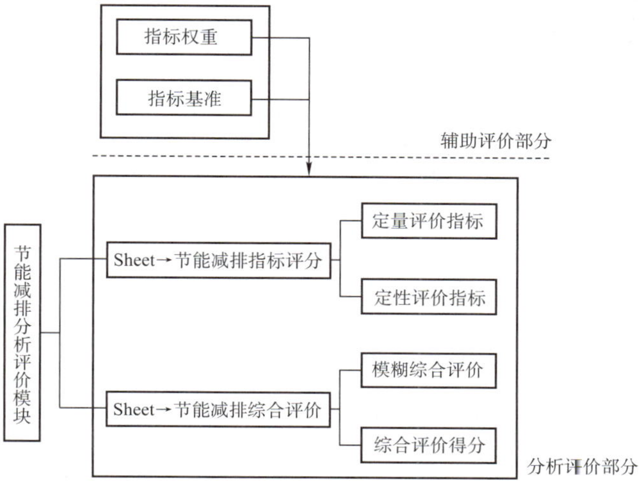

图 6-10　节能减排评价模块组成

（4）沥青路面施工能耗与排放减量化技术研究

在对沥青路面施工能耗及排放评估研究的基础上，从沥青混合料温拌技术、沥青拌和站生产方式、污染物处理以及管理等角度，研发和提炼相应的节能和减排技术，使其达到减量化的目标。

2）形成的创新性成果

本项目通过实地调研、理论与数据分析、试验监测等技术手段，开展了沥青路面施工期能耗及排放监测、评估与减量化关键技术研究。取得创新性成果如下：

（1）构建了沥青路面能耗计算模型和能耗测算体系，开发了沥青路面施工期全过程能耗评估系统；

（2）建立了沥青路面施工期排放监测技术体系和基于“云+”架构的排放物实时监测系统（图6-11），提出了污染物排放评价方法及排放清单；

（3）研发了基于“机械发泡温拌+油改气+沥青动态加热”的一体化集成节能控制技术，以及基于“沥青烟+VOC”“喷淋+UV光解设备”的综合排放控制技术（图6-12~图6-14）。

3）在本工程中的应用

本项目构建的沥青路面施工期节能减排评价指标和评价体系为绿色公路节能减排的

实施提供了技术依据，实现了道路施工科学规划与决策管理。

图 6-11　空气环境实时监测平台和手持终端

图 6-12　基于水汽耦合发泡温拌技术

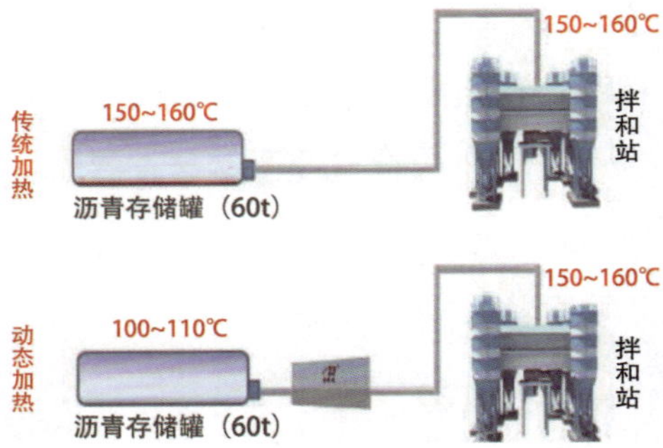

图 6-13　沥青罐动态加热技术

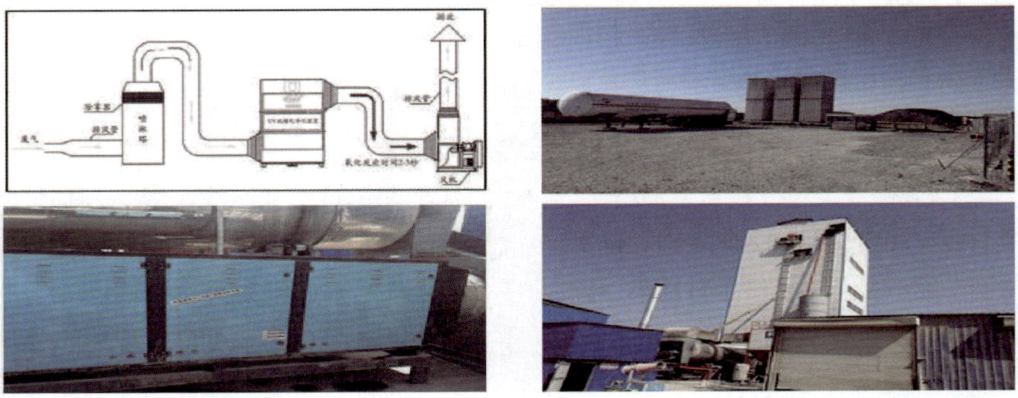

图 6-14　“清洁燃料”“沥青烟 +VOC”和“喷淋 +UV 光解”的综合排放控制技术

通过济青高速公路改扩建第一、二标段两处沥青拌和站，安装了VOC总量、TSP、PM10、SO_2等空气污染物在线监测设备（图6-15），同时对热拌沥青路面及泡沫沥青路面施工现场进行沥青烟采样分析监测。通过一体化集成节能控制技术的使用，使集料的提升温度降低20℃以上，提升燃料的加热效率，降低沥青保存的能耗，使沥青混合料生产过程中的投资节约15%以上，每吨沥青混合料生产成本降低10元以上（图6-16）。

图 6-15　沥青拌和站在线监测设备

图 6-16　沥青机械发泡效果

4）成果应用前景

本项目开发的沥青路面施工期全过程能耗评估系统可准确预测沥青路面施工期能耗情况，基于“云+”架构的排放物监测系统可实时定量监测路面施工全过程的排放，为行业管理部门提供基础数据和决策分析，具有极大的推广价值和广阔的应用前景。本项目提出的基于“机械发泡温拌+油改气+沥青动态加热”的一体化集成节能控制技术；以及基于“沥青烟+VOC”“喷淋+UV光解设备”的综合排放控制技术成果可以广泛应用于高速公路改扩建与新建工程和养护工程项目中（图6-17），规模化应用后将产生良好的经济社会效益，推广应用前景广阔。

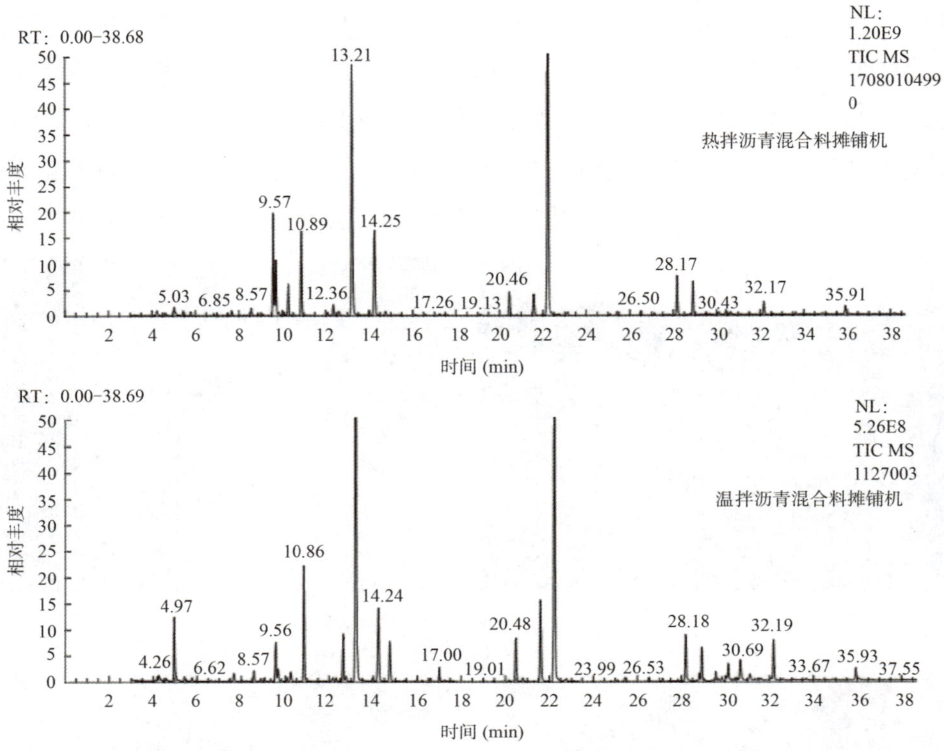

图 6-17 热拌与温拌摊铺机上 VOCs 的总离子流色谱图

07

信息化建管养效率提升技术示范

7.1 推广应用类示范

7.1.1 基于“互联网 +”的高速公路智慧出行服务技术

济青高速公路改扩建期间，保通压力巨大，如何在保证行车安全的情况下，确保改扩建施工顺利进行，且在保证施工质量的情况下，最大限度满足人民群众“安全、快速、便捷、舒适”的出行需求，是科技示范工程需要解决的问题之一。

自2015年9月28日起，纵贯南北、互通东西的全国ETC系统联网目标成功实现，标志着我国公路交通尤其是高速公路交通已从过去的单一路段、跨区通道的“线状运行”模式逐步发展到“网络化运行”和“信息化服务”的新阶段。因此，当前和今后一个时期，将是我国高速公路网进入“网络化运行”的关键阶段。随着云计算、物联网、移动互联网、大数据、人工智能（简称“云物移大智”）等新一代信息技术迅猛发展以及“互联网+”便捷交通的有序推进，高速公路服务区信息化、智能化问题已日益得到关注，其不仅是构建智慧高速公路的主要内容之一，同时也是创新高速公路服务商业模式的重要载体。本项研究了基于“互联网+”的高速公路智慧出行服务技术并进行应用推广，对推动行业发展具有重要的参考价值。

当前，在国家发展战略性新兴产业规划的指引下，国家深入推进“互联网+”行动和国家大数据战略，国务院先后通过并下发了《关于积极推进“互联网+”行动的指导意见》（国发〔2015〕40号）和《关于促进大数据发展的行动纲要》（国发〔2015〕50号），移动互联网和大数据已经成为国家的重要资产，成为激发和支撑创新、释放企业潜力的关键因素之一，“互联网+”和大数据将不断促进新的业态出现。山东高速信息中心结合山东高速公路现有形式，自主研发高速公路收费站无感支付技术、高速公路交通信息智能监测技术、道路交通气象综合感知技术，为山东省推行“互联网+”的高速公路智慧出行打下夯实基础。

本示范主要技术来源为山东省企业科技创新项目“高速公路智能交通信息平台开发”。

1）示范技术特点

（1）高速公路收费站无感支付技术。基于移动客户端开发平台，开发无感支付软件App，是山东高速自行设计开发一款具有自主知识产权的软件（图7-1），软件界面可视化强，操作简单，易上手。推广后车辆出站只需0.89s。

图 7-1　公众出行服务效果展示

（2）高速公路交通信息智能监测技术。一个整合视频摄像机、微波检测器、环形线圈检测器等外场采集设备的交通流数据资源，通过对业务数据进行建模，结合直观展现技术，实现交通信息的“几种、整合、共享”的综合数据分析系统，该技术应用能够实现交通信息的“一站式”查询与展示；通过对不同来源的交通流数据进行融合处理，以得到比任何单个数据源获得的数据更全面、准确的交通流状况信息，可有效提高道路交通运行状态的判别精度、可靠性和覆盖面。管理单位基于以上数据及时发布路况最新信息。

（3）基于“互联网+”的高速公路智慧出行信息精细化发布技术。项目重点分析高速公路不同运行状态、不同气象环境、不同施工环境等多服务目标条件下的多模式高速公路出行信息服务，借助现有自媒体、流媒体等新媒介，实现满足个性化、按需相应的多模式高速公路智慧出行信息服务。同时，通过出行服务于增值服务的有机融合全面提升面向个性化出行信息的全过程服务。

2）在本工程中的应用及效果

在对济青高速公路智慧出行需求进行定性定量分析的基础上，结合前期在交通信息基础感知与集成、交通状态判别预警等关键技术和施工环境下高速公路运行组织保障与应急指挥调度等方法研究的基础上，充分利用云计算、大数据等信息技术手段，搭建了基于物联网的高速公路智能交通信息平台，将基于“互联网+”的高速公路智慧出行服务技术应用于以济青高速公路改扩建为代表的山东省内多条高速公路的运营管理和公众出行服务中，向高速公路管理者及出行者提供包括实时路况、收费站信息、路径规划等一系列智慧出行信息（图7-2、图7-3），极大地提升了山东省高速公路智慧化水平。由于相关出行服务吸引力的提高，有效增加了山东高速股份有限公司所辖省内高速公路的出行人次及车流量。此外，由于加强了对公路基础设施的监测，可提前采取预防性维护并进行针对性维修，减少了路面维护巡查人次及路面大修频次。

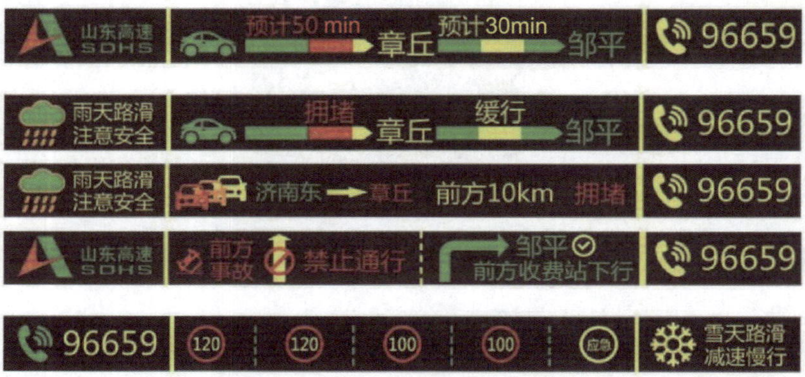

图 7-2　车道级 VMS 可变信息板效果展示 1

图 7-3　车道级 VMS 可变信息板效果展示 2

项目成果在推广过程中，应用于高速公路信息交通事件处理专家决策支持系统、山东高速基于云计算的大数据综合监控与统计系统等平台产品和山东高速股份数据共享与业务协同建设项目中，累计新增产值3000余万元。

7.1.2 基于信息化技术的沥青路面全过程质控管理系统与评价方法

高速公路沥青路面施工由于速度快、技术含量相对较高，更容易发生因管理措施不到位而出现质量问题。沥青混合料生产环节和施工环节是影响沥青路面施工质量的关键环节，现阶段沥青路面施工质量控制仍是以现场抽样检测为主要手段，结果反馈具有较为严重的滞后性，在施工过程中难以及时修正出错的原因并做出调整。

项目应用沥青路面生产溯源与质控管理系统平台，以过程控制为主体，实时监控、及时发现影响质量的因素，保证施工过程中各工序关键指标相对稳定，以达到控制工程质量变异性的目的；以事后控制为保证，强调施工前控制与施工中控制相结合，以期达到综合控制沥青路面施工质量稳定性、提高路面使用周期的目的。在沥青路面施工过程中通过信息化手段实现对各个施工环节实时质量监测、对施工过程中实际的工艺参数进行详细记录分析，建立全过程数字化控制与管理技术平台，是适应新时期、数字化时代的公路建设，进一步提高公路建设质量的必然的途径。

高速公路建设的快速发展为公路建设提供了机遇，同时也给公路建设管理提出了严峻的挑战。公路建设标准化管理，无疑是公路建设各参建单位追求的目标，也是保证工程质量和进度的重要手段。信息化技术的应用，对公路建设信息系统的建立提供了有力的技术支撑，而将信息化技术应用于公路管理当中，是公路建设项目管理信息化的一个发展方向，有效地实现了建设单位和监理管理的实时性，为公路建设管理工作中的计划、进度、质量控制以及工期保障提供决策支持；同时，具有加速工程项目各种信息的流转速度、提高工作效率、强化工程项目管理的信息化水平、降低工程项目建设成本的现实意义；是推动公路建设管理由粗放管理向精细管理转变，由传统管理向科学管理转变，又好又快推进大规模公路建设的必然要求和根本保障。此外，利用溯源技术可以对已铺筑路段任何一处的沥青混合料来源及生产过程进行追踪，结合信息化平台所建立的原材料、混合料、运输、摊铺等控制参数数据库对该处质量进行分析评价。

（1）示范技术特点

沥青路面生产溯源与质控管理系统平台采用计算机技术、信息传输技术、传感技术、数据库技术及系统工程理论对公路的建设管理进行重新建模，建立完整的数据化信息平台，采用可靠的信息化技术手段，完整追踪沥青路面产品从备样、生产至交付的全过程数据，建立沥青路面成品的“溯源”“定位”和质控管理数据库，实现沥青路面生产从信息化向智能化的过渡；建立基于射频识别技术（RFID）的料源管理、红外光谱识别技术的沥青管理、GPS实时定位的材料管理，基于电子标签技术的路面定点识别、基于数理统计质量的路面质量数据管理集成系统，提出相应的实施和控制技术要求；建立沥青路面生产的全过程质量智能化控制体系和问题倒查机制，提高沥青路面管理效率和质量。

该系统平台对施工过程中的关键指标进行科学有效的实时监控，使路面施工过程始终处于“受控”状态。以过程控制为主体，实时监控、及时发现影响质量的因素，保证施工过程中各工序关键指标相对稳定，达到控制工程质量变异性的目的；以事后控制为保证，强调施工前控制与施工中控制相结合，达到综合控制沥青路面施工质量稳定性、提高路面使用周期的目的。

（2）在本工程中的应用及效果

本项目技术成果在济青高速公路改扩建全线6个合同标段获得成功应用，构建了沥青路面信息化管控平台（图7-4），建立了沥青混合料从拌和、运输、摊铺、碾压各环节数据库，实现了沥青路面生产的全过程数字化控制与质量数据溯源，有效提升了路面施工管理效率和质量。结合项目实施周期内采集数据的统计分析情况，信息化质控管理平台的建立对整个沥青路面从混合料拌和生产到现场摊铺碾压可以实现实时的数据采集及监控，有效提高了路面施工的信息化程度。项目建设单位和监理单位可以通过计算机终端数据中心、手机App等形式实现对全线沥青路面施工质量、进度进行实时远程管理。施工企业技术人员可以实时对沥青路面生产、施工过程中出现的问题进行及时了解，并迅速采取纠偏措施，如图7-5~图7-8所示。

图 7-4　沥青路面信息化管控平台组成部分

图 7-5　现场设备安装情况

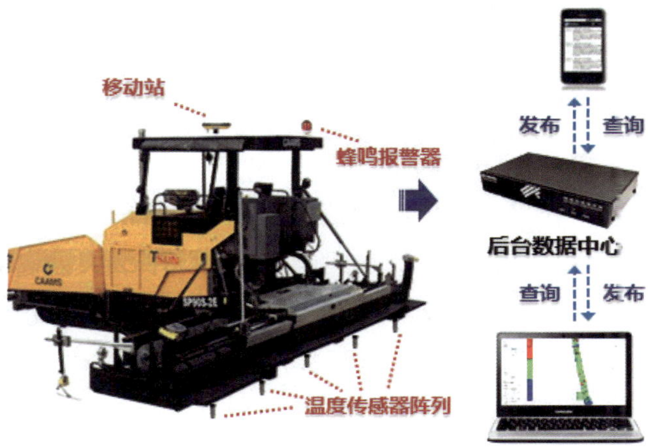

图 7-6　摊铺信息化管控系统

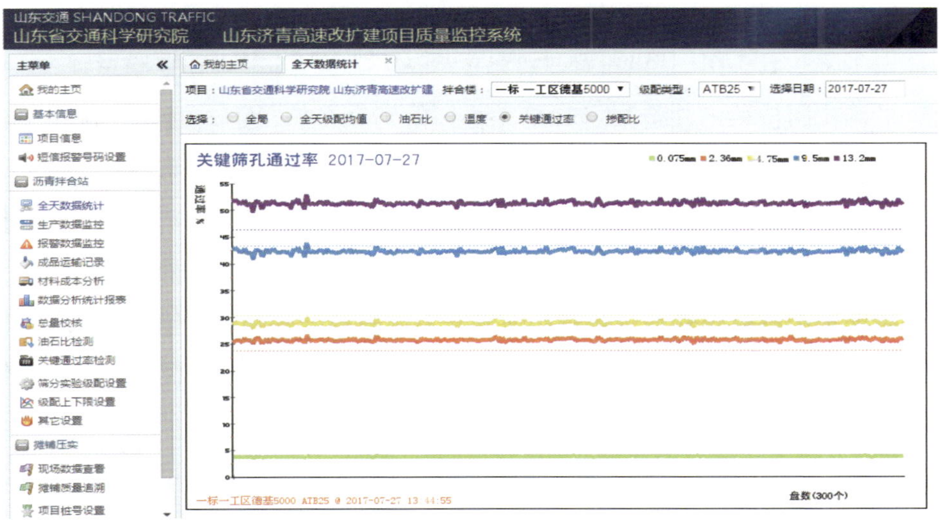

图 7-7　沥青混合料关键筛孔通过率波动趋势图

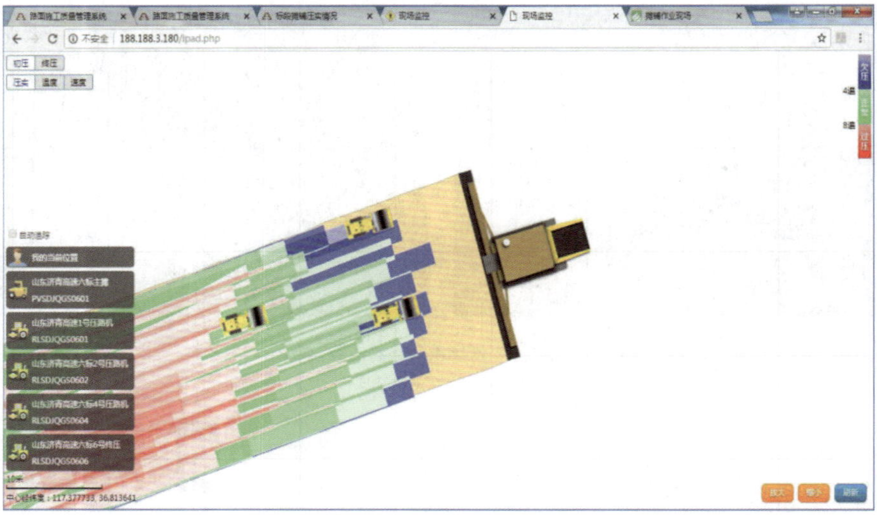

图 7-8 现场摊铺碾压实施采集图像

信息化质控管理系统平台的搭建，实现了沥青路面生产的“标准化、信息化、智能化、安全化”管理，提高了沥青路面的施工质量控制水平，保障了路面路用性能和长期性能满足要求；对推动国内沥青路面动态质量管理和过程控制、促进施工企业质量管理的完善，最终达到提高路面使用寿命的目的，具有十分重要的意义。

7.2 科技攻关类示范

7.2.1 基于 BIM 的桥梁建造一体化技术研究

近年来，我国桥梁的建造技术日趋完善，但仍存在如粗放式管理等制约桥梁建造效率的问题。桥梁作为一种特殊的结构，其结构形式复杂、异形构件繁多、施工工艺复杂，导致在施工过程中出现大量层次复杂且覆盖时间轴较长的数据。仅凭借二维图纸和测量数据，难以准确理解结构的实际情况以便制定相应的处理方案。

面对日益复杂的需求情况，桥梁工程全生命周期的各个阶段都存在着巨大的挑战，许多新的技术问题亟待解决。因此，将BIM技术充分应用到桥梁工程中，提高桥梁工程设计、施工、运维阶段的工作效率，实现桥梁工程工业化、信息化、智能化，利用新技术为新问题提供新的解决路径，是桥梁工程领域发展的趋势。

在济青高速公路改扩建桥梁建设过程中引入了BIM技术，以工程结构物的三维模型为核心，以数据共享和协同工作为目标，通过研究建立了小清河特大桥、华山高架桥、小许家高架桥等工程结构物的BIM轻量化模型，开展了桥梁建造实时动态施工控制、挂篮施工监测、进度管理、预应力筋碰撞检查等工作，实现了公路桥梁建设全生命周期管理新模式，提升了桥梁工程建设期信息化水平，保证了施工质量。

1）主要研究内容

（1）对比市面上流通的软件，选取合适的BIM核心建模软件和信息管理工具，为后续建模和系统开发做准备。统计整理济青高速公路改扩建工程中的所有构件，并建立相应的构件BIM模型，搭建济青高速公路桥梁的构件库，并针对工程中的构件，创建基于IFC标准的编码规则（图7-9）。

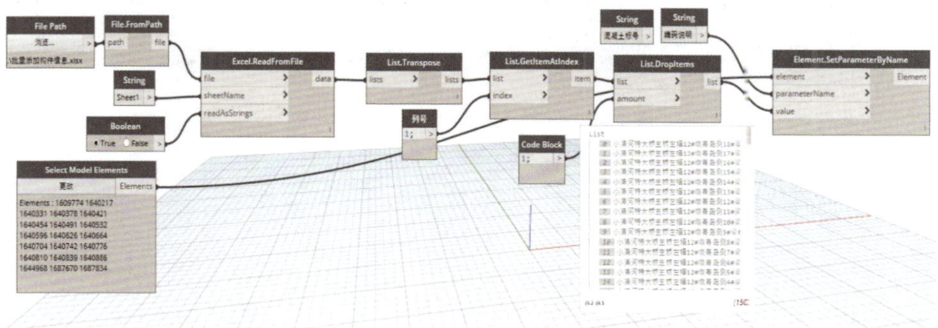

图 7-9　编辑代码

（2）针对济青高速公路中的大跨连续箱梁桥施工中，业主、施工方、监控方等的实际需求，设计施工监控系统的工作模块，并对施工监控中有限元分析数据与BIM数据的格式转换进行研究，实现BIM模型和有限元模型的顺利转换（图7-10）。

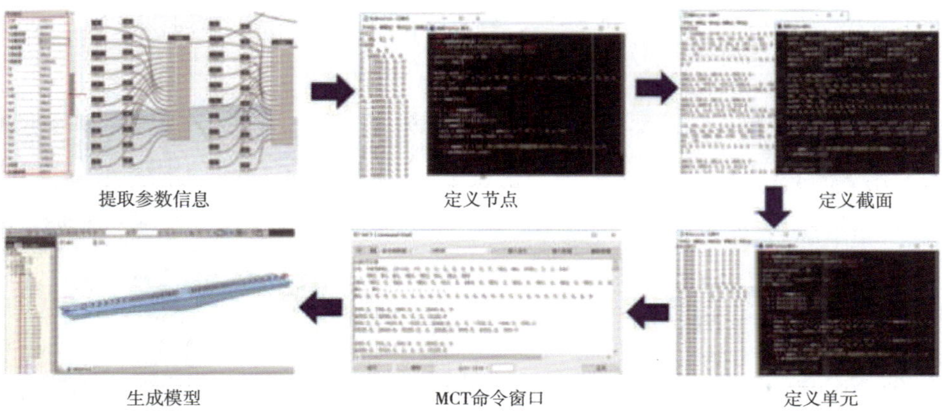

图 7-10　BIM 模型到有限元模型的无缝连接过程

（3）针对基于BIM技术的建造过程中数据信息的流通特点，划分小清河特大桥

（图7-11）、小许家高架桥及华山高架桥的BIM架构层次，基于REVIT平台构建3座桥的BIM模型和相应的有限元模型。

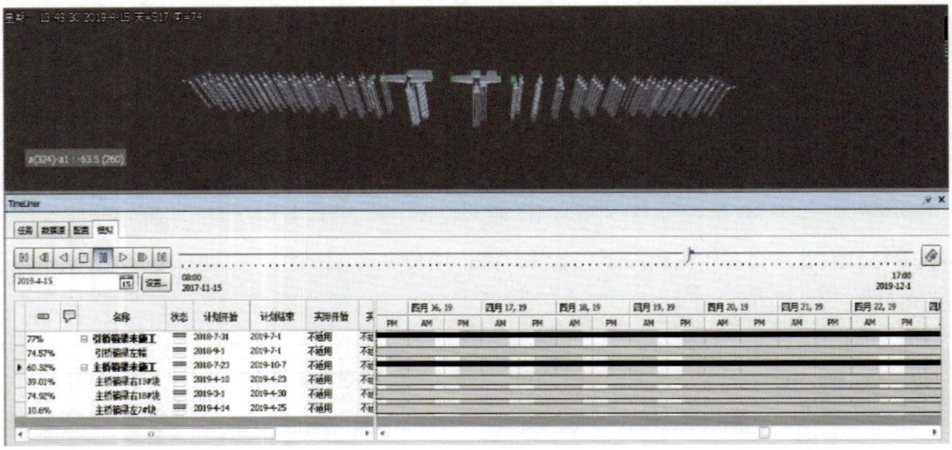

图 7-11　小清河特大桥施工进度 4D 模型

2）形成的创新性成果

本项目以实现公路桥梁建造一体化为目标，从基于全寿命周期的BIM编码标准入手，开展桥梁三维参数化标准化建模及轻量化研究，打通BIM模型与有限元模型融合的壁垒，实现基于BIM的桥梁建设期施工数据管理，提高公路桥梁建造期间管理的数字化、自动化和智能化程度。取得如下的创新成果：

（1）提出了一种从BIM模型到有限元模型的无缝连接技术，实现了BIM模型与有限元模型的统一融合。

（2）利用边界折减法和数据压缩法，建立了 BIM 轻量化模型（图7-12），显著提高了 BIM 模型运行效率。

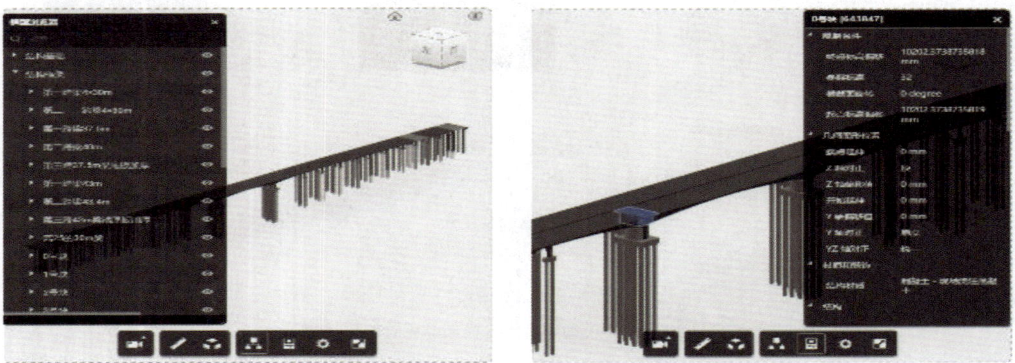

图 7-12　模型轻量化网页端

（3）通过Revit API接口开发了三维可视化的桥梁施工监控模块（图7-13），为BIM技术在公路桥梁行业的应用提供了技术支持。

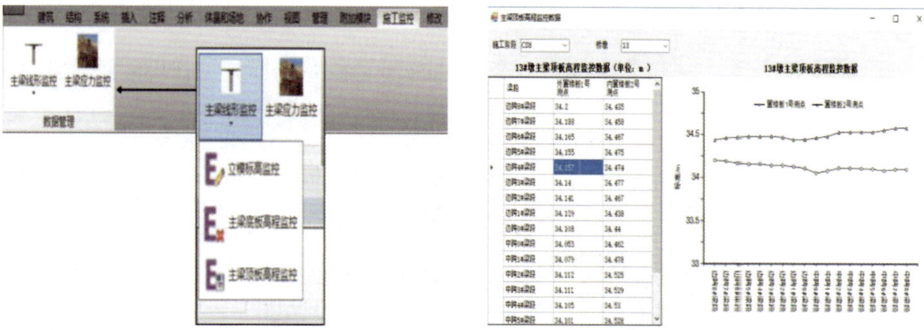

图 7-13　三维可视化的桥梁施工监控模块

3）在本工程中的应用

项目成果在济青高速公路改扩建工程第六标段小清河特大桥、小许家高架桥、华山高架桥等应用。小清河特大桥进行预应力筋碰撞检查，发现纵向预应力筋与竖向预应力筋之间共发生900余处碰撞（图7-14）；设计施工监控动态管理模块，帮助施工监控参与各方更加直观地、快速地查看桥梁各个施工阶段的状态。同时，监控数据存储于BIM模型中，避免了纸质归档的施工监控数据容易丢失的问题，为养护单位在后期桥梁运营养护阶段对监控数据的查看和应用提供了方便。建立小清河主桥精细化BIM模型与有限元模型，研究转化途径，实现了BIM模型与有限元模型之间的快速转换，避免了结构分析时的二次建模（图7-15），提升了有限元模型的建模效率，推动BIM技术在桥梁建设中更广泛地应用。

图 7-14　BIM 碰撞分析

4）成果应用前景

本项目通过开展基于BIM的桥梁建造一体化关键技术研究及应用，形成了一套针对公路连续梁桥施工阶段BIM技术应用的解决方案，可实现对施工控制、工程进度、工程质量等方面的精细化管理。项目成果可以进一步推广到其他同类桥梁，具有广阔的应用前景。

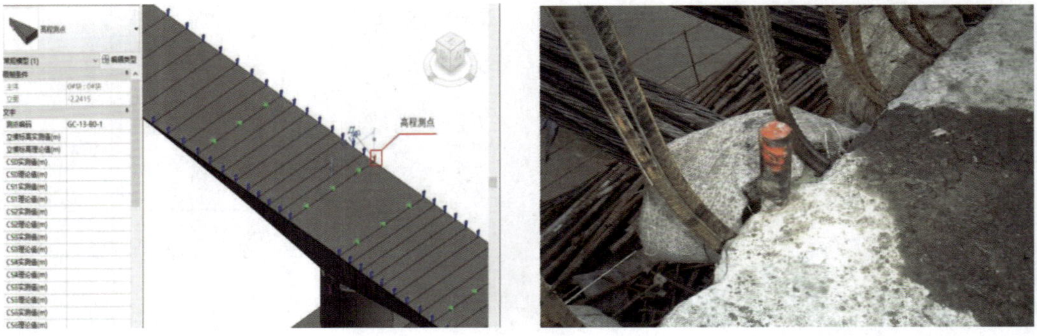

图 7-15　BIM 模型测点与现场测点建立

08 济青高速公路改扩建工程科技示范效应

交通运输部科技示范工程具有科研项目数量多、参建单位和人员众多、设计领域宽广、依托工程复杂、科技含量高、评价标准各异等特点，科技示范效应评价是一项复杂而细致的工作。应在确定评价目标的基础上，分析评价目标的影响因素，拟定用于表征每项影响因素作用大小的定性与定量指标，从而建立针对评价目标的评价指标体系。此后，为定量分析各项评价指标的评价结果，须确定相应的量化标准，每项评价指标都应有评价标准和计算方法。

依托雅泸高速公路科技示范工程的示范项目“山区高速公路建设创新型管理技术”，建立科技示范效应评价指标体系，从示范工程的技术、工程、经济、社会和环境等各个方面对济青高速公路改扩建绿色科技示范工程进行科学的管理以及客观、公正的分析评价，以保证科研项目的先进性、实用性、经济性以及对工程建设的指导作用。

本章应用DAGF算法对济青高速科技示范效应进行评价，DAFG算法集合了Delphi法、层次分析法（Analytic Hierarchy Process）、灰色关联分析（Gray Correlation Analysis）、模糊评判综合（Fuzzy Comprehensive Judgment）四种方法的优点，通过AHP层次分析方法建立指标体系，通过模糊分析与灰色分析给层间赋权，对定性指标采用打分赋值，对定量指标采用无量纲化赋值，最终得到综合评价值。建立评价指标等级区间长度映射关系，判定济青高速公路科技示范效应所处等级。

8.1 科技示范效应评价方法

8.1.1 DAGF 算法理论

DAGF算法的理论基础是灰色理论、模糊数学和钱学森教授提出的从定性到定量的综合集成方法。模糊数学和灰色系统理论是目前较为常用的两种不确定性系统研究方法。模糊数学着重研究“认知不确定”问题，其研究对象具有“内涵明确，外延不明确”的特点。灰色系统理论则着重研究模糊数学所难以解决的“小样本”“贫信息”不确定性问题，与模糊数学不同的是，灰色系统理论着重研究“外延明确，内涵不明确”。单纯采用模糊方法会造成信息丢失，仅采用灰色理论方法，又不能充分利用评价规则模糊性的特点，这两种情况都会造成评价结果与实际存在偏差。对科技示范效应进行评价，因示范效应评价准则存在模糊性，应采用模糊评价方法，又因评判者的能力与偏好不同，导致评价信息常带有一定灰度，评价中须引入灰色理论。鉴于此，针对科技示范效应评价中专家评判信息的模糊性与灰度，将灰色理论与模糊评价方法相结合，建立一种基于模糊灰色的综合评价方法——DAGF法。

8.1.2 基于 DAGF 算法的科技示范效应综合评价步骤

首先结合具体研究项目，运用改进的Delphi法匿名讨论及统计，优化评价对象评价指标，拟定出具体研究对象的综合评价指标体系并建立评价指标递阶层次结构；然后通过指标间重要性判断矩阵，计算指标体系低层元素的权重；再运用灰色系统理论确定评估灰类，根据基于三角白化权函数的灰色评估，建立白化权函数，通过利用灰色聚类理论得到的综合聚类系数矩阵，构造出模糊隶属度矩阵；最后利用模糊算法运算，得出综合评价结果，具体流程如图8-1所示，详细步骤见下述（1）~（10）。

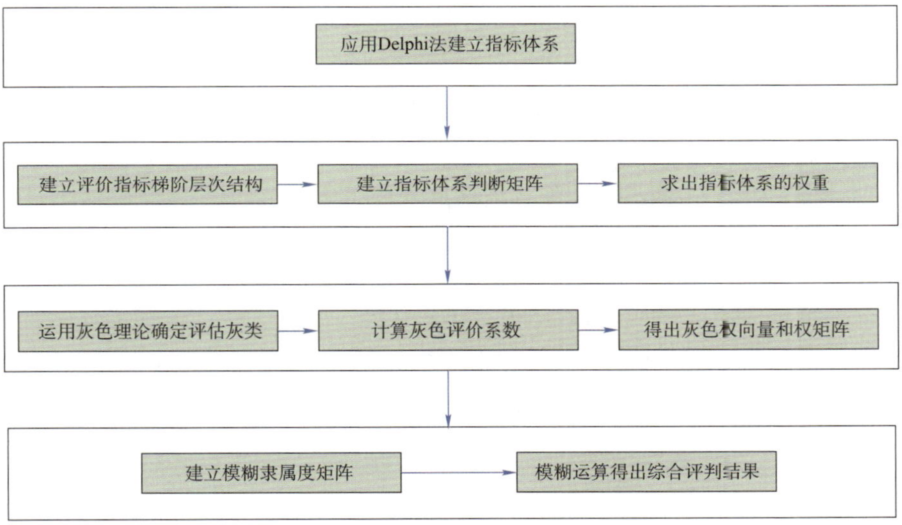

图 8-1 基于 DAGF 算法评价流程图

（1）评价指标体系的确定

将Delphi法改进为匿名问卷与分组讨论相结合，通过咨询与统计收集信息、分析专家意见，确定科技示范效应综合评价的指标集：

一级评价指标组成的集合 $U=\{U_1,U_2,\ldots,U_m\}$；

二级评价指标组成的集合 $V_i=\{V_{i1},V_{i2},\ldots,V_{im}\}$；

三级评价指标组成的集合 $W_{ij}=\{W_{ij1},W_{ij2},\ldots,W_{ijo}\}$。

（2）定量指标的无量纲化处理

科技示范效应评价指标确定后，首先应根据各指标的特性及工程实际情况确定评价指标的属性值，对于定性指标，采用专家打分形式进行评价。由于各指标的含义与计算方法各不相同，各指标量纲各异，得到指标原值后须进行标准化处理。本研究中采用10分制，即将各指标原值统一变化到［0，10］范围（此处不规范到常见的［0，1］区间范围，是为了与定性指标专家打分的10分制相统一）。

标准化方法可分为直线型、折线型和曲线型3种，此处采用直线型。直线型标准化方法是将指标原值转化成不受量纲影响的指标评价值时，假定两者之间呈线性关系。评价指标主要有下列几种类型：

成本型（越小越好型）、效益型（越大越好型）、区间型（属性值在某一固定区间为好型）。对于不同类型的指标要采取不同的无量纲化处理方法。

①对于成本型指标，无量纲化变换公式为：

$$b_{ijk}=\frac{\max(d_{ijk})-d_{ijk}}{\max(d_{ijk})-\min(d_{ijk})}\times 10 \tag{8-1}$$

式中：max（d_{ijk}）——指标W_{ijk}诸评价中的最大值，$i=1,2,\cdots,m$，$j=1,2,\cdots,n$，$k=1,2,\cdots,o$；

min（d_{ijk}）——指标W_{ijk}诸评价中的最小值。

②对于效益型指标，无量纲化变换公式为：

$$b_{ijk}=\frac{d_{ijk}-\min(d_{ijk})}{\max(d_{ijk})-\min(d_{ijk})}\times 10 \tag{8-2}$$

③对于区间型指标，无量纲化变换公式为：

$$b_{ijk}=\begin{cases}1-\dfrac{S_1-d_{ijk}}{\max\{S_1-\min(d_{ijk}),\max(d_{ijk})-S_2\}}\times 10, & d_{ijk}<S_1\\[2ex] 1-\dfrac{d_{ijk}-S_2}{\max\{S_1-\min(d_{ijk}),\max(d_{ijk})-S_2\}}\times 10, & d_{ijk}>S_2\end{cases} \tag{8-3}$$

式中：［S_1, S_2］——指标W_{ijk}的最佳区间。

（3）加权子集的确定

各层次的评价指标对目标Z的重要程度是不同的，具有不同的权重。邀请多位专家对各项评价指标相对重要性进行判断，构造比较判断权重矩阵，采用AHP法确定各评价指标权重，对所有专家判断后形成的权重结果采取求平均值的方法得到各项指标的最终权重。

设一级指标U_i的权重为a_i（i=1,2,⋯,m），则指标权重向量A=（$a_1,a_2,\cdots,a_m$），且$a_i \geqslant 0$，$\sum_{i=1}^{m} a_i = 1$；二级评价指标V_{ij}的权重为a_{ij}（i=1,2,⋯,m, j=1,2,⋯,n），则指标权重A_1=（$a_1,a_2,\cdots,a_m$），且$a_{ij} \geqslant 0$，$\sum_{j=1}^{n} a_{ij} = 1$。三级评价指标$W_{ijk}$的权重为$c_{ij}$（$i$=1,2,⋯,$m$, j=1,2,⋯,n, k=1,2,⋯, o），则指标权重A_{ij}=（$a_{ij1},a_{ij2},\cdots,a_{ijo}$），且$a_i \geqslant 0$，$\sum_{k=1}^{o} a_{ijk} = 1$。

①构建判断矩阵P：选用的判定标度方法定义如表8-1所示。

判断矩阵（1–9）标定及其内容　　表 8-1

标　　度	定　　义
1	前者比后者同等重要
3	前者比后者稍微重要
5	前者比后者明显重要
7	前者比后者强烈重要
9	前者比后者极端重要
2、4、6、8	重要尺度介于以上两种程度之间

②进行一致性检验

判断矩阵特征根为λ_{max}，判断矩阵为 n 阶时，一致性指标CI计算公式如下：

$$CI = \frac{\lambda_{max} - n}{n-1} \tag{8-4}$$

当判断矩阵的维数n越大，需引入随机一致性指标RI进行修正。经修正的一致性指标用CR表示，$CR = CI/RI$，其中RI为随机一致性指标。当$CR < 0.1$时，排序结果具有满意一致性，否则需要调整判断矩阵的元素值（表8-2）。

数 值 列 表　　表 8-2

n	1	2	3	4	5	6	7	8	9	10	11
RI	0	0	0.58	0.96	1.12	1.24	1.32	1.41	1.45	1.49	1.51

（4）评价等级的确定

基于测度理论，参考相关项目评价分级状况，确定科技示范综合效应评价标准集合：$F = \{F_1, F_2, F_3, F_4, F_5\}$五个等级。各等级的划分标准与评分区间如表8-3所示。

各等级划分标准及评分区间　　表 8-3

评价等级	Ⅴ	Ⅳ	Ⅲ	Ⅱ	Ⅰ
评分区间	[0，2)	[2，4)	[4，6]	(6，8]	(8，10]
区间含义	显著劣于国内同类工程项目平均水平	劣于国内同类工程项目平均水平	与国内同类工程项目平均水平持平	优于国内同类工程项目平均水平	显著优于国内同类工程项目平均水平

（5）评价灰类的确定

确定评价灰类就是要确定评价灰类的等级数、灰类的灰数及灰数的白化函数，视实际评价问题分析确定。本研究中将评价等级划分为5级，故对应评估灰类序号为e（e=1,2,3,4,5）。为描述上述灰类，需确定评价灰类的白化函数 f_e（d_{ijk}），各灰类对应的白化权函数图像如图8-2所示。

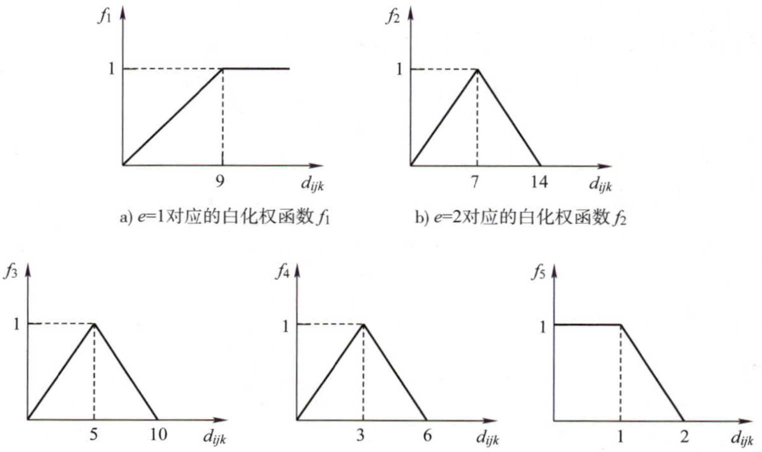

a) e=1对应的白化权函数f_1　b) e=2对应的白化权函数f_2

c) e=3对应的白化权函数f_3　d) e=4对应的白化权函数f_4　e) e=5对应的白化权函数f_5

图 8-2　不同评价灰类对应的灰数与白化函数

（6）灰色评价系数、评价权向量及权矩阵的计算

若评价指标W_{ijk}为定量指标，则其属于第e个评价灰类的灰色评价系数为：

$$X_{ijk}^{e}=f_e(d_{ijk}) \tag{8-5}$$

若评价指标W_{ijk}为定性指标，且共有p个专家对其进行评价，其属于第e个评价灰类的灰色评价系数为X_{ijk}^{e}，则有：

$$X_{ijk}^{e}=\sum_{r=1}^{p} f_e(d_{ijkr}) \tag{8-6}$$

指标W_{ijk}属于各个评价灰类的总灰色评价数记为X_{ijk}，有：

$$X_{ijk}=\sum_{e=1}^{5} X_{ijk}^{e} \tag{8-7}$$

指标W_{ijk}对于第e个灰类的灰色评价权向量记为r_{ijk}^{e}，则有：

$$r_{ijk}^{e}=\frac{X_{ijk}^{e}}{X_{ijk}} \tag{8-8}$$

由于评价灰类有5个，指标W_{ijk}对于各灰类的灰色评价权向量记为r_{ijk}，即：

$$r_{ijk}=(r_{ijk}^{1},r_{ijk}^{2},r_{ijk}^{3},r_{ijk}^{4},r_{ijk}^{5}) \tag{8-9}$$

将准则层V_{ij}所属指标W_{ijk}对于各评价灰类的灰色评价权向量综合后，得到其灰色评价权矩阵R_{ij}：

$$R_{ij}=\begin{bmatrix} r_{ij1} \\ r_{ij2} \\ \vdots \\ r_{ijo} \end{bmatrix}=\begin{bmatrix} r_{ij1}^{1} & r_{ij1}^{2} & r_{ij1}^{3} & r_{ij1}^{4} & r_{ij1}^{5} \\ r_{ij2}^{1} & r_{ij2}^{2} & r_{ij2}^{3} & r_{ij2}^{4} & r_{ij2}^{5} \\ \vdots & \vdots & \vdots & \vdots & \vdots \\ r_{ijo}^{1} & r_{ijo}^{2} & r_{ijo}^{3} & r_{ijo}^{4} & r_{ijo}^{5} \end{bmatrix} \tag{8-10}$$

（7）对V_{ij}做综合评价

对准则层V_{ij}做综合评价，其评价结果记为B_{ij}，则有：

$$B_{ij}=A_{ij}\times R_{ij}=[b_{ij1},b_{ij2},\cdots,b_{ijo}] \tag{8-11}$$

（8）对U_i做综合评价

由V_{ij}的综合评价结果B_{ij}得子功能层U_i对各评价灰类的灰色评价权矩阵R_i：

$$R_{i}=\begin{bmatrix} B_{i1} \\ B_{i2} \\ \vdots \\ B_{in} \end{bmatrix}=\begin{bmatrix} b_{i11} & b_{i12} & \cdots & b_{i1o} \\ b_{i21} & b_{i22} & \cdots & b_{i2o} \\ \vdots & \vdots & \cdots & \vdots \\ b_{in1} & b_{in2} & \cdots & b_{ino} \end{bmatrix} \tag{8-12}$$

于是，对U_i做综合评价，评价结果记为B_i，则有：

$$B_{i}=A_{i}\times R_{i}=[b_{1},b_{2},\cdots,b_{n}] \tag{8-13}$$

（9）对总评价目标Z做综合评价

由U_i的综合评价结果B_i得总评价目标Z对各评价灰类的灰色评价权矩阵R如式（8-14）所示：

$$R=\begin{bmatrix} B_{1} \\ B_{2} \\ \vdots \\ B_{m} \end{bmatrix}=\begin{bmatrix} b_{11} & b_{12} & \cdots & b_{1n} \\ b_{21} & b_{22} & \cdots & b_{2n} \\ \vdots & \vdots & \cdots & \vdots \\ b_{m1} & b_{m2} & \cdots & b_{mn} \end{bmatrix} \tag{8-14}$$

于是，对总评价目标做综合评价，其评价结果记为B，则有：

$$B=A\times R=[b_{1},b_{2},\cdots,b_{m}] \tag{8-15}$$

（10）计算综合评价值，得到评价结果

将各灰类等级按“灰水平”赋值，第1灰类取为9，第2灰类取为7，…，第5灰类取为1，则各灰类评价等级值化向量F=（9，7，5，3，1），从而总评价目标Z的综合评价值为：

$$Z = B \times F^{\mathrm{T}} \tag{8-16}$$

其中总评价目标 Z 的灰色评价权向量B须作归一化处理，归一化处理后再与评价等级矩阵进行运算，从而求出综合评价结果。由综合评价结果 Z 可对科技示范效应做出全面系统的评价。

8.2 科技示范效应评价指标体系建立

8.2.1 评价指标选择

对指标进行单体检验和整体检验后，按照“目标层—子功能层—准则层—指标层”的递阶层次结构，提出了科技示范效应的评价指标体系，如表8-4所示。

科技示范效应评价指标体系　　表 8-4

<table>
<tr><th>目标层</th><th>子功能层</th><th>准则层</th><th>指标层</th></tr>
<tr><td rowspan="21">科技示范工程总体示范效应评价指标体系</td><td rowspan="9">科技示范作用
T</td><td rowspan="2">技术水平 T1</td><td>优秀成果、关键技术因子 T11</td></tr>
<tr><td>科研课题专题研究因子 T12</td></tr>
<tr><td rowspan="4">科技创新成果 T2</td><td>规范化与标准化施工技术文件因子 T21</td></tr>
<tr><td>科技论文与论著成果因子 T22</td></tr>
<tr><td>专利与软件著作权因子 T23</td></tr>
<tr><td>成果推广投入产出比 T24</td></tr>
<tr><td rowspan="3">人才队伍建设 T3</td><td>项目人才梯队结构因子 T31</td></tr>
<tr><td>项目团队获得荣誉因子 T32</td></tr>
<tr><td>项目参研人员晋升职称与取得学位因子 T33</td></tr>
<tr><td rowspan="12">项目管理成熟度
M</td><td rowspan="3">治理结构 M1</td><td>组织结构合理性 M11</td></tr>
<tr><td>制度建设完善度 M12</td></tr>
<tr><td>沟通协调满意度 M13</td></tr>
<tr><td rowspan="2">合同管理 M2</td><td>合同履约满意度 M21</td></tr>
<tr><td>变更处理满意度 M22</td></tr>
<tr><td rowspan="3">技术管理 M3</td><td>科研咨询满意度 M31</td></tr>
<tr><td>培训交流满意度 M32</td></tr>
<tr><td>产学研结合成熟度 M33</td></tr>
<tr><td rowspan="4">要素管理 M4</td><td>资金管理满意度 M41</td></tr>
<tr><td>信息管理满意度 M42</td></tr>
<tr><td>人力资源管理满意度 M43</td></tr>
<tr><td>物资管理满意度 M44</td></tr>
</table>

续上表

目 标 层	子功能层	准 则 层	指 标 层
科技示范工程总体示范效应评价指标体系	工程实施效果 E	环境影响 E1	耕地占道路用地面积比重 E11
			运营期各路段敏感点噪声值 E12
			运营期各路段空气污染指标 E13
			景观丰富度 E14
		服务水平 E2	驾驶强度等级 E21
			交通工程设施完善度 E22
			单位里程服务设施规模 E23
		直接经济效益 E3	降低运营成本效益 E32
			旅客时间节约效益 E33
			减少交通事故效益 E34
	社会、经济效益 U	区域经济效益 U1	促进矿产、国土、旅游资源与能源开发 U11
			促进农业发展 U12
			促进经济增长与产业结构优化 U13
			提高区域可达性、促进居民出行变化 U14
			提高居民生活水平 U15
		区域社会发展 U2	保障区域稳定、巩固国防 U21
			增强防灾抗灾能力 U22
			提高城镇化水平与对外开放程度 U23
			促进人力资源开发与相关行业人员技术进步 U24

各指标含义及计算方法分条说明如下：

（1）科技示范作用T

①优秀成果、关键技术引进因子T11

T11反映建设项目吸收先进的交通运输科技成果并予以直接推广应用，解决相关技术难题的情况，按照国际领先水平、国际先进水平、国内领先水平、国内先进计水平、只验收不鉴定区分引进的优秀成果、关键技术的技术水平，该因子的无量纲得分由下式计算：

优秀成果、关键技术因子得分=10×国际领先成果项数+7×国际先进成果项数+5×国内领先成果项数+3×国内先进成果项数+1×只验收未鉴定成果项数

各成果水平的区分标准如表8-5所示。

各成果水平的区分标准　　表 8-5

成 果 水 平	区 分 标 准
国际领先水平	经过省部级专家评审通过的属具有自主知识产权的处于国际领先水平的技术
国际先进水平	经过省部级专家评审通过的属具有自主知识产权的处于国际先进水平的技术

续上表

成果水平	区分标准
国内领先水平	经过省部级专家评审通过的属具有自主知识产权的处于国内领先水平的技术
国内先进水平	经过省部级专家评审通过的属具有自主知识产权的处于国内先进水平的技术
只验收未鉴定	不满足上述标准的技术成果

②科研课题专题研究因子T12

T12反映建设项目科研课题立项研究情况，按照课题立项级别区分课题重要性，该因子的无量纲得分由下式计算：

科研课题专题研究因子=10×交通运输行业重点科技项目数+5×地方省交通科技项目数+3×科技攻关项目数+1×科技推广项目数

③规范化与标准化施工技术文件因子T21

T21反映建设项目形成规范化与标准化施工技术文件的情况，按照填补国内外空白、丰富相关领域规范、标准化施工技术文件区分成果等级，该因子的无量纲得分由下式计算：

规范化与标准化施工技术文件因子=5×填补国内外空白成果项数+3×丰富相关领域规范成果项数+1×标准化施工技术文件成果项数。

④科技论文与论著成果因子T22

T22反映建设项目依托项目发表科技论文与出版论著的情况，按照论文被SCI（科学引文索引）收录、EI（工程索引）收录、ISTP（科技会议录索引）收录、中文核心期刊论文、一般期刊与会议论文区分成果水平，每项成果按照最高水平计入一次，该因子的无量纲得分由下式计算：

科技论文与论著成果因子=10×正式出版的学术论著篇数+10×SCI检索篇数+5×EI检索篇数+5×ISTP检索篇数+2×中文核心期刊篇数+1×一般期刊与会议论文篇数

⑤专利与软件著作权因子T23

T23反映建设项目依托项目形成专利与软件著作权的情况，按照发明专利、实用新型及外观设计专利、软件著作权与专利授权、专利申请情况区分成果水平，每项成果按照最高水平计入一次，该因子的无量纲得分由下式计算：

专利与软件著作权因子=10×发明专利与软件著作权授权项数+5×实用新型与外观设计专利授权项数+3×发明专利与软件著作权申请项数+1×实用新型与外观设计专利申请项数

⑥成果推广投入产出比T24

T24反映建设项目科技创新研究成果转化产生直接经济效益的投入产出情况，即采用新材料、新工艺、新技术、新设备，从而节约的工程费用与工程总造价的比值。

⑦项目人才梯队结构因子T31

T31反映建设项目人才的技术水平梯队结构，按照高级职称、中级职称、初级职称、其他人员区分项目人才技术水平，该因子的无量纲得分由下式计算：

项目人才梯队结构因子=（10×高级职称人数+5×中级职称人数+2×初级职称人数+1×其他人员人数）/项目参与人员总数

⑧项目团队获得荣誉因子T32

T32反映建设项目参研人员获得荣誉情况，按照国家级科技荣誉、省部级科技荣誉区分所获荣誉等级，该因子的无量纲得分由下式计算：

项目团队获得荣誉因子=10×获国家级科技荣誉人数+5×获省部级科技荣誉人数

⑨项目参研人员晋升职称与取得学位因子T33

T33反映建设项目依托项目的人才队伍建设情况，该因子的无量纲得分由下式计算：

项目参研人员晋升职称与取得学位因子=（6×晋升高级职称人数+2×晋升中级职称人数+6×依托项目取得博士学位人数+3×依托项目取得硕士学位人数）/项目参与人员总数

（2）项目管理成熟度M

①组织结构合理性M11

M11反映项目管理组织结构合理性的指标，应考虑项目管理组织结构及人员构成对建设项目个性化要求的适应性及是否具有统一、有力的领导机构。由项目参与各方（包括项目业主、项目主管部门、项目实施领导机构、设计单位、承建单位、咨询单位、监理单位、检测单位及相关科研机构）评分结果综合计算得出。

②制度建设完善度M12

M12反映项目管理制度建设完善程度的指标，应考虑建设项目资金管理、档案管理等制度的健全程度，由项目参与各方（包括项目业主、项目主管部门、项目实施领导机构、设计单位、承建单位、咨询单位、监理单位、检测单位及相关科研机构）评分结果综合计算得出。

③沟通协调满意度M13

M13反映项目参与各方在质量、进度、成本控制等方面的协调程度，应考虑项目运作过程中的沟通效率与效果，是否在兼顾各方利益的条件下，明确了项目团队的共同目标，建立完善的协调与沟通机制，实现风险的合理分担与矛盾的友好解决，由项目参与各方（包括项目业主、项目主管部门、项目实施领导机构、设计单位、承建单位、咨询单位、监理单位、检测单位及相关科研机构）满意度水平表征。

④合同履约满意度M21

M21反映项目管理过程中合同履约率、合同条款与招标文件符合率、项目完成情况与合同规定任务的符合程度，由项目合同各方（包括项目业主、设计单位、承建单位、咨询单位、监理单位、检测单位及相关科研机构）满意度水平表征。

⑤变更处理满意度M22

M22反映项目管理过程中合同变更事项处理及工程索赔处理的规范程度，由项目合同各方（包括项目业主、设计单位、承建单位、咨询单位、监理单位、检测单位及相关科研机构）满意度水平表征。

⑥科研咨询满意度M31

M31反映项目科研咨询机制对工程建设需求的适应性，应考虑是否组织了参建各方专家成立桥梁、隧道、路基等技术领域的专家组，并外聘专业咨询机构，为全线提供动态及时的技术咨询服务，由项目参与各方（包括项目业主、设计单位、承建单位、咨询单位、监理单位、检测单位及相关科研机构）满意度水平表征。

⑦培训交流满意度M32

M32反映项目建设技术管理水平的指标，应考虑是否针对项目特殊工程技术难题组织了业务培训与交流、培训与交流的成效，由项目参与各方（包括项目业主、设计单位、承建单位、咨询单位、监理单位、检测单位及相关科研机构）满意度水平表征。

⑧产学结合成熟度M33

M33反映项目建设过程中，涉及产学研结合、依托具体工程的科研成果及时转化情况，以及在咨询管理机制基础上，对重难点工程和关键技术问题进行排查梳理，主导开展科技联合攻关活动，集合参建各方技术与管理力量，形成攻坚破难合力的情况，由项目参与各方（包括项目业主、设计单位、承建单位、咨询单位、监理单位、检测单位及相关科研机构）满意度水平表征。

⑨资金管理满意度M41

M41反映项目资金管理水平的指标，应考虑项目成本控制效果，所需机具、材料、试验、管理、科研经费拨付是否规范、及时，由项目参与各方（包括项目业主、设计单位、承建单位、咨询单位、监理单位、检测单位及相关科研机构）满意度水平表征。

⑩信息管理满意度M42

M42反映项目信息管理水平的指标，应考虑是否建立了项目运作过程中各类信息的交流平台、传递机制及信息传递的及时性，由项目参与各方（包括项目业主、设计单位、承建单位、咨询单位、监理单位、检测单位及相关科研机构）满意度水平表征。

⑪人力资源管理满意度M43

M43反映项目人力资源管理水平的指标，应考虑项目技术力量搭配是否合理、一线熟练工人是否满足进度要求，由项目参与各方（包括项目业主、设计单位、承建单位、咨询单位、监理单位、检测单位及相关科研机构）满意度水平表征。

⑫物资管理满意度M44

M44反映项目物资管理水平的指标，应考虑项目所需机具、材料仓储管理完善程度，应急材料储备数量、材料储备周期的合理性，由项目参与各方（包括项目业主、设计单位、承建单位、咨询单位、监理单位、检测单位及相关科研机构）满意度水平表征。

（3）工程实施效果E

①耕地占道路用地面积比重E11

E11反映项目建设占用土地资源及耕地保护情况，永久性占地包括道路工程路基路面、建筑物和坡堤表面的加固、遮盖以及集、排水设施占用土地，由下式计算：

$$耕地占道路用地面积比重=\frac{道路工程永久性占用耕地面积}{道路工程永久性占地面积}\times 100\%$$

②运营期各路段敏感点噪声值E12

E12反映项目运营对沿线声环境的不利影响及补救措施，由道路工程影响范围内噪声敏感点实测的噪声Leq［dB（A）］值表征。

③运营期各路段空气污染指标E13

E13 反映项目运营对沿线空气环境的不利影响及补救措施，由道路工程影响范围内二氧化硫（SO_2）、二氧化氮（NO_2）、一氧化碳（CO）、总悬浮颗粒物（TSP）、可吸入颗粒物（PM10）等有害物质的浓度表征。

④景观丰富度E14

E14景观丰富度（landscape richness）指景观中景观类型的丰富程度，一般与景观类型的数量有关，该指标反映项目建设对沿线自然景观与人文景观的不利影响及补救措施，表现为沿线植被覆盖率、动植物珍惜程度、动植物品种多样性、地形地貌多样性、人文景观及古迹的数量与完整程度。

⑤驾驶强度等级E21

E21反映建设项目道路线形合理性（道路曲线半径、纵坡坡度、纵坡坡长、平曲线组合合理性、平纵组合合理性、视距要求）及路面平整度的指标，可在项目路段随机抽取驾驶员进行问卷调查，根据驾驶年龄10年以上的驾驶员的评分结果近似表征。

⑥交通工程设施完善度E22

E22反映建设项目交通工程设施的完整性与合理性，交通工程设施包括道路标志、道路标线、诱导设施、防眩设施、防护设施及隔离设施，可在项目路段随机抽取驾驶员进行问卷调查，根据驾驶年龄10年以上的驾驶员的评分结果近似表征。

⑦单位里程服务设施规模E23

E23反映建设项目服务设施设置合理性及服务能力的指标，服务设施包括管理中心（监控、收费中心）、管理所、养护工区、匝道收费站、服务区、停车区等，由下式计算：

$$\text{单位里程服务区规模}=\frac{\text{道路工程全线服务区总建筑面积}}{\text{道路工程总里程数}}$$

（4）社会、经济效益U

①促进矿产、国土、旅游资源与能源开发U11

U11反映项目建设对矿产资源、国土资源、旅游资源及能源开发的促进作用，可由项目沿线土地开发强度、项目沿线土地价值、旅游业总收入、涉外宾馆接待旅客过夜人数、矿产产量、地方特产销售额等因素的变化情况表征。

②促进农业发展U12

U12反映项目建设缩短鲜、活农产品储运时间，改善农业机具、肥料运送条件，加速农产品商品化与农业现代化，促进区域农业发展的作用。

③促进经济增长与产业结构优化U13

U13反映项目建设对区域经济增长与产业结构优化的带动作用，可由区域GDP总值、工业总产值、固定资产投资总额、地方财政收入、社会零售商品消费总额、第二产业增加值、第三产业增加值、第二、三产业增加值占GDP比重等指标的变化情况表征。

④提高区域可达性、促进居民出行变化U14

U14反映项目建设通过优化路网结构、提高路网利用效率、加强与其他运输方式协调配套能力，从而改善出行便利程度的作用，可由区域居民出行次数、区域道路里程人均占有率、区域道路面积人均占有率、区域高等级公路人均占有率等指标的变化情况表征。

⑤提高居民生活水平U15

U15反映项目建设对区域居民生活水平的影响程度，可由项目所在区域人口自然增长率、居民人均储蓄率、人均居住面积、城镇居民可支配收入、农村居民可支配收入等指标的变化情况表征。

⑥保障区域稳定、巩固国防U21

U21反映项目建设增强区域人员物资集中运送能力、提高军队战时快速反应能力，从而保障工农业生产、人民生活物资运输及维护民族地区稳定的作用。

⑦增强防灾抗灾能力U22

U22反映项目建设为防灾抗灾提供重要运输通道，加快救灾物资调配和人员转移的作用。

⑧提高城镇化水平与对外开放程度U23

U23反映项目建设改善投资环境、促进地区居民转变思想观念，区域城镇化水平及对外开放程度提高、缩小地区发展差异的作用，可由非农业人口占总人口比重、进出口总额、外商投资总额、对外交流与合作规模等指标的变化情况表征。

⑨促进人力资源开发与相关行业人员技术进步U24

U24反映项目建设提高区域劳动力需求与相关行业从业人员技术水平的程度，可由区域居民劳动人口就业率、受教育人口比重、科研技术人员占总人口比重、熟练工人占总劳动人口比重等指标的变化情况表征。

8.2.2 评价指标分级

评价指标体系中涉及项目治理结构指标M11~13、合同管理满意度指标M21~22、技术管理满意度指标M31~33、要素管理满意度指标M41~44、景观丰富度E14、驾驶强度等级E21、交通工程设施完善度E22、工程实施直接经济效益指标E31~33及社会、经济效益U等定性评价指标。其中管理成熟度指标M11~M14由项目参与各方（包括项目业主、项目主管部门、项目实施领导机构、设计单位、承建单位、咨询单位、监理单位、检测单位及相关科研机构）满意度水平表征，工程实施效果指标E14、E21~22根据驾驶年龄10年以上的驾驶员（可在项目路段随机抽取驾驶员进行问卷调查）的评分结果近似表征，社会、经济效益指标U11~15、U21~24由专家打分结果给出。

专家群组的选择原则如下：

（1）所选择的专家应为行业内具有一定权威与代表性的人员；

（2）所选择的专家中既应包括专业技术领域内长期从事交通科技项目研究的学术带头人，也应包括长期从事交通科技项目管理工作的资深管理领导；

（3）从技术专家背景的角度，既应包括技术领域中从事诸如路桥隧、工程管理等专业领域的科研人员，也应包括从事诸如政策研究、宏观决策等业务范畴的科研人员。

（4）从管理专家的角度，既应该包括交通运输部科教司、项目管理部门等政府部门的业务领导，也应包括各地省厅科教处等部门处于地方交通科技管理一线工作的业务领导。

由于指标体系涉及指标众多、综合性强，各指标的含义与评判方法各不相同，量纲各异，必须先对指标进行标准化处理。本书中采用10分制，评价等级划分为Ⅴ、Ⅳ、Ⅲ、Ⅱ、Ⅰ五级，考虑到传统百分制60分以下为不及格，对其他等级区间的压缩作用可能引起定性指标专家评分时各等级对应的心理账户权重不等，将评分区间设计为均匀对称分布形式，以消除误差，计算出综合评价结果后，再规范到常见的区间分布。此外，为排除定性指标不同评价主体评分标准差异的影响，采用相对位置评分原则，设定各分项指标基准分均为5分，由评价主体根据项目表现与国内同类工程（高速公路）平均水平相比的优劣程度判定，各等级的划分标准与区间含义如表8-6所示。

评价等级与区间含义　　表8-6

评价等级	Ⅴ	Ⅳ	Ⅲ	Ⅱ	Ⅰ
评分区间	[0，2)	[2，4)	[4，6]	(6，8]	(8，10]
区间含义	显著劣于国内同类工程项目平均水平	劣于国内同类工程项目平均水平	与国内同类工程项目平均水平持平	优于国内同类工程项目平均水平	显著优于国内同类工程项目平均水平
分值	0，1	2，3	4，5，6	7，8	9，10

通过分析不同高速公路工程项目各技术经济指标数值、咨询行内专家并参考国标标准与西部项目成果汇总文件，确定定量指标的分级标准，如表8-7所示。

定量指标分级标准　　表8-7

指标层			评分区间与评价等级				
			Ⅴ	Ⅳ	Ⅲ	Ⅱ	Ⅰ
			[0，2)	[2，4)	[4，6]	(6，8]	(8，10]
科技示范作用	技术水平T1	优秀成果、关键技术引进因子	0~5	5~10	10~20	20~35	＞35
		科研课题专题研究因子	0~20	20~40	40~80	80~140	＞140
	科技创新成果T2	规范化与标准化施工技术文件因子	0~5	5~10	10~15	15~20	＞20
		科技论文与论著成果因子	0~50	50~100	100~200	200~500	＞500
		专利与软件著作权因子	0~20	20~40	40~80	80~120	＞120
		成果推广投入产出比	1∶0.1~0.5	1∶0.5~1	1∶1~3	1∶3~8	1∶8~20

续上表

指 标 层			评分区间与评价等级				
			Ⅴ	Ⅳ	Ⅲ	Ⅱ	Ⅰ
			[0，2)	[2，4)	[4，6]	(6，8]	(8，10]
科技示范作用	人才队伍建设T3	项目人才梯队结构因子	1.0~2.0	2.0~3.0	3.0~4.0	4.0~5.0	5.0~10.0
		项目团队获得荣誉因子	0	1~5	5~15	15~30	30~50
		项目参研人员晋升职称与取得学位因子	0~0.2	0.2~0.5	0.5~1.0	1.0~2.0	2.0~3.0
工程实施效果	环境影响E1	耕地占道路用地面积比重	70%~100%	61%~70%	51%~60%	41%~50%	0%~40%
		运营期各路段敏感点噪声值	达标率0~20%	达标率20%~40%	达标率40%~60%	达标率60%~80%	达标率80%~100%
		运营期各路段空气污染指标	国家五级标准	国家四级标准	国家三级标准	国家二级标准	国家一级标准
	服务水平E2	单位里程服务设施规模	0~100m²/km	100~150m²/km	150~200m²/km	200~250m²/km	250~300m²/km

8.3 济青高速公路科技示范效应评价

8.3.1 济青高速公路科技示范效应

（1）科技示范工程科研课题基本情况

科技示范工程主要实施内容紧扣“绿色”理念，以“安全耐久、资源利用、节能环保、智慧共享”为主题，开展“全寿命周期设计施工一体化、不间断交通的施工交通组织与安全保障提升、旧路材料与大宗工业废弃物循环利用、生态防护与节能减排、信息化建管养效率提升”5个专项，共计29个子项的科技示范（科技攻关17项、科技推广12项），其中，科技攻关类项目获批2018—2019年交通运输行业重点科技项目2项，2018年山东省交通运输科技计划项目8项，2018年山东省工信厅“山东省技术创新项目”6项，2016年山东省交通运输科技计划项目9项。优化调整后的济青高速公路改扩建绿色科技示范工程科技项目一览表见表8-8。

济青高速公路改扩建绿色科技示范工程科技项目一览表　　表8-8

序号	技术类型		序号	项目名称
1	全寿命周期设计施工一体化技术	推广	1	永久性沥青路面结构设计理论与关键技术推广应用
			2	高等级公路半刚性基层结构损伤理论与控制方法推广应用
			3	重载交通高劲度改性沥青及沥青混凝土技术推广应用

续上表

序号	技术类型		序号	项目名称
1	全寿命周期设计施工一体化技术	攻关	4	新旧路面材料与结构性能协调及匹配关键技术
			5	基于扩建工程的路基路面结构优化设计
			6	高速公路改扩建工程新旧路基差异沉降控制及沉降计算修正方法研究
			7	济青拼接加宽桥梁中既有中小跨径旧桥部分荷载适应性研究
			8	高速公路梁桥加宽桩基础沉降差异控制技术研究
			9	在役钢筋混凝土梁疲劳损伤试验及剩余寿命预测
			10	基于模型试验及实桥验证的桥梁整体化层参与结构受力分析
			11	大跨径预应力混凝土连续梁桥时变效应与长期变形发展研究
			12	管状劲性体在高速公路软基及特殊路基处理中的应用研究
			13	沥青路面全幅无缝成型关键技术与应用研究
			14	水稳结构大厚度连铺连压整体成型技术与装备研究
2	不间断交通的施工交通组织与安全保障提升技术	推广	15	恶劣天气下特殊路段沥青路面抗凝冰与交通安全设施新技术推广应用
			16	济青高速公路改扩建护栏安全提升关键技术研究与示范应用
		攻关	17	高速公路改扩建保通施工与应急救援交通组织研究
			18	高速公路改扩建工程施工区交通安全评价方法研究
3	旧路材料与大宗工业废弃物循环利用技术	推广	19	沥青路面冷再生性能评价指标体系与高性能乳化沥青冷再生混合料推广应用
			20	稳定型橡胶改性沥青混合料技术推广应用
			21	DHT 土凝岩稳定材料技术推广应用
		攻关	22	固体工业废弃料规模化再生路用关键技术研究
			23	废弃结构物混凝土再生集料高值化利用技术研究
4	生态防护与节能减排技术	推广	24	低碳海绵型服务区建设技术推广应用
			25	岩石路堑边坡生态防护技术推广应用
		攻关	26	沥青路面施工期能耗及排放监测、评估与减量化关键技术研究
5	信息化建管养效率提升技术	推广	27	基于“互联网+”的高速公路智慧出行服务技术推广应用
			28	基于信息化技术的沥青路面全过程质控管理系统与评价方法推广应用
		攻关	29	基于 BIM 的桥梁建造一体化技术研究

（2）科技示范工程科技创新成果总结

经过4年实施建设，济青高速公路改扩建工程申请专利42项（已授权27项）、计算机软件著作权6项（已授权5项）、发表学术论文172篇、编制技术指南或工法13部、制定标准规范7部（已发布实施4部）、编写学术著作10部（已出版5部）。

①依托项目发表科技论文与公开出版论著情况

依托项目发表的科技论文与公开出版论著情况见附表2、附表3。

②技术指南汇编

技术指南汇编编制情况见附表4、附表5。

③形成的主要专利与软件著作权成果

形成的主要专利与软件著作权成果见附表6、附表7。

（3）科技创新项目成果推广应用直接经济效益

济青高速公路改扩建绿色科技示范工程实施以来，解决了众多工程自身遇到的重大技术难题，优化了设计方案，保证了施工安全，提高了工程品质，缩短了建设工期，减少了工程造价、降低了养护成本和日常运营管理费用，仅科研项目本身和其涉及的相关工程建设内容，经粗略统计和测算，产生的直接经济效益就超过15.4亿元，见表8-9。

与科研项目相关的经济效益测算表　　表 8-9

项 目 名 称	应用依托工程	应用时间	减少工程投资
新旧路面材料与结构性能协调及匹配关键技术	济青高速公路改扩建工程约 80% 的硬路肩既有路面结构再利用	2016.6—2019.7	10 亿元
基于扩建工程的路基路面结构优化设计	济青高速公路改扩建工程第 3 标段沥青路面结构优化	2016.6—2019.7	7700 万元
在役钢筋混凝土梁疲劳损伤试验及剩余寿命预测	京台高速公路德州至齐河段改扩建工程	2019.7—2021.7	1.7 亿元
高速公路梁桥加宽桩基础沉降差异控制技术研究	济青高速公路改扩建工程北阳河桥（中心桩号 K210＋128.527，共 48m）	2016.6—2019.7	60 万元
固体工业废弃料规模化再生路用关键技术研究	1. 赤泥应用 济青高速公路改扩建工程 第 4 合同段：K242+200~K242+420 左幅 第 5 合同段：K289+090.5~K294+385 右幅 2. 铁尾矿渣应用 济青高速公路改扩建工程 第 4 合同段：K246+050~K246+800 右幅 第 4 合同段：张店东互通立交匝道 0.8km、淄博西互通立交匝道 1.2km	2016.6—2019.7	120.31 万元
高速公路改扩建工程施工区交通安全评价方法研究	济青高速公路改扩建工程 合流路段：K132+300~K132+500，K258+260~K258+320 转序路段：K36+388~K67+460	2016.6—2019.7	300 万元
管状劲性体在高速公路软基及特殊路基处理中的应用研究	京台高速公路德齐段改扩建工程 第 1 合同段 21.5km 的软基和第 3 合同段 31km 软基	2019.7—2021.7	1800 万元
基于 BIM 的桥梁建造一体化技术研究	济青高速公路改扩建工程第 6 合同段小清河特大桥、小许家高架桥、华山高架桥	2016.6—2019.12	94.25 万元
废弃结构物混凝土再生集料高值化利用技术研究	济青高速公路改扩建工程第 2 合同段路侧混凝土挡墙；第 3 合同段新泽西护栏；第 5 合同段水稳底基层；40% 废旧混凝土再生集料用于台背回填、路基填筑等工程部位	2016.6—2019.12	768 万元
高等级公路半刚性基层结构损伤理论与控制方法推广应用	济青高速公路改扩建工程全线	2016.6—2019.12	1296 万元

续上表

项目名称	应用依托工程	应用时间	减少工程投资
基于绿色循环利用功能的公路护栏安全提升系统研究	济青高速公路改扩建工程双层波形梁护栏、中央分隔带开口活动护栏、中央分隔带桥墩护栏	2016.6—2019.12	2.36 亿元
高速公路改扩建工程反开挖水稳结构整体成型技术与装备研究	济青高速公路改扩建工程全线	2016.6—2019.12	865.2 万元
总计		15.4 亿元	

（4）科技示范工程人才队伍建设情况

项目人才队伍建设成效显著。通过项目实施，培养了一批先进集体和技术人才，其中30个集体被山东省总工会授予“工人先锋号”，7家参建单位获“山东省五一劳动奖状”，1人被中共山东省委、山东省人民政府授予“攻坚克难奖”，1人被授予“金桥奖”个人一等奖，15人被授予“山东省五一劳动奖章”，1人获全国优秀共产党员，2人获全国五一劳动奖章，90余人晋升高级职称，20余人职位得到晋升，100余人获得博士或硕士学位。各分项数据具体情况见表8-10。

科技示范工程人才队伍建设情况　　表 8-10

晋升职称与取得学位	人　数	荣誉级别	人　数
晋升高级职称	90	国家级	3
晋升中级职称	180	省部级	54
取得研究生学位	100	地市级	/

8.3.2　科技示范效应评价指标权重计算

评价指标权重共邀请10位专家进行判定，各专家独立填写调查问卷中的指标权重判定矩阵，回收表格后计算矩阵最大特征根的特征向量得出各专家的权重向量，再取平均值得到各指标综合的权重向量。下面仅列出根据回收得到的某位的专家的表格进行的矩阵计算过程，其余可依此类推，最终再给出各指标的综合权重向量。

（1）济青高速公路科技示范效应子功能层权重确定

子功能层对目标层的权重见表8-11。

子功能层对目标层的权重　　表 8-11

X/Y	科技示范作用	项目管理成熟度	工程实施效果	社会、经济效益	权重
科技示范作用	1	4	2	3	0.43
项目管理成熟度	1/4	1	1/2	1/2	0.11
工程实施效果	1/2	3	1	1	0.24
社会、经济效益	1/2	2	1	1	0.22

一致性检验：λ_{max}=4.03，CI=（λ_{max}−n）/（n−1）=0.01，RI=0.96，CR=CI/RI=0.01，由于 CR < 0.10，则判断矩阵具有满意的一致性。

（2）准则层对子功能层的权重

准则层对子功能层的权重见表8-12~表8-15。

准则层对科技示范作用的权重　　表 8-12

X / Y	技术水平	科技创新成果	人才队伍建设	权　重
技术水平	1	1/3	3	0.26
科技创新成果	3	1	5	0.64
人才队伍建设	1/3	1/5	1	0.10

一致性检验：λ_{max}=2.98，CI=（λ_{max}−n）/（n−1）=0.01，RI=0.58，CR=CI/RI=0.02，由于 CR < 0.10，则判断矩阵具有满意的一致性。

准则层对项目管理成熟度的权重　　表 8-13

X / Y	治理结构 1	合同管理 3	技术管理 2	要素管理 1	权　重
治理结构	1	5	3	1	0.38
合同管理	1/5	1	1/3	1/4	0.07
技术管理	1/2	2	1	1/2	0.16
要素管理	1	5	3	1	0.38

一致性检验：λ_{max}=4.23，CI=（λ_{max}−n）/（n−1）=0.077，RI=0.96，CR=CI/RI=0.08，由于CR < 0.10，则判断矩阵具有满意的一致性。

准则层对工程实施效果的权重　　表 8-14

X / Y	环境影响	服务水平	直接经济效益	权　重
环境影响	1	1/3	1	0.37
服务水平	1/3	1	1/3	0.26
直接经济效益	1	3	1	0.37

一致性检验：λ_{max}=2.08，CI=（λ_{max}−n）/（n−1）= 0.46，RI=0.58，CR=CI/RI=0.008，由于CR < 0.10，则判断矩阵具有满意的一致性。

准则层对社会、经济效益的权重　　表 8-15

X / Y	区域经济效益	区域社会发展	权　重
区域经济效益	1	1	0.5
区域社会发展	1	1	0.5

一致性检验：2次矩阵无须进行一致性检验，下同。

（3）科技示范作用评价指标层权重确定

科技示范作用评价指标层权重确定见表8-16~表8-18。

指标层对技术水平的权重　　表 8-16

X / *Y*	优秀成果、关键技术引进因子	科研课题专题研究因子	权　重
优秀成果、关键技术引进因子	1	1	0.5
科研课题专题研究因子	1	1	0.5

指标层对科技创新成果的权重　　表 8-17

X / *Y*	规范化与标准化施工技术文件因子	科技论文与论著成果因子	专利与软件著作权因子	成果推广节约工程费用	权重
规范化与标准化施工技术文件因子	1	5	3	1	0.39
科技论文与论著成果因子	1/5	1	1/3	1/5	0.07
专利与软件著作权因子	1/3	3	1	1/3	0.15
成果推广节约工程费用	1	5	3	1	0.39

一致性检验：λ_{max}=4.16，CI=（$\lambda_{max}-n$）/（$n-1$）=0.05，RI=0.96，$CR=CI/RI$=0.06，由于$CR<0.10$，则判断矩阵具有满意的一致性。

指标层对人才队伍建设的权重　　表 8-18

X / *Y*	项目人才梯队结构因子	项目团队获得荣誉因子	项目参研人员晋升职称与取得学位因子	权　重
项目人才梯队结构因子	1	3	3	0.60
项目团队获得荣誉因子	1/3	1	1	0.20
项目参研人员晋升职称与取得学位因子	1/3	1	1	0.20

一致性检验：λ_{max}=3，CI=（$\lambda_{max}-n$）/（$n-1$）=0，RI=0.58，$CR=CI/RI$=0，由于$CR<0.10$，则判断矩阵具有满意的一致性。

（4）创新管理水平评价指标层权重确定

创新管理水平评价指标层权重确定见表8-19~表8-22。

指标层对治理结构的权重　　表 8-19

X / *Y*	组织结构合理性	制度建设完善度	沟通协调满意度	权　重
组织结构合理性	1	3	1	0.40
制度建设完善度	1/3	1	1	0.19
沟通协调满意度	1	3	1	0.40

一致性检验：λ_{max}=3，CI=（$\lambda_{max}-n$）/（$n-1$）=0，RI=0.58，CR=CI/RI=0，由于$CR<0.10$，则判断矩阵具有满意的一致性。

指标层对合同管理的权重 表 8-20

X / Y	合同履约满意度	变更处理满意度	权　重
合同履约满意度	1	1/2	0.33
变更处理满意度	2	1	0.67

指标层对技术管理的权重 表 8-21

X / Y	科研咨询满意度	培训交流满意度	产学结合成熟度	权　重
科研咨询满意度	1	3	1/3	0.26
培训交流满意度	1/3	1	1/5	0.10
产学结合成熟度	3	5	1	0.64

一致性检验：λ_{max}=2.98，CI=（$\lambda_{max}-n$）/（n−1）=0.01，RI=0.58，$CR=CI/RI$=0.02，由于$CR<0.10$，则判断矩阵具有满意的一致性。

指标层对要素管理的权重 表 8-22

X/Y	资金管理满意度	信息管理满意度	人力资源管理满意度	物资管理满意度	权　重
资金管理满意度	1	5	4	2	0.49
信息管理满意度	1/5	1	1/2	1/3	0.08
人力资源管理满意度	1/3	2	1	1/2	0.15
物资管理满意度	1/2	4	2	1	0.28

一致性检验：：λ_{max}=3.92，CI=（$\lambda_{max}-n$）/（n−1）=0.027，RI=0.96，$CR=CI/RI$=0.028，由于$CR<0.10$，则判断矩阵具有满意的一致性。

（5）工程实施效果评价指标层权重确定

工程实施效果评价指标层权重确定见表8-23~表8-25。

指标层对环境影响的权重 表 8-23

X / Y	耕地占道路用地面积比重	运营期各路段敏感点噪声值	运营期各路段空气污染指标	景观丰富度	权　重
耕地占道路用地面积比重	1	3	3	5	0.52
运营期各路段敏感点噪声值	1/3	1	1	3	0.20
运营期各路段空气污染指标	1/3	1	1	3	0.20
景观丰富度	1/5	1/3	1/3	1	0.08

一致性检验：：λ_{max}=3.97，CI=（$\lambda_{max}-n$）/（n−1）=0.01，RI=0.96，$CR=CI/RI$=0.01，由于$CR<0.10$，则判断矩阵具有满意的一致性。

指标层对服务水平的权重 表 8-24

X / Y	驾驶强度等级	交通工程设施完善度	单位里程服务区规模	权　重
驾驶强度等级	1	3	5	0.64
交通工程设施完善度	1/3	1	3	0.26
单位里程服务区规模	1/6	1/3	1	0.10

一致性检验：λ_{max}=3.02，CI=（$\lambda_{max}-n$）/（n−1）=0.01，RI=0.58，CR=CI/RI=0.018，由于$CR<0.10$，则判断矩阵具有满意的一致性。

指标层对直接经济效益的权重 表 8-25

X/Y	降低运营成本效益	旅客时间节约效益	减少交通事故效益	权　重
降低运营成本效益	1	2	1/3	0.23
旅客时间节约效益	1/3	1	1/6	0.10
减少交通事故效益	3	5	1	0.66

一致性检验：λ_{max}=3.11，CI=（$\lambda_{max}-n$）/（n−1）=0.06，RI=0.58，CR=CI/RI=0.09，由于$CR<0.10$，则判断矩阵具有满意的一致性。

（6）社会、经济效益评价指标层权重确定

社会、经济效益评价指标层权重的确定见表8-26、表8-27。

指标层对区域经济效益的权重 表 8-26

X/Y	促进矿产、国土、旅游资源与能源开发	促进农业发展	促进经济增长与产业结构优化	提高区域可达性、促进居民出行变化	提高居民生活水平	权重
促进矿产、国土、旅游资源与能源开发	1	5	3	3	4	0.46
促进农业发展	1/6	1	1/4	1/4	1/2	0.06
促进经济增长与产业结构优化	1/3	4	1	1	2	0.20
提高区域可达性、促进居民出行变化	1/3	4	1	1	2	0.20
提高居民生活水平	1/5	2	1/3	1/3	1	0.09

一致性检验：λ_{max}=4.99，CI=（$\lambda_{max}-n$）/（n−1）=0.0025，RI=1.12，CR=CI/RI=0.002，由于$CR<0.10$，则判断矩阵具有满意的一致性。

指标层对区域社会发展的权重 表 8-27

X/Y	保障区域稳定、巩固国防	增强防灾抗灾能力	提高城镇化水平与对外开放程度	促进人力资源开发与相关行业人员技术进步	权重
保障区域稳定、巩固国防	1	1	1	3	0.30
增强防灾抗灾能力	1	1	1	3	0.30
提高城镇化水平与对外开放程度	1	1	1	3	0.30
促进人力资源开发与相关行业人员技术进步	1/3	1/3	1/3	1	0.10

一致性检验：λ_{max}=4，CI=（$\lambda_{max}-n$）/（n−1）=0，RI=0.96，CR=CI/RI=0，由于$CR<0.10$，则判断矩阵具有满意的一致性。

各指标层对目标层的权重系数等于指标层对准则层的权重系数与准则层对子功能层

的权重系数以及子功能层对目标层的权重系数三者的乘积。最后取10位专家的平均值得到指标层对目标层的综合权重系数，如表8-28所示。

济青高速公路科技示范效应评价指标层对目标层的权重　　表 8-28

目标层	子功能层	准则层	指　标　层	权重
科技示范工程总体示范效应评价指标体系	科技示范作用 T 0.43	技术水平 T1 0.26	优秀成果、关键技术引进因子 T11 0.5	0.0559
			科研课题专题研究因子 T12 0.5	0.0559
		科技创新成果 T2 0.64	规范化与标准化施工技术文件因子 T21 0.39	0.1123
			科技论文与论著成果因子 T22 0.07	0.0217
			专利与软件著作权因子 T23 0.15	0.0428
			成果推广投入产出比 T24 0.39	0.1089
		人才队伍建设 T3 0.10	项目人才梯队结构因子 T31 0.60	0.0258
			项目团队获得荣誉因子 T32 0.20	0.0086
			项目参研人员晋升职称与取得学位因子 T33 0.20	0.0100
	项目管理成熟度 M 0.11	治理结构 M1 0.38	组织结构合理性 M11 0.40	0.0167
			制度建设完善度 M12 0.19	0.0079
			沟通协调满意度 M13 0.40	0.0167
		合同管理 M2 0.07	合同履约满意度 M21 0.33	0.0025
			变更处理满意度 M22 0.67	0.0052
		技术管理 M3 0.16	科研咨询满意度 M31 0.26	0.0046
			培训交流满意度 M32 0.10	0.0018
			产学结合成熟度 M33 0.64	0.0113
		要素管理 M4 0.38	资金管理满意度 M41 0.49	0.0205
			信息管理满意度 M42 0.08	0.0033
			人力资源管理满意度 M43 0.15	0.0063
			物资管理满意度 M44 0.28	0.0117
	工程实施效果 E 0.24	环境影响 E1 0.37	耕地占道路用地面积比重 E11 0.52	0.0462
			运营期各路段敏感点噪声值 E12 0.20	0.0178
			运营期各路段空气污染指标 E13 0.20	0.0178
			景观丰富度 E14 0.08	0.0071
		服务水平 E2 0.26	驾驶强度等级 E21 0.64	0.0399
			交通工程设施完善度 E22 0.26	0.0162
			单位里程服务设施规模 E23 0.10	0.0062
		直接经济效益 E3 0.37	降低运营成本效益 E32 0.23	0.0202
			旅客时间节约效益 E33 0.10	0.0101
			减少交通事故效益 E34 0.66	0.0597
	社会、经济效益 U 0.22	区域经济效益 U1 0.5	促进矿产、国土、旅游资源与能源开发 U11 0.46	0.0506
			促进农业发展 U12 0.06	0.0066
			促进经济增长与产业结构优化 U13 0.20	0.0220
			提高区域可达性、促进居民出行变化 U14 0.20	0.0220
			提高居民生活水平 U15 0.09	0.0099

续上表

目标层	子功能层	准则层	指　标　层	权重
科技示范工程总体示范效应评价指标体系	社会、经济效益 U 0.22	区域社会发展 U2 0.5	保障区域稳定、巩固国防 U21 0.30	0.0330
			增强防灾抗灾能力 U22 0.30	0.0330
			提高城镇化水平与对外开放程度 U23 0.30	0.0330
			促进人力资源开发与相关行业人员技术进步 U24 0.10	0.0110

（7）关键性指标确定

科技示范效应关键性指标是示范工程总体绩效水平与示范效应的集中体现，主要依据评价指标体系各基层指标的权重结合各项指标可能提高的潜力综合确定。

根据评价模型的标定结果，结合专家咨询，研究确定优秀成果、关键技术引进因子T11（0.0559）、科研课题专题研究因子T12（0.0559）、规范化与标准化施工技术文件因子T21（0.1761）、专利与软件著作权因子T23（0.0716）、成果推广投入产出比T24（0.1089）、耕地占道路用地面积比重E11（0.0462）、驾驶强度等级E21（0.0399）、减少交通事故效益E34（0.0515）、促进矿产、国土、旅游资源与能源开发U11（0.0506）、保障区域稳定、巩固国防U21（0.0330）、增强防灾抗灾能力U22（0.0330）、提高城镇化水平与对外开放程度U23（0.0330）等12项指标为绩效评价的关键性指标，上述指标集中反映了示范工程在科技示范作用、工程实施效果、区域经济效益与社会效益等方面的整体效果和水平。

8.3.3　指标评价结果

对于定性指标，采用专家打分的形式，无须进行无量纲化处理。对于定量指标，无量纲化处理结果见表8-29、表8-30。

定量指标无量纲化结果　　表 8-29

目标层	子功能层	准则层	指　标　层	原值	无量纲化初值
科技示范工程总体示范效应评价指标体系	科技示范作用 T	技术水平 T1	优秀成果、关键技术引进因子 T11	39	8.53
			科研课题专题研究因子 T12	198	9.21
		科技创新成果 T2	规范化与标准化施工技术文件因子 T21	144	9.35
			科技论文与论著成果因子 T22	2146	9.92
			专利与软件著作权因子 T23	204	9.54
			成果推广投入产出比 T24	1∶7.5	7.80
		人才队伍建设 T3	项目人才梯队结构因子 T31	5.5	8.20
			项目团队获得荣誉因子 T32	20	6.67
			项目参研人员晋升职称与取得学位因子 T33	2.224	8.45

续上表

目标层	子功能层	准则层	指　标　层	原值	无量纲化初值
科技示范工程总体示范效应评价指标体系	工程实施效果 E	环境影响 E1	耕地占道路用地面积比重 E11	31.62	8.42
			运营期各路段敏感点噪声值 E12	超标率 19%	8.11
			运营期各路段空气污染指标 E13	均能达到国家二级标准	8.00
		服务水平 E2	单位里程服务设施规模 E23	278.5	8.57

定性指标专家打分与用户调查结果　　表 8-30

子功能层	准则层	指　标　层	项目参与方、专家打分与用户调查结果（对称均匀分布评分区间得分）									
项目管理成熟度 M	治理结构 M1	组织结构合理性 M11	9	8	8	9	9	8	10	8	9	8
		制度建设完善度 M12	8	8	8	9	7	7	8	8	7	8
		沟通协调满意度 M13	9	10	9	10	9	10	10	9	9	10
	合同管理 M2	合同履约满意度 M21	8	7	8	7	8	7	8	7	8	8
		变更处理满意度 M22	8	9	7	8	8	8	8	7	8	9
	技术管理 M3	科研咨询满意度 M31	10	10	9	10	9	9	10	9	10	10
		培训交流满意度 M32	8	8	8	9	8	7	8	7	8	9
		产学结合成熟度 M33	10	10	9	10	9	10	10	9	10	10
	要素管理 M4	资金管理满意度 M41	7	7	6	7	6	7	8	6	7	7
		信息管理满意度 M42	8	8	7	8	8	8	8	7	8	9
		人力资源管理满意度 M43	10	8	8	8	9	9	10	8	9	9
		物资管理满意度 M44	9	9	8	9	8	9	9	8	9	8
工程实施效果 E	环境影响 E1	景观丰富度 E14	10	10	9	10	10	9	10	9	10	10
	服务水平 E2	驾驶强度等级 E21	7	8	7	8	7	8	9	7	7	8
		交通工程设施完善度 E22	8	8	8	9	9	9	8	8	9	8
	直接经济效益 E3	降低运营成本效益 E32	9	9	8	10	9	10	9	9	10	9
		旅客时间节约效益 E33	8	8	7	9	8	8	7	8	8	7
		减少交通事故效益 E34	8	7	8	8	7	8	7	7	7	7
社会、经济效益 U	区域经济效益 U1	促进矿产、国土、旅游资源与能源开发 U11	10	9	10	10	8	9	10	9	10	9
		促进农业发展 U12	7	7	8	10	6	7	8	7	8	7
		促进经济增长与产业结构优化 U13	8	9	9	9	7	8	9	10	9	8
		提高区域可达性、促进居民出行变化 U14	9	9	9	8	8	8	8	8	7	7
		提高居民生活水平 U15	8	7	7	8	7	7	8	8	7	7

续上表

子功能层	准则层	指标层	项目参与方、专家打分与用户调查结果（对称均匀分布评分区间得分）									
社会、经济效益 U	区域社会发展 U2	保障区域稳定、巩固国防 U21	10	9	10	9	9	9	10	9	9	8
		增强防灾抗灾能力 U22	9	9	10	9	9	10	9	10	9	9
		提高城镇化水平与对外开放程度 U23	9	8	9	10	8	9	9	8	8	8
		促进人力资源开发与相关行业人员技术进步 U24	9	8	8	8	7	7	8	7	7	7

8.3.4 灰色评价系数、评价权向量及权矩阵的计算

根据第三章介绍的灰色评价系数计算方法，计算出指标——优秀成果、关键技术引进因子（W_{ijk}）属于“Ⅰ级水平”的评价系数$X^1_{ij1}=0.95$；属于“Ⅱ级水平”的评价系数$X^2_{ij1}=0.78$；属于“Ⅲ级水平”的评价系数$X^3_{ij1}=0.29$；属于“Ⅳ级水平”的评价系数$X^4_{ij1}=0$；属于“Ⅴ级水平”的评价系数$X^5_{ij1}=0$。则优秀成果、关键技术引进因子属于各个评价灰类的总灰色评价数$X_{ij1}=\sum_{e=1}^{5}X^e_{ij1}=2.02$。优秀成果、关键技术引进因子属于“Ⅰ级水平”的权为$r^1_{ij1}=X^1_{ij1}/X_{ij1}=0.47$；属于“Ⅱ级水平”的权为$r^2_{ij1}=X^2_{ij1}/X_{ij1}=0.39$；属于“Ⅲ级水平”的权为$r^3_{ij1}=X^3_{ij1}/X_{ij1}=0.15$；属于“Ⅳ级水平”的权为$r^4_{ij1}=X^4_{ij1}/X_{ij1}=0$；属于“Ⅴ级水平”的权为$r^5_{ij1}=X^5_{ij1}/X_{ij1}=0$。则：

$$r^1_{ij1}=(0.47,\ 0.39,\ 0.15,\ 0,\ 0)$$

同理可计算出其他评价指标W_{ijk}对于各灰类的灰色评价权向量，从而可得准则层V_{ij}对于各评价灰类的评价权矩阵R_{ij}分别为：

$$R_{11}=\begin{bmatrix}0.47 & 0.39 & 0.15 & 0 & 0\\ 0.53 & 0.37 & 0.10 & 0 & 0\end{bmatrix},\quad R_{12}=\begin{bmatrix}0.54 & 0.37 & 0.09 & 0 & 0\\ 0.62 & 0.37 & 0.01 & 0 & 0\\ 0.56 & 0.37 & 0.07 & 0 & 0\\ 0.40 & 0.40 & 0.20 & 0 & 0\end{bmatrix}$$

$$R_{13}=\begin{bmatrix}0.43 & 0.39 & 0.17 & 0 & 0\\ 0.31 & 0.40 & 0.28 & 0 & 0\\ 0.46 & 0.39 & 0.15 & 0 & 0\end{bmatrix},\quad R_{21}=\begin{bmatrix}0.54 & 0.37 & 0.09 & 0 & 0\\ 0.41 & 0.40 & 0.19 & 0 & 0\\ 0.52 & 0.37 & 0.10 & 0 & 0\end{bmatrix}$$

$$R_{22}=\begin{bmatrix}0.36 & 0.41 & 0.23 & 0 & 0\\ 0.41 & 0.40 & 0.19 & 0 & 0\end{bmatrix},\quad R_{23}=\begin{bmatrix}0.52 & 0.37 & 0.10 & 0 & 0\\ 0.44 & 0.39 & 0.16 & 0 & 0\\ 0.64 & 0.36 & 0 & 0 & 0\end{bmatrix}$$

$$R_{24}=\begin{bmatrix}0.33&0.42&0.25&0&0\\0.41&0.40&0.19&0&0\\0.64&0.36&0&0&0\\0.52&0.37&0.10&0&0\end{bmatrix},\quad R_{31}=\begin{bmatrix}0.46&0.39&0.15&0&0\\0.14&0.18&0.25&0.42&0\\0.41&0.40&0.19&0&0\\0.64&0.36&0&0&0\end{bmatrix}$$

$$R_{32}=\begin{bmatrix}0.33&0.42&0.25&0&0\\0.41&0.40&0.19&0&0\\0.44&0.39&0.17&0&0\end{bmatrix},\quad R_{33}=\begin{bmatrix}0.52&0.37&0.10&0&0\\0.41&0.40&0.19&0&0\\0.41&0.40&0.19&0&0\end{bmatrix}$$

$$R_{41}=\begin{bmatrix}0.64&0.36&0&0&0\\0.33&0.42&0.25&0&0\\0.41&0.40&0.19&0&0\\0.52&0.37&0.10&0&0\\0.41&0.40&0.19&0&0\end{bmatrix},\quad R_{42}=\begin{bmatrix}0.64&0.36&0&0&0\\0.52&0.37&0.1&0&0\\0.52&0.37&0.1&0&0\\0.52&0.37&0.1&0&0\end{bmatrix}$$

根据上章介绍的计算方法，对V_{ij}做综合评价，评价结果如下：

B_{11}=［0.50, 0.38, 0.12, 0, 0］, B_{12}=［0.49, 0.38, 0.12, 0, 0］, B_{13}=［0.42, 0.40, 0.19, 0, 0］

B_{21}=［0.50, 0.37, 0.11, 0, 0］, B_{22}=［0.40, 0.40, 0.20, 0, 0］, B_{23}=［0.59, 0.37, 0.04, 0, 0］

B_{24}=［0.44, 0.40, 0.17, 0, 0］, B_{31}=［0.40, 0.35, 0.17, 0.08, 0］, B_{32}=［0.36, 0.41, 0.23, 0, 0］

B_{33}=［0.44, 0.39, 0.17, 0, 0］, B_{41}=［0.54, 0.38, 0.09, 0, 0］, B_{42}=［0.56, 0.37, 0.07, 0, 0］

由V_{ij}的综合评价结果B_{ij}得到子功能层U_i对于各评价灰类的灰色评价权矩阵R_i：

$$R_1=\begin{bmatrix}0.50&0.38&0.12&0&0\\0.49&0.38&0.12&0&0\\0.42&0.40&0.19&0&0\end{bmatrix},\quad R_2=\begin{bmatrix}0.50&0.37&0.11&0&0\\0.40&0.40&0.20&0&0\\0.59&0.37&0.04&0&0\\0.44&0.40&0.17&0&0\end{bmatrix}$$

$$R_3=\begin{bmatrix}0.40&0.35&0.17&0.08&0\\0.36&0.41&0.23&0&0\\0.44&0.39&0.17&0&0\end{bmatrix},\quad R_4=\begin{bmatrix}0.54&0.38&0.09&0&0\\0.56&0.37&0.07&0&0\end{bmatrix}$$

对U_i作综合评价，评价结果为：

B_1=［0.49, 0.38, 0.13, 0, 0］, B_2=［0.48, 0.38, 0.13, 0, 0］

B_3=［0.40, 0.38, 0.18, 0.03, 0］, B_4=［0.55, 0.38, 0.08, 0, 0］

对总评价目标 Z 做综合评价，由U_i的综合评价结果B_i得到总评价目标Z对于各评价灰类的灰色评价权矩阵R：

$$R=\begin{bmatrix}0.49 & 0.38 & 0.13 & 0 & 0\\0.48 & 0.38 & 0.13 & 0 & 0\\0.40 & 0.38 & 0.18 & 0.03 & 0\\0.55 & 0.38 & 0.08 & 0 & 0\end{bmatrix}$$

于是，对总评价目标做综合评价，其评价结果记为B，则有：

$$B=[0.48, 0.38, 0.13, 0.01, 0]$$

8.3.5 计算综合评价值，得到评价结果

将各灰类等级按“灰水平”赋值，第1灰类取为10，第2灰类取为8，第3灰类取为6，第4灰类取为4，第5灰类取为2，则各灰类评价等级值化向量 $F=(10, 8, 6, 4, 2)$，于是科技示范效应Z综合评价值为：

$$Z=B\times F^{T}=9.28$$

根据 4.2.3 节评价指标分级原则，考虑到 10 分制评价结果常见区间含义 6 分以下为不及格，在初步评价结果基础上，将均匀对称区间分布所得的评价得分作直线映射，直线映射区间对应关系如表 8-31 所示，换算后其余各分层指标综合评价结果如表 8-32 所示。

评价指标等级区间长度映射关系　　表 8-31

评价等级	Ⅴ	Ⅳ	Ⅲ	Ⅱ	Ⅰ
均匀对称区间	[0，2)	[2，4)	[4，6]	(6，8]	(8，10]
映射结果	[0，6)	[6，7)	[7，8]	(8，9]	(9，10]
区间含义	显著劣于国内同类工程项目平均水平	劣于国内同类工程项目平均水平	与国内同类工程项目平均水平持平	优于国内同类工程项目平均水平	显著优于国内同类工程项目平均水平

科技示范效应分层指标综合评价结果（括号内为权重值）　　表 8-32

目标层	子功能层	准则层	综合评价结果		
科技示范工程总体示范效应评价指标体系	科技示范作用 T（0.43）	技术水平 T1（0.26）	9.65	9.80	9.64
		科技创新成果 T2（0.64）	9.89		
		人才队伍建设 T3（0.10）	9.65		
	项目管理成熟度 M（0.11）	治理结构 M1（0.38）	9.55	9.45	
		合同管理 M2（0.07）	9.45		
		技术管理 M3（0.16）	9.68		
		要素管理 M4（0.38）	9.51		
	工程实施效果 E（0.24）	环境影响 E1（0.37）	9.60	9.56	
		服务水平 E2（0.26）	9.54		
		直接经济效益 E3（0.37）	9.53		
	社会、经济效益 U（0.22）	区域经济效益 U1（0.5）	9.55	9.51	
		区域社会发展 U2（0.5）	9.46		

由表8-38可知，济青高速公路的科技示范效应综合评价得分9.64，科技示范效应为Ⅰ级水平，即科技示范效应显著优于国内同类高速公路改扩建工程平均水平。

4个子功能层综合评价得分依次为科技示范作用（T）9.80、项目管理成熟度（M）9.45、工程实施效果（E）9.56、社会经济效益（U）9.51，均达到Ⅰ级标准，显著优于平均水平，且其中科技示范作用T及工程实施效果E表现尤为突出，反映了济青高速公路科技示范工程项目在科技示范作用与工程实施效果方面对发挥科技示范效应起到了较好的带动作用。

12个准则层综合评价得分均达到Ⅰ级标准，项目管理成熟度M中的技术管理水平M3得分为9.68，说明济青高速公路技术管理水平高；区域经济效益U得分为9.55、区域社会发展U2得分为9.49，说明济青高速公路的建设对带动区域社会经济发展作用显著；科技示范作用T子功能层的3项准则层指标得分均超过9.6分，特别是科技创新成果T2得分高达9.89，说明济青高速公路科技创新成果特别显著，科技示范作用表现突出。

综上可知，课题研究形成的科技示范效应评价指标体系与评价方法，较真实地反映了济青高速公路建设工程科技示范效应各影响因素的表现与对总体绩效的贡献大小，通过改进的Delphi法匿名讨论得出的权重计算结果，能够筛选出示范效应关键性指标，为项目管理与决策机构评价科技示范工程完成情况、及时纠偏与激励先进提供必要的决策支撑。

8.4 绿色科技示范生态效益

济青高速公路改扩建工程中产生的大量旧路面、旧桥面板、旧护栏等材料，如果不进行处理或者再利用，则需要大量场地进行长时间堆放，不仅占用大量土地，也会对周围环境产生不利影响；项目临近黄河水系，路线穿越多处敏感水体，对水资源的保护尤为重要；济青高速公路沿线区域经济发达，许多工矿企业产生的大量固体工业废弃物不仅占用土地，同时也对环境产生很大影响；此外，已经运营23年的济青高速公路，沿线生态环境等均已平衡，高速公路改扩建工程建设将产生大量碳排放，疏于控制将对沿线的生态环境产生严重影响。因此，济青高速公路改扩建工程面临的生态环境问题压力巨大。

济青高速公路改扩建绿色科技示范工程对路域生态环境保护极为重视，项目始终坚持以习近平生态文明思想为指导，全面贯彻落实绿色发展新理念，紧扣“绿色”主题，在工程建设过程中大量应用低碳环保类技术，将低碳环保理念贯彻到高速公路设计、施工和运营全过程中，对缓解高速公路沿线自然资源紧缺、保护生态自然环境起到重大作用。同时，也对高速公路节能减排、建设绿色低碳公路起到积极的促进与推动作用。

8.4.1 本项目实现的生态效益

1）节能减排成效

济青高速公路改扩建工程始终坚持将环境资源保护作为工程建设的内在要素和绿色发展的目标，强调保护自然生态，充分利用资源，善待环境，在建设过程中，积极应用节能减排新技术。例如，在沥青拌和站推广应用油改气技术，在改扩建工程第1合同段示范应用机械发泡温拌沥青混合料技术，在济南东服务区建设低碳海绵型服务区，节约水资源，应用节能照明、房建设施保温墙，以及太阳能、风能等绿色能源显著降低了碳排放。

作为交通运输部第一个高速公路改扩建绿色科技示范工程，各科研项目的开展也体现了“绿色”理念，节能减排成效显著。

（1）旧路结构保留再利用，避免加固和拆除重建过程中的各类能耗排放

采用“新旧路面材料与结构性能协调及匹配关键技术”成果进行高速公路改扩建改造，对既有路面结构与材料进行了评价及再利用，有效提高了既有路面结构的利用率，避免了铣刨重铺，提高了施工效率，缩短了工期，减少了新增交通量行车距离、节约了行车时间，降低了由此产生的碳排放。

通过对既有中小桥部分荷载适应性研究、既有桥梁综合利用关键技术研究、在役钢筋混凝土梁疲劳损伤及剩余寿命研究、桥梁整体化层参与结构受力分析等，最大程度提高了既有桥梁结构利用率，避免了拆除和新建桥梁的大量直接投资，以及拆除旧桥后需修便道保通、废旧材料运输、处理等间接投资，也降低了各施工环节的碳排放。

（2）全寿命周期内减少设计、施工、养护与维修成本

开展了路基路面结构优化设计，应用了永久性沥青路面结构设计理论与技术，使路面设计使用寿命提高至35年以上。根据实际工程实践和统计，传统半刚性基层沥青路面结构平均每5年进行一次中修，每10年进行一次大修，每15年设计期末进行一次路面结构重建或改造，优化后的永久性沥青路面结构由于没有结构性的疲劳破坏，分析期内仅需每10年进行一次中修。

通过高速公路改扩建工程新旧路基差异沉降控制及沉降计算修正方法研究，对路基

差异沉降控制进行优化，实现了大修周期从3~5年延长至8年以上。

构建了小清河特大桥实际服役环境下的梁桥变形预测和监测技术体系，实现桥梁结构状态预测动态校准，明确了小清河特大桥预应力混凝土连续梁时变性能发展规律，改善了现有预应力混凝土桥梁设计、施工和维护技术指南，为设计、施工和维护管理工作提供了最佳方案，降低早龄期混凝土养护的盲目性，有效降低了人力及物力的浪费。

通过沥青路面全幅摊铺技术打造了“横向一字坡、纵向无接缝”沥青路面，减少了早期病害，延长了养护周期。

（3）提高施工效率和质量，节省人工及设备投入，生态环境效益显著

全线采用四车道18.75m宽全断面单机整幅一次摊铺，相比传统双机摊铺大幅提升施工效率，平整度比技术要求提高1倍。

大厚度连铺连压整体成型技术，实现了硬路肩反开挖段水稳结构一次摊铺一次成型，施工效率提高3倍以上。

抗凝冰沥青路面的应用实现了路面自融冰雪，避免了被动除雪中的人工和机械设备投入。

（4）旧路材料再利用，降低原材料加工、运输造成的碳排放

应用乳化沥青冷再生技术，节约了 170 多万 t 碎石用量、5 万多 t 沥青用量、每百公里节约弃渣填埋场用地 70 亩，少开采岩石 60 多万 m^2。

通过废弃结构物混凝土集料再生研究，并高值化利用再生集料 9.2 万 m^2。

通过计算机高精度仿真模拟及实施实车碰撞试验验证，自主研发了多种护栏形式，实现了全线再利用旧波形梁护栏达 642km，节省钢材近万吨。

（5）大宗固体工业废弃物再利用，节约道路建设原材料，变废为宝

采用全新的技术手段和创新工艺，将拜耳法赤泥 2.2 万余 t、烧结法赤泥 1500 余 t、铁尾矿渣 7800 余 t 等固体工业废弃料转化为无害化筑路材料应用于道路工程路基填筑、台背回填等工程部位；DHT 土凝岩材料代替高能耗材料（水泥 / 石灰）400 余 t；稳定型橡胶沥青混合料示范应用 32.3 万 m^2。大宗工业废弃物再利用降低了大量筑路材料生产造成的碳排放。

（6）岩石路堑边坡、桥台锥坡生态防护，碳汇效益显著

应用“水—土—生”岩石边坡生态恢复三大关键技术，使得济青高速公路改扩建沿线路堑、桥台锥坡生态得到最大限度恢复，恢复的林草植被可大量吸收二氧化碳，实现可观的碳汇效益。

（7）不间断交通施工安全保障与信息化建管养效率提升实现更深层次高速公路改扩

建绿色环保理念

应用综合驾驶实验平台，模拟改扩建施工期间道路行车环境提高通行效率，通过保通施工行车断面划分、车速组织和过渡段长度研究，提出了限速标准和标线设置方式，形成了改扩建各阶段交通组织方案，提高了施工过程中车辆行驶安全，实现四车道双向“边通车、边施工”，有效减少了施工车辆的运距，提高了施工效率，同时还降低了道路施工对社会车辆通行的影响，避免绕路造成的排放污染。

基于多源数据融合的交通状态判别技术为精确诱导交通流提供了济青高速公路的实时态势，通过大数据进行资源配置优化，有效规避了交通拥堵，提高了运行效率，降低了汽车出行碳排放。

构建了施工条件下高速公路可变限速技术，以降低施工区的安全风险并最大限度地平滑交通流为目标建立模型，通过动态限制速度值，缓解道路拥挤，降低燃料消耗量和尾气排放量。

利用边界折减法和数据压缩法，实现了相较于传统 BIM 技术运行效率 8 倍以上轻量化计算模型，减少了计算分析成本及时间，提高了工作效率。施工方案、进度的优化以及预先的碰撞检查，提高了施工效率，节省了人力物力成本，体现了课题研究成果的绿色示范及其节能减排功效。

济青高速公路改扩建工程荣获“2018 年度交通运输节能减排示范项目”，节能减排成效受到认可。这些研究成果不仅应用于济青高速公路改扩建工程建设，在京台高速公路（山东段）、京沪高速公路（山东段）等改扩建工程中也得到了推广应用，对在建或拟建公路项目也具有重要的参考价值，不仅提高了我国公路建设在环境保护方面的技术水平，也为相关规范、规程的修订和完善提供了技术和工程实践依据。

2）碳排放量测算统计

高速公路碳排放量是指在原材料生产、施工、拆除结构物以及运输时所产生的平均温室气体，即 CO_2 的排放量。济青高速公路改扩建绿色科技示范工程紧扣“绿色”主题，推广和示范应用了一系列“绿色”科技成果和科技攻关项目，有效降低了碳排放，累计降低碳排放 219724t，具体测算统计见表 8-33。

CO_2 减排测算统计表　　表 8-33

示范项目名称	单位碳排放减少量（kg）	数　量	碳排放减少量（t）	备　注
基于扩建工程的路基路面结构优化设计	582820	309km	180091	
烧结法赤泥	3.1	1500m^3	4.67	台背回填

续上表

示范项目名称	单位碳排放减少量（kg）	数　量	碳排放减少量（t）	备　注
拜耳法赤泥	7	$1536m^3$	10.72	路床
拜耳法赤泥	7.1	$10780m^3$	76.40	路床
铁尾矿渣	5.5	$4200m^3$	23.24	路床
废弃结构物混凝土再生集料高值化利用	3.65	$92000\ m^3$	336.24	
基于“互联网＋”的智慧出行服务	—	1年	10000	根据年均节省标准油计算
公路旧护栏再利用	17000	10000t	17000	根据钢铁生产碳排放计算
沥青拌和站油改气	640.5	19020.2t	12182.4	根据LNG用量计算
合计			219724	—

8.4.2　其他项目实现的生态效益

济青高速公路绿色科技示范工程成果不仅应用于本项目，还在之后实施的京台高速公路（山东段）等改扩建工程中得以应用，主要应用成果如下：

“在役钢筋混凝土梁疲劳损伤试验及剩余寿命预测”“基于模型试验及实桥验证的桥梁整体化层参与结构受力分析”等成果在京台高速公路改扩建工程德齐段应用，大量旧桥保留利用，直接减少工程投资约1.7亿元，施工进度较旧桥拆除方案缩短了近4个月，同时降低了拆除和新建桥梁造成的能耗，节能减排效益显著。

“管状劲性体在高速公路软基及特殊路基处理中的应用”研究成果在京台高速公路改扩建工程德齐段第1合同段和第3合同段实施，共采用了约33.2万m管状劲性体复合地基处理技术进行了施工，施工过程中每公里软基处理节约工期约10d，且将由施工带来的粉尘、废浆、废料污染基本降为零；在施工及原材料方面节约了300万费用，环境效益良好。

“基于扩建工程的路基路面结构优化设计”研究成果在京台高速公路改扩建工程德齐段全线应用，实现了既有路面结构的评价及再利用，有效提高了既有路面结构的利用率，提高了施工效率，缩短了工期，减少了投资和资源的浪费。

“沥青路面全幅无缝成型关键技术”研究成果在京台高速公路改扩建工程德齐段和济泰段中应用，提高了路面质量，延长了沥青路面使用寿命，降低了路面重建造成的污染和排放。

8.4.3　十四五期预期生态效益

在山东省“十四五”综合交通运输发展规划中，将新增高速公路2527km，新建、改扩建高速公路近 4000km。按照济青高速公路改扩建工程全长 309km，每百公里减排 CO_2 约 7 万 t 计算，如果将济青高速公路改扩建绿色科技示范工程中的各项成果推广至全省，则十四五期末，山东省高速公路新建、改扩建高速公路可减排 CO_2 约 280 万 t，具有巨大的生态效益。

附录　科技创新成果

中国公路学会科学技术奖

证　书

为表彰中国公路学会科学技术奖获得者，特颁发此证书。

项目名称：超长服役高速公路改扩建路基路面评估、协调及整体提升关键技术

奖励等级：特等

获 奖 者：山东高速股份有限公司

中国公路学会

2022年1月24日

证书号：A21-T-003-001

附图 1　科技创新成果证书 1

中国公路学会科学技术奖

证 书

为表彰中国公路学会科学技术奖获得者，特颁发此证书。

项目名称：高速公路改扩建工程既有中小跨桥梁综合利用关键技术

奖励等级：二等

获 奖 者：山东高速股份有限公司

中国公路学会

2020年12月31日

证书号：A20-2-081-001

附图2 科技创新成果证书2

中国公路学会科学技术奖

证　书

为表彰中国公路学会科学技术奖获得者，特颁发此证书。

项目名称：济青高速改扩建护栏安全提升关键技术研究与示范应用

奖励等级：二等

获 奖 者：山东高速股份有限公司

中国公路学会

2022年1月24日

证书号：A21-2-013-001

附图 3　科技创新成果证书 3

中国公路学会科学技术奖
证　书

为表彰中国公路学会科学技术奖获得者，特颁发此证书。

项目名称：在役混凝土梁桥损伤评估、寿命预测及整体性能提升关键技术

奖励等级：二等

获 奖 者：山东高速股份有限公司

2022年1月24日

证书号：A21-2-056-001

附图4　科技创新成果证书4

中国公路学会科学技术奖

证 书

为表彰中国公路学会科学技术奖获得者，特颁发此证书。

项目名称：混凝土结构物高值化再生利用关键技术研究

奖励等级：二等

获 奖 者：山东高速股份有限公司

中国公路学会

2022年1月24日

证书号：A21-2-039-001

附图5 科技创新成果证书5

中国公路学会
交通BIM工程创新奖

为表彰中国公路学会交通BIM工程创新奖获得者，特颁发此证书

项目名称：基于BIM的公路桥梁建造一体化技术研究

奖励等级：二等

获 奖 者：山东高速股份有限公司

中国公路学会

2019年6月14日

证书号：A19-2-006-001

附图6　科技创新成果证书6

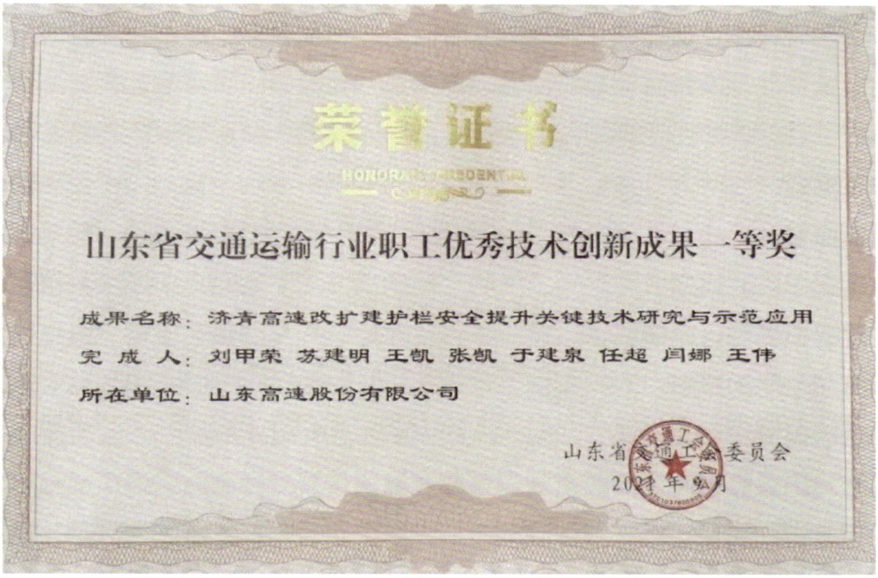

荣誉证书

HONORARY CREDENTIAL

山东省交通运输行业职工优秀技术创新成果一等奖

成果名称：济青高速改扩建护栏安全提升关键技术研究与示范应用

完 成 人：刘甲荣 苏建明 王凯 张凯 于建泉 任超 闫娜 王伟

所在单位：山东高速股份有限公司

山东省交通工会委员会

2021年9月

附图 7　科技创新成果证书 7

中国公路学会

第二届全国公路微创新大赛

铜　奖

主要奖励全国交通运输系统为设备微改造、工艺微改进、工法微改良等做出贡献的单位和个人

获奖项目名称：济青高速改扩建期间突发事件应急救援系统

依 托 项 目：济南至青岛高速公路改扩建工程

主要完成单位：山东高速股份有限公司
山东建筑大学
山东省交通科学研究院

主要完成人：吕思忠、李美玲、王 凯、冉 晋、陈雅楠、王守伟

中国公路学会

2021年9月

附图 8　科技创新成果证书 8

科技创新成果、项目获奖清单

附表 1

序号	奖项	项目名称	获奖时间	授奖组织
1	中国公路学会科学技术奖特等奖	超长服役高速公路改扩建路基路面评估、协调及整体提升关键技术	2022 年	中国公路学会
2	中国公路学会科学技术奖二等奖	混凝土结构物高值化再生利用关键技术研究	2022 年	中国公路学会
3	中国公路学会科学技术奖二等奖	在役混凝土梁桥损伤评估、寿命预测及整体性能提升关键技术	2022 年	中国公路学会
4	中国公路学会科学技术奖二等奖	济青高速改扩建护栏安全提升关键技术	2022 年	中国公路学会
5	中国公路学会科学技术奖二等奖	高速公路改扩建工程既有中小跨桥梁综合利用关键技术	2020 年	中国公路学会
6	山东省交通运输行业职工优秀技术创新成果一等奖	济青高速改扩建护栏安全提升关键技术	2021 年	山东省交通工会委员会
7	第二届全国公路微创新大赛铜奖	济青高速改扩建期间突发事件应急救援系统	2021 年	中国公路学会
8	交通 BIM 工程创新奖二等奖	基于 BIM 的公路桥梁建造一体化技术研究	2019 年	中国公路学会

学术专著一览表

附表 2

序号	专 著 名 称	出版日期	出 版 社
1	拜耳法赤泥路基工程应用技术指南	2020 年 9 月	哈尔滨工业大学出版社
2	公路 SB 级三波形梁钢护栏安全应用技术	2020 年 9 月	人民交通出版社股份有限公司
3	多源交通信息感知与交互技术	2020 年 12 月	吉林大学出版社
4	半刚性基层损伤评价与工程应用	2018 年 12 月	人民交通出版社股份有限公司
5	赤泥资源化公路工程应用	2018 年 12 月	山东大学出版社
6	沥青路面施工期能耗及排放监测、评估与减量化关键技术及应用	—	中国水利水电出版社
7	拜耳法赤泥路基工程资源化利用技术	—	人民交通出版社股份有限公司
8	在役钢筋混凝土梁的静力与疲劳性能研究	—	中国建材工业出版社
9	济青高速公路改扩建工程卓越绩效管理模式实践	2022 年	人民交通出版社股份有限公司
10	济青高速公路改扩建工程科技创新实践	2022 年	人民交通出版社股份有限公司

科技论文一览表

附表 3

序号	论 文 名 称	刊 物 名 称	级别	卷号期号
1	Evaluation of Energy Consumption of Typical Asphalt Pavement Structure	IOP Conference Series： Earth and Environmental Science	EI	2021 年 4 期
2	Influence of subgrade splicing mode and width on differential settlement of pavement subgrade	IOP Conference Series： Earth and Environmental Science	EI	2021 年 3 期
3	Monitoring and Evaluation of Energy Consumption in the Whole Process of Asphalt Pavement Construction	IOP Conference Series： Earth and Environmental Science	EI	2021 年 4 期
4	Time-dependent reliability assessment of existing concrete bridges including non-stationary vehicle load and resistance processes	Engineering Structures	EI	2019 年 15 期

续上表

序号	论文名称	刊物名称	级别	卷号期号
5	Establishment and Updating of Nonstationary Resistance Deterioration Model of Existing Concrete Bridge Component	Journal of Performance of Constructed Facilities	EI	2020 年 6 期
6	Structure safety assessment under heavy traffic based on weigh in motion and simulation analysis	Advances in Structural Engineering	EI	2017 年 12 期
7	Study on micro Influencing Factors of Traffic Conflicts in Subgrade Stage of Express way Construction Area	2019 The 12th International Conference on Intelligent Computation Technology and Automation	EI	2019 年 10 月
8	Traffic Conflict Prediction Model for Bottleneck Section of Expressway Construction Area Based on Video Recognition	2019 The 12th International Conference on Intelligent Computation Technology and Automation	EI	2019 年 10 月
9	Application of High Stiffness Modulus Asphalt Mixture in Longitudinal Slope of Jiqing Expressway	2019 International Conference on Advanced Materials and Ecological Environment （AMEE 2019）	EI	2019 年 12 月
10	Estimating the Floor Area Ratio of the Vehicular Infrastruction Network Based on Road Grid Cell	Mobile Networks and Applications	EI	2019 年 2 期
11	Use of recycled fine clay brick aggregate as internal curing agent for low water to cement ratio motar	Construction and Building Materials	SCI	2020 年
12	Applied research in volatile organic compounds（VOCs） emission from asphalt pavement	Earth and Environmental Science	SCI	2019 年
13	Application of Mid-surface Layer in Asphalt Pavement Tunnel Paving Based on Foam Warm Mix Technology	Earth and Environmental Science	EI	2020 年
14	Study on preparation and performance evaluation of environment-friendly asphalt mixture	EERMR 2020	EI	2020 年
15	An approach for response prediction of a single pile subjected to tension load considering modulus degradation of soil	Geotechnical and geological engineering	ESCI、EI	2020 年 2 期
16	Effect Analysis of Soil Type and Silt Content on Silt-Based Foamed Concrete with Different Density	Materials	SCI、EI	2020 年 13 期
17	In Search of the Consequence Severity of Traffic Conflict	Journal of Advanced Transportation	SCI、EI	2020 年 2 期
18	Flexural capacity and behavior of RC hollow bridge beams after a time service of 24 years	Advances in Civil Engineering	EI	2020 年
19	Experimental study on the pullout behavior of scrap tire strips and their application as soil reinforcement	Construction and Building Materials	EI	2020 年
20	Properties of silt-based foamed concrete： A type of material for use in backfill behind an abutment	Construction and Building Materials	EI	2020 年
21	Experimental Research on Fatigue Behavior of Existing Reinforced Concrete Beams	Advances in Civil Engineering	SCI	2020 年
22	Flexural Capacity of RC Hollow Beams after Service for 24 Years	Advances in Civil Engineering	SCI	2020 年

续上表

序号	论文名称	刊物名称	级别	卷号期号
23	Test and numerical analysis for floating Geogrid-Reinforced Pile-Supported Embankments over deep soft soils	arabian journal for science and engineering	SCI	2021 年
24	Research on the active earth pressure behind pile based on the horizontal trap-door experiment	Applied Science	SCI	2021 年
25	Comparison of Concrete Creep-Induced Structural Prestress Loss Calculated by Codes from Different Countries	Journal of Highway and TransportationResearch and Development 公路交通科技（英文版）	INSPEC	2019 年 4 期
26	考虑腹板剪切变形及滑移的波形钢腹板梁理论模型	建筑结构学报	EI、CSCD、北大核心	2019 年 S1 期
27	聚合物乳液对水泥砂浆流变性能的影响	建筑材料学报	EI、CSCD、北大核心	2017 年 6 期
28	拼宽空心板桥荷载横向分布计算方法	中国公路学报	EI、CSCD、北大核心	2019 年 6 期
29	机动车交通冲突技术研究综述	中国公路学报	EI、CSCD、北大核心	2020 年 2 期
30	高速公路施工区合流路段交通冲突模型	哈尔滨工业大学学报	EI、CSCD、北大核心	2020 年 9 期
31	不同沉降模式下土工格栅加筋路基模型试验研究	土木工程	EI、CSCD、北大核心	2019 年 5 期
32	半刚性基层材料动态抗压模量试验研究	土木工程	EI、CSCD、北大核心	2019 年 10 期
33	基于 plaxis 的赤泥路基力学响应数值分析	土木工程	EI、CSCD、北大核心	2020 年 4 期
34	基于平面应变模拟特征的钢棒相似土抗剪强度试验研究	土木工程	EI、CSCD、北大核心	2020 年 11 期
35	抗滑桩合理桩间距分析	土木工程	EI、CSCD、北大核心	2021 年 1 期
36	砂土介质中废旧轮胎加筋条带拉拔特性研究	山东大学学报（工学版）	北大核心、CSCD	2021 年 4 期
37	粉土基泡沫轻质土三轴力学特性研究	山东大学学报（工学版）	北大核心、CSCD	2021 年 5 期
38	在役空心板桥梁拆除构件室内破坏试验	长安大学学报（自然科学版）	EI、北大核心	2019 年 6 期
39	IFC 信息一致性问题及目前解决方法综述	公路交通科技	北大核心、CSCD	2020 年 9 期
40	黏度改性剂对混凝土拌合物流变参数剂及匀质性能影响	公路交通科技	北大核心、CSCD	2018 年 2 期
41	早期混凝土压缩拉伸和弯曲基本徐变与干燥徐变比较	公路交通科技	北大核心、CSCD	2020 年 2 期
42	基于模型试验的柔性桩轴力分布函数修正	四川建筑科学研究	北大核心、CSCD	2020 年 4 期
43	高速公路岩石边坡 3 类人工植物群落凋落物分解特征	草原与草坪	CSCD	2020 年 2 期

续上表

序号	论文名称	刊物名称	级别	卷号期号
44	建筑垃圾对混凝土强度的影响试验研究	硅酸盐通报	北大核心	2019 年 9 期
45	考虑整体化层的旧 PC 空心板承载力试验研究	公路	北大核心	2020 年 1 期
46	空心板梁桥整体化层厚度对受弯失效模式的影响	公路	北大核心	2020 年 9 期
47	层状土中考虑桩—土—承台相互作用的群桩基础承载特性研究	工业建筑	北大核心	2020 年 8 期
48	基于交通冲突的高速公路施工区安全评价	中国安全科学学报	北大核心	2019 年 6 期
49	沥青挥发性有机物复合型抑制剂研究进展	合成化学研究	北大核心	2020 年 3 期
50	沥青挥发性有机物（VOCs）抑制剂研究	合成化学研究	北大核心	2020 年 3 期
51	泡沫沥青温拌大粒径透水性沥青混合料性能衰减规律研究	公路工程	北大核心	2018 年 5 期
52	水泥基固化剂固化赤泥的路用特性研究	轻金属	北大核心	2017 年 9 期
53	轻质烧结法赤泥浇筑材料的工程应用研究	轻金属	北大核心	2019 年 8 期
54	改性拜耳法赤泥路基的模量特性研究	中外公路	北大核心	2018 年 2 期
55	基于新版沥青路面设计规范的路面结构设计分析	中外公路	北大核心	2019 年 2 期
56	基于驾驶模拟技术的隧道反光环设置间距综合效果分析	科学技术与工程	北大核心	2019 年 34 期
57	桥头台背回填泡沫轻质土体积稳定性能的研究	建筑技术	北大核心	2019 年 4 期
58	考虑整体化层作用的空心板梁桥横向分布计算与承载能力分析	结构工程师	北大核心	2021 年 2 期
59	高速公路改扩建梁桥新旧桩差异沉降控制标准研究	公路	北大核心	2019 年 4 期
60	土凝岩稳定黏性土的路用性能研究	公路	北大核心	2019 年 6 期
61	基于双层规划模型的改扩建高速公路收费站保通方案研究	公路与汽运	科技核心	2021 年 3 期
62	高速公路路面施工期能耗减排监控研究	公路与汽运	科技核心	2018 年 6 期
63	拜耳法赤泥路基对地下水水质的影响研究	环境科学与管理	科技核心	2019 年 12 期
64	高速公路改扩建废旧混凝土再生料标准化技术应用要点分析	标准科学	科技核心	2018 年 8 期
65	基于隧道沥青路面温拌现场摊铺释放挥发性有机物（VOCs）GC-MS 分析研究	当代化工	科技核心	2020 年 7 期
66	改性拜耳法赤泥路基填料施工与质量评价研究	路基工程	科技核心	2018 年 3 期
67	既有钢筋混凝土空心板梁抗剪承载力分析	武汉理工大学学报（交通科学与工程版）	科技核心	2019 年 6 期
68	济青高速公路改扩建绿色科技示范工程建设实践	公路交通科技应用技术版	北大核心	2018 年 5 期
69	基于 Hirsch 预测模型的沥青稳定碎石（ATB）动态模量试验研究与分析	公路交通科技应用技术版	北大核心	2018 年 5 期
70	拜耳法赤泥酸碱度试验研究	公路交通科技应用技术版	北大核心	2018 年 5 期
71	山东省高速公路沥青路面典型结构力学响应观测验证	公路交通科技应用技术版	北大核心	2018 年 5 期
72	济青高速公路桥梁疲劳荷载车辆模型研究	公路交通科技应用技术版	北大核心	2018 年 5 期
73	基于计重收费数据的高速公路车辆荷载研究	公路交通科技应用技术版	北大核心	2018 年 5 期
74	桩网式复合地基竖向承载性能现场试验研究	公路交通科技应用技术版	北大核心	2018 年 5 期
75	高速公路施工区中央分隔带开口长度研究	公路交通科技应用技术版	北大核心	2018 年 5 期

续上表

序号	论文名称	刊物名称	级别	卷号期号
76	浅析高速公路改扩建工程节能减排技术应用	公路交通科技应用技术版	北大核心	2018 年 5 期
77	信息化动态质量控制技术在高速公路改扩建工程中的应用	公路交通科技应用技术版	北大核心	2018 年 5 期
78	基于自然养生条件下的乳化沥青冷再生混合料性能变化研究	公路交通科技应用技术版	北大核心	2018 年 5 期
79	桥台锥坡生态防护设计及在济青高速公路工程中的适用性分析	公路交通科技应用技术版	北大核心	2018 年 5 期
80	济青高速公路改扩建项目主体工程施工过程之创新技术管理与措施	公路交通科技应用技术版	北大核心	2018 年 5 期
81	改扩建公路路面拼接施工技术及质保措施的探讨	公路交通科技应用技术版	北大核心	2018 年 5 期
82	高速公路梁桥加宽桩基差异沉降分析	公路交通科技应用技术版	北大核心	2018 年 5 期
83	高速公路防眩设施选取及设置分析	公路交通科技应用技术版	北大核心	2018 年 5 期
84	高路堑边坡生态防护初期土壤养分与植物种的变化分析	公路交通科技应用技术版	北大核心	2018 年 5 期
85	济青高速公路改扩建工程混凝土护栏多重应用研究	公路交通科技应用技术版	北大核心	2018 年 5 期
86	桥梁工程混凝土外观缺陷原因研究分析及控制	公路交通科技应用技术版	北大核心	2018 年 5 期
87	济青高速公路改扩建保通桥梁设计方案的研究	公路交通科技应用技术版	北大核心	2018 年 5 期
88	自行走式桥梁梁板凿毛机的研制与应用	公路交通科技应用技术版	北大核心	2018 年 5 期
89	宽幅、重载、大流量及快速交通保通钢栈桥技术研究	公路交通科技应用技术版	北大核心	2018 年 5 期
90	卡槽在钢筋绑扎施工中的优化	公路交通科技应用技术版	北大核心	2018 年 5 期
91	高速公路改扩建工程中拼宽路基施工监理要点	公路交通科技应用技术版	北大核心	2018 年 5 期
92	高速公路科技示范工程建设内涵与发展模式探究	公路交通科技应用技术版	北大核心	2019 年 6 期
93	济青高速公路改扩建路面拼宽技术创新与实践	公路交通科技应用技术版	北大核心	2019 年 6 期
94	不中断交通施工的高速公路改扩建应急救援系统设计	公路交通科技应用技术版	北大核心	2019 年 6 期
95	水泥稳定碎石击实试验方法研究	公路交通科技应用技术版	北大核心	2019 年 6 期
96	基于加速加载试验的天然岩沥青改善沥青混合料高温稳定性评价	公路交通科技应用技术版	北大核心	2019 年 6 期
97	半刚性基层材料弯拉强度试验影响因素研究	公路交通科技应用技术版	北大核心	2019 年 6 期
98	橡胶沥青在道路工程中的应用综述	公路交通科技应用技术版	北大核心	2019 年 6 期
99	济青高速公路改扩建施工中期路面平整度管理与控制措施探讨	公路交通科技应用技术版	北大核心	2019 年 6 期
100	济青高速公路改扩建老路沥青路面损坏处治方案现场判定分析	公路交通科技应用技术版	北大核心	2019 年 6 期
101	高速公路改扩建工程中央分隔带光缆保通方案探讨	公路交通科技应用技术版	北大核心	2019 年 6 期
102	高速公路桥墩安全防护设计研究	公路交通科技应用技术版	北大核心	2019 年 6 期
103	高速公路改扩建涉及的既有路权属边界还原方法研究	公路交通科技应用技术版	北大核心	2019 年 6 期
104	济青高速公路多路由通信管道及微管技术应用经验	公路交通科技应用技术版	北大核心	2019 年 6 期
105	高速公路改扩建工程保通施工交通组织研究	公路交通科技应用技术版	北大核心	2019 年 6 期
106	标准化 ETC 专用车道的建设	公路交通科技应用技术版	北大核心	2019 年 6 期
107	基于再利用的高速公路改扩建护栏设置方案研究	公路交通科技应用技术版	北大核心	2019 年 6 期

续上表

序号	论文名称	刊物名称	级别	卷号期号
108	基于连续—粒子耦合的济青高速公路拓宽路基沉降及处治措施研究	公路交通科技应用技术版	北大核心	2019年6期
109	济青高速公路拓宽路基差异沉降控制模型试验对比研究	公路交通科技应用技术版	北大核心	2019年6期
110	高速公路改扩建工程乳化沥青厂拌冷再生施工技术研究	公路交通科技应用技术版	北大核心	2019年6期
111	高速公路改扩建施工既有路面病害处治施工技术	公路交通科技应用技术版	北大核心	2019年6期
112	旧桥粘贴钢板加固中的应用	公路交通科技应用技术版	北大核心	2019年6期
113	基于路面性能评价指标的改扩建沥青路面维修处治方案	公路交通科技应用技术版	北大核心	2019年6期
114	运营状态下上跨高速变截面预应力桥梁拆除技术研究	公路交通科技应用技术版	北大核心	2019年6期
115	浅谈高速公路改扩建项目钢筋优化管理	公路交通科技应用技术版	北大核心	2019年6期
116	浅谈混凝土静弹性模量的测定方法及影响因素	公路交通科技应用技术版	北大核心	2019年6期
117	考虑循环利用的济青高速改扩建工程临时隔离设施设置方案	公路交通科技应用技术版	北大核心	2019年6期
118	改扩建工程不同开口的特点及防护要求	公路交通科技应用技术版	北大核心	2019年6期
119	基于红外光谱的改性沥青SBS含量检测的可靠性分析	公路交通科技应用技术版	北大核心	2019年6期
120	新型B级移动钢护栏碰撞试验研究	公路交通科技应用技术版	北大核心	2019年6期
121	高速公路改扩建工程路面平整度施工技术研究	公路交通科技应用技术版	北大核心	2019年6期
122	永久性沥青路面结构全寿命周期内的能耗与碳排放分析	公路交通科技应用技术版	北大核心	2019年6期
123	国内外路面中下面层沥青混合料类型比较研究	公路交通科技应用技术版	北大核心	2019年6期
124	SGC设计体系下压实功对乳化沥青冷再生设计指标的影响研究	公路交通科技应用技术版	北大核心	2019年6期
125	再生集料水泥稳定碎石基层的级配变异研究	公路交通科技应用技术版	北大核心	2019年6期
126	济青高速公路改扩建工程沥青路面结构优化分析	公路交通科技应用技术版	北大核心	2018年12期
127	浅谈高速公路改扩建工程法律风险防控	公路交通科技应用技术版	北大核心	2019年2期
128	用于桥梁施工监控管理的BIM模型轻量化流程分析	公路交通科技应用技术版	北大核心	2018年12期
129	Dynamo在桥梁缓和曲线段建模应用研究	公路交通科技应用技术版	北大核心	2019年4期
130	基于案例推理的改扩建高速公路应急救援资源配置模型	公路交通科技应用技术版	北大核心	2020年8期
131	基于弯沉的稳定型橡胶改性沥青混合料力学响应分析	公路交通科技应用技术版	北大核心	2020年11期
132	基于信息化技术的高速公路路面动态质量控制	公路交通科技应用技术版	北大核心	2020年8期
133	化学改良对拜耳法赤泥击实特性的影响研究	岩土工程技术	普刊	2020年3期
134	考虑铺装层作用的改扩建拼宽板梁桥极限承载能力分析	山东交通科技	普刊	2020年4期
135	山东省赤泥堆存与综合利用现状	山东交通科技	普刊	2017年2期
136	改良铁尾矿渣路基填筑施工与质量评价研究	山东交通科技	普刊	2020年2期
137	水泥稳定固化铁尾矿粉剪切强度试验分析	山东交通科技	普刊	2019年5期
138	考虑铺装层作用的改扩建拼宽板梁桥极限承载能力分析	山东交通科技	普刊	2020年9期

续上表

序号	论文名称	刊物名称	级别	卷号期号
139	北方半干旱地区高速公路岩石路堑边坡植被恢复与养护技术分析	水土保持应用技术	普刊	2020 年 1 期
140	济青高速公路既有 6 ~ 16m 跨径空心板抗弯承载力试验研究	建筑技术开发	普刊	2020 年 10 期
141	沥青发泡型环保温拌技术在济青北改扩建工程中的应用	中国标准化	普刊	2019 年 16 期
142	废旧混凝土材料的建材资源化利用研究进展	交通节能与环保	普刊	2020 年 4 期
143	公路拓宽路基差异沉降规律现场试验研究	山西建筑	普刊	2018 年 35 期
144	新旧路基差异沉降路面力学响应研究	北方交通	普刊	2019 年 6 期
145	水泥改良铁尾矿路基填料的浸水强度试验研究	土工基础	普刊	2019 年 5 期
146	大跨径预应力混凝土连续箱梁湿度场模拟分析	公路交通科技应用技术版	普刊	2020 年 4 期
147	大跨径预应力混凝土连续梁桥温度场试验研究	公路交通科技应用技术版	普刊	2020 年 4 期
148	化学改良对拜耳法赤泥击实特性的影响研究	岩土工程技术	普刊	2020 年 3 期
149	抗凝冰沥青路面冰点测试研究	内蒙古科技	普刊	2020 年 12 期
150	高弹蓄盐抗凝冰沥青路面技术在济青改扩建工程的应用	内蒙古科技	普刊	2020 年 12 期
151	低碳建筑设计理念在高速公路服务区中的综合应用	内蒙古科技	普刊	2020 年 6 期
152	高速公路服务区污水处理技术选择及应用	内蒙古科技	普刊	2020 年 6 期
153	废旧混凝土再生集料在高速公路水泥稳定碎石底基层中的应用	内蒙古科技	普刊	2020 年 3 期
154	高速公路改扩建施工期应急救援体系构建	第二届全国公路品质工程论坛暨惠清高速公路绿色科技示范工程现场交流会论文集	会议	2019 年 7 月
155	基于三维探地雷达对全幅无缝沥青路面的厚度评价	管理科学与工程	核心	2021 年 1 期
156	济青高速公路改扩建工程新旧路基承载力评价	管理科学与工程	核心	2021 年 1 期
157	干线公路建设节能减排评价指标体系构建研究	可持续能源	普刊	2021 年 1 期
158	Multi-objective location-scale optimization model and solution methods for large-scale emergency rescue resources	Environmental Science and Pollution Research.	SCI	录用
159	Emergency traffic distribution and related traffic organization method under natural disasters	Environmental Science and Pollution Research	SCI	录用
160	A prediction method of missing position based on least square support vector machine	Sustainable Operations and Computers	SCI	录用
161	Pavement structure and method for separating heavy and light traffic load of Expressway	ICCE2020	EI	录用
162	Effects on concrete mechanical performances by different replacement solutions of recycle coarse aggregates	CRC press-Taylor&Francis Group	EI	录用
163	Evaluate Model and Index for Durability of Concrete during Construction	CRC press-Taylor&Francis Group	EI	录用
164	Experimental Studies on Water Absorption of Modified Recycle Coarse Aggregate and the Effects to the Performance of Concrete	Coatings	SCI	录用

续上表

序号	论文名称	刊物名称	级别	卷号期号
165	Stress Predicton of Early-age Concrete Considering Hydrtion Degree-based Creep under Real Temperature History	Transportation Research Congress	EI	录用
166	Critical Aspects of Elastic Modulus Assessment of Cement Paste across Scales by Multiscale Measurement and Prediction	Transportation Research Congress	EI	录用
167	旧梁板再生集料氯离子含量检测方法对比试验研究	湖南交通科技	普刊	录用
168	热拌和温拌泡沫沥青混合料现场摊铺释放挥发性有机物（VOCs）GC-MS 比较分析	兰州理工大学学报	北大核心	录用
169	试件类型和加载模式对沥青混合料动态模量的影响研究	公路	北大核心	录用
170	排水抗裂沥青碎石混合料设计及动态模量参数研究	公路	北大核心	录用
171	山岭重丘区公路岩改沥青混合料碾压工艺研究	公路	北大核心	录用
172	水泥浆对水稳基层层间黏结强度影响规律研究	材料科学	北大核心	录用

技术指南或施工工法清单　　附表 4

类型	序号	名称
技术指南	1	济青高速公路改扩建工程泡沫沥青混合料路面施工作业指导书
	2	沥青混凝土桥面铺装用密水型硬质沥青混凝土设计与施工技术指南
	3	济青高速公路改扩建工程乳化沥青厂拌冷再生施工作业指导书
	4	济青高速公路改扩建工程水泥稳定厂拌冷再生底基层施工作业指导书
	5	长大纵坡段高模量抗疲劳型沥青混合料设计与施工技术指南
	6	铁尾矿渣路基施工技术规程
	7	稳定型橡胶改性沥青（4.0）沥青混合料施工作业指导书
	8	拜耳法赤泥路基施工技术指南
	9	泡沫轻质土路基施工作业指导书
	10	济青改扩建工程管状劲性体施工方案说明
	11	DHT 土凝岩稳定材料（底）基层施工技术指南
施工工法	1	高速公路改扩建单机大宽度一次性实现沥青面层调平与摊铺施工工法
	2	傍机侧向输料施工工法

标准一览表　　附表 5

序号	标准中文名称	发布日期	标准类别
1	公路工程赤泥（拜耳法）路基应用技术规程	2019-5-29	地方标准
2	沥青路面乳化沥青厂拌冷再生技术规范	2019-5-29	地方标准
3	水泥稳定碎石基层施工技术规范	2019-5-29	地方标准
4	高速公路护栏改造技术指南	2021-5-10	团体标准
5	无机结合料稳定类材料单轴压缩弹性模量试验方法（中间段法）	2020-7-21	国家标准
6	公路工程废旧混凝土再生集料混凝土应用技术规程	2018 年立项	地方标准
7	公路工程管状劲性体地基处理技术规程	2019 年立项	地方标准
8	高速公路施工区安全防护技术规程	2020 年立项	团体标准

专利一览表 附表6

名称	专利名称	专利类型	申请号	授权时间
1	半刚性基层沥青路面裂缝损伤状态确定方法	发明	ZL201510267683.1	2018年2月13日
2	一种沥青路面渗水试验用密封材料，其制备方法及配套工具	发明	ZL201610242431.8	2018年3月27日
3	硅烷改性聚羧酸减水剂、使用该减水剂的混凝土外加剂及其制备方法	发明	ZL202010834895.4	2020年12月8日
4	一种实测路面结构层底最大应变及车辆轴载速度的方法	发明	ZL201810933933.4	2021年1月12日
5	一种铰缝排水结构及其施工方法	发明	ZL201610261158.3	2017年12月26日
6	双层波形梁护栏（具有上三波下双波）	外观设计	ZL201830276331.7	2019年1月8日
7	一种轻质砌块生态防护结构	实用新型	ZL201821179375.9	2019年3月22日
8	一种由废旧轮胎制成的土工格室	实用新型	ZL201821472558.X	2019年6月14日
9	一种开启关闭方便的防盗中分带开口活动护栏结构	实用新型	ZL201821691801.7	2019年7月2日
10	一种赤泥基轻质填料道路扩建拼接结构	实用新型	ZL201821612488.3	2019年7月23日
11	拜耳法赤泥填筑的海堤结构	实用新型	ZL201821827455.0	2019年8月6日
12	一种公路中分带桥墩防撞护栏结构	实用新型	ZL201822079339.1	2019年9月13日
13	一种高速公路改扩建施工区驾驶诱导信息采集装置	实用新型	ZL201922357410.2	2020年5月8日
14	一种剪切仪加载装置	实用新型	ZL201921532048.1	2020年6月30日
15	一种用于桩基试验的埋入式桩顶和桩端沉降监测装置	实用新型	ZL201921552047.3	2020年6月30日
16	一种混凝土裂缝深度检测装置	实用新型	ZL202020151191.2	2020年7月28日
17	一种采用混凝土填料的空心板梁桥结构	实用新型	ZL201921433732.4	2020年7月31日
18	一种密闭式沥青烟研究装置	实用新型	ZL202020180409.7	2020年9月11日
19	拼宽梁桥与既有梁桥的组合装置	实用新型	ZL201920904301.5	2020年10月27日
20	一种混凝土路面平整装置	实用新型	ZL201921964406.6	2020年10月27日
21	一种大厚度水泥稳定碎石基层的夹紧式取芯装置	实用新型	ZL202020349068.1	2020年10月30日
22	一种大厚度水泥稳定碎石基层的锚固式取芯装置	实用新型	ZL202020349067.7	2020年10月30日
23	一种监测桥梁长期挠度的装置	实用新型	ZL202020338894.6	2020年12月1日
24	一种高速公路服务区雨水收集利用系统	实用新型	ZL202020416504.2	2020年12月25日
25	一种高速公路改扩建施工区导航信息补偿系统	实用新型	ZL201920061395.4	2020年12月29日
26	空心板梁抗剪加固用模板	实用新型	ZL201920082155.2	2019年1月18日
27	一种桥梁裂缝检测装置	实用新型	ZL201721346890.7	2018年4月27日
28	一种由废旧轮胎制成的土工格室及施工方法	发明申请	201811045467.2	2018年9月7日
29	拜耳法赤泥填筑的海堤结构及其建造方法	发明申请	201811319325.0	2018年11月7日
30	减小拼宽梁桥与既有梁桥差异沉阵的组合控制方法、装置	发明申请	201910519893.3	2019年9月17日
31	一种用于沥青路面结构设计的一级和二级公路交通数据调查及统计方法	发明申请	202010758120.3	2020年7月31日
32	采用超高性能混凝土填料的空心板梁桥结构及施工方法	发明申请	201910816471.2	2019年8月30日
33	土工格栅加筋与膜袋注浆联合降沉装置及降沉方法与应用	发明申请	202010326846.X	2020年4月23日

续上表

名称	专利名称	专利类型	申　请　号	授权时间
34	一种乳化沥青乳浆制造及路面纵向冷接缝乳浆灌注方法	发明申请	202011271679.X	2020 年 11 月 13 日
35	路面改扩建沥青路面冷再生与旧沥青路面冷接缝黏结剂	发明申请	202011545227.6	2020 年 12 月 24 日
36	道路新老水稳基层冷态拼接黏合剂	发明申请	202011534333.4	2020 年 12 月 23 日
37	一种用于空心板受力铰缝清理后拉毛设备	发明申请	202110439346.1	2021 年 4 月 23 日
38	一种旧桥空心板铰缝用混凝土凿除清理装置	发明申请	202110460825.1	2021 年 4 月 27 日
39	一种再生粗集料吸水率测试方法及系统	发明申请	202110316969.X	2021 年 3 月 25 日
40	一种高弹蓄盐抗凝冰沥青路面用检测装置	实用新型申请	202022082250.8	2020 年 9 月 21 日
41	一种公路施工用便于调节摊铺宽度的摊铺机	实用新型申请	202120216150.1	2021 年 1 月 27 日
42	一种摊铺机伸缩型导料装置	实用新型申请	202120216140.8	2021 年 1 月 27 日

计算机软件著作权一览表　　附表 7

序号	计算机软件著作权名称	软件著作权号	完成时间
1	济青高速公路改扩建期间突发事件应急救援系统 V2.0	2019SR1139941	2018 年 12 月 21 日
2	预应力混凝土梁桥 BIM 模型与有限元模型的转换软件 V1.0	2019SR1035518	2019 年 7 月 15 日
3	高速公路混凝土梁桥 BIM 模型轻量化软件 V1.0	2019SR1118859	2019 年 7 月 15 日
4	济青高速公路改扩建期间突发事件应急救援系统 V1.0	2019SR0093653	2018 年 3 月 9 日
5	U 盘存储激光车辙仪采集系统	2020SR0672941	2019 年 12 月 1 日
6	高速公路改扩建项目路面施工能耗评估系统 V1.0	—	—